LA FIN DE L'ARMÉE ROMAINE

Philippe RICHARDOT

LA FIN DE L'ARMÉE ROMAINE
284-476

3e édition revue et augmentée
avec une traduction de la *Notitia Dignitatum*

Illustrations : Olivier et Philippe Richardot
Cartes : André Lante et Philippe Richardot

CFHM
Commission Française
d'Histoire Militaire
B.P. 109, 00481 Armées

Institut de Stratégie Comparée
EPHE IV - Sorbonne
47, rue des Écoles, 75005 Paris

ECONOMICA
49, rue Héricart, 75015 Paris

« *Nous devons réveiller encore l'ancien esprit romain, combattre nos propres batailles. N'entreprenons rien avec les Barbares.* »

Synésios, Évêque de Cyrène

Chronologie

284	Dioclétien seul empereur.
285-293	Dyarchie : Dioclétien et Maximien empereurs.
293-305	Tétrarchie : Dioclétien et Maximien Augustes, Constance Chlore et Galère Césars.
286-293	L'usurpateur Carausius prend le pouvoir en (Grande-) Bretagne.
293-296	Allectus renverse Carausius avant d'être vaincu par la flotte des tétrarques.
297	Invasion perse.
303-304	Persécution anti-chrétienne.
305	Abdication de Dioclétien et de Maximien.
312	Bataille du Pont Milvien, dite des Rochers Rouges : Constantin bat Maxence et devient seul maître de l'Occident.
313	Édit de Milan qui établit la tolérance religieuse.
313-324	Guerre civile entre Constantin et Licinius empereur d'Orient.
324	Licinius vaincu à Chrysopolis.
325	Constitution militaire qui établit une armée des frontières et une armée de manœuvre.
325-334	Constantin combat les Goths et les Sarmates.
330	Constantinople devient la deuxième capitale de l'Empire.
348	Invasion perse.
350-353	Usurpation de Magnence en Occident.
351	Bataille de *Mursa* entre l'usurpateur Magnence et l'empereur Constance : l'armée romaine est saignée.
355-360	Campagnes du César Julien pour ramener la sécurité en Gaule.
357	Victoire de Strasbourg sur les Alamans.
358	Les Francs Saliens sont établis en Toxandrie par les Romains.
359-360	Invasion perse de la Mésopotamie romaine.
360-361	Guerre civile entre Julien et Constance II qui meurt prématurément.
360	Les Scots et les Pictes ravagent la (Grande-)Bretagne.

363	Invasion de la Perse par Julien qui y trouve la mort. Paix désastreuse signée par Jovien.
364	Bipartition de l'Empire : Valentinien Ier empereur d'Occident, Valens empereur d'Orient.
365	Les Alamans pénètrent en Gaule.
367-368	Valens mène une guerre de trois ans contre les Goths. La (Grande-)Bretagne attaquée simultanément par les Pictes, les Scots et les Saxons. Valentinien Ier en guerre contre les Alamans.
372-373	Révolte de Firmus en Afrique matée par le général Théodose l'Ancien.
372 et 374	Valentinien Ier en guerre contre les Alamans.
375	Valentinien Ier en guerre contre les Quades et les Sarmates.
376	Valens installe les Goths en Thrace.
376-382	Rébellion gothique dans les Balkans.
377	La Pannonie semble perdue et occupée par des Huns.
378	Bataille d'Andrinople : les Goths anéantissent l'armée romaine d'Orient et l'empereur Valens.
379	Théodose Ier, nouvel empereur d'Orient, remporte quelques succès sur les Goths.
380	Gratien traite avec une partie des Goths.
382	Théodose installe les Goths comme fédérés dans les Balkans.
383-388	L'usurpateur Maxime étend son pouvoir sur l'Occident à l'exception de l'Italie où se réfugie Valentinien II.
384	Théodose Ier ferme les temples païens.
386	Le général Promotus repousse les Goths Greuthungues sur le Danube.
388	Maxime envahit l'Italie. Théodose élimine l'usurpateur Maxime et restaure Valentinien II sur le trône d'Occident. Échec d'une opération romaine contre les Francs.
392	Le général Arbogast assassine Valentinien II et impose Eugène comme empereur d'Occident.
394	Bataille de la Rivière Froide : Théodose défait l'usurpateur Eugène et son protecteur militaire Arbogast. L'Empire est réunifié.
395	Division de l'Empire entre Honorius (Occident) et Arcadius (Orient).
395-408	Le Vandale Stilicon généralissime d'Occident.
395-397	Privés de subsides, les fédérés wisigoths d'Alaric ravagent la péninsule balkanique.
397	Alaric est nommé maître de la milice d'Illyrie.

398	Échec de la révolte de Gildon en Afrique.
399-400	Révolte de Gaïnas et des fédérés goths. La population de Constantinople chasse les fédérés. Gaïnas éliminé par les Huns.
401	Alaric envahit l'Italie du Nord.
402	Alaric est vaincu par Stilicon à Pollentia.
406	Les Goths de Radagaise envahissent l'Italie mais sont vaincus à Fiésole par Stilicon. Les Vandales, les Alains et les Suèves franchissent le Rhin (31 décembre).
407	L'armée évacue la Bretagne et acclame l'empereur Constantin III.
408	Révolte des troupes régulières à Pavie contre les fédérés. Stilicon est assassiné. Alaric envahit l'Italie et fait un premier siège de Rome.
409	Les Vandales, les Alains et les Suèves envahissent l'Espagne. Alaric abandonne un second siège de Rome contre une rançon. Honorius reconnaît Constantin III. Le général Gérontius suscite un nouvel usurpateur en Espagne, Maxime. L'Empire d'Orient remporte une victoire sur les Huns et les Scires qui ont franchi le Danube. Les Armoricains chassent l'autorité romaine.
410	Alaric prend Rome et meurt peu après ; il est remplacé par Athaulf.
411	Les troupes d'Honorius éliminent les usurpateurs Constantin III, Gérontius. Jovin, nouvel usurpateur en Gaule.
412	Honorius installe les Wisigoths d'Athaulf en Gaule.
413	Élimination de Jovin. Échec de la rébellion d'Héraclien, gouverneur d'Afrique. Les Francs Ripuaires pillent Trèves. Le patrice Constance accorde Worms aux Burgondes à titre de fédérés.
413-416	Les Wisigoths, privés du blé africain, se rebellent et prennent Narbonne, Toulouse, Bordeaux. Le généralissime Constance leur impose un blocus. Athaulf est assassiné.
416	Constance conclut un traité avec les Wisigoths : une allocation annuelle en blé contre la reconquête de l'Espagne.
416-418	Valia, roi des Wisigoths, combat pour Rome en Espagne, anéantit les Alains et les Vandales Silingues.
418	Installation des Wisigoths comme fédérés en Aquitaine.
421-422	Guerre entre Romains et Perses en Arménie.

422	Une incursion hunnique menace Constantinople. L'Empire d'Orient verse désormais un tribut annuel aux Huns.
423	Les Francs Ripuaires pillent Trèves une seconde fois.
423-425	Jean se proclame empereur d'Occident contre l'héritier légitime Valentinien III.
425	Guerre entre fédérés Wisigoths et Romains.
425-426	Les Francs Ripuaires occupent Cologne, Trèves et Mayence.
427	Les Romains d'Occident chassent les fédérés Huns de Pannonie.
428	Genséric devient roi des Vandales. Vortigern, maître de la (Grande-)Bretagne invite les Saxons comme fédérés. Aétius, maître de la milice des Gaules, repousse la progression des Francs Ripuaires en Belgique, mais il leur concède Cologne et Mayence dans les deux Germanies.
429	Les Vandales quittent l'Espagne pour l'Afrique à la demande du comte d'Afrique Boniface, mais se rebellent.
430	Aétius repousse les Alamans en Rhétie et les Wisigoths devant Arles.
431	Défaite d'une armée romano-orientale envoyée en Afrique contre les Vandales. Aétius repousse une invasion en Norique.
432	Aétius conclut la paix avec les Francs Ripuaires. Bataille de Rimini entre Aétius et son rival Boniface qui trouve la mort.
433-454	Aétius généralissime d'Occident.
433	Des Huns sont installés en Pannonie comme fédérés.
435	Traité de paix entre Rome et les Vandales qui sont installés comme fédérés sur la côte de Numidie. Attila et Bléda rois des Huns doublent le tribut annuel versé par l'Empire d'Orient.
435-437	Les Armoricains en guerre contre les Romains. Aétius et son second Litorius repoussent les bagaudes d'Armoricains de Tibatto.
436-439	Guerre contre les Wisigoths d'Aquitaine.
436	Les Burgondes de Gundichar et les Alains qui ont envahi la Belgique Première sont repoussés par Aétius. Les Francs Saliens installés en Toxandrie étendent leur territoire jusqu'à la Somme.
437	À la demande d'Aétius les Burgondes sont écrasés par les Huns d'Attila et de Bléda.

437-438	Campagne contre les Suèves d'Espagne par un subordonné d'Aétius.
438	Aétius bat les Wisigoths au Mont Colubrarius.
439	Les Wisigoths défont l'armée romaine de Litorius devant Toulouse. Les Vandales s'emparent de l'Afrique proconsulaire et de Carthage.
441	L'Empire d'Orient, attaqué par les Huns et les Perses, doit rapporter son offensive contre les Vandales d'Afrique.
442	Rome reconnaît la domination vandale sur l'Afrique. Installation de fédérés alains dans l'Orléanais.
443	Installation de fédérés burgondes en Sapaudie (Savoie). Attila et Bléda triplent le tribut annuel versé par l'Empire d'Orient.
445	Attila assassine Bléda et devient seul roi des Huns.
447-448	Attila ravage le nord de la Péninsule balkanique et menace Constantinople.
448	Aétius bat les Armoricains près de Tours et les Francs Saliens de Clodion près de *Vicus Helena* (Saint-Amand-les-Eaux) dans la région d'Arras.
449	Attila reçoit le grade et la solde de maître de la milice de l'Empire d'Occident.
451	Attila envahit la Gaule. Il est contré à la bataille des Champs Catalauniques par la coalition romano-franco-wisigothique réunie par Aétius.
451-471	L'Alain Aspar généralissime d'Orient.
452	Attila détruit Aquilée et ravage la plaine du Pô.
453	Mort d'Attila.
454	Aétius est assassiné par Valentinien III. Bataille de Nedao : les Huns sont vaincus par leurs sujets barbares.
455	Les Vandales pillent Rome. Les Wisigoths et les Burgondes mènent une opération combinée contre les Suèves d'Espagne.
456-472	Le Suève Ricimer généralissime d'Occident.
457	Les Alamans envahissent le Nord de l'Italie mais sont repoussés.
458-463	Guerre entre fédérés Wisigoths et Romains.
458-460	Guerre entre fédérés Burgondes et Romains.
460	Une flotte occidentale réunie par l'empereur Majorien dans le golfe d'Alicante est incendiée par les Vandales.
463	Gondioc roi des Burgondes devient maître de la milice des Gaules.

466-467	Guerre de Thrace entre l'Empire d'Orient et une coalition gotho-hunnique.
468	Désastre du Cap Bon : une flotte romano-orientale incendiée par les Vandales. Les Bretons d'Armorique, alliés de Rome, sont vaincus par les Wisigoths à la bataille de Déols.
471	Siège de Clermont-Ferrand par les Wisigoths.
472	Ricimer, avec l'appui des fédérés burgondes, pille Rome et dépose l'empereur Anthémius.
473 ou 474	Les Burgondes forment un royaume indépendant en Gaule.
474	Paix perpétuelle entre Constantinople et les Vandales.
476	Odoacre dépose Romulus Augustule, dernier empereur d'Occident et prend le titre de patrice avec l'accord de l'empereur d'Orient.
477	Mort de Genséric.
478-479	Révolte des fédérés ostrogoths de Théodoric contre l'Empire d'Orient.
481-511	Clovis roi des Francs.
482-483	Deuxième rébellion de Théodoric.
486-488	Troisième rébellion de Théodoric.
486	Clovis annexe le royaume des Romains de Syagrius.
488	Poussés par l'empereur d'Orient Zénon, les Ostrogoths de Théodoric envahissent l'Italie pour chasser Odoacre.
488-493	Guerre entre Théodoric et Odoacre.
493	Théodoric devient roi d'Italie : fin de la souveraineté impériale sur l'Occident.

INTRODUCTION

L'image collective du soldat romain, réduite au légionnaire, est attachée à la période des Ier-IIe siècles de notre ère, apogée de l'Empire. S'il existe une bibliographie colossale sur le sujet, paradoxalement rares sont les ouvrages qui traitent spécifiquement des derniers siècles de l'armée romaine. L'armée romaine des IVe-Ve siècles est aujourd'hui l'objet d'un intérêt tardif et mesuré, généralement lié à une étude sur l'armée de Byzance, son héritière orientale[1].

À partir de 235, la Paix romaine s'effondre et l'Empire sombre dans un cycle de guerres civiles et d'invasions barbares[2]. Les frontières sont brisées et les provinces pillées par les Barbares : Germains en Europe, Perses en Orient. Pas moins de soixante-quatorze guerres contre les Barbares s'échelonnent jusqu'en 285. Les peuples germaniques s'unissent dans de nouvelles confédérations (Francs, Saxons, Alamans) et forment un ennemi beaucoup plus redoutable. La dynastie sassanide redonne aux Perses les moyens et le goût de l'impérialisme militaire. Faits sans précédents, deux empereurs trouvent la mort au combat : Dèce tué en 251 par les Goths, Valérien capturé et exécuté par les Perses en 260. L'armée est au cœur de cette histoire tumultueuse. Incapable d'enrayer les invasions, elle est source d'instabilité politique, assassinant vingt-quatre empereurs sur vingt-sept, fournissant la plupart des soixante usurpateurs qui se succèdent jusqu'en 285. En neuf ans de règne, Gallien (259-268) affronte dix-huit usurpateurs avant de succomber lui-même... Le vieux principe romain affirmant que « *les armes cèdent devant la toge* » n'a plus de sens. L'État romain est désormais aux mains de ses généraux. Des généraux factieux entraînent l'Empire sur la voie du séparatisme :

---

1. R. Grosse, *Römische Militärgeschichte von Gallienus bis zum Beginn der Byzantinischen Themenverfassung,* Berlin, 1920 ; W. Treadgold, *Byzantium and its Army 284-1081,* Stanford, Stanford University Press, 1995 ; K.R. Dixon et P. Southern, *The Late Roman Army,* Londres, Batsford, 1996.
2. Y. Le Bohec, « Les aspects militaires de la crise du IIIe siècle », *ARDV*, 2004, p. 9-17.

Empire des Gaules de Postumus, (Grande-)Bretagne de Carausius, Orient glissant sous le protectorat de Palmyre... Des empereurs courageux – Gallien, Aurélien – rétablissent l'unité impériale et contiennent les Barbares. Signe des temps, Rome cesse d'être une ville ouverte et s'entoure de murailles. Après un millénaire d'existence, Rome est désertée par les empereurs au bénéfice de villes proches des frontières menacées.

Militaire et politique, la crise que traverse l'Empire s'avère aussi économique et morale. Le refroidissement du climat entraîne un recul des terres cultivées au profit du pastoralisme et de la forêt. Dans le nord-est des Gaules, l'habitat rural se réduit considérablement à partir de la seconde moitié du IIIe siècle : 80 % des hameaux disparaissent. L'Empire abandonne la Batavie dont les terres sont devenues incultivables à la suite d'une transgression marine[1]. Les petits paysans, incapables de payer l'impôt, deviennent les colons des grands propriétaires terriens dont les villas fortifiées fixent la population rurale. Filles de la misère, des jacqueries sporadiques éclatent dans les campagnes entre le IIIe et le Ve siècle. L'Histoire a gardé le nom de ces émeutiers : *circoncellions* en Afrique, *bagaudes* en Gaule. Les Romains se détournent de la carrière des armes et l'armée de métier ne parvient plus à recruter suffisamment d'hommes. Il faut trouver de nouveaux modes et de nouvelles sources de recrutement. Avec des ressources économiques diminuées et un contexte social dégradé, l'Empire romain affronte une menace réactivée à toutes ses frontières qui s'étendent de l'Écosse à l'Irak d'aujourd'hui. Comment défendre un Empire immense avec une armée réduite et une société en crise ?

Deux empereurs militaires essaient d'apporter une réponse générale au défi mortel lancé à la civilisation romaine. Le premier est Dioclétien dont l'avènement, daté de 284, inaugure la période du Bas-Empire. Dioclétien impose une vigoureuse réforme politique et militaire avec la division de l'Empire entre l'Orient et l'Occident. Au plan moral, Dioclétien espère que les persécutions antichrétiennes ramèneront la faveur des dieux. Le second grand réformateur de l'Empire est Constantin. Après une longue guerre civile, il réunifie l'Empire sous son autorité en 324.

En 330, Constantin fait de Byzance, rebaptisée Constantinople, la seconde Rome, capitale de l'Orient romain. Avec Constantin, l'Empire romain change non seulement d'armée mais aussi de

1. G. Depeyrot, *Le Bas-Empire. Économie et numismatique (284-491),* Paris, Errance, 1987 ; *id.*, « Les conditions naturelles au Bas-Empire romain », *RH,* 588, 1993, p. 337-378.

civilisation, mais en fait, Constantin fait surtout preuve de tolérance religieuse : il donne une place à la religion chrétienne à laquelle il ne se convertit que vers 325. Dès son règne, des aumôniers militaires suivent les unités et des tentes servent de chapelles de campagne[1]. Ce sont Gratien et Théodose Ier qui ferment les temples païens après 384. Désormais, le serment militaire prêté par les recrues ainsi que les mots de passe prennent à témoin Dieu, le Christ et le Saint-Esprit[2]. Toutefois, les réponses de Dioclétien et de Constantin, pour être opposées religieusement, relèvent de la même école de pensée. La culture du Haut commandement romain envisage trois réformes essentielles : tentative de réarmement moral par la religion, réorganisation parallèle de l'Empire et de l'armée. Par contre, au Ve siècle, il n'y a plus de tentative pour sauvegarder l'unité de l'Empire : l'Orient et l'Occident, dissociés politiquement, évoluent vers des destins différents.

1. R. Haensch, « La christianisation de l'Armée romaine », *ARDV*, 2004, p. 525-531.
2. Végèce, *DRM,* II, 5.

La bipartition de l'Empire en 364

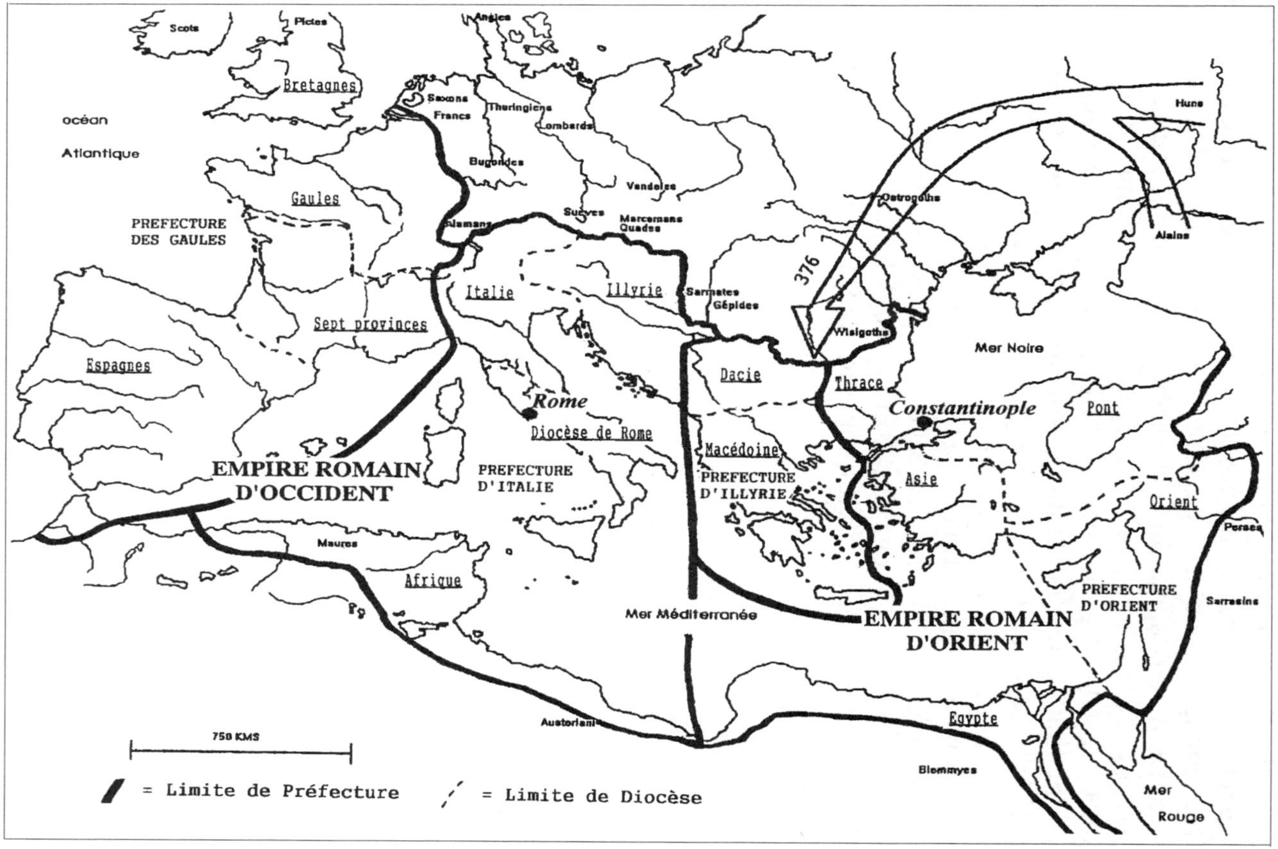

CHAPITRE 1

La fonction militaire de l'Empereur à la fin de l'empire romain

Depuis la crise du IIIe siècle jusqu'à la déposition de Romulus Augustule par le mercenaire Odoacre en 476, l'empereur est, à quelques rares exceptions, un militaire de carrière ou le fils d'un soldat professionnel. La primauté politique de l'armée trouve sa justification dans un contexte de guerre presque permanente : assauts des Barbares aux frontières, rébellions militaires à l'intérieur.

LA POURPRE IMPÉRIALE SOMMET DE LA CARRIÈRE MILITAIRE

Traditionnellement, le commandement des légions et des armées provinciales revenait aux sénateurs. Ces fonctions ne reposaient pas sur une vocation militaire mais s'inscrivaient dans le *cursus honorum* de la classe sénatoriale. Un certain amateurisme s'ensuivait, compensé par les officiers subalternes issus de la troupe[1]. La professionnalisation du corps des officiers généraux remonte à l'empereur Gallien, qui, en 262, exclut progressivement mais définitivement la classe sénatoriale des commandements de

1. E. Frézouls, « Le commandement et ses problèmes », *HRAR,* 1995, p. 157-166.

l'armée[1]. L'édit de 262 répond à deux objectifs, militaire et politique, que révèle l'historien Aurélius Victor : « *Gallien, par crainte de leur incurie et pour éviter qu'on donnât l'Empire à l'élite de la noblesse, écarta le Sénat du service militaire et lui interdit l'accès à l'armée*[2]. » Néanmoins, le motif politique l'emporte[3], car ce sont des sénateurs qui ont bâti l'Empire romain au temps de la République. Aux sénateurs, revient la haute administration civile, aux militaires de carrière, fils de vétérans ou de paysans et bientôt de Barbares, reviennent les hauts commandements de l'armée. Depuis l'édit de Gallien, le Sénat, représentant la société civile, n'a plus aucun moyen de contrôler l'armée et, désormais, à l'exception de l'éphémère Tacite (275-276), jamais plus un empereur ne sortira de ses rangs. La fonction impériale devient le sommet de la carrière militaire. L'officier le plus haut gradé ou reconnu le plus apte par ses pairs accède à l'Empire. D'après un panégyrique dit à Constantin en 310 : « *C'est une grande et admirable fortune que de s'élever après avoir régulièrement accompli les années de service et parcouru les degrés de la hiérarchie militaire, jusqu'à ce faîte de la grandeur*[4]*...* » L'empereur Dioclétien organise le tour de promotion en instaurant une direction collégiale de l'Empire appelée Dyarchie (285-293) puis Tétrarchie (293-305)[5]. Deux Augustes se partagent l'Empire, désormais divisé entre l'Orient et l'Occident. Dans la Tétrarchie, chaque Auguste désigne un César qui fait office de successeur probable et assume le commandement des régions les plus menacées. Les rapports hiérarchiques entre un Auguste et son César subordonné évoquent ceux de l'armée. La discipline s'applique avec la même rigueur au plus simple soldat comme au César. Dioclétien Auguste montre une rigueur toute légionnaire pour sanctionner l'échec de son César Galère face aux Perses en 297, l'obligeant à courir près de son char revêtu de la pourpre[6]. En 354, Constance II (337-361)[7], qui craint une conspiration, démet

1. W. Seston, *Dioclétien et la Tétrarchie,* Bibliothèque des Écoles françaises d'Athènes et de Rome, 1946, vol. 1, p. 309-sq. ; A. Chastagnol, *Le Sénat à l'époque impériale,* Paris, Les Belles Lettres, 1992, p. 208-211.
2. Aurélius Victor, XXXIV.
3. Y. Le Bohec, « Gallien et l'encadrement sénatorial de l'Armée romaine », *REMA*, 1, 2004, p.123-132.
4. *Panegyricus Constantino Augusto Dictus,* VII (6), 3, 3.
5. S. Williams, *Diocletian and the Roman Recovery,* Londres, Batsford, 1985.
6. Eutrope, IX, 24. Festus, XXV. Ammien Marcellin, XIV, 11, 10. C. Zuckerman, « Les campagnes des Tétrarques, 296-298 », *L'Antiquité tardive,* 2, 1994, p. 65.
7. A.H.M. Jones, J.R. Martindale et J. Morris, *The Prosopography of the Later Roman Empire,* Cambridge, Cambridge University Press, 1971, tome 1, p. 226. PW, IV, col. 1044-sq.

le César d'Orient Gallus « comme un simple soldat », le fait arrêter puis décapiter[1].

Le but de Dioclétien, en ouvrant la carrière impériale à un plus grand nombre d'officiers généraux, est avant tout d'éviter les *pronunciamentos* militaires. Lui-même donne l'exemple en se retirant des affaires en 305 et cède son titre d'Auguste. Mais, contrairement à ses espérances, les ambitions rivales des Césars en place débouchent sur une série de guerres civiles. Le terme de guerre civile, bien qu'il n'en existe pas d'autre, est mal choisi, car il s'agit plutôt de conflits strictement entre militaires ; les civils, spectateurs impuissants et indifférents, appartiendront aux plus forts. Constantin (306-337) réunifie l'Empire par les armes en 324[2] et crée une éphémère dynastie qui évolue vers une Dyarchie jusqu'en 351, puis à nouveau vers une monarchie jusqu'en 364[3].

Le corps des officiers continue, en cas de solution dynastique, à nommer celui qui portera la pourpre et fournit la longue liste des usurpateurs au Bas-Empire. C'est une des causes de l'instabilité du pouvoir à partir du milieu du IIIe siècle. Lorsque l'empereur Julien (361-363)[4] périt au cours d'une campagne contre les Perses, les hauts dignitaires de l'armée désignent l'un d'eux comme empereur, le comte des protecteurs domestiques Jovien[5]. En 364, à la mort de Jovien, c'est un autre officier de la garde impériale qui est promu, le tribun de la schole des Scutaires Valentinien[6]. Valentinien Ier (364-375) rétablit la Dyarchie Orient-Occident qui existait au début du règne de Dioclétien en nommant son frère Valens empereur d'Orient. En cas de vacance de l'un des deux trônes, l'empereur en place a droit de cooptation dans le choix de son collègue. Mais, après ce parrainage initial, il n'y a plus aucun lien de subordination entre les deux empereurs. Cinq mois après la mort de l'empereur d'Orient Valens, tué à la bataille d'Andrinople en 378, Gratien, empereur d'Occident, désigne le général Théodose[7]. Le principe dynastique est celui qui joue le moins au IVe siècle. Il s'impose en Occident de 395 à 455 et en Orient jusqu'en 450, puis disparaît ensuite. Au Ve siècle, les empereurs d'Occident loués par le panégyriste Sidoine Apollinaire sont avant

1. Ammien Marcellin, XIV, 11, 19, 23 ; XV, 1, 2.
2. E. Stein, *Histoire du Bas-Empire,* tome 1, *De l'État Romain à l'État byzantin (284-476),* Amsterdam, rééd. Adolf M. Hakkert, 1968, tome 1, p. 82-104 ; A.H.M. Jones, tome 1, p. 223-224, PW IV, col. 1013-1026.
3. E. Stein, 1968, tome 1, p. 132-157.
4. A.H.M. Jones, 1971, tome 1, p. 477-478.
5. Ammien Marcellin, *Res Gestae,* XXV, 5, 1-sq.
6. *Ibid.,* XXVI, 1, 1-sq. ; E. Stein, 1968, tome 1, p. 172-181.
7. A.H.M. Jones, 1971, tome 1, p. 902-904.

tout des soldats de métier : Avitus (455-456)[1] et Majorien (456-461)[2] sont maîtres de la milice des Gaules, avant de s'autoproclamer empereurs et d'être renversés par l'armée. Pour faire face à cette instabilité, l'empereur d'Orient Léon Ier ordonne à Anthémius (467-472)[3], maître des deux milices, natif de Constantinople, d'occuper le trône d'Occident laissé vide depuis plus d'un an. La carrière d'Anthémius est ainsi résumée par Sidoine : « *Aujourd'hui c'est vous, Sire, qui viendrez soutenir mon chant, vous dont la chevelure s'est usée sous le casque avant d'être le soutien du diadème, vous qui recevez la pourpre éclatante des Césars après avoir porté la cuirasse et avez libéré votre main du glaive pour la charger du sceptre*[4]. » Une mutinerie a raison d'Anthémius. En 475, pour chasser l'usurpateur Glycère, Léon Ier autorise un autre officier général, Julius Népos, maître de la milice de Dalmatie, à prendre le pouvoir en Occident[5]. Il n'y a pas une telle instabilité politique en Orient, bien qu'après la mort de Théodose II en 450, les empereurs soient tous soldats de carrière et fils de militaires : Marcien (450-457)[6], Léon (457-474)[7] et Zénon (474-491)[8].

Le soldat a son mot à dire dans le processus de désignation. L'acclamation par la troupe du nouvel empereur valide le début d'un règne. C'est d'ailleurs une précaution dynastique que de faire acclamer son fils par l'armée, comme Valentinien Ier le fait en 367 pour son fils Gratien. Rituellement, les soldats approuvent la nomination en frappant leur bouclier du genou[9]. Exceptionnellement, l'armée peut nommer un empereur malgré lui : c'est le cas du César Julien en 360 qui se voit hisser sur le pavois, couronner par un torque de draconaire des troupes gauloises. Julien, craignant les affres d'une guerre civile, essaie de raisonner la troupe, mais voyant la colère monter contre lui à son refus, il accepte son acclamation[10]. La troupe peut désigner un simple soldat comme empereur si elle s'estime trahie par ses chefs. Ainsi, vers 407, l'armée de Bretagne, après avoir proclamé et défait Marcus puis Gratien, désigne empereur un simple soldat parce qu'il porte le

1. *Ibid.*, 1980, tome 2, p. 196-198.
2. *Ibid.*, p. 702-703.
3. *Ibid.*, p. 96-98.
4. Sidoine Apollinaire, *Panegyricus Anthemio Augusto Dictus*, v. 99-102.
5. A.H.M. Jones, *op. cit.*, p. 777-778.
6. *Ibid.*, p. 714-716.
7. *Ibid.*, p. 663-664.
8. *Ibid.*, p. 1200-1202.
9. F. Heim, « *Vox exercitus, vox Dei.* La désignation de l'empereur charismatique au IVe siècle », *REL*, 68, 1990, p. 160-172.
10. Ammien Marcellin, XX, 4, 17-18.

nom propitiatoire de Constantin, le premier empereur chrétien... Le nouveau Constantin, troisième du nom, s'acquitte parfaitement de sa tâche et rétablit la situation en Gaule dont la frontière avait été franchie par les Barbares. Au milieu du Ve siècle, Majorien est le dernier en Occident à être spontanément acclamé empereur par la troupe. Mais il n'accepte cette promotion qu'un an après avec l'accord de l'empereur d'Orient.

L'EMPEREUR ET L'EMBLÈME DE L'ARMÉE

L'empereur, chef des armées, décide de son emblème de commandement. Cela ne va pas sans polémique au IVe siècle, où chrétiens et païens mènent une lutte d'influence pour le pouvoir impérial. La Tétrarchie est marquée par le martyre de la légion thébaine majoritairement chrétienne. La victoire de Constantin sur Maxence à la bataille dite des Rochers Rouges ou du Pont Milvien (le 27 octobre 312) ne fait pas immédiatement du christianisme la religion officielle de l'État. La conversion de Constantin est plus tardive (vers 325) et l'Édit de Milan de 313 n'est qu'un édit de tolérance. Le chrisme, d'après la tradition chrétienne, symbole formé des deux lettres initiales de Christ en grec : *XP* (*Chi-Rhô*), est frappé sur les boucliers de l'armée de Constantin à la veille de la bataille[1]. Néanmoins, le *Panégyrique* dit à Constantin en 310 rappelle le paganisme originel de Constantin : « *Car tu as vu, je crois, ton protecteur Apollon accompagné de la Victoire t'offrir des couronnes de laurier dont chacun t'apporte le présage de trente années*[2]. » La vision de Constantin aurait donc été païenne, avant d'être chrétienne. On a pu donc voir dans le Chrisme une origine païenne, soit le chiffre dix (X) entouré d'une couronne de laurier, soit même l'ogam solaire X d'une divinité gauloise identifié à l'Apollon du Sanctuaire de Grand[3]. Constantin institue le *labarum* comme emblème impérial. Il s'agit d'un *uexillum*, pièce de tissu suspendue horizontalement devant une lance, marqué du chrisme[4]. Le *uexillum* était l'emblème des cohortes jusqu'au IIe siècle et demeure dans la cavalerie au Bas-Empire.

Le paganisme est toléré, graduellement combattu mais pas définitivement battu. Il fait un bref retour politique et idéologique

1. Lactance, « De mortibus persecutorum », *CSEL*, XLIV, 5.
2. *Panegyricus Constantino Augusto Dictus*, VII (6), 21.
3. S. Kerneis, *Les Celtiques. Servitude et grandeur des auxiliaires bretons dans l'Empire romain*, Clermont-Ferrand, Presses Universitaires de la Faculté de Droit de Clermont-Ferrand, 1998, p. 142-154.
4. Eusèbe de Césarée, *Vita Constantini*, I, 28-31.

dans la personne de l'empereur Julien (361-363), surnommé pour cette raison « l'Apostat » par les sources chrétiennes, car il avait renié la religion officielle. Julien, qui a la faveur des intellectuels comme Ammien Marcellin ou Libanios, semble avoir abandonné le symbole chrétien comme fanion de commandement au profit du populaire dragon, manche à air avec une tête de bronze maintenue au sommet d'une lance. Le *draco* était à l'origine l'emblème des Parthes. Lucien, qui écrit vers 120-180, déclare que les Parthes l'utilisent pour indiquer une troupe de 1 000 hommes[1]. Les Daces l'arborent sur la Colonne Trajane. Vers 175, l'armée romaine comptait une troupe de Sarmates qui avait probablement le dragon comme enseigne et le popularisa ensuite[2]. D'après Arrien, les dragons ont été utilisés dans les jeux équestres (*hippika gymnasia*) par les cavaliers romains comme il l'écrit dans sa *Tactique*. En 259, lorsque Gallien fête la dixième année de son règne à Rome, figurent les dragons et les enseignes de toutes les légions[3]. Grégoire de Nazianze établit un parallèle peu connu entre le dragon et le *labarum* institué par Constantin :

> « *Bientôt* (l'empereur Julien) *ose s'attaquer à son tour à ce grand étendard qui marche solennellement à la tête de l'armée en portant l'image de la croix. Il a le pouvoir de délivrer de la fatigue et possède un grand renom parmi les Romains et règne, pour ainsi dire, sur tous les autres étendards, ceux qui se déploient en couleurs et dessins variés, ceux qui, gonflés par le vent, forment des gueules effrayantes de dragons se balançant à la pointe des hampes et qui, lorsqu'on les agite, serpentent de leurs écailles brodées, présentant aux regards le plus agréable en même temps que le plus effrayant des spectacles*[4]. »

Grégoire de Nazianze considère le dragon, enseigne de l'armée « d'Ancien Régime » et de Julien, comme une manifestation satanique, tandis que l'emblème chrétien se pare de saintes vertus. Julien aurait fait mettre sur le *labarum* les images de Zeus, d'Arès et d'Hermès[5]. À la bataille de Strasbourg, alors simple César, il utilise déjà « *l'enseigne pourpre du dragon* » comme signe de commandement[6]. Au cours du même engagement, les dragons pourpres se tiennent aux premiers rangs, ornés d'or et de

1. Lucien, *Quomodo Historia conscribenda sit,* 29.
2. J.C.N. Coulston, « *The Draco Standard* », *JRM,* 2, 1991, p. 101-114.
3. *HA,* Gallianus, VIII, 6.
4. Grégoire de Nazianze, *In Julianum,* 66.
5. Sozomène, IV, 17, 2-4.
6. Ammien Marcellin, XVI, 12, 39.

pierres précieuses, « *se gonflent de colère sous l'effet du vent*[1] ». La pourpre symbolise le pouvoir impérial : c'est ainsi que le maître de la milice Silvain, poussé à la mutinerie, fait retirer la pourpre des dragons et des enseignes appelés *uexilla*[2]. La faute politique de Julien est d'avoir écarté le *labarum* au profit d'un emblème courant. Après la mort de l'empereur Julien, des bruits ont couru dans l'armée qu'il avait été tué par le javelot d'un Romain chrétien et non par celui d'un Perse...[3] La mort de Julien n'entraîne pas celle du dragon. D'après Végèce, il reste vraisemblablement l'emblème de la cohorte à la fin du IVe siècle[4]. Le dragon garde la faveur des soldats et des poètes[5]. Claudien évoque en 395 l'empereur Arcadius et son ministre Rufin qui saluent les aigles et les dragons de l'armée passée en revue sous les murs de Constantinople[6]. À la fin du IVe siècle, il n'y a plus de polémique entre le dragon et la *labarum*. Prudence évoque le *labarum* qui porte « *la très sublime marque du Christ* » et s'avance en tête des dragons[7]. Au Ve siècle, le dragon est même devenu l'enseigne des fédérés ostrogoths révoltés contre l'Empire[8]. Il survit dans les armées byzantines et même franques du IXe siècle. Bien que de connotation païenne, le dragon a une continuité militaire plus longue que le *labarum* : le roi Richard, au siège d'Acre en 1191 lors de la Troisième croisade, a le dragon comme enseigne (!) : « *Normant e Engleis chevalchouent/Après qui le dragon portouent*[9] »...

À la fin du IVe siècle, Ambroise de Milan évoque le *labarum* qui conduit désormais les armées romaines à la place de l'aigle[10]. Mais il s'agit plus d'une déclaration chrétienne militante que d'un reflet exact de la réalité. Végèce, pourtant chrétien, ne cite jamais le *labarum*, sans craindre d'offenser l'empereur Théodose, défenseur de la foi catholique et grand connaisseur de la chose militaire. Il le considère peut-être comme un *uexillum*, ou plus exactement ne le considère pas comme une enseigne caractérisant une unité (légion, cohorte, vexillation...). Le *labarum* n'était pas l'emblème

1. *Ibid.*, XVI, 10, 7.
2. *Ibid.*, XV, 5, 16.
3. Sur Julien et le *labarum*, P. Allard, *Histoire des Persécutions*, Paris, 1905, tome 3, p. 153.
4. Végèce, *DRM*, II, 13.
5. Claudien, *In Rufinum*, II, v. 177 et 365 ; *Epithalamium*, v. 193 ; *De Tertio Consulatu Honorii*, v. 138.
6. Claudien, *Epithalamium*, v. 193.
7. Prudence, *Contra Symmachum*, v. 713-714.
8. Sidoine Apollinaire évoque les dragons ennemis de l'Ostrogoth Valamer et leur oppose les aigles romaines d'Anthémius, *Panegyricus Anthemio Augusto Dictus*, II, v. 233.
9. Ambroise, *Estoire de la Guerre Sainte*, v. 6153-6154.
10. Ambroise de Milan, *Contra Symmachum*, PL, 60, col.227-230.

de la légion – aucun témoignage ne le rapporte – mais celui de l'armée et de l'empereur en campagne. Le diptyque de Probus (406) figure un *labarum* qui porte l'inscription : *IN NOMINE XPI VINCAS SEMPER*, « *Au nom du Christ tu vaincras toujours* ». L'enseigne vexilliforme est sommé d'un *XP* particulier : la jambe du *Rhô* se confond avec le *Chi*. Néanmoins, les trophées militaires déclinent au IVe siècle et disparaissent au VIe siècle. La symbolique chrétienne, chrisme et *labarum*, s'impose dans l'art officiel et dans la numismatique de l'Empire[1]. La *Notitia Dignitatum*, contrairement aux témoignages numismatiques et à quelques bas-reliefs, ou même à la mosaïque du VIe siècle de San Vitale de Ravenne, ne donne aucun épisème marqué du chrisme. Il devait caractériser certaines unités de la garde impériale ou certains officiers. D'après Eusèbe de Césarée, le *Labarum* et l'empereur étaient gardés par des soldats chrétiens[2].

UN GUERRIER ACCOMPLI

L'empereur, issu de l'armée et y puisant sa force, doit avoir les qualités du soldat. Ces qualités proviennent de l'entraînement. Le but de l'entraînement est de forger les corps et de tremper les caractères, comme le rapporte l'historien juif Flavius Josèphe[3]. Labeur et sueur, *labor* et *sudor*, sont indissociablement liés au soldat dans l'imaginaire romain[4]. L'exercice assure également la puissance du *dux* ou de l'*imperator*, commandant en chef et témoigne de sa *virtus*, autrement dit son énergie virile. Végèce rapporte comment Pompée le Grand rivalisait autrefois à sauter avec les plus agiles, à courir avec les plus rapides et luttait avec les plus forts[5]. L'entraînement, en ce sens, a une double signification, politique et militaire[6]. Un empereur militairement entraîné est apte à défendre l'Empire et a droit à régner. L'empereur doit être supérieurement entraîné aux armes et apparaître comme un modèle aux simples soldats.

La majorité des empereurs des IVe-Ve siècles, fils de militaires, reçoivent une éducation martiale précoce. En 289, le panégyriste Mamertin rappelle ce fait à propos de Maximien :

1. G. Ch. Picard, *Les Trophées romains. Contribution à l'Histoire de la Religion et de l'Art triomphal à Rome,* Paris, de Boccard, 1957, p. 481-508.
2. Eusèbe de Césarée, *Vita Constantini,* II, 8-9 ; IV, 18, 1. R. Haensch, 2004, p.529.
3. Flavius Josèphe, *De Bello Judaico,* III, 5, 7.
4. J.M. Carrié, « Le soldat », dans A. Giordina (dir.), *L'homme romain,* Paris, Éditions du Seuil, 1992, p. 146-148.
5. Végèce, *DRM,* I, 9.
6. Y. Le Bohec, *L'Armée romaine,* Paris, Picard, 1989, p. 114-115 et 122-124.

« *Louerai-je la façon dont tu as toujours été élevé et instruit sur cette frontière* (la Pannonie), *dans ce séjour des légions les plus vaillantes, au milieu des manœuvres d'une jeunesse intrépide, dans le tumulte des armes qui couvrait tes agissements*[1]. » Julien révèle que Constance II était de bonne heure exercé à la danse et à la course en armes, surpassant n'importe quel « hoplite » (légionnaire). Excellent cavalier, il était aussi bon tireur à l'arc[2]. Fils de soldat, Anthémius, précocement familiarisé avec les armes, était particulièrement entraîné à manier la lance et, en armure, à sauter d'un bond sur un cheval[3].

Le côté physique de l'exercice fait la fortune de Maximin (235-238), paysan pannonien, force de la nature qui accède à tous les grades de la hiérarchie militaire jusqu'à la pourpre impériale. Jordanès, historien goth du VIe siècle, voit en lui un frère de race et fait presque un éloge de la force brutale quand il évoque les qualités sportives surhumaines de Maximin. Sa haute taille et son invincibilité à la lutte lors de jeux militaires convainquent l'empereur Sévère d'enrôler ce pâtre sans manière dans la cavalerie[4]. Constance II est, selon l'historien Ammien Marcellin, un cavalier, un javelinier et un archer accompli, un guerrier « *passé maître dans l'équitation, le lancer de javelot et particulièrement dans le tir à l'arc, ainsi que dans tous les exercices d'infanterie*[5] ». Julien attribue encore à Constance II le développement de la cavalerie lourde des cataphractaires : « *Quel empereur pourrait-on citer parmi tes prédécesseurs, dont le génie inventif ou imitateur ait créé une cavalerie et un armement pareils aux tiens ? Après t'être exercé le premier au port de la cuirasse, tu appris aux autres à user de cette armure inattaquable*[6]. » Constance II est loué par Ammien pour sa chasteté, sa modération, buvant et dormant peu, vertus qui sont celles du soldat idéal chez le tacticien grec Onosandre et chez le Romain Végèce[7]. Dans un autre registre, Julien, âgé d'une trentaine d'années, alors nommé César par Constance II en 355, se contraint au *drill* militaire pour remplir sa tâche alors qu'il n'en avait jamais fait l'expérience. L'image du jeune prince philosophe marchant au pas au son de la

1. Mamertin, *Panegyricus Maximiano Augusto Dictus* (289). *Panegyrici Latini,* II (10), 2, 4.
2. Julien, *Ad Constantium,* I, 8.
3. Sidoine Apollinaire, *Panegyricus Anthemio Augusto Dictus,* v. 134-143.
4. Jordanès, *Getica,* XV, 84-88.
5. Ammien Marcellin, XXI, 16, 5-7.
6. Julien, *Ad Constantium,* I, 28.
7. Onosandre, I, 1. Végèce, *DRM,* I, 3.

pyrrhique, croulant sous son « barda », reflète la dureté et la nécessité de la « *discipline des camps* »[1].

À la fin du IVe siècle, le portrait que Végèce dresse de l'empereur Théodose Ier, à qui il dédie son *De Re Militari*[2], en fait un guerrier complet, soldat d'élite doublé d'un général. L'empereur a toutes les qualités militaires des Barbares et les surpasse même : « *Les Perses admirent ta dextérité à tirer les flèches ; les Huns et les Alains voudraient en vain imiter ton adresse et ta bonne grâce à monter un cheval ; le Sarrasin et l'Indien n'égalent pas ta rapidité à la course ; les maîtres d'escrime eux-mêmes se réjouissent de comprendre une partie de ce que tu exécutes ; se joignent à cela avec une même valeur et capacité, l'art des combats et la science de vaincre, de telle sorte que tu montres à ton État savoir accomplir ton devoir de général et de soldat.* » L'escrime, que Théodose Ier possède au plus haut degré, différencie le guerrier barbare du soldat romain. La science des combats est l'apanage du chef de guerre, l'*imperator*[3]. À partir de la fin du IVe siècle, l'usage est d'attribuer au prince les qualités guerrières des Barbares. Désormais, la valeur militaire ne s'exprime plus uniquement en termes romains, mais en termes barbares. Gratien s'entoure de gardes du corps alains et s'habille à leur mode. Les Alains, peuple des steppes, sont considérés comme des Barbares par les Germains et les Gaulois de l'armée d'Occident, qui, jaloux, exécutent Gratien en 383[4].

Au Ve siècle, Sidoine Apollinaire insiste sur les qualités de combattant individuel. Avitus a servi sous Aétius, lequel, en dépit de sa gloire, n'aurait rien pu sans lui. Expérimenté dans la guerre contre les Scythes (Huns), il est frotté à toutes les armes et terrasse un guerrier hunnique dans un combat singulier[5]. Les qualités guerrières d'Avitus sont très proches de celles que Végèce attribue à Théodose Ier : « *Tu surpasses là-bas l'Hérule à la course, le Hun dans le lancer du javelot, le Franc à la nage, le Sarmate dans l'usage du bouclier, le Salien dans le combat à pied, le Gélon dans le maniement de la faux ; tu surpasses enfin, pour l'endurance aux blessures, ces guerriers qui, dans l'affliction, cachent leurs larmes dans le sang de blessures volontaires, se labourent les joues de leur lance et rouvrent, sur leur visage*

1. Ammien Marcellin, XVI, 5, 10.
2. Ph. Richardot, « La datation du « *De Re Militari de Végèce* », *Latomus,* 57, 1998, p. 136-147.
3. Végèce, *DRM,* III, 26.
4. Zosime, IV, 35, 2-3. Aurélius Victor, XVII.
5. Sidoine Apollinaire, *Panegyricus Avito Augusto Dictus,* v. 230-294.

menaçant, les rouges cicatrices de leurs plaies[1]. » Majorien est un athlète-guerrier complet, capable de manier toutes les armes, comparable aux héros mythologiques ; de plus, il est heureux à la guerre[2]. L'empereur d'Orient Zénon était entraîné aux armes et un coureur rapide[3]. La chasse, sport brutal où le sang coule, doit être comprise comme une préparation à la guerre. Sidoine rapporte comment, au sortir de la petite enfance, Avitus, assimilé à Hercule, brise le crâne d'une bête féroce venue l'attaquer et plus tard évoque sa valeur à la chasse au sanglier[4]. Anthémius est aussi un chasseur invétéré depuis l'enfance[5].

La louange héroïque de l'empereur-combattant traduit dans les faits, sinon dans la propagande impériale, l'excellence de sa formation militaire. Dans une bataille contre les *Chaibones* et les Hérules en 286, Maximien, collègue de Dioclétien, est présenté dans un panégyrique comme un super-héros qui remporte presque seul la victoire avec quelques cohortes au lieu d'une armée, en combattant à une vitesse imperceptible pour des yeux humains[6] ! Néanmoins, l'excès de ce style de louange ne doit pas cacher que parfois l'empereur s'engage au combat dans des conditions beaucoup plus réalistes.

La chaleur du moment, l'urgence, la nécessité de l'exemple entraînent l'empereur à conduire une charge. Le 1er janvier 287, Maximien, revêtu de la cuirasse, armé de la lance, monté sur un cheval, fait une sortie hors de Trèves contre des pillards alamans[7]. Lors d'une reconnaissance à pied des murs de *Maiozamalcha* en 363, Julien est assailli par dix Perses sortis d'une poterne. Deux s'attaquent à lui, mais il pare les coups avec son bouclier et perce le flanc d'un ennemi à l'épée. Son escorte tue le second assaillant et chasse les autres. Julien, comme un nouveau Titus Manlius Torquatus, revient au camp avec les trophées des deux Perses tués[8]. Au Ve siècle, menant campagne en Gaule, Majorien charge à cheval une noce barbare et s'empare du butin[9]. Cet événement, héroïsé par le panégyriste, rend compte de la pratique du combat singulier lors d'une escarmouche. Le fait est toutefois assez rare, comme le souligne le panégyrique de 310 dit en l'honneur de

1. *Ibid.*, v. 235-240.
2. Sidoine Apollinaire, *Panegyricus Maioriano Augusto Dictus,* v. 151-236.
3. Anonyme Valésien, *Pars Posterior,* 9, 39-40.
4. Sidoine Apollinaire, *Panegyricus Avito Augusto Dictus,* v. 187-197.
5. *Id., Panegyricus Anthemio Augusto Dictus,* v. 144-155.
6. Mamertin, *Panegyricus Maximiano Augusto Dictus* (289). *Panegyrici Latini,* II (10), 3, 2-3.
7. *Ibid.*, II (10), VI, 1-sq.
8. Ammien Marcellin, XXIV, 4, 3-5.
9. Sidoine Apollinaire, *Panegyricus Maioriano Augusto Dictus,* v. 218-230.

Constantin : « *En luttant contre l'ennemi, même en combat singulier, tu as, parmi les peuples, acquis plus de notoriété sans ajouter à ta noblesse*[1]. » En pratique, l'empereur ne doit pas s'engager en combat singulier car ce n'est pas son travail. Le panégyrique de 313, plus conforme à la réalité courante, reproche à Constantin son comportement héroïque à la bataille de Vérone l'année précédente : « *Tu avais tout prévu, tout réglé, tu t'étais acquitté pleinement des devoirs d'un commandant en chef. Pourquoi as-tu combattu de ta personne ?... Eh quoi ! Empereur, il siérait que ton bras frappe l'ennemi ? Non, il ne sied même pas que tu te fatigues*[2]. » Après la victoire, tribuns et officiers supérieurs font remarquer à Constantin le danger d'une telle attitude pour l'armée si l'empereur mourait : « *Qu'as-tu fait, empereur ? Dans quels malheurs tu nous précipitais si ta bravoure divine ne t'avait défendu ? Pourquoi cette impatience ? À quoi bon nos bras, si renversant les rôles, c'est toi qui combats à notre place ?*[3] » En règle générale, même quand sa vie est menacée, l'empereur laisse ses gardes du corps des scholes palatines combattre pour lui. Ainsi, lors d'une entrevue mouvementée en 359, les Sarmates s'emparent du trône impérial tandis que Constance II s'enfuit, protégé par les Scutaires qui perdent leur tribun au combat, mais vengent l'affront fait à la dignité impériale[4]. Les qualités guerrières de Constance, citées plus haut, n'ont qu'une valeur démonstrative à l'entraînement devant ses soldats mais pas au combat.

APPRENDRE LA SCIENCE MILITAIRE

L'empereur, général en chef, doit avant tout connaître l'art militaire. Cicéron décrit ainsi les qualités du général : « *science militaire, courage, autorité, chance*[5] ». La chance ne s'apprend pas, c'est une vertu innée des vrais chefs : « *Dans toute bataille qui s'offre, la certitude et la garantie du succès tiennent moins à la confiance des troupes qu'à la chance des généraux*[6]. » La chance est ce qu'il y a de plus opposé à la science militaire. Valère Maxime déclare « *qu'en matière de guerre, il est honteux*

1. *Panegyricus Constantino Augusto Dictus. Panegyrici Latini,* VII (6), 3, 3.
2. *Ibid.,* IX (12), 9, 3.
3. *Ibid.,* IX (12), 10, 1.
4. Ammien Marcellin, XIX, 10, 10-16.
5. Cicéron, *De Imp. Cn. Pomp. De Pompeio,* 28-29 ; 36 ; 49. *Ibid., Pro Fonteio,* 43. *Id., De officiis,* I, 108. *Id., Pro Murena,* 22.
6. *Panegyricus Constantio Caesari Dictus. Panegyrici Latini,* IV (8), 15, 4.

de dire : je n'y avais pas songé[1]. » En l'absence d'une École supérieure de guerre et à défaut d'expérience personnelle, les chefs d'armée devaient se former par la lecture de traités militaires, ou par le récit des guerres passées chez les historiens[2]. C'était l'avis de Végèce dans son traité sur l'art militaire, le *De Re Militari* : « *L'art de la guerre est souvent tombé en oubli chez les anciens ; on l'a retrouvé d'abord dans les livres, ensuite il a repris son premier lustre par l'autorité des généraux*[3]. » Les traités militaires romains étaient assez peu nombreux. Végèce, qui les a compilés à la fin du IVe siècle, cite Caton le Censeur, Celse, Paternus ou les *Stratagemata* et les *Taktika* (perdus) de Frontin. Il a également utilisé les constitutions d'Auguste, Trajan et Hadrien. Végèce, énumérant ses sources, explique qu'on doit préférer la science militaire romaine qui a battu celle des Grecs, inventeurs des ouvrages de tactique[4]. Il dédie son traité à Théodose Ier « *pour le salut de l'État* », non qu'il estime que l'empereur soit ignorant de l'art de la guerre, mais pour lui montrer ce qu'il applique spontanément[5]. Intéressé, Théodose lui ordonne d'amplifier son ouvrage qui portait initialement sur la sélection et l'entraînement des recrues[6].

La vie des grands généraux peut influencer l'empereur chef de guerre. César avait lui-même pris modèle sur Alexandre le Grand et, au dire de Suétone, « *ne put s'empêcher de gémir* (...) *à la pensée qu'à l'âge où Alexandre avait soumis l'univers, lui-même n'avait encore rien accompli de mémorable*[7] ». L'empereur Julien a pris un modèle plus modeste, mais plus romain, celui de l'*imperator* Scipion Émilien. Escorté d'une troupe qui le protégeait de ses boucliers, il attaque une porte de la ville perse de *Pirisabora*, mais, sous les flèches, les balles de frondes et les pierres, doit se retirer, n'arrivant pas à saper la porte comme Scipion, selon Polybe, l'avait fait pour une porte de Carthage. Ammien précise que Scipion, à la différence de Julien, avait pu se protéger des traits sous l'arche de la porte[8]. Le panégyriste Pacatus dit de

1. Valère Maxime, VII, 2, 2.
2. B. Campbell, « Teach yourself how to be a General », *JRS,* 77, 1987, p. 13-29.
3. Végèce, *DRM,* III, 10.
4. *Ibid.,* I, 8.
5. *Ibid.,* I, Prologue.
6. *Ibid.,* II, Prologue. C. Santini, « Le *praefationes* ai quattro libri della *Epitoma rei militaris* di Vegezio », *Prefazioni, prologhi, proemi di opere tecnico-scientifiche latine,* Rome, Herder, 1992, tome 2, p. 1001-1018.
7. Suétone, *Vita divi Julii,* VII ; A. Bruhl, « Le souvenir d'Alexandre le Grand et les Romains », *MEFR,* 1930, p. 202-221.
8. Ammien Marcellin, XXIV, 2, 14-16.

Théodose Ier qu'il observait la vie dure des généraux antiques[1]. D'origine grecque, Anthémius joignait aux exercices du corps les raffinements de la culture classique gréco-romaine[2]. La formation militaire d'Avitus passe par les livres d'Histoire et de tactique : « *Son intelligence à son éveil fut formée par les Muses et par l'illustre Cicéron qui fait tonner ta voix ; il étudia aussi les hauts faits de tes chefs passés, il étudia les combats et lut dans les livres ce qu'il devait accomplir sur le champ de bataille*[3]. »

La tradition orale de la guerre est aussi une autre manière d'instruire le futur chef de guerre. Végèce rapporte qu'Hannibal, avant d'attaquer l'Italie, avait pris des cours de science militaire d'un général spartiate ; ce qui lui a permis de vaincre les Romains avec des effectifs toujours inférieurs[4]. C'est un devoir pour l'empereur que d'instruire son fils et successeur dans le premier des arts du gouvernement. Valentinien Ier recommande à son fils Gratien de s'habituer sans crainte à traverser la glace du Danube ou du Rhin avec ses fantassins et de donner sa vie pour ses hommes[5]. Selon le panégyriste Claudien, Théodose Ier aurait verbalement instruit son fils Honorius dans l'art de la guerre, insistant sur la valeur de l'exemple personnel[6].

La mise en responsabilité du futur empereur est le moyen le plus opérationnel pour l'exercer à de plus hautes fonctions. La première étape consiste éventuellement à lui faire assister à une guerre. À quinze ans (en 332), Constance II a dû remplacer son père Constantin II en Gaule ; préalablement, la paix avait été conclue avec les Barbares et des guerres intestines les tenaient occupés, spectacle que Julien trouve instructif du point de vue militaire pour le futur empereur[7]. En 368, Valentinien Ier conduit son fils Gratien dans une expédition outre-Rhin contre les Alamans[8]. L'étape la plus décisive est l'exercice d'un commandement. Ainsi, Crispus, fils de Constantin Ier, se signale dans une campagne d'hiver contre les Francs en 320-321[9]. Ce fait est rare, car le principe dynastique joue assez peu en définitive, et, par la

1. Pacatus, *Panegyricus Theodosio Augusto Dictus. Panegyrici Latini,* XII (2), 20, 5.
2. Sidoine Apollinaire, *Panegyricus Anthemio Augusto Dictus,* v. 156-192.
3. *Ibid., Panegyricus Avito Augusto Dictus,* v. 174-177.
4. Végèce, *DRM,* III, Prologue.
5. Ammien Marcellin, XXVI, 6, 12.
6. Claudien, *De Quarto Consulatu Honorii,* v. 320-351 (398). Le portrait du général idéal chez Claudien emprunte à l'image de Trajan, J. Lehner, *Poesie und Politik in Claudians Panegyrikus auf das vierte Konsulat der Kaisers Honorius. Ein Kommentar,* Königstein, Verlag Anton Hain, 1984, p. 65.
7. Julien, *Ad Constantium,* I, 8. Libanius, *Oratio* 59, 122.
8. Ammien Marcellin, XXVII, 10, 1-sq.
9. *Nazarii Panegyricus Constantino Augusto Dictus* (21 mars 321). *Panegyrici Latini,* X (13), 36.

suite, on ne verra pratiquement plus d'empereur être accompagné de ses fils en campagne, ni leur confier de commandement militaire. Julien, cousin de Constance II, philosophe sans expérience militaire, doit improviser son métier de général en chef. On a signalé plus haut qu'il s'astreint à l'exercice physique, mais, pour le commandement, il s'appuie sur sa culture générale classique avec un remarquable brio.

L'EXERCICE DU COMMANDEMENT

« *On demande à un soldat de servir par le corps et à un commandant en chef de servir par l'esprit*[1] ». L'exercice du commandement d'armée couvre des secteurs très variés : exercice, discipline, moral et entretien des troupes, défense des frontières, exploitation du renseignement, direction stratégique d'une campagne, dispositions tactiques au cours d'une bataille. L'empereur peut occasionnellement assumer ces fonctions opérationnelles. Toutefois, de par sa nature, il est plus qu'un général d'armée et doit trouver d'autres formes de gestion du commandement. Chef des armées et maître d'un Empire, il doit partager son temps entre ses activités civiles et militaires : « *Tous les étés,* (l'empereur) *Julien les passe aux armées, tous les hivers au tribunal*[2] ».

L'empereur ne doit pas être militairement inactif en temps de paix et Végèce déclare : « *Si tu veux la paix, prépare la guerre*[3] ». Dans le cas contraire, la paix est synonyme de démilitarisation, idée que l'on retrouve chez César et Végèce[4]. Julien, dans son *Éloge* de Constance II, évoque les effets pervers de la paix sur l'organisation militaire en 348, quand les Perses et les Arméniens attaquent :

> « *La paix antérieure avait interrompu les travaux des troupes et allégé les charges des services publics : avec la guerre, il fallait de l'argent, des vivres, d'abondantes fournitures et beaucoup plus encore, chez les soldats, de la vigueur, de la force et de l'expérience dans le maniement des armes. Or, presque tout cela manquait ; mais tu sais le trouver par toi-même et tout réorganiser. Tu formes par l'habitude de manœuvrer ceux qui ont atteint l'âge du service militaire ; tu crées une cavalerie comparable à celle de l'ennemi ; tu imposes à l'infanterie de supporter ses fatigues, tout*

1. Ammien Marcellin, XXV, 4, 10.
2. Mamertin, *Gratiarum Actio de Consulatu Iuliano Imp.*, (1er janvier 362), XI (3), 4, 6.
3. Végèce, *DRM,* III, 1.
4. César, *DBG,* IV, 24. Végèce, *DRM,* I, 5.

cela, non seulement par des paroles et par des injonctions mais en prenant part à l'exercice et à l'entraînement et en montrant par ton exemple comment il faut agir ; en peu de temps tu as des soldats aguerris[1]. »

Cet exemple est le seul connu au Bas-Empire car l'empereur intervient peu dans l'entraînement de ses hommes. L'exercice quotidien appartient aux chefs d'unité. On n'a pas trace d'inspection impériale des troupes comme cela pouvait se faire sous le Haut-Empire. Quand l'empereur s'occupe de la préparation d'une campagne, les panégyristes parlent de sa « *divine prévoyance* » et du soin mis à ce long travail[2]. La préparation de l'offensive contre la Perse de 363 prend près d'une année ; il est vrai qu'elle aligne des effectifs exceptionnels pour l'époque. Entre 458 et 460, Majorien fait construire une flotte pour affronter la piraterie vandale[3]. La paix sert aussi à définir la politique de défense ou la réforme de l'armée, prérogatives qui appartiennent à l'empereur seul, comme le fait Constantin en 325[4].

En temps de paix armée comme en temps de guerre, l'empereur doit être informé sur la situation militaire générale. Chez Ammien Marcellin, l'Auguste est le principal destinataire des rapports émanant de services de renseignement ou des officiers[5]. Exceptionnellement, l'empereur, quand il est en campagne, participe à la reconnaissance. Zosime raconte comment, vers 391, Théodose Ier, incognito et accompagné de cinq cavaliers, va se renseigner sur les brigands barbares qui pillent la Macédoine. Prenant auberge chez une vieille femme, il y capture un informateur qui, torturé à l'épée, révèle la cachette de ses complices[6]. L'empereur, avant une bataille ou un siège, peut reconnaître le terrain. Immanquablement il y risque sa vie. En 363, Julien, galopant avec une mince escorte le long des murs d'un fortin, près de Ctésiphon, reçoit le tir d'une machine de traits qui blesse un garde du corps. Il doit s'éloigner sous la protection des boucliers de ses compagnons[7]. Parti faire une reconnaissance, il se rend à l'arrière-garde que les Perses attaquent et y reçoit un javelot de cavalerie[8]. En 368, Valentinien Ier part explorer le terrain avec

1. Julien, *Ad Constantium,* I, 46.
2. Mamertin, *Panegyricus Maximiano Augusto Dictus. Panegyrici Latini,* II (10), 5, 2 ; *Panegyricus Constantio Caesari Dictus. Panegyrici Latini,* IV (8), 13, 1.
3. Sidoine Apollinaire, *Panegyricus Maioriano Augusto Dictus,* v. 441-461.
4. D. Van Berchem, *L'armée de Dioclétien et la réforme constantinienne,* Paris, 1952.
5. G. Sabbah, *La méthode d'Ammien Marcellin*, Paris, Les Belles Lettres, 1978, p. 160.
6. Zosime, IV, 48, 1-sq.
7. Ammien Marcellin, XXIX, 5, 6.
8. *Ibid.*, XXV, 3, 2-6.

une petite escorte, tête nue, son casque porté par le chambellan. Les Alamans manquent de le capturer tandis que son chambellan disparaît au cours de l'escarmouche[1].

Au IVe siècle, l'empereur évite de commander personnellement une armée en campagne et préfère déléguer le commandement opérationnel à un César ou à ses généraux. Constance II délègue au César Julien toute autorité pour rétablir la situation militaire en Gaule entre 355 et 360. Ce que Julien accomplit avec une inlassable activité[2]. Théodose l'Ancien, père de l'empereur du même nom, est habituellement chargé de missions lointaines et difficiles, en Bretagne vers 368 et en Afrique du Nord, pour mater les Maures du rebelle Firmus dans les années 372-373[3]. À son tour, le César se décharge d'une opération sur un subordonné. Vers 296, le César Constance Chlore charge Asclépiodote, son préfet du prétoire, de construire une flotte pour aller en (Grande-)Bretagne combattre l'usurpateur Allectus[4]. En 360, alors que le César Julien protège les Gaules, le général Lupicin va rétablir la situation en (Grande-)Bretagne attaquée par les Pictes et les Saxons[5]. Les commandants régionaux sont responsables de la défense frontalière quand l'empereur est absent et doivent affronter seuls les incursions barbares. En temps ordinaire, ils veillent à l'état des fortifications du *limes*. Il semble d'ailleurs que, faute d'un contrôle direct par un César ou par l'empereur en personne, l'incurie soit de règle[6]. L'engagement de l'empereur en campagne est plutôt rare, comme le signale un officier aux principaux chefs de l'armée qui n'arrivent pas à prendre de décision depuis la mort au combat de l'empereur Julien : « *Qu'auriez-vous donc fait si l'empereur, en son absence, vous avait confié à tous le soin de cette guerre comme cela est arrivé si souvent ?*[7] » L'empereur débloque les renforts vers les secteurs menacés et s'attribue le rôle de réserve stratégique. En 296, l'empereur et Auguste Maximien sécurise la frontière du Rhin, tandis que le César Constance Chlore opère en (Grande-)Bretagne[8]. Même présent au cours d'une campagne, il laisse ses subalternes s'engager ou prend un commandement qui l'expose moins[9]. En

1. *Ibid.*, XXVII, 10, 12.
2. *Ibid.*, XV-XVII, XX.
3. *Ibid.*, XXVII, 8, 7 ; XXIX, 5, 4 ; 5, 29 ; 5, 48.
4. Eutrope, IX, 14.
5. Ammien Marcellin, XX, 4, 2.
6. *Ibid.*, XV, 5, 1.
7. *Ibid.*, XXV, 5, 3.
8. *Panegyricus Constantio Caesari. Panegyrici Latini,* IV (8), 13, 1.
9. Ammien Marcellin, XV, 4, 1-12 ; XXVII, 10, 1-sq.

cas de défaite, son prestige n'est pas directement atteint. La propagande ne le qualifie-t-elle pas d'« *invincible* » ?[1] En cas de victoire, il n'hésite pas à se l'attribuer. Simple spectateur de la victoire sur les Alamans en 355, Constance II retourne fêter son triomphe à Milan[2]. Lors d'une guerre civile, il ne s'engage qu'en dernière extrémité, préférant l'assassinat téléguidé du général rebelle ou l'envoi de contingents d'interposition quand la situation n'est pas alarmante[3]. Lorsque ses généraux ont mené une série de campagnes infructueuses, comme c'est le cas pour Trajan, Profuturus et Saturnin entre 376 et 378 contre les Goths installés en Thrace, l'empereur Valens finit par se déplacer en personne pour superviser les opérations, mais laisse le maître de l'infanterie Sébastien se risquer dans des combats préliminaires[4].

Les empereurs n'ont pas renoncé à un contrôle direct de la frontière et même des régions au-delà[5]. L'idéologie de l'« *Empire sans fin* », *Imperium sine fine*, existe encore au début de la Tétrarchie[6]. Le panégyriste Mamertin peut alors dire : « *Le premier de tous, Empereur, tu as prouvé que l'Empire romain ne connaissait d'autres limites que celles de tes armes*[7]. » L'empereur n'intervient sur la frontière ou même ne la franchit que dans des cas exceptionnels dans le but d'établir une paix durable. Les visites impériales sur la frontière permettent de renouveler un réseau défensif dégradé ou de rétablir une situation compromise. Dioclétien, d'après les sources, a eu une intense activité de bâtisseur aux frontières garantissant la sécurité par des fortifications nouvelles[8]. Le dernier empereur crédité d'avoir personnellement pourvu à la fortification d'un *limes*, celui des Germanies, est Valentinien Ier en 369, dont Ammien fait un « *bâtisseur de forteresses et de frontières* », ce que confirme l'archéologie[9]. Par leur présence sur le *limes* menacé, l'empereur ou son César répondent à l'image du défenseur de la frontière dont la réputation militaire suffit à dissuader les Barbares plus efficacement que les barrières naturelles ou les fortifications. Un panégyrique de 310 dit de

1. J. Gagé, « La théologie de la Victoire impériale », *RH,* 171, 1933, 1, p. 1-43.
2. Ammien Marcellin, XV, 4, 13.
3. *Ibid.,* XV, 5, 1-sq. ; XXVII, 7, 13.
4. *Ibid.,* XXXI, 7-11.
5. C.R. Whittaker, *Frontiers of the Roman Empire. A Social and Economic Study,* Baltimore-Londres, Johns Hopkins University Press, 1994, p. 31-59, 202-214.
6. Sur l'idéologie de l'*Imperium sine fine* (Virgile, *Aeneis,* I, v. 278-279), P. Trousset, « La frontière romaine. Concepts et représentations », *FE,* 1993, p. 115-120.
7. Mamertin, *Panegyricus Maximiano Augusto Dictus. Panegyrici Latini,* II (10), 7, 2.
8. Eumène, *Panegyricus Diocletiano Augusto Dictus. Panegyrici Latini,* IV (IX), 18, 4. Eunape, frag. 5. Zosime, II, 34, 2. Procope, *Bellum Persicum,* I, 19, 34-35, II, 8, 7. Jean Malalas, *Chron.* XII, 308.
9. Ammien Marcellin, XXVIII, 2, 1-sq. et XXX, 9, 1. S. Johnson, 1983, p. 136-168.

Constantin : « *C'est ainsi, Empereur, que tu as assuré la paix dont nous jouissons. Votre rempart, ce ne sont plus les tourbillons du Rhin, c'est la terreur de votre nom... Les forts échelonnés de distance en distance sur notre rive sont pour la frontière un ornement plus qu'une protection*[1]. » Après la Tétrarchie, Julien, Constance II, Valens ou Valentinien Ier, en cas de crise majeure, n'hésitent pas à séjourner avec l'armée de manœuvre sur la frontière danubienne et même à y passer l'hiver. Comme les Tétrarques, ils restaurent occasionnellement une défense en avant et ne se contentent pas d'une simple attitude de surveillance ou de dissuasion.

Au Ve siècle, l'esprit de conquête semble avoir disparu, au contraire, il faut préserver l'Empire de la désagrégation. L'empereur d'Orient ne conduit jamais en personne une seule opération militaire, annonçant Justinien qui, au siècle suivant, se repose sur des généraux comme Bélisaire ou Narsès pour mener campagne. En Occident, face à une situation plus désespérée, seul l'empereur Majorien manifeste un comportement martial. Devenu maître d'un Empire d'Occident réduit à l'Italie et à l'Espagne, il est loué par Sidoine pour avoir, en 458, rétabli la souveraineté romaine dans le Sud-Est de la Gaule[2]. La mission stratégique de l'empereur s'est modifiée par rapport aux siècles précédents. Majorien essaie de récupérer des territoires romains qui échappent progressivement à l'*Imperium* et non de défendre les frontières contre des incursions barbares.

Présent dans une bataille rangée, l'attitude de l'empereur dépend de sa personnalité. Prudent, il se repose le plus souvent sur son état-major, comme Louis XV laissant le maréchal de Saxe prendre toute disposition à la bataille de Fontenoy. La prudence peut résulter d'une réelle inaptitude au commandement. Valens donne le cas d'un empereur militairement incompétent. Il doit son avancement à la faveur de son frère Valentinien Ier qui le nomme tribun des écuries le 1er mars 364, avant de le faire acclamer Auguste le 28 mars[3]. Contrairement à son frère, ex-commandant d'une unité de la garde impériale, Valens n'est pas passé par l'école du mérite militaire. Valens ne prend aucune disposition tactique à la bataille d'Andrinople en 378. La défaite venue, c'est le général Trajan qui, annonçant que tout est perdu, conseille à l'empereur, apparemment incapable de commander, de chercher

1. *Panegyricus Constantino Augusto Dictus* (prononcé en 310). *Panegyrici Latini,* VII (6), 11, 1.
2. Sidoine Apollinaire, *Panegyricus Maioriano Augusto Dictus,* v. 510-552.
3. Ammien Marcellin, XXVI, 4, 3.

refuge près des réserves[1]. Valens assiste, impuissant, à une défaite qui lui coûte néanmoins la vie. La principale prérogative de Valens à Andrinople est d'entamer des négociations préalables avec l'ennemi, car la bataille commence spontanément sans qu'il puisse l'arrêter[2]. Bien que militaire de carrière, Théodose Ier laisse le général Promotus commander à la bataille de la Maritza contre Alaric en 391 et manque d'être capturé[3]. Impétueux, l'empereur dirige l'assaut en cas de situation désespérée, quitte à en perdre la vie, à l'instar de Julien contre les Perses en 363[4], voire, plus rarement, combat en première ligne, comme Constantin Ier à la bataille de Vérone. Constantin, jusqu'à sa victoire sur Maxence en 312, et surtout Julien, sont des empereurs particulièrement impétueux qui n'aiment pas déléguer le commandement. Cela tient à leur jeunesse (une trentaine d'années) et à leur tempérament belliqueux. Proches de l'idéal défini par Cicéron, le courage, la science militaire et l'autorité sont les trois vertus pratiques qu'Ammien reconnaît à Julien chef de guerre, *imperator* :

> « *On le vit en personne aller audacieusement à l'attaque et frapper mortellement un ennemi farouche et arrêter plusieurs fois à lui seul la débandade des nôtres en leur opposant sa propre poitrine. Que ce fût lorsqu'il anéantit les royaumes des Germains en furie, ou bien dans la poussière brûlante de la Perse, il augmentait la confiance de ses soldats en combattant en première ligne. Bien des faits notoires mettent en lumière ses connaissances dans les affaires des camps : siège de places et de forteresses, mise en place de formations de combat de toute espèce au cœur même des situations les plus critiques, installation prudente aux emplacements favorables, disposition sûrement calculées des postes avancés et de corps d'observation en rase campagne. Son autorité était si forte qu'aimé comme un compagnon d'armes partageant les périls et les fatigues de ses troupes et craint à la fois, il put, jusqu'au milieu des engagements les plus acharnés, donner ordre de sévir contre les lâches, mais aussi, encore César, commander ses soldats sans les payer, au moment où ils étaient aux prises avec des peuples sauvages... ; et même, en s'adressant aux soldats mutinés, les menacer de les quitter pour rentrer dans la vie privée, s'ils ne renonçaient pas à leur mutinerie*[5]. »

1. *Ibid.*, XXXI, 13, 8.
2. *Ibid.*, XXXI, 13, 12-15.
3. H. Wolfram, *Histoire des Goths,* Paris, Albin Michel, 1990, p. 150.
4. Ammien Marcellin, XXV, 3, 1-sq.
5. *Ibid.*, XXV, 4, 10-12.

Vertus que l'on ne trouve pas chez tous les empereurs romains des IVe-Ve siècles, mais vertus qui sont plus celles d'un simple général que du maître d'un Empire.

L'empereur, comme tout chef d'armée, est revêtu d'un magistère moral. Il doit être un exemple et un juge pour maintenir le soldat dans la discipline. L'exemple apparaît dans l'exercice, comme cela a été signalé plus haut. Il se manifeste plus encore dans la guerre : « *La bataille donne une fois la victoire, l'exemple l'assure pour toujours*[1] ». Le général en chef doit prendre part aux épreuves de ses soldats pour les leur rendre plus supportables. En campagne, Julien prend une nourriture fruste, debout, « *à la manière des soldats*[2] ». Claudien, dans les propos qu'il met dans la bouche de Théodose Ier, conseille à Honorius de montrer l'exemple à la tête de ses troupes comme le premier des soldats. Le tacticien grec Onosandre précise, particulièrement dans les sièges, que pour stimuler le soldat, « *son général, en faisant comme lui, le flatte de l'idée qu'il le traite en camarade et non en esclave*[3] ». Dans la vision gréco-romaine classique du commandement, les périls doivent provisoirement faire tomber la barrière hiérarchique au profit de la fraternité d'armes. Alexandre honorait ses hommes du titre de « *compagnons* » et César, au dire de Suétone, appelait ses hommes « *du nom de compagnons d'armes, plus flatteur que celui de soldat*[4] ». Ammien aime à rappeler que Julien, dans les combats difficiles, se comporte « *comme un frère d'armes et un chef*[5] ». Mais Julien agit davantage en *imperator* de la période républicaine qu'en Auguste de l'Empire tardif. Même accompagnant leur armée, les empereurs romains post-tétrarchiques s'exposent rarement au combat pour montrer l'exemple et donnent rarement du « camarade » à leurs hommes.

Juge suprême au civil comme au militaire, l'empereur est maître des récompenses et des châtiments. Julien, à la veille d'entrer en campagne contre les Perses, promet aux soldats cent deniers chacun sous forme de don exceptionnel, *donatiuum*, pour leurs bons services. Outre le fait d'encourager ses hommes avant la guerre, Julien veut faire l'amalgame entre l'armée des Gaules qui l'a proclamé Auguste et les troupes restées fidèles à Constance II pendant la guerre civile de 361. Les soldats n'hésitent pas à lui reprocher la modicité de ce don. Un chef doit être généreux

---

1. *Panegyricus Constantino Augusto Dictus. Panegyrici Latini,* VII (6), 11, 6 (juillet 310).
2. Ammien Marcellin, XXV, 4, 4.
3. Onosandre, XXXII, 5.
4. Suétone, *Vita divi Julii,* LXVII.
5. Ammien Marcellin, XXIV, 6, 11.

même si la tradition du *donatiuum* était tombée en désuétude sous le Bas-Empire. Julien ramène l'ordre par une harangue où il fustige leur ingratitude[1]. Un chef doit savoir parler.

Guerre ou paix, l'empereur sévit contre des Césars incompétents ou des généraux rebelles. La guerre est l'occasion de faire régner une implacable discipline dans l'armée. L'empereur peut démettre un général pour lâcheté. En 356, Constance II démet le maître de la cavalerie Marcellus pour n'avoir pas porté secours au César Julien assiégé par les Barbares à Sens[2]. L'empereur peut remplacer un officier incompétent par quelqu'un de plus efficace, comme Valens le fait pour le maître de l'infanterie Trajan au profit de Sébastien en 378[3]. Par crainte d'un coup d'État, il peut même faire exécuter un général compétent, comme cela arrive au maître de la cavalerie des Gaules Théodose l'Ancien, père de l'empereur du même nom[4]. Le licenciement, *exauctoratio*, une peine infamante, la mort peuvent sanctionner des individus ou une troupe entière pour un acte de couardise au combat. En 363, à la suite d'un combat d'avant-garde, trois troupes de cavalerie ont été mises en déroute par la cavalerie perse. Un *uexillum* a été perdu et un tribun tué. Julien casse les deux tribuns survivants pour leur inaction et leur lâcheté. Quant aux soldats fuyards, dix sont relevés de leurs vœux avant d'être exécutés[5]. En 369, Valentinien Ier démet le notaire Syagrius parce qu'il est le seul à avoir échappé au massacre des troupes du général Strator par les Alamans[6]. Parfois, l'empereur condamne une troupe sur la demande des autres unités dont la sécurité a été compromise. C'est le cas de l'unité de cavalerie des Tertiaques, accusée de s'être débandée devant les Perses au lieu de soutenir les légions qui réclament une sanction. Le châtiment est exemplaire : « (Julien) *leur fit retirer leurs enseignes et briser leurs lances ; il imposa à tous ceux dont il était prouvé qu'ils avaient pris la fuite de poursuivre la marche au milieu des équipages, des bagages et des prisonniers ; et il affecta leur chef, seul à s'être vaillamment battu, à une autre unité dont l'officier était convaincu d'avoir déserté lâchement le combat*[7]. » L'insolence ou les actes d'indiscipline dus au pillage ne sont jamais punis. Ammien raconte qu'en 372, une opération

1. *Ibid.*, XXIV, 3, 1-sq.
2. *Ibid.*, XVI, 7, 1.
3. *Ibid.*, XXXI, 11, 1.
4. Jérôme, *Chronicon*, 376. A.H.M. Jones, 1971, tome 1, p. 902-904.
5. Ammien Marcellin, XXIV, 3, 2 ; Zosime III, 19, 2, ajoute que le chef du groupement est aussi délié de ses liens militaires.
6. Ammien Marcellin, XXVIII, 2, 5-9.
7. *Ibid.*, XXV, 1, 7-9.

outre-Rhin échoue, car le général Théodose l'Ancien ne peut empêcher ses troupes de piller et d'incendier, ce qui alerte l'ennemi. Ammien accuse « *l'absence de retenue du soldat qui a souvent causé les pires maux à l'Empire*[1] ». Le pillage fait partie de la solde du simple soldat (*miles gregarius*) et il aurait été imprudent pour l'empereur de le réprimer. La sédition derrière un général factieux est sanctionnée par la victoire ou la défaite. Les soldats de l'armée vaincue sont le plus souvent pardonnés par le vainqueur qui les intègre à ses troupes, tandis que l'usurpateur est mis à mort. Théodose Ier est loué par le panégyriste Pacatus d'accueillir dans son armée les survivants de celle de l'usurpateur Maxime vaincu en 388[2]. Les troupes rebelles sont transférées sur une autre frontière, comme c'est le cas de deux légions gauloises de l'usurpateur Magnence envoyées en Mésopotamie entre 351 et 359[3]. Il appartient à un général délégué sur place de punir les troupes rebelles. Le maître de la cavalerie Théodose l'Ancien fait mettre à mort les soldats rebelles de la Légion des Constantiniens et ceux de la IVe Cohorte d'Archers. Les tribuns rebelles sont exécutés tandis que les *primores* ou officiers de la IVe cohorte ont les mains coupées[4]. L'instabilité de troupes promptes à la sédition tempère la sévérité de la discipline en temps de paix.

AU Ve SIÈCLE, L'EMPEREUR DÉPOSSÉDÉ DE SA FONCTION MILITAIRE

Au IVe siècle, l'empereur assume souvent la défense du monde romain avec passion. Parfois même, il confond les rôles de commandant suprême et de général d'armée, prenant des risques au-delà de sa fonction. La propagande en fait le premier soldat de l'Empire, mais les qualités de combattant lui servent peu dans la pratique. Au ve siècle, le nombre d'empereurs militaires décline. Les plus grands malheurs de l'Empire correspondent aux empereurs qui se déchargent du commandement de l'armée. La jeunesse se révèle un handicap initialement désastreux car les jeunes empereurs, privés du soutien de leur père, sont dépendants du commandant en chef de l'armée qui se soucie peu de la continuité dynastique. Théodose Ier, mort en 395, laisse deux fils désespérément trop jeunes : « *Le pouvoir suprême ayant passé à*

1. *Ibid.*, XXIX, 4, 5-6.
2. *Panegyricus Theodosio Augusto Dictus. Panegyrici Latini,* XII (2), 37, 3).
3. Ammien Marcellin, XIX, 5, 2.
4. *Ibid.*, XXIX, 5, 22, 25.

Arcadius (Orient) et à Honorius (Occident), ils paraissaient n'avoir d'autorité que nominalement[1]. » Pendant la première moitié du Ve siècle, l'Occident connaît deux longs règnes d'empereurs militairement inactifs : ceux d'Honorius (395-423)[2] et de Valentinien III (425-455)[3]. Conséquemment, la (Grande-) Bretagne, l'Espagne, l'Afrique, le sud-ouest et le nord-est des Gaules échappent à l'autorité impériale. Sénateur puis évêque gaulois, Sidoine Apollinaire analyse avec lucidité les conséquences de la défection impériale de 392 à 457 :

> « *Depuis le jour où Théodose rétablit dans la possession commune du pouvoir le frère de son bienfaiteur qui avait été chassé du trône* (Valentinien II) *et fut plus tard étranglé par la main d'un grand* (le général franc Arbogast) *qui devait lui-même se donner la mort, ma chère Gaule est demeurée jusqu'à présent inconnue des maîtres du monde et les sert sans les connaître. Depuis il y eut grande perte, l'empereur, quel qu'il fût, restant enfermé dans sa capitale, le malheureux monde romain, dans ses contrées les plus diverses, fut régulièrement ravagé*[4]. »

Bien que ce texte soit destiné à mettre en valeur l'action militaire de l'empereur Majorien par contraste avec la période précédente, les faits confirment le propos de Sidoine. Honorius ne part jamais en campagne et dépend, jusqu'en 408, du talent militaire du puissant maître des deux milices Stilicon, général d'origine vandale. À sa décharge, il faut reconnaître qu'il a onze ans quand il monte sur le trône et que, par la suite, jamais Stilicon ne lui permet d'exercer un commandement militaire. Honorius laisse assassiner Stilicon lors d'une rébellion militaire en 408. Terré dans Ravenne, il n'assume pas la défense de Rome assiégée par les Wisigoths d'Alaric entre 408 et 410[5]. Une plaisante anecdote, forgée après-coup, fait état du soulagement d'Honorius lorsqu'on lui annonça que c'était bien l'*Urbs* qui avait succombé et non pas son coq apprivoisé appelé lui aussi Rome[6]. Honorius, qui partageait avec Stilicon les louanges du poète Claudien[7], est présenté après sa mort par l'historien Procope comme un faible d'esprit, évidemment inapte à remplir son devoir militaire. Après la prise de Rome, Honorius traite avec les Goths et les charge,

1. Zosime, V, 1, 1.
2. E. Stein, 1968, tome 1, p. 225-274.
3. *Ibid.*, 1968, tome 1, p. 282-285, 317-350.
4. Sidoine Apollinaire, *Panegyricus Maioriano Augusto Dictus*, v. 351-360.
5. E. Stein, 1968, tome 1, p. 255-259.
6. Procope, *Bellum Vandalicum*, III, ii, 25-26.
7. A. Cameron, *Claudian : Poetry and Propaganda at the Court of Honorius*, Oxford, 1970.

contre rétribution, d'abattre l'usurpateur Constantin III. Mais, Honorius ne peut garantir la sécurité de l'Occident sur la seule bonne volonté des fédérés wisigoths, enclins à la rébellion. Il doit compter avec le généralissime et maître des deux milices Constance, le seul général romain capable de lutter contre les Barbares. Constance, déjà fait consul et patrice en 414-415, reçoit en février 421 le titre d'Auguste, qui, jusque-là, était réservé à la seule personne impériale. Il meurt prématurément en septembre 421[1]. Fils de Constance et de Galla Placidia, sœur d'Honorius, Valentinien III se repose sur le talent militaire du patrice Aétius, puis l'exécute au cours d'une audience en 454[2]. Il est à son tour assassiné le 16 mars 455 par Optila et Thraustila, deux officiers goths ou huns fidèles à Aétius[3]. En Orient, Arcadius (395-408), le frère d'Honorius, est lui aussi un enfant quand il accède à la pourpre impériale en 395. Stilicon, pour le mettre en tutelle, envoie une armée à Constantinople sous le commandement du Goth Gaïnas et fait assassiner Rufin, le préfet du prétoire d'Arcadius. Néanmoins, Gaïnas se dégage de l'autorité de son supérieur Stilicon et assure la protection du jeune Arcadius jusqu'à son coup d'État manqué et sa mort en 400-401[4]. Honorius, Arcadius, Valentinien III, empereurs trop faibles, jalousent ou se méfient de leurs protecteurs militaires, n'hésitant pas à les sacrifier ou à les assassiner. Par la suite, les empereurs occidentaux n'ont même plus ce pouvoir.

En Occident, l'homme fort du régime, de 456 à 472, est le patrice Ricimer, fils d'un prince suève et d'une princesse wisigothique[5]. Celui-ci préfère garder la fonction de maître des deux milices et délègue la dignité impériale à un second ou un fantoche, obligeant le Sénat de Rome à valider ses choix, parfois même régnant seul. Véritable « faiseur de rois » du Ve siècle, Ricimer élève et abat Avitus, Majorien, Libius Sévère, Anthémius et Olybrius. Après la mort de Ricimer en 472, le chaos est accéléré. L'empereur Glycère est déposé par Julius Népos en 474. À son tour, Julius Népos est renversé par le généralissime Oreste, un Pannonien qui avait rallié Attila pour devenir son secrétaire vers 448. Oreste proclame empereur son fils Romulus (475-476), surnommé plus tard « le petit Auguste », *Augustulus*[6]. En 476,

1. A.H.M. Jones, 1980, tome 2, p. 321-324.
2. G. Zecchini, *Aezio, l'ultima difesa dell'Occidente Romano,* Rome, 1983.
3. A.H.M. Jones, 1980, tome 2, p. 23-29.
4. *Ibid.,* 1971, tome 1, p. 379-380.
5. *Ibid.,* 1980, p. 942-944.
6. *Ibid.,* 1980, p. 949-950.

Odoacre, le chef des mercenaires barbares d'Italie, tue Oreste et dépose le jeune Romulus Augustule[1]. Prudent, il demande de gouverner l'Italie au nom de l'empereur d'Orient avec le titre de patrice. En Orient, entre 451 et 471, les patrices et généralissimes alains Aspar et son fils Ardabur choisissent les empereurs parmi leurs subordonnés[2]. Leur goût du pouvoir indirect n'entraîne pas une série capricieuse de dépositions. Progressivement, l'influence d'Aspar est combattue par Léon Ier avec l'aide de Zénon, un officier de valeur. L'assassinat met un terme à la régence militaire des généraux goths.

Véritables régents, les généralissimes s'imposent en beaux-pères, beaux-frères, gendres ou alliés de la famille impériale. Ces liens n'ont jamais effacé les haines réciproques ni empêché le sang de couler. Le pouvoir ne se partage pas. L'attitude des patrices du Bas-Empire est comparable à celle qu'auront les maires du Palais de l'époque mérovingienne. À leur déposition, Avitus et Julius Népos sont contraints d'accepter un évêché. Malgré une situation comparable jusqu'en 471, des personnalités impériales plus fortes ont maintenu l'Empire en Orient. Vu le mode de désignation de l'empereur, toute crise politique est, en même temps, une crise militaire. L'Empire a survécu tant qu'a duré l'action militaire souveraine de ses princes. La pourpre a cédé devant les armes...

1. E. Stein, 1968, tome 1, p. 396-398.
2. A.H.M. Jones, 1980, tome 2, p. 136-137 ; 164-169.

Planche 1. – L'empereur et les enseignes. En haut – à gauche : tétrarque coiffé de la toque pannonienne portée par tous les soldats. La cuirasse musclée et le manteau long pourpre marquent la dignité impériale (source : sculpture de l'église Saint-Marc, Venise). À droite : *labarum,* emblème chrétien de commandement institué par Constantin en 312 avec la devise : « *Au nom du Christ toujours tu vaincras* ». (*Source* : diptyque de Probus, 406, cathédrale d'Aoste). En bas – à gauche : dragon, emblème pourpre des cohortes, choisi par Julien comme enseigne de commandement. (*source* : exemplaire en bronze doré du *Staatlisches Amt für Vorund Fruhgeschichte*, Coblence). À droite : cavalier draconaire (bas-relief, *Erosvenor Museum*, Chester).

CHAPITRE 2

La chaîne de commandement

L'armée romaine du Bas-Empire est en profonde mutation à partir des années 260. La chaîne de commandement se modifie et devient plus complexe. La réforme de Gallien ouvre aux officiers subalternes des perspectives de carrière inespérées ou rarissimes jusqu'alors. Mais ils doivent passer dans le corps des protecteurs domestiques avant d'accéder aux responsabilités.

PROTECTORES DOMESTICI : UN CORPS DE CADETS ?

Les *protectores* apparaissent sous le règne de Gallien. Il s'agit d'un corps d'officiers d'élite chargé d'escorter l'empereur dont il protège « *les divins côtés* » (*a diuini lateris*). Dans la seconde moitié du IIIe siècle, les protecteurs atteignent parfois les plus hautes fonctions tant militaires que civiles. C'est le cas de Trajan Mucien, qui, de soldat, devient centurion, protecteur, commandant de légion puis duc et préfet de Mésopotamie[1]. Volusien, centurion puis protecteur, accède à la dignité de préfet du prétoire (chef d'état-major de l'empereur) et enfin préfet de la Ville de Rome[2]. Les fonctions et la hiérarchie du corps se précisent par la suite. Le grade de comte des domestiques (*comes domesticorum*) apparaît pour la première fois dans les textes de loi en 346[3]. Il se dédouble

1. A. von Domaszewski, *Die Rangordnung des römischen Heeres,* éd. revue par B. Dobson, Cologne, Bölhau Verlag, 1967, p. 189-sq.
2. A.H.M. Jones, 1971, tome 1, p. 900.
3. *CTH*, XII, 1, 38.

par la suite en deux grades spécialisés : le comte des domestiques de l'infanterie et le comte des domestiques de la cavalerie. Avec la bipartition de l'Empire en 364, l'Orient et l'Occident ont chacun deux comtes des domestiques[1]. L'adjectif « *domestique* » montre une appartenance à la Maison impériale. Procope remarque que les protecteurs domestiques sont tenus en plus haute estime que les scholaires de la garde impériale. Le trésor leur paye des gages supérieurs car les protecteurs versent de fortes sommes pour entrer dans ce corps. À la différence des scholes palatines de la garde impériale, on ne les utilise pas pour combattre[2]. Les protecteurs domestiques ne sont pas une troupe de parade et remplissent des fonctions variées : escorte de l'empereur et des officiers généraux, secrétariat d'état-major, liaison, renseignement, arrestation ou élimination de hauts dignitaires[3]. On a voulu à tort distinguer les protecteurs domestiques, gardes du corps de l'empereur ou des maîtres de la milice, des protecteurs, sorte de police politique et de service de renseignements[4]. Toutefois, les deux types de missions ne sont pas contradictoires, comme le laisse entrevoir Ammien Marcellin, historien et l'un des protecteurs domestiques du maître de l'infanterie Ursicin. En 355, Constance II fait assassiner le général franc rebelle Silvain par l'intermédiaire d'Ursicin escorté par quelques tribuns et dix protecteurs domestiques[5]. Néanmoins tous les protecteurs ne sont pas égaux entre eux.

Il y a deux voies pour entrer dans le corps des protecteurs domestiques : la naissance et le mérite. Dans le premier cas, il s'agit de « cadets » qui franchissent rapidement les échelons hiérarchiques, comme Herculien, fils du maître de la cavalerie Hermogène[6]. En 357, l'équipe des protecteurs domestiques escortant le général Ursicin est divisée en deux sur ordre de l'empereur Constance II : les plus âgés vont prendre le commandement d'unités, les plus jeunes, dont Ammien, restent au service d'Ursicin[7]. En définitive, la formation pratique des officiers supérieurs passe au IVe siècle par le corps des protecteurs domes-

1. *Notitia Dignitatum,* OC.XV ; OR.XIII.
2. Procope, *Anecdota,* XXIV, 24.
3. A. Piganiol, *L'Empire Chrétien* (325-395), Paris, PUF, 1947, p. 333 ; E. Stein, 1968, tome 1, p. 57-58 ; A.H.M. Jones, *The Later Roman Empire, 284-602. A Social, Economic and Administrative Survey,* Oxford, Blackwell, 1964, tome 2, p. 613-614
4. Ch. Vogler, « Les officiers de l'armée romaine dans l'œuvre d'Ammien Marcellin », *HRAR,* 1995, p. 401-402
5. Ammien Marcellin, XV, 5, 1-sq. ; E. Frézouls, « La mission du *magister equitum* Ursicin en Gaule 355-357 », *Latomus,* 58, 1962, p. 673-sq.
6. Ammien Marcellin, XIV, 10, 2.
7. *Ibid.*, XVI, 10, 21.

tiques. Jamais auparavant, dans l'histoire militaire romaine, un tel soin n'avait été porté à l'instruction des futurs cadres supérieurs de l'armée. Trois empereurs sortent de ce corps prestigieux : Maximin, Constance Chlore et Jovien[1]. La plupart des protecteurs sont des officiers subalternes chevronnés qui, après leur protectorat, accèdent au commandement d'une unité. La carrière de Flavius Memorius, achevée vers 370 et connue par son épitaphe, donne une bonne idée du parcours au mérite :

> « *À celui qui repose bien dans la paix, F(lavius) Memorius, perfectissime, qui a servi vingt-huit ans parmi les Joviens (Iouiani), a été protecteur domestique (protector domesticus) pendant six ans, commandant des Lanciers seniors (Lanciarii seniores) pendant trois ans, comte de la rive (Rivage Saxon) pendant un an, comte de Maurétanie Tingitane pendant quatre ans. Il a vécu 75 ans...*[2] »

Dans la haute administration, il existe un *cursus* civil de la carrière de protecteur, soumis à la vénalité des charges, au temps ou au mérite. Antonin, un riche marchand, devient protecteur attaché au duc de Mésopotamie. Antonin fait office de quartier maître d'état-major. Sa défection au profit des Perses en fait le conseiller militaire du roi Sapor lors de l'invasion de 359[3]. Il existe des protecteurs de seconde catégorie : Ammien met sur le même plan les intendants du maître de la cavalerie et les « autres protecteurs[4] ». Ces officiers administratifs sont évoqués par deux lettres de recommandation écrites entre 383 et 390 par Symmaque, chef de la mouvance païenne au Sénat de Rome[5]. Dans une première lettre, Symmaque demande au préfet d'Illyrie Nicomaque de soustraire aux « sanctions militaires » le protecteur Valentinien qui a déserté son poste pour s'occuper de problèmes familiaux.

1. Lactance donne un raccourci de la carrière de Maximin Daia qui sert dans ce corps, avant de devenir césar : « *Tout de suite scutaire, puis protecteur, bientôt tribun, le lendemain César* », *De mortibus Persecutorum,* XIX, 6. Constance Chlore, père de Constantin, empereur de 305 à 306, fait une carrière militairement plus brillante, car il entre directement chez les protecteurs avant d'obtenir un commandement d'unité : « *D'abord protecteur, puis tribun et après gouverneur de Dalmatie* », Anonyme Valésien, *Pars Prior,* 2. Jovien est protecteur domestique (Ammien Marcellin, XXI, 16, 20), avant de devenir « *premier de l'ordre des domestiques* », ce qui détermine son élévation à l'Empire après la mort de Julien en 364 (*ibid.*, XXV, 5, 4).
2. Inscription *ILS* 2788 ou *CIL* XII 673 traduction et commentaire d'après T. Drew-Bear et C. Zuckerman, « Les officiers sortis du rang sous les successeurs de Constantin », *ARDV*, 2004, p. 419-430.
3. *Ibid.,* XVIII, 5, 1-7 ; 8, 5.
4. *Ibid.,* XIX, 9, 2.
5. Symmaque, II, *Ep.* 74 et III, *Ep.* 67.

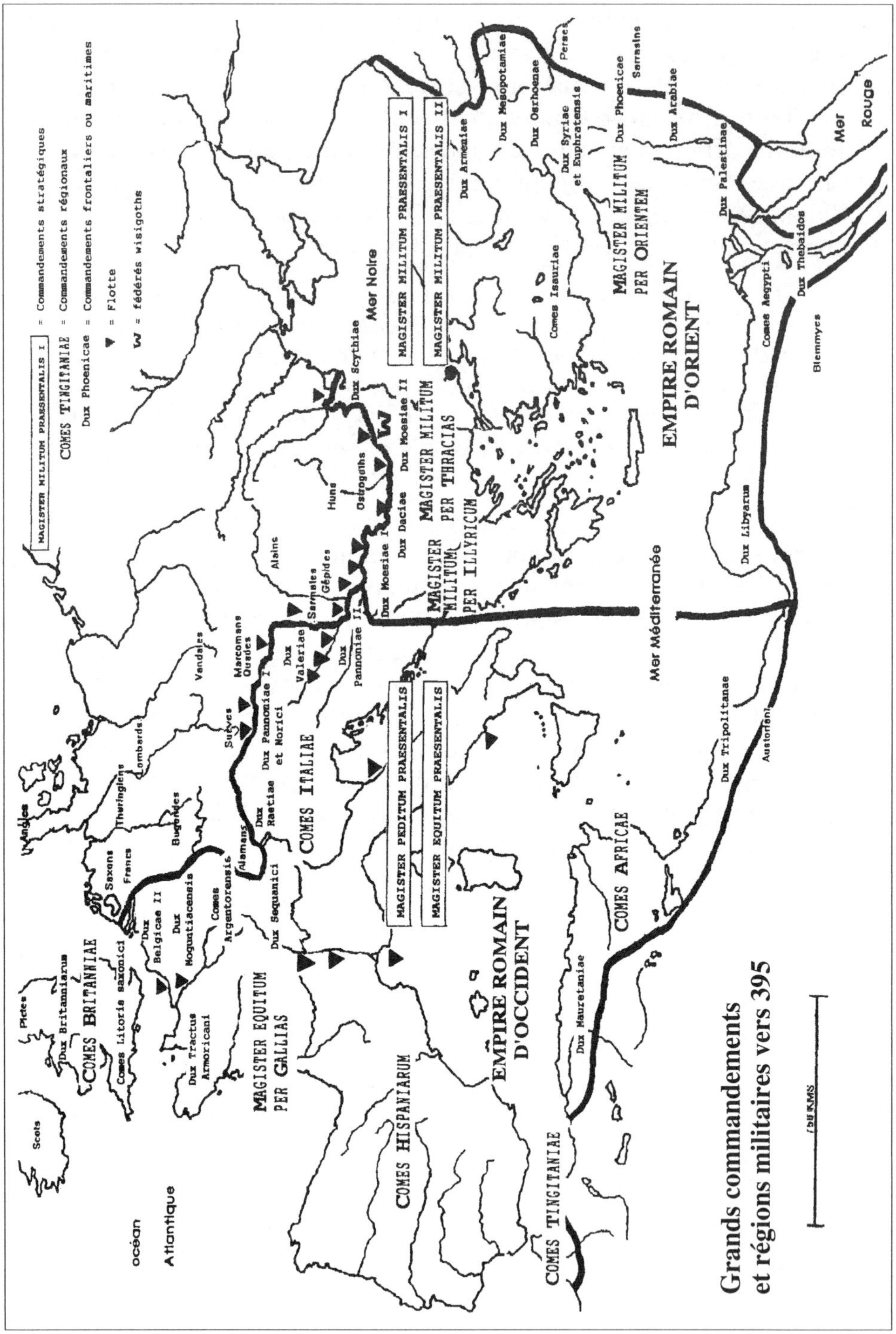

Grands commandements et régions militaires vers 395

Dans un second courrier, il recommande un serviteur fidèle Firmus « *à la dignité de protecteur* » auprès du comte des domestiques Richomer.

Quelle que soit leur origine, leur fonction ou leur parcours, les protecteurs forment une élite et même un « *ordre* » d'après Ammien Marcellin[1].

Le goût du particularisme propre au Bas-Empire conduit à créer une catégorie spéciale de protecteurs : les Candidats. Une loi émise en 362 par Julien fait état d'un corps de 50 (protecteurs) domestiques attachés à la personne de l'empereur[2]. Bien que la *Notitia Dignitatum* ne les mentionne pas, il semble que les Candidats formaient un corps de pages impériaux. Ammien Marcellin se réfère fréquemment aux Candidats, dont l'uniforme blanc justifie certainement le nom. Les Candidats accompagnent l'empereur Valens jusque dans la mort en 378 alors que les autres troupes et même les scholes palatines ont déserté la bataille[3]. Ce corps est ouvert aux Barbares puisque Jérôme évoque un Candidat franc à l'époque de Constance II[4]. En 524, le Code Justinien évoque encore la milice des Candidats[5] qu'un texte byzantin fixe à 40 membres[6].

L'ÉTAT-MAJOR IMPÉRIAL

Après sa victoire sur Maxence en 312, Constantin supprime les fonctions militaires du préfet du prétoire et crée un nouvel état-major impérial. Il est constitué du maître des offices, du comte des domestiques, des tribuns du palais ou des écuries. Le maître des offices (*magister officiorum*), chef de l'administration impériale, est chargé du commandement administratif et honorifique des scholes palatines de la garde impériale, mais, sur le terrain, ces unités sont rattachées aux officiers généraux en charge des opérations et dépendent directement de leurs tribuns. Le maître des offices est aussi le chef de la schole des *agentes in rebus* ou services secrets. C'est davantage un civil qu'un militaire. En 354, Ammien déclare que la défense de l'État est entre les mains du comte des domestiques, du comte ou tribun des écuries et du chef des Scutaires, la plus prestigieuse des scholes palati-

1. Ammien Marcellin, XXV, 5, 4.
2. *CTH,* VI, 24, 1.
3. Ammien Marcellin, XV, 5, 16 ; XXV, 3, 6 ; XXXI, 13, 14 ; 15, 8.
4. Jérôme, *Vita Sancti Hilarionis,* 22.
5. *CJ,* XII, 33, 5, 4.
6. Constantin VII Porphyrogénète, *De Ceremoniis,* I, 86.

nes[1]. Par la nature du corps spécial qu'ils dirigent, les comtes des domestiques semblent assurer la direction du personnel militaire. La carrière des officiers est entre leurs mains. Toutefois, les comtes des domestiques remplissent souvent dans les années 350-370 des commandements d'armée en campagne ou de renforts stratégiques. Dans le cadre d'une opération combinée entre l'Orient et l'Occident, ils sont les représentants directs de l'empereur qui les a envoyés[2]. La Cour impériale comprend deux tribuns dits prétoriens : celui du Palais (*cura palatii*), chargé de l'intendance, et celui des écuries impériales, également intitulé connétable (*comes stabuli*)[3]. Il s'agit d'officiers d'état-major de haut niveau promis à un bel avenir comme l'Alaman Agilo qui devient, par la suite, maître de l'infanterie[4]. Avant de désigner son frère coempereur le 28 mars 364, Valentinien le fait accéder au grade de tribun des écuries[5]. Poste considérable car il contrôle tout le parc des véhicules de l'armée et les haras impériaux.

LES OFFICIERS GÉNÉRAUX

Le Haut commandement de l'armée, après l'empereur, est entre les mains du maître de l'infanterie (*magister peditum*) et du maître de la cavalerie (*magister equitum*) selon la vieille tradition de collégialité romaine[6]. Contrairement à l'apparente spécialisation des grades, leur autorité s'exerce aussi bien sur des fantassins que des cavaliers qui constituent les réserves stratégiques de l'Empire. Constance II ajoute trois maîtres de la milice (*magistri militum*) en Gaule, en Illyrie et en Orient[7]. Après la bipartition de l'Empire en 364, il y a deux chaînes de commandement différentes en Occident et en Orient. L'Occident garde un maître de l'infanterie et un maître de la cavalerie qualifiés de *praesentales*, c'est-à-dire présents à la Cour[8]. Le maître de l'infanterie présent à la Cour dispose de trois fois plus d'unités que son collègue de la cavalerie. Il a d'autre part autorité sur les flottes et les contingents de Barbares installés dans l'Empire. Un troisième officier général, subordonné aux précédents, le maître de la cavalerie des Gaules

1. Ammien Marcellin, XIV, 10, 9.
2. *Ibid.*, XXXI, 7, 4 ; 10, 6 ; 12, 4.
3. *Ibid.*, XIV, 10, 8 ; XXX, 5, 19. *Notitia Dignitatum*, OR.XVII.5 ; OC.XV.6.
4. Ammien Marcellin, XX, 2, 5.
5. *Ibid.*, XXVI, 4, 3.
6. K.R. Dixon, 1996, p. 57.
7. W. Ensslin, « Zum Heermeisteramt des spätrömischen Reiches, II : Die *magistri militum* des 4. Jahrhunderts », *Klio*, 24, 1931, p. 102-147.
8. *Notitia Dignitatum*, OC.V et VI.

(*magister equitum per Gallias*), commande des forces de théâtre opérationnel[1]. En Orient, Théodose réforme le commandement vers 388 : « *Alors qu'il y avait en effet un maître de la cavalerie et un maître de l'infanterie, il partagea ces commandements entre plus de cinq officiers*[2]. » Il crée deux charges de maîtres de la milice présents à la Cour (*magistri militum praesentales*), l'un maintenu à Constantinople et l'autre à Antioche[3]. Il crée trois maîtres de la milice en Illyrie, en Thrace et en Orient[4]. Cette chaîne hiérarchique désigne clairement le Danube comme menace principale.

Il existe néanmoins une certaine confusion dans la titulature : la même année en 349, des textes de loi qualifient Silvain de « *maître de l'infanterie et de la cavalerie* » et de « *comte et maître de la milice* »[5]. En 355, Silvain porte le titre de maître de l'infanterie des Gaules, au lieu de maître de la cavalerie comme le signale la *Notitia Dignitatum*[6]. En fait, la qualité de maître de la milice est un titre assez interchangeable, associé à la dignité de comte (*comes*) qui signifie « compagnon ». En 372-373, Théodose l'Ancien, maître de la cavalerie des Gaules, est envoyé rétablir l'ordre en Afrique. Dans un entretien avec un roi maure qui lui demande son rang, Théodose répond : « *Je suis le comte de Valentinien, maître du monde*[7] ». Les deux titres peuvent être associés dans la formule comte et maître de la cavalerie[8]. Dans les années 380, Végèce mentionne à deux reprises le comte en tant que général en chef, assimilé au consul chef d'armée sous la République[9]. Comte est d'ailleurs une dignité tant civile que militaire créée par Constantin et divisée en trois ordres[10].

Comte de la chose militaire, *comes rei militaris*, apparaît le plus souvent comme un grade inférieur à maître de la milice. Ammien Marcellin dit d'Équitius en 364 qu'il « *n'était pas encore maître mais seulement comte* » et reçoit le commandement de l'Illyrie[11]. Au bas de l'échelle, comte peut désigner un adjoint d'un officier général. Le comte Prosper est envoyé comme vicaire

1. *Ibid.*, OC.VII.
2. Zosime, IV, 27, 2.
3. *Notitia Dignitatum*, OR.V et VI.
4. Un *magister militum per Illyricum, un magister militum per Thracias* et un *magister militum per Orientem, ibid.*, OR.VII ; VIII ; IX.
5. *CTH*, VII, 1, 2 ; VIII, 7, 3.
6. Ammien Marcellin, XV, 5, 2.
7. *Ibid.*, XXIX, 5, 46.
8. *CTH*, VII, 1, 9.
9. Végèce, *DRM*, III, 1 ; 2.
10. A.H.M Jones, 1964, p. 143, 378, 528-530, 452, 491, 535-536, 542.
11. Ammien Marcellin, XXVI, 5, 3.

(second) du maître de la milice Ursicin[1]. Végèce déclare que, dans une bataille, les vicaires comtes et les tribuns commandent les réserves[2]. Chez Ammien Marcellin, on voit fréquemment un comte et un tribun exercer ensemble le commandement d'une force légère de reconnaissance ou d'une flotte fluviale[3]. Une loi de 386 attribue cinq chevaux de poste aux comtes, trois aux tribuns et deux aux protecteurs domestiques[4]. Le plus souvent, le grade de comte est lié au commandement de troupes frontalières. Il y a deux comtes frontaliers en Orient et sept en Occident. Un comte du Littoral Saxon en (Grande)-Bretagne et un duc du Rivage Armoricain en Gaule sont chargés de la surveillance des côtes la Manche. Inférieur au comte, vient le duc (*dux*). La *Notitia Dignitatum* mentionne treize ducs orientaux et douze occidentaux. Ces titres nouveaux remplacent des grades plus anciens ainsi le duc d'Égypte remplace le préfet d'Égypte[5].

À partir de 394, la chaîne du Haut commandement est modifiée dans la partie occidentale de l'Empire. Théodose Ier, après sa victoire sur l'usurpateur Eugène, crée le grade de généralissime, intitulé comte et maître des deux milices (*comes et magister utriusque militiae*). Ce grade qualifie l'ancien maître de l'infanterie présent à la Cour. Le premier à y parvenir est Stilicon[6]. Stilicon, Constance, Aétius puis leurs successeurs accèdent aux titres de consul et surtout de patrice. Cette autorité ne se partage pas. Pour y parvenir, Aétius assassine son rival Félix. Dans ce but, le comte d'Afrique Boniface livre bataille à Rimini contre Aétius en 432, mais trouve la mort au combat. Au Ve siècle, la pyramide du Haut commandement se répartit entre le comte et maître des deux milices, le maître de la cavalerie présent à la Cour et le comte des domestiques[7]. Le maître de la milice des Gaules (*magister militum per Gallias*) vient directement après. Sous ses ordres, il a un comte destiné à lui succéder. Entre 463 et 465, Aégidius, qui ne reconnaît plus l'autorité incompétente de l'empereur d'Occident, est qualifié de comte des deux milices (*comes utriusque militiae*) : c'est un seigneur de la guerre indépendant[8]. Dans le même temps et jusqu'à la fin de l'Empire,

1. *Ibid.,* XIV, 11, 5.
2. Végèce, *DRM,* III, 16.
3. Ammien Marcellin, XXX, 1, 11 ; XVII, 10, 5 ; XXII, 3, 9.
4. *CTH,* VIII, 5, 49.
5. M. Absil, « L'Armée romaine de Dioclétien à Valentinien I dans l'épigraphie », *ARDV*, 2004, p. 117-127.
6. A.H.M. Jones, 1980, tome 2, p. 853-858.
7. Zosime, V, 36, 3. Sozomène, IX, 14, 1-2.
8. Hydace, 218.

le grade de maître de la milice des Gaules est attribué aux rois des fédérés burgondes. Paul, mort au combat en 469, est le dernier comte et officier romain en Gaule[1]. Avec l'abandon de la (Grande-)Bretagne, la perte de l'Armorique, des provinces de Belgique, de Germanie et d'Afrique, les comtes et les ducs frontaliers disparaissent.

OFFICIERS, SOUS-OFFICIERS ET HOMMES DU RANG

Au Bas-Empire, les chefs d'unité sont désignés par les grades de préposés (*praepositi*), préfets (*praefecti*) et surtout de tribuns (*tribuni*). Préposé renvoie davantage à une fonction qu'à un grade et couvre une grande variété de commandements. On trouve des préposés de scholes palatines (cavalerie de la garde impériale)[2], de légions[3], de cohortes, de soldats, de cavaliers, d'auxiliaires[4], de troupes frontalières en Afrique, en Maurétanie Césarienne et en Tripolitaine[5]. Il y a même des préposés de lètes (sorte de « Harkis » au service de Rome)[6]. La *Notitia Dignitatum* emploie exclusivement le grade de préfet de lètes. Les préfets d'ailes (régiments de cavalerie) sont nombreux dans la partie occidentale de la *Notitia Dignitatum*[7]. Le mieux connu des préfets d'ailes est Abinneus. Après avoir servi trente-trois ans entre 309 et 342 dans la Vexillation (unité de cavalerie) des Archers Parthes à Dispolis en Thébaïde, Abinneus est promu au grade de ducénaire puis à celui de protecteur vers 337-338, avant d'être nommé vers 342 préfet (ou encore hipparque) de la Ve Aile d'élite à *Dionysias* en Égypte[8].

Le grade de tribun est le plus répandu. Toutefois, les tribuns ne sont pas égaux en dignité. Il existe une voie royale du tribunat. C'est généralement le cas des tribuns de l'état-major impérial et des scholes palatines : Valentinien Ier accède même à la pourpre. En 363, Constantien est tribun de la flotte expéditionnaire sur l'Euphrate qu'il commande avec le comte Lucillien[9]. Des tribuns peuvent diriger des manufactures d'armes[10]. Ils sont parfois

1. A.H.M. Jones, 1980, tome 2, p. 851-852.
2. *CTH,* VI, 13, 1.
3. *Ibid.*, VII, 20, 10. *CIL,* III, 3653.
4. *CIL,* III, 5670a ; 3370. *ILS,* 2786.
5. *Notitia Dignitatum,* OC.XXV.21-36 ; XXX.12-19 ; XXXI.18-28 ; 31.
6. *CTH,* VII, 20, 10.
7. *Notitia Dignitatum,* OC.XXVI.13 ; XXXV.23 ; 26 ; 33 ; XL.35 ; 37 ; 38 ; 45 ; 55.
8. H.J. Bell, *The Abinneus Archive. Paper of a Roman Army Officer in the Reign of Constantius II,* Oxford, 1962.
9. Ammien Marcellin, XXIII, 3, 9.
10. *Ibid.*, XIV, 7, 18 ; XV, 5, 9.

employés pour des missions d'escorte ou d'état-major d'un officier général[1]. À l'échelon inférieur, les tribuns sont des chefs d'unité ou des officiers sans affectation, dit « vacants »[2]. On les retrouve dans la cavalerie et l'infanterie. Les unités ordinaires de cavalerie sont commandées par des tribuns de vexillations[3]. L'unité équestre (*numerus equestris*) des Tertiaques, mise à pied pour lâcheté, est commandée par un tribun héroïque qui se voit transférer dans une turme (escadron) dont le tribun a déserté[4]. Il existe également des tribuns de légion[5]. Ammien mentionne un tribun à la tête d'une cohorte particulièrement pugnace[6] et l'on trouve de nombreux tribuns de cohortes dans les troupes frontalières[7]. Les tribuns sont avant tout des chefs qui combattent à la tête de leurs hommes. La moindre faiblesse de leur part est impitoyablement sanctionnée, même par la mort[8]. Un officier en second ou domestique (*domesticus*) nommé le plus souvent vicaire (*uicarius*) assiste le tribun dans sa tâche[9]. Le tribun peut être flanqué d'un notaire civil (*notarius*) qui agit en observateur ou messager pour l'empereur. Éventuellement, le tribun reçoit le titre de notaire : comme Spectatus qui fait partie d'une ambassade envoyée à Sapor le Roi des Rois perse (358), Discénès qui rapporte les pertes subies au siège d'Amida (359) ou Décentius envoyé en Gaule pour demander des renforts (360), Palladius chargé de payer la solde des troupes en Afrique et d'une mission d'information (365-366)[10].

La nomination à un poste d'officier est soumise à l'approbation impériale pour services rendus ou à la vénalité. Le préfet de cavalerie Abinneus découvre en 341 qu'un concurrent intrigue pour obtenir son poste. L'empereur le confirme dans ses fonctions mais, en 345, le comte d'Égypte le limoge et Abinneus doit se rendre à Rome pour obtenir réparation. Végèce, dans les années 380, souligne que, de son temps, les promotions se faisaient par favoritisme et non plus au mérite[11]. La lettre de recommandation n'est pas une nouveauté au Bas-Empire. On la retrouve chez Pline

1. *Ibid.*, XV, 5, 22.
2. Parmi les 35 tribuns tués à Andrinople (378), Ammien distingue les « vacants » et les commandants d'unités (XXXI, 13, 18). Il évoque souvent les « vacants » (XV, 3, 10 ; XVI, 17, 62 ; XVIII, 2, 2).
3 Ammien Marcellin, XXV, 1, 9.
4 *Ibid.*, XXV, 1, 7-8.
5 *Ibid.*, XIX, 9, 2 ; XXX, 1, 7.
6. *Ibid.*, XVI, 12, 59.
7. *Notitia Dignitatum,* OR.XLII.40-41 ; OC.XXVI.14-20 ; XL.34-56.
8. Ch. Vogler, 1995, p. 394-397.
9. Sur le *domesticus* : Végèce, *DRM,* III, 10. Sur le *uicarius* du tribun : *ibid.*, III, 4, 6, 16.
10. C. Castillo, « Tribunos militares en Ammianus Marcellinus », *ARDV*, 2004, p. 43-54.
11. Végèce, *DRM,* II, 3.

le Jeune qui écrit à l'empereur Trajan (98-117) pour Nymphidius Lupus, préfet de cohorte qui espère mieux[1].

Végèce est le seul auteur de l'Antiquité tardive à décrire complètement la hiérarchie légionnaire « *selon les matricules contemporains* » (rôles ou registres d'effectifs)[2] :

Tribunus maior : commandant de légion nommé « *par une lettre sacrée de l'empereur* » (au grand choix).

Tribunus minor : promu « *par le labeur* » (au mérite).

Ordinarii : officiers qui sont placés à la tête de l'ordre de combat. Autrefois, c'étaient les cinq centurions commandant les 10 centuries de la Ire cohorte.

Augustales : échelon des *ordinarii* créé par Auguste.

Flauiales : échelon des *ordinarii* créé par Vespasien qui est inférieur au précédent. L'on peut supposer que ces grades traduisent moins une charge tactique que la nécessité d'alimenter le tour de promotion.

Aquiliferi : porte-aigles ; l'aigle est le symbole de la légion.

Imaginarii : portent les « *images* (effigies) de *l'empereur* »[3].

Optiones (*uicarii*) : lieutenants, officiers en second ; en cas de maladie ou d'absence, ils remplacent leurs supérieurs.

Draconarii (ex-*signiferi*) : enseignes porte-dragons. Le dragon, sorte de manche à air pourpre avec une tête de dragon en bronze, est l'emblème de la cohorte[4]. Au IVe siècle, le torque précise la fonction du draconaire. Ainsi, un draconaire de l'unité celte des Pétulants couronne Julien avec son torque en guise de diadème impérial[5]. On a parfois rapproché le draconaire du *semaforus*[6]. Le grade de draconaire persiste dans l'armée byzantine du VIe siècle[7].

Tesserarii : portent la consigne aux *contubernia*, escouades de dix hommes.

Campigeni (*antesignani* ou *campidoctores*) : officiers instructeurs qui, avec les tribuns ou leurs vicaires, veillent à la bonne

1. Pline le Jeune, *Ep.* 87 (19).
2. Végèce, *DRM*, II, 7.
3. Une stèle trouvée à Longueau près d'Amiens, montre un *imaginifer n(umeri) Ursarien(sium)* du IVe siècle, CIL XIII 3492.
4. Végèce, *DRM*, II, 13.
5. Ammien Marcellin, XX, 4, 18 M.P. Speidel, « The Master of the Dragon Standards and the Golden Torc : an Inscription from Prusias and Prudentius' *Peristephanon* », *Roman Army Studies*, Stuttgart, Franzer Verlag, 1992, tome 2, p. 390-395.
6. *CIL*, V, 8752.
7. Au VIe siècle, les draconaires apparaîssent groupés en schole, dans le rescrit promulgué par Justinien en 534, dans les offices du Préfet du Prétoire d'Afrique, *CJ*, I, XXVII, 1, 35, p. 35. Il s'agit d'un corps de messagers : l'évêque Théodoret de Cyr, dans sa correspondance, cite les *drakonarioi* Patroïnus et Théodote qu'il a chargés de transmettre ses lettres, *Ep.* 59, *Ep.* 137.

marche de l'armée et, avec les *principia*, distribuent à chaque centurie le secteur à creuser pour retrancher le camp. Au combat, ils sont placés devant les enseignes qu'ils doivent protéger. Leur pugnacité est grande. Les Gaulois qui défendent héroïquement *Amida* en 359 sont commandés par des campiductores, qui sont qualifiés d'*antesignani*[1]. Ammien Marcellin évoque le *campidoctor* Marinus qui est promu tribun[2].

Metatores : pionniers qui choisissent le lieu du camp d'étape.

Beneficiarii : sous-officiers promus par la faveur du tribun.

Caput contubernii (« tête d'escouade ») : ce grade du IVe siècle correspond au *decanus* de l'ancienne légion d'après Végèce. Il s'agit du caporal commandant une escouade ou *contubernium* de dix hommes[3].

Librarii : tiennent l'administration de l'unité (engagement, promotion, solde...).

Tubicines-Cornicines-Buccinatores : musiciens.

Armaturae duplares : soldats habiles dans l'escrime qui reçoivent deux rations ou annones.

Armaturae simplares : n'en reçoivent qu'une.

Mensores : fourriers qui mesurent l'espacement des tentes et assignent des logements dans les villes et probablement assurent l'intendance.

Torquati duplares : soldats décorés d'un torque en or qui reçoivent une ration double.

Torquati simplares : n'en reçoivent qu'une.

Duplares : reçoivent une ration double.

Sesquiplares : reçoivent une ration et demie.

Candidati duplares : reçoivent une ration double.

Candidati simplares : reçoivent une ration simple.

Munifices : simples soldats à qui incombe le service (corvées)

D'autres grades sont spécifiques aux nouvelles unités du IVe siècle : scholes, vexillations, auxiliats palatins, troupes frontalières. Vers 300, le grade de centurion qui a disparu dans l'infanterie, s'applique à la cavalerie[4]. Il persiste au VIe siècle dans l'armée byzantine sous le nom d'hécatontarque, « *commandant d'une centaine* », officier placé sous le commandement d'un tribun[5]. Un texte de Saint Jérôme, daté de 398-399, détaille la

1. Ammien Marcellin, XIX, 6, 12.
2. *Ibid.*, XV, 3, 10.
3. Végèce, *DRM,* II, 8 ; 13.
4. C. Zuckermann, « Deux centurions commandants d'ailes en Égypte vers 300 », *HRAR,* 1995, p. 385-388.
5. Maurice, *Strategikon,* I, 3.

chaîne hiérarchique d'une unité de cavalerie : « *Avant* (le tribun), *il y a le primicier, puis le sénateur, le ducénaire, le centenier, le biarque, le circiteur, le cavalier et enfin la recrue*[1]. » Toutefois, ces grades s'appliquent aussi à l'infanterie. Le *primicerius* est aussi un grade administratif civil (chef de bureau) mais, militairement, il a pu être lié aux protecteurs domestiques et aux scholes palatines[2]. Le *ducenarius* est assimilé par Végèce à l'ex-*primus hastatus* de la Ire cohorte de la légion d'autrefois, soit un commandant de 200 hommes[3]. Très lié au corps des protecteurs aux IIIe-IVe siècles, il n'est rattaché à une légion que par une seule inscription datée de 244-249[4]. Le grade de *centenarius*, que Végèce rapproche étymologiquement à celui de l'ancien centurion[5], n'est attribué à un officier de légion que par deux inscriptions au tout début du IVe siècle. Il recouvre différentes fonctions aussi bien dans l'infanterie que dans la cavalerie[6]. Il peut signifier chef de poste dans le cadre des gardes-frontière d'Afrique. Les fortins en question portent d'ailleurs le nom de *centenaria*[7]. Au Ve siècle, dans l'armée wisigothique, le grade de centenier désigne encore le commandant de 100 hommes[8]. Le grade de *biarchus* apparaît pour la première fois en 327 dans une inscription qui évoque un biarque-draconaire[9]. D'après Végèce, les *circitores* correspondent aux anciens *circumitores*, choisis autrefois par les tribuns pour surveiller les gardes nocturnes[10]. Leur fonction au IVe siècle semble rattachée à la cavalerie dès l'époque de la Tétrarchie[11]. Une loi de 326 déclare : « *Si un fils de vétéran possède un cheval, il sera enrôlé dans la cavalerie. S'il apporte deux chevaux ou un cheval et un servant, il sera enrôlé avec le rang de* circitor[12]. » Les grades de *biarchus*, *centenarius* et *ducenarius* sont également attribués aux services spéciaux de l'armée, les *agentes in rebus*[13]. Un texte de loi de 416 mentionne un grade unique dans l'armée, celui du préposé au *Labarum*, emblème personnel de l'empereur[14].

1. Jérôme, *Contra Iohannem Hierosolymitanum episcopum*, I, 9.
2. *CTH,* VI, 24, 7 ; 8, 9. *CJ,* XII, 29, 2. Ammien Marcellin, XVIII, 3, 5.
3. Végèce, *DRM,* II, 8 ; 13.
4. Ph. Richardot, « Hiérarchie militaire... », 1995, p. 422, n° 99.
5. Végèce, *DRM,* II, 7 ; 13.
6. Ph. Richardot, « Hiérarchie militaire... », 1995, p. 423, n° 100.
7. *CIL,* VIII, 2276, 8701, 9010, 20215. *AE,* 1942-1943, 84.
8. A.H.M. Jones, 1964, p. 258 ; 587.
9. *ILS,* 2805.
10. Végèce, *DRM,* III, 8.
11. Ph. Richardot, « Hiérarchie militaire... », 1995, p. 423, n° 101.
12. *CTH,* VII, 2, 1, 1-2.
13. *Ibid.,* VI, 1, 91 ; 27, 7.
14. *Ibid.,* VI, 25, 1.

Végèce et les documents byzantins précoces déterminent la chaîne hiérarchique suivante : *tribunus*, *uicarius*, *primicerius* (*domesticus*), *senator*, *ducenarius*, *centenarius*, *biarchus*, *circitor*, *draconarius*, *semissalis*, *campidoctor*, *tubator*[1]. L'armée byzantine du VIe siècle conserve les grades des nouvelles unités apparues au Bas-Empire, mais la légion et sa hiérarchie particulière ont alors disparu.

1. A. Müller, « Das Heer Iustinians nach Prokop und Agathias » : *Philologus*, 71, 1912, p. 101-138. R. Grosse, « Die Rangordnung der römischen Armee des 4-6 Jahrhunderts », *Klio*, 15, 1915, p. 122-161. *Id.*, *Römische Militärgeschichte von Gallienus bis zum Beginn der byzantinischen Themenverfassung*, Berlin, 1920, p. 127-138, 144-sq. J. Haldon, « Administrative Continuities and Structural Transformations », *ARB-AFAM*, 1993, p. 45-53.

CHAPITRE 3

Une crise du recrutement

Comme le poète Virgile quatre siècles avant lui[1], Saint Augustin reste persuadé, même après la prise de Rome, que le droit et les armes demeurent l'apanage et la gloire du Romain[2]. Or, la réalité est différente. L'armée romaine connaît une grave crise du recrutement.

DÉMILITARISATION DES ROMAINS

Depuis des siècles, les Romains ne font plus directement la guerre. La disparition de l'esprit militaire des Romains de souche se lit du Ier au IVe siècle. L'armée de métier a du mal à recruter sur la seule base du volontariat et utilise la contrainte pour compléter ses légions. Sous le règne d'Auguste, un chevalier romain est vendu avec ses biens au profit de l'État pour avoir coupé le pouce de ses deux fils et leur éviter ainsi le service militaire[3]. Ce sont des recrues venues de Rome qui entraînent la mutinerie des légions de Germanie en 14. L'armée tend à se prolétariser et à se provincialiser. Tacite note, pour l'année 23, que ceux qui n'ont pas de terre s'engagent dans l'armée[4], tandis que, dès 50 et encore en 170, à Cyrène et en Égypte, les propriétaires terriens fuient le

1. Virgile, *Aeneis,* v. 851-853.
2. Saint Augustin, *De Ciuitate Dei,* III, 10 et V, 12.
3. Suétone, *Vita Augusti,* 24.
4. Tacite, *Annales,* IV, 4, 2.

métier des armes, y compris par la corruption s'ils sont requis par le gouverneur[1]. L'étude de l'origine ethnique de la IIIe Légion Auguste reflète la disparition progressive des recrues italiennes qui passent de 65 à 9 % entre le Ier et la fin du IIe siècle[2]. L'orateur grec Aélius Aristide, dans un éloge de Rome composé vers 143-144, déclare que les Romains trouvent les affaires civiles plus confortables et plus rentables que les travaux de l'armée qu'ils jugent indignes d'eux. Ils se défient des mercenaires étrangers, mais se reposent sur les provinciaux fiers de recevoir la citoyenneté romaine à l'issue de leur temps de service[3]. L'amalgame, les mutations, les fêtes religieuses et militaires forgent une identité collective et permettent l'intégration à l'Empire[4]. Le recrutement par volontariat et par tradition héréditaire est favorisé par le prestige de la fonction que n'a pas immédiatement terni l'extension de la citoyenneté romaine par l'édit de Caracalla en 212[5]. Toutefois, dès la fin du IIe siècle, la plupart des engagés sont des fils de vétérans, surnommés *ex castris* car nés « *en dehors du camp* ». La société militaire tend à se refermer sur elle-même, bientôt incapable d'assurer seule son renouvellement.

L'élite déserte la fonction militaire. La classe sénatoriale en a été chassée par l'édit de Gallien qui a professionnalisé le corps des officiers. Au IVe siècle, les témoignages attestent que, sans faire l'objet d'une interdiction, les classes moyennes se démilitarisent. Végèce accuse la fleur de la jeunesse de mépriser la carrière des armes[6]. Ammien constate que l'ardeur patriotique et guerrière a quitté les Romains de Rome, autant la noblesse, vaine et suffisante, que la plèbe, veule et lâche[7]. D'après Salluste, c'est justement une poignée d'hommes qui avait entraîné les Romains à la conquête du monde, en dépit de leur faiblesse numérique, matérielle et physique[8]. La désertion de l'élite est donc plus grave que celle de la masse qui a toujours grogné contre la dureté du service et l'inhumanité des chefs. La population de Rome ne se reconnaît plus dans son armée. Dès 193, les habitants de Rome

1. *Ibid.*, IV, 14, 18 ; Dion Cassius, LXXII, 4, 1.
2. Y. Le Bohec, 1989, p. 92-97.
3. Aélius Aristide, *Oratio* XXVI, K 74-78.
4. F. Jacques, J. Scheid, *Rome et l'intégration de l'Empire, 44 avant Jésus-Christ-260 après. I, Les structures de l'Empire romain,* Paris, PUF, 1990, p. 150-sq. ; J.-M. Carrié, 1992, p. 134-142.
5. J. Mélèze Modrzejewski, « Diritto romano e diritti locali », Storia di Roma, vol. 3. *L'età tardoantica II. I luoghi e le culture,* Rome, Einaudi, 1993, p. 997-1000.
6. Végèce, *DRM,* I, 5.
7. Ammien Marcellin, XVI, 10, 2 ; XXVII, 9, 9 ; XXVIII, 4, 6-sq. ; XXXI, 5, 10-14.
8. Salluste, *De coniuratione Catilinae,* 53.

jugeaient que le soldat, maintenu vingt ans aux frontières, avait « *l'air d'un sauvage, une voix effrayante, une discussion fruste*[1] ».

L'armée elle-même est en proie au séparatisme. Tacite signalait déjà au Ier siècle que le soldat considérait son camarade d'une région militaire différente comme « *un étranger* »[2]. Le recrutement provincial, l'enracinement à un secteur du *limes*, l'esprit de corps, l'attachement à la fortune d'un chef déterminaient chez le soldat une personnalité régionale, voire des conflits avec ses congénères : armée du Rhin contre armée du Danube dans la guerre « civile » de 68-69, heurts entre légionnaires et auxiliaires. En fait, il s'agissait surtout d'une rivalité professionnelle, attisée par les ambitions des chefs. Cela persiste au Bas-Empire où les usurpateurs militaires sont plus nombreux qu'auparavant. Les sources déterminent toujours l'origine provinciale voire ethnique des troupes romaines car l'armée romaine est internationale. Vers 360, un « *Atlas du monde et des peuples* » déclare que la force militaire de l'Empire repose en Orient sur les montagnards d'Asie Mineure (Galates, Ciliciens, Isauriens, Arméniens) et en Occident sur les Celtes (Bretons et tout particulièrement Gaulois)[3]. Chez les autres peuples de l'Empire, exceptés les Maures, la paix semble avoir étouffé l'ardeur guerrière, comme le signale Végèce[4]. Au Bas-Empire, il faut distinguer l'armée d'Occident de celle d'Orient. Les qualités martiales des Gaulois sont toujours célébrées. Le géographe grec Strabon décrivait les Gaulois comme une nation « *passionnée par la guerre*[5] » et Ammien, trois siècles plus tard, évoque leur courage impétueux de « *bêtes féroces* » qui les rend inaptes à la guerre de siège[6]. L'empereur Julien, qui les a commandés au combat, parle du spectacle « *inouï d'un soldat celte, d'un soldat de la Gaule, tournant le dos à l'ennemi*[7] ». Des officiers et des contingents non celtiques appartiennent à l'armée des Gaules. Entre 350 et 353, l'usurpateur Magnence dispose des légions de (Grande-)Bretagne, de Germanie et de cavaliers maures commandés par le maître de la cavalerie Andragathios, originaire du Pont-Euxin (mer Noire)[8]. La part des Gaulois diminue avec la

1. Dion Cassius, LXXV, 2, 26.
2. Tacite, *Annales,* I, 18 ; *Historiae,* II, 21.
3. *Expositio totius mundi et gentium,* XLI ; XLV ; XLIII, 178-181 ; LXVII, 210-211 ; LVIII, 198-199.
4. Végèce, *DRM,* I, 28.
5. Strabon, *Geographia,* IV, 4, 2.
6. Ammien Marcellin, XV, 12, 1-sq. ; XIX, 6, 4.
7. Julien, *De Regno,* I, 29.
8. Zosime, IV, 35, 3-6.

germanisation de l'armée. Vers 383-388, la même armée des Gaules est composée de Gaulois et de Francs[1]. Au début du Ve siècle, le panégyriste Claudien déclare à l'empereur Honorius que son armée « *fleurit d'escadrons de cimiers, chacun chantant ta louange dans sa propre langue*[2] ». La cacophonie linguistique provient alors plus des mercenaires barbares que des provinciaux. L'armée d'Orient parle grec, comme l'attestent l'épigraphie et la papyrologie militaires[3], mais le latin reste la langue des officiers. Ammien Marcellin croit bon de préciser qu'en 365, l'usurpateur Procope, avant d'engager une bataille avec les troupes loyalistes d'Orient, s'adresse « en latin » au commandant adverse Vitalien pour le rallier à sa cause[4]. Ammien lui-même, dernier grand historien de langue latine, achève ses *Res Gestae*, en tant que « *Grec et ancien soldat*[5] ». Une hostilité latente oppose l'armée latine occidentale à l'armée grecque orientale. Entre 312 et 394, cinq guerres civiles déclenchées par le commandant de l'armée des Gaules contre l'empereur légitime mettent aux prises les troupes occidentales aux forces de l'Orient. À l'occasion d'une crise de subsistances, les troupes gauloises commandées par Julien éclatent en reproches et en menaces contre lui, le qualifiant d'« *Asiatique* » et de « *petit Grec* »[6]. Il faut donc chercher ailleurs que dans les liens du sang ou le patriotisme l'unité relative de l'armée impériale. Être soldat romain, c'est être fidèle à une tradition militaire et suivre un mode de vie particulier qui convient aux populations les plus frustes de l'Empire.

Dès les années 360, pour compenser la crise du recrutement, l'auteur anonyme du *De Rebus Bellicis* prétend doubler la force de l'armée par une importante machinerie de son invention : baliste mobile servie par deux hommes, chars à faux, mantelet à deux roues hérissé de pointes, navire sans rameurs mu par des roues à aubes entraînées par des bœufs, « *baliste foudroyante* » capable de projeter des traits au delà du Danube[7]. Ces machines originales, qui annoncent Léonard de Vinci, n'ont jamais été réalisées comme le programme du *De Rebus Bellicis.* Mais, pour la première fois

1. Orose, VII, 35, 12.
2. Claudien, *De Tertio Consulatu Honorii,* v. 69-72.
3. J.F. Gilliam, « Romanization of the Greek East : The Role of the Army », *Roman Army Papers,* Amsterdam, J.C. Gieben, 1986, p. 281-sq.
4. Ammien Marcellin, XXVI, 7, 15.
5. *Ibid.*, XXXI, 16, 9.
6. *Ibid.*, XVII, 9, 3.
7. *De Rebus Bellicis,* XVIII. M.W.C. Hassal et R.I. Ireland, « *De Rebus Bellicis*« , BAR, 63, 1979. F. Patrucco, « Modelli economici e modelli culturali : il progresso tecnico », *Storia di Roma,* vol. 3, *L'età tardoantica. II. I luoghi e le culture,* Rome, Einaudi, 1993, p. 770-773. H. Jouffroy, « Le *De Rebus bellicis*, source d'histoire militaire ? », *ARDV*, 2004, p. 9-17.

dans l'histoire militaire, la force mécanique est évoquée comme la force principale d'une armée. Il lui manquait encore le moteur combattant. Il faut donc trouver des soldats, par la contrainte si nécessaire.

UN RECRUTEMENT HÉRÉDITAIRE, FISCAL ET MÉDIOCRE

L'armée romaine change de nature au IVe siècle parce que le recrutement devient une charge héréditaire puis fiscale. Comme les fils de vétérans ne s'engagent plus, Constantin, par une série de lois datées de 313, 326 et 331, les y oblige. S'ils sont inaptes, ils rempliront la tâche de décurion (conseiller municipal), qui implique le prélèvement de l'impôt et la responsabilité sur ses biens de sa bonne rentrée[1]. La loi de 326 précise qu'en ce cas, le fils du vétéran doit avoir un patrimoine adéquat. À partir de 331, un fils de soldat peut être enrôlé alors que son père est encore en activité. Le recrutement héréditaire est un échec.

À côté, il semble que Dioclétien ait mis au point la pression fiscale pour élargir la base du recrutement, sans qu'on ait de datation précise[2]. Une loi de 377 qui évoque les dispositions fiscales prises par Dioclétien mentionne le recrutement fiscal[3], lui-même attesté pour la première fois dans un papyrus daté de 324[4]. L'impôt des recrues est un système complexe, évolutif sans équivalent dans l'Histoire. Il s'agit d'une charge foncière payable initialement par « *la fourniture de recrues* » (*praebitio tironum*), puis en numéraire par « *l'or des recrues* » (*aurum tironicum*). Le principe fiscal est celui de la réquisition. Un groupe de contribuables réunis en un chapitre fournit une recrue parmi leurs « colons », véritables serfs attachés à un propriétaire terrien. Le choix de recrues paysannes n'est pas un mal en soi. Végèce, qui suit une opinion ancienne, constate que les paysans font de meilleurs soldats que les citadins, car, physiquement et moralement plus robustes, ils craignent moins la mort et rendent plus de services[5]. Végèce et le législateur du Bas-Empire sont sensibles à l'image du soldat-paysan. Mais le jeu est perverti par la fraude : Végèce déclare que « *tant de revers infligés de tous côtés par les ennemis sont imputables... à la corruption des*

1. *CTH,* VII, 22, 1, 2, 4.
2. J.M. Carrié, « Le système de recrutement des armées romaines de Dioclétien aux Valentiniens », *ARDV*, 2004, p. 371-387.
3. *CTH,* VII, 6, 3.
4. *P. Oxy.* XLV, 3261.
5. Végèce, *DRM,* I, 3. Caton, *De Agricultura,* Préface, 4. Maxime de Tyr, 24.

recruteurs qui engagent sous les armes des recrues fournies par les propriétaires telles qu'un maître n'en voudrait pas pour esclaves[1] ». Des remplaçants extérieurs semblent avoir été utilisés. Pour compenser la fraude et rester maître d'une certaine qualité du recrutement, l'État instaure progressivement une contribution en espèces. En 370, il est permis au Domaine impérial d'avoir le privilège de s'acquitter de l'impôt des recrues en numéraire[2]. Par la suite, cette exception se généralise. Valens, en 375, redéfinit la contribution des propriétaires fonciers, seuls s'ils sont riches, groupés s'ils le sont moins. Ils peuvent acquitter l'impôt : 1) paiement en espèces par le versement de « *l'or des recrues* » ; 2) paiement en nature sous la forme d'un colon une année sur deux pour les plus riches et par roulement pour les groupes de contribuables. En ce cas l'empereur fixe à 36 pièces d'or, sous (*solidi*), le coût total d'une recrue. Un dédommagement de 30 sous moins sa quote-part est versé au propriétaire de la recrue par les autres contribuables du groupe – transaction qu'effectue le collecteur d'impôts. Le propriétaire taxé verse en outre 6 *solidi* pour l'habillement et l'entretien de la recrue. La recrue est rachetée de la capitation (impôt personnel). Si elle est enrôlée dans l'armée de manœuvre, ses parents et sa femme sont également exemptés pendant cinq ans. Cette exemption ne touche que sa femme si la recrue appartient aux troupes frontalières[3]. La fiscalité est encore aménagée en 382, période où il faut combler les trous de la bataille d'Andrinople et solder les Goths intégrés à l'armée[4]. Le coût des recrues tend à baisser pour favoriser les plus gros contribuables. En 397, les sénateurs peuvent, soit fournir des recrues, soit verser un équivalent-or de 25 *solidi* par recrue plus une somme non précisée pour son habillement et sa nourriture. Mais, la même année, ils obtiennent de payer cet impôt en espèces uniquement[5]. Cette généralisation du paiement en espèces au lieu d'un versement en nature s'avère préférable au déracinement de paysans rétifs à un service où ils ont été brutalement plongés pour vingt ans. L'État incite à un paiement en espèces qui lui permet de solder des mercenaires barbares.

La médiocrité du recrutement fiscal s'oppose aux critères physiques et sociaux de sélection que les lois exigent encore pour les troupes de choc. Par contre, des critères plus faibles sont

1. Végèce, *DRM,* I, 7.
2. *CTH,* VII, 12, 2.
3. *Ibid.,* VII, 13, 7.
4. *Ibid.,* VII, 16, 14.
5. *Ibid.,* VII, 13, 13-14.

requis pour les troupes frontalières qui ne combattent pas en rase campagne. Quelle que soit leur catégorie, les recrues continuent comme autrefois à être marquées[1]. Un édit de 398, émis à Constantinople, déclare même que les armes des manufactures impériales doivent être marquées comme les recrues[2].

Réponse aux difficultés de recrutement : l'âge des recrues tend à baisser. En 326, puis en 334, l'âge de 16 ans est requis pour les fils de vétérans et de 18 ans pour les autres[3]. Ils peuvent être recrutés à 15 ans ou moins. Une loi de 394 déclare que les enfants bâtards mineurs qui s'engagent au plus bas de la hiérarchie militaire pourront s'élever par leur mérite[4]. La loi et la théorie s'accordent pour recruter des adolescents. Végèce déclare qu'au début de la puberté, on apprend plus facilement et plus durablement et que l'aptitude physique est plus grande[5]. La taille réglementaire est fixée à 5 pieds 7 pouces (1,57 mètre) en 367[6]. Taille faible, inférieure à ce que l'on exigeait autrefois, à une époque où, selon Végèce, les Romains étaient plus nombreux. Se référant au passé, Végèce donne 6 pieds (1,74 mètre) ou 5 pieds 10 pouces (1,63 mètre) pour les cavaliers des ailes ou les soldats appartenant aux premières cohortes de chaque légion[7]. Les textes de loi mettent en garde contre l'envoi de recrues de piètre origine sociale ou de condition servile. Un édit impérial de 326 demande une enquête préalable par un juge sur l'origine et le rang social des recrues[8]. Une loi de 380 précise que l'enrôlement dans la cavalerie d'élite est interdit aux cabaretiers, aux cuisiniers, aux boulangers et à ceux qui ont des métiers ignobles (non précisés) incompatibles avec la fonction militaire ou qui appartiennent aux ateliers d'État. Le contribuable qui fournira une telle recrue en devra trois en amende[9]. Végèce dresse une liste de professions ignobles : pêcheurs, oiseleurs, pâtissiers et gens de cuisine, tisserands et métiers féminins. À côté, il énumère les métiers virils aux compétences techniques utiles à l'armée, comme les forgerons, les charpentiers, les bûcherons et les chasseurs de cerfs et de sangliers[10]. Une amende en or est demandée à tous ceux qui

1. Y. Le Bohec, 1989, p. 275. Végèce, *DRM,* I, 8.
2. *CTH,* X, 22, 4.
3. *Ibid.,* VII, 13, 1 ; 22, 4.
4. *Ibid.,* VII, 1, 4.
5. Végèce, *DRM,* I, 4.
6. *CTH,* VII, 13, 3.
7. Végèce, *DRM,* I, 5.
8. *CTH,* VII, 13, 1.
9. *Ibid.,* VII, 13, 8.
10. Végèce, *DRM,* I, 7.

livreraient un esclave comme recrue[1]. Dans un contexte de démilitarisation des civils, ces règles de sélection sociale limitent les possibilités de recrutement à l'intérieur. Mais l'État doit bientôt en démordre.

En 406, lorsque les Goths de Radagaise pénètrent en Italie du Nord et menacent l'*Urbs*, Honorius Ier émet deux édits pour lever de l'infanterie en toute urgence[2]. Il promet la liberté aux esclaves qui s'enrôleront, en particulier les esclaves des soldats, des fédérés et des déditices qui font la guerre en même temps que leurs maîtres. Il propose dix sous d'or aux hommes libres qui s'engageront. Même dans une situation désespérée, l'État impérial ne veut pas rétablir la conscription qui existait à l'époque républicaine. Il craint davantage le peuple en armes qu'un ennemi susceptible d'être acheté.

LA DÉSERTION, UN MAL DU IVe SIÈCLE

Les recrutements héréditaire et fiscal rendent le service des armes encore plus impopulaire. L'enrôlement prend parfois l'aspect d'une arrestation qui annonce les système de la « presse » des armées d'Ancien Régime. Sulpice Sévère raconte l'enrôlement dramatique de Saint Martin sous le règne de Constance II : « *Les princes ayant édicté que les fils de vétérans devaient être enrôlés pour servir, son père hostile à son heureuse conduite* (chrétienne), *le livra : il n'avait que quinze ans quand il fut arrêté, enchaîné, lié par les serments militaires*[3]. » La désertion est la conséquence évidente d'un tel système. Le Bas-Empire connaît une nouvelle cause de désertion : la concurrence entre l'État et le secteur privé. Celui-ci est accusé, en 398, de drainer les soldats frontaliers, les muletiers des transports publics et les esclaves des ateliers impériaux[4]. Les particuliers capables de suborner des soldats et des ouvriers impériaux sont les grands propriétaires avides d'hommes et de terres. Certains d'entre eux récupèrent des recrues envoyées à l'État ou accueillent des déserteurs pour en faire des colons au statut précaire. Mais la désertion a d'autres causes, internes à l'armée. L'extrême sévérité des sanctions (mort, mutilation) pousse à déserter. Ammien en donne deux cas intéressants : celui d'un cavalier gaulois natif de Paris et celui du

1. *CTH,* VII, 13, 11.
2. Édits du 17 et 19 avril 406 (*ibid.,* VII, 13, 16. VII, 13, 17). Claudien, *De Bello Getico,* v. 473.
3. Sulpice Sévère, *Vita Martini,* II, 1, 5.
4. *CTH,* VII, 14, 1.

protecteur Antonin qui désertent au profit des Perses[1]. Des conditions matérielles difficiles sont une autre cause. Les officiers trafiquent sur la solde, la nourriture et l'habillement et n'hésitent pas à inscrire des soldats fictifs sur leurs rôles d'unité[2]. Cette corruption est amplifiée par Théodose Ier qui multiplie le nombre d'officiers généraux en Orient. L'historien Zosime déclare qu'à cette époque, « *les soldats n'eurent rien de ce que l'État fournissait pour eux*[3] ». Les conditions de vie du légionnaire ont toujours été dures. En 14 après Jésus-Christ, elles poussent les troupes de Germanie et de Pannonie à se mutiner[4]. Néanmoins, jamais au IVe siècle on ne voit des légions entières se soulever pour des motifs de solde impayée ou de service trop dur. Enfin, les périodes de danger militaire quand l'invasion menace (379-383, 403-406) motivent une désertion conjoncturelle[5].

Les lois impériales prévoient tout un arsenal de lois contre les déserteurs et ceux qui les abritent. En 365, les peines pour l'hébergement d'un déserteur sont la condamnation aux mines d'État pour les plébéiens et la confiscation de la moitié des biens pour les gens d'une condition supérieure[6]. D'après une loi de 380, un collecteur de l'or des recrues qui déniche un déserteur sera dégagé pour deux ans de sa tâche[7]. D'autres dispositions de 380 sont féroces. Est considéré comme déserteur le fugitif qui est inscrit sur les rôles d'unité mais aussi celui qui s'échappe avant son enrôlement. Le propriétaire qui installe un déserteur sur une terre se la verra confisquer et son intendant sera brûlé vif pour non-dénonciation. Un esclave qui débusque un déserteur sera affranchi et un homme libre sera franc d'impôts et de charges civiles. Un déserteur de temps de guerre qui revient à son unité n'aura rien à craindre s'il revient de son gré ; dans le cas contraire il mourra par l'épée. Un gouverneur de province qui viendrait à surseoir par favoritisme à cette mesure aura ses biens confisqués, perdra son statut social et ses chefs de cabinet seront exécutés[8]. Une loi de 381 condamne à mort l'intendant ou le fermier qui abritent en connaissance de cause un déserteur. Un propriétaire complice se verra confisquer la terre qui aura accueilli le

1. Ammien Marcellin, XVIII, 6, 16.
2. R. MacMullen, *Le déclin de Rome et la corruption du pouvoir,* trad. a. Spiquel et A. Rousselle, Paris, Les Belles Lettres, 1991, p. 250-253.
3. Zosime, IV, 27, 2-3.
4. Tacite, *Annales,* I, 17 ; 35.
5. G. Wesch-Klein, « Hochkonjunktur für Deserteure? Fahnenflucht in der Spätantike », *ARDV*, 2004, p. 475-487.
6. *CTH*, VII, 18, 1.
7. *Ibid.*, VII, 18, 3.
8. *Ibid.*, VII, 18, 4.

déserteur[1]. Un rescrit de 382 révèle l'inefficacité de ces mesures terroristes et désigne les propriétaires terriens comme la cause des désertions. Pour toute recrue qui déserte dans l'année où elle est fournie à l'État, les contribuables doivent compenser la perte par un paiement en espèces[2]. Des lois comparables assorties de délais de dénonciation et d'amendes sont publiées entre 383 et 413[3].

En 313, Constantin remarque la lâcheté des fils de vétérans qui s'automutilent pour échapper au service militaire et oblige ceux qui ont les phalanges de la main coupées à servir comme décurion dans les municipalités[4]. En 367, Valentinien Ier et Valens confirment ce décret[5]. À titre de répression, une loi de 368 condamne les délinquants au bûcher[6]. En 381, Théodose oblige les objecteurs de conscience ainsi mutilés à servir quand même, et, puisqu'ils ont refusé le service comme un honneur, il leur sera imposé comme un labeur. Dans les provinces où l'automutilation du pouce est courante, deux mutilés vaudront une recrue[7]. Ammien Marcellin signale qu'on ne trouve pas chez les Gaulois de « *poltrons* », qui, comme en Italie, se coupent le pouce pour ne pas servir[8]. Pour lutter contre la désertion, l'auteur anonyme du *De Rebus Bellicis* (années 360) propose des promotions plus rapides et un service plus court qui permettrait aux soldats retirés du service d'être encore assez valides pour travailler aux champs[9]. Dans le dernier quart du siècle, Végèce signale la durée, la dureté du service et la lenteur des promotions comme des causes de la décadence des légions au profit des unités auxiliaires[10]. Il propose des agents recruteurs plus compétents et une période probatoire pour les recrues[11]. Mais ni les projets de réforme, ni les lois ne parviennent à rendre la carrière des armes plus populaire. Les Romains sont profondément démilitarisés.

1. *Ibid.,* VII, 18, 5.
2. *Ibid.,* VII, 18, 6.
3. *Ibid.,* VII, 18, 7-17.
4 *Ibid.,* VII, 22, 1.
5. *Ibid.,* VII, 13, 4.
6. *Ibid.,* VII, 13, 5.
7. *Ibid.,* VII, 13, 10.
8. Ammien Marcellin, XV, 12, 3.
9. *De Rebus Bellicis,* V.
10. Végèce, *DRM,* II, 3.
11. *Ibid.,* I, 7-8.

CHAPITRE 4

Les effectifs de l'armée romaine à la fin de l'Empire

Armée de métier qui connaît une crise de recrutement permanente, l'armée romaine doit se réorganiser. Elle ne peut en effet tirer les mêmes services d'engagés volontaires physiquement aptes et de paysans réquisitionnés contre leur gré. En 325, Constantin Ier donne à l'armée du Bas-Empire ses caractéristiques essentielles.

LES EFFECTIFS SOUS LA TÉTRARCHIE

Au milieu du IIIe siècle, le futur empereur Aurélien prend le commandement d'un corps expéditionnaire oriental composé d'une légion, de quatre princes germaniques et de leurs hommes, de 300 archers Ituriens, de 600 Arméniens, de 150 Arabes, de 200 Sarrasins, de 400 Mésopotamiens et de 800 cavaliers lourds [1]. Le tout devait atteindre près de 10 000 hommes, si l'on accepte encore pour cette période le chiffre traditionnel de 6 000 soldats par légion. On ne peut que s'étonner de la faiblesse numérique de ce corps expéditionnaire à une époque où l'Empire compte

1. *HA, Aurelianus,* XI.

33 légions plus la garde prétorienne et un nombre d'unités auxiliaires qui double l'effectif légionnaire[1]. Il est prudent de distinguer, lorsqu'on touche à l'histoire militaire, le grand total des effectifs d'une armée et ceux qu'elle aligne réellement en opération.

Les deux seules sources qui donnent des estimations globales de l'armée romaine au Bas-Empire sont des historiens byzantins du VIe siècle. Jean le Lydien propose 389 704 hommes pour l'armée de Terre sous Dioclétien, 45 562 pour la marine, soit un total de 435 266 et ajoute que Constantin a doublé les effectifs[2]. Agathias l'évalue à 645 000 soldats[3], ce qui correspond au doublement supposé des forces terrestres par Constantin certainement au cours de la guerre civile contre Licinius entre 313 et 324[4]. Ces chiffres, qui s'appliquent à la Tétrarchie, ont poussé les historiens vers des évaluations maximalistes autour du demi-million d'hommes[5]. Ils ont généralisé ces estimations en se basant sur un document daté entre 395 et 437, la *Notitia Dignitatum*, « *Notice des Dignités* », qui dresse la liste de toutes les unités de l'armée impériale mais ne donne aucun effectif et, parfois, confondant deux époques, place la même unité à deux endroits simultanément[6]. L'estimation maximaliste des effectifs du Bas-Empire présente un triple paradoxe : les effectifs opérationnels sont faibles après 350, l'Empire fait appel massivement aux mercenaires barbares après 378 et enfin, Rome s'effondre militairement dès 410. Si l'on suit l'opinion courante des historiens, l'Empire d'Occident se serait effondré alors qu'il disposait du plus grand nombre de troupes de l'histoire romaine[7]. On oublie trop souvent que la période du Bas-Empire s'étend sur deux voire trois siècles.

---

1. D. Van Berchem, 1952, p. 103.
2 Jean le Lydien, *De magistratibus,* I, 27.
3. Agathias, V, 13, 7.
4. W. Treadgold, *Byzantium and Its Army 284-1081*, Stanford, Stanford University Press, 1995, p. 44-45.
5. 360 000 *limitanei* (gardes-frontière), 194 500 *palatini* et *comitatenses* (garde impériale et troupes d'intervention), soit 554 500 hommes d'après Th. Mommsen, « Das römische Militärwesen seit Diocletian », *Ges. Schr.,* 6, 1889, p. 206. 222 000 à 238 000 *limitanei,* 228 000 à 233 000 *palatini* et *comitatenses,* soit entre 450 000 et 471 000 hommes selon F. Lot, *La fin du monde antique...,* 1927, p. 3. 737 000 hommes : V. Nischer, « Die Quellen für das spätrömische Heerwesen », *AJPh,* 53, 1932, p. 588. A. Piganiol estime l'armée de la *Notitia Dignitatum* autour de 500 000 « sur le papier », *L'empire chrétien (325-395),* Paris, PUF, 1947, p. 331. A.H.M. Jones donne un tableau des effectifs (383 000 *limitanei,* 217 000 *comitatenses,* 6 000 *scholae),* 1964, vol. 3, tableau 15, p. 379-380. E. Luttwak recense les différentes estimations : Seeck (400 à 600 000), Cary, Grosse, Stein, Segre (près de 500 000), J.B. Bury (600 000 à 650 000), *La grande stratégie de l'Empire romain,* Economica, 1987, p. 193, note 222.
6. Cf. chapitre V pour une bibliographie détaillée.
7. 160 000 hommes en 31 avant Jésus-Christ, 240 000 en 23 après Jésus-Christ, 315 000 en 161 et 456 000 vers 211, Y. Le Bohec, *L'Armée romaine,* Paris, Picard, 1989, p. 34.

Entre la crise politico-militaire ouverte en 235 et la chute de l'Empire romain d'Occident de 476, les effectifs n'ont pu que constamment évoluer, conformément à la situation générale. Toutefois, les historiens ont souvent une vision figée de l'armée romaine à partir du règne de Constantin Ier (qui règne seul de 324 à 337)... et une opportune cécité pour le ve siècle. En fait, il est périlleux d'appliquer les estimations données par Agathias et Jean le Lydien au-delà de la Tétrarchie. Les mêmes auteurs byzantins ne présentent plus d'évaluation globale des effectifs de l'armée romaine pour la période post-tétrarchique. D'ailleurs, les chiffres ne présument pas forcément de l'efficacité militaire. Végèce préfère la valeur au nombre et rappelle à l'empereur Théodose Ier l'encombrement des grandes armées perses de Darius et Xerxès [1].

Dans le premier tiers du IVe siècle, les guerres civiles constantiniennes alignent des armées importantes : Zosime évalue à 286 000 hommes les forces de l'Empire en Occident au moment de la lutte de 312 : 98 000 pour Constantin et 188 000 pour Maxence [2]. Néanmoins, ces chiffres ne correspondent pas aux effectifs opérationnels mais au grand total des armées. Un *Panégyrique* loue Constantin d'avoir vaincu les 100 000 hommes de Maxence « *avec seulement un quart de son armée* [3] ». Constantin aurait disposé d'un corps de bataille de 25 000 hommes. Ne peuvent donc entrer en campagne que des effectifs réduits, les trois-quarts restant aux frontières. En 318, Constantin à la bataille de *Cibala* (Laibach en Carinthie) a 20 000 hommes et Licinius 35 000 ; les pertes de Licinius atteignent 20 000 fantassins et « *cavaliers blindés* », *equites ferratores.* Après ce désastre, Licinius est renforcé par le duc de Dacie, disposant d'« *une grande multitude* [4] ». Dans ce cas les troupes frontalières passent dans le corps opérationnel. Lors de la deuxième guerre, en 324, Licinius est écrasé à Chrysopolis et perd 25 000 soldats [5]. Pour 324, on peut faire le tableau suivant d'après le Byzantin Zosime [6] :

1. Végèce, *DRM,* III, 1.
2. Zosime, II, 15.
3. *Panegyricus Constantino Augusto Dictus. Panegyrici Latini,* VIII, 3, 3.
4. Anonyme Valésien, *Pars Prior,* 5, 16.
5. *Ibid., Pars Prior,* 5, 27.
6. Zosime, II, 15 et 22. Les 54 000 marins sont déduits des 350 trirèmes dont Zosime gratifie Licinius, soit 150 rameurs, un capitaine et deux pilotes, d'après W. Treadgold, 1995, p. 51-53.

	Infanterie	*Cavalerie*	*Marine*	*Total*
Constantin	120 000	10 000	10 000	140 000
Licinius	150 000	15 000	54 000 ?	219 000
Grand total				359 000

L'on reste proche et même en dessous du cadre de l'armée de Dioclétien. Constantin a augmenté son armée personnelle, mais les forces occidentales ont baissé ; ce qui est cohérent avec le niveau de pertes enregistré au cours des guerres civiles. Si l'on ajoute à cette estimation pour 324 les chiffres donnés par Zosime sur la guerre de 312, on arrive pile aux 645 000 hommes donnés par Agathias[1] ! Il y a très vraisemblablement eu « reconstitution historique » de la part d'Agathias à partir de la même source utilisée par Zosime... »

UNE NOUVELLE ARMÉE ROMAINE APRÈS 325

En 324, Constantin Ier élimine son rival Licinius et reste le maître de l'Empire. Soucieux d'efficacité opérationnelle, il prélève aux frontières les meilleures unités pour les placer en réserve stratégique, prêtes à intervenir, généralisant un système adopté entre 313 et 324 alors qu'il devait surveiller la frontière et mener deux guerres civiles. Par la constitution du 17 juin 325, il réforme l'armée de Terre qui est répartie entre les troupes d'intervention, dites « *d'accompagnement du prince* » (*comitatenses*), les gardes-frontière (*ripenses*) et les soldats des ailes et des cohortes (*alares* et *cohortales*). Pour mieux surveiller les frontières, Dioclétien avait doublé le nombre des ailes et augmenté de 30 % celui des cohortes en Occident[2]. Les *alares* et les *cohortales* de la Constitution de 325, perdent ensuite leur caractère spécifique et la *Notitia Dignitatum* nous les montre rattachés aux troupes frontalières. C'est une nouvelle armée qui naît avec une nouvelle culture militaire. Sous le Haut-Empire, les unités étaient classées selon leur taille en légions, cohortes et ailes de cinq-cents à mille combattants. Un cordon réduit de légions frontalières constituait le fer de lance de l'armée. Sous le Bas-Empire, les unités sont classées d'après leur valeur opérationnelle et leur

1. W. Treadgold, 1995, p. 53.
2. W. Seston, 1946, p. 295-299. E. Luttwak, 1987, p. 140.

mission. Désormais, mission de combat et police des frontières sont différenciées.

Vers le milieu du IVe siècle, le système mis en place par Constantin devient plus complexe. Les meilleures troupes formant l'armée de campagne sont réparties en trois classes : les palatins (garde impériale et troupes d'élite), les *comitatenses* (réguliers) et les *pseudocomitatenses* (« *fausses troupes d'accompagnement* », c'est-à-dire des gardes-frontière promus dans l'armée de manœuvre).

La garde impériale n'est plus constituée des Prétoriens, vaincus avec Maxence à la bataille du Pont Milvien en 312, puis dissouts par Constantin. Au IIIe siècle, était apparu à côté des cohortes prétoriennes peu fiables, le corps des Lanciers (*Lanciarii*), recrutés parmi les légions, puis incorporés dans les Prétoriens ou les protecteurs. Constantin ne les dissout pas en 312, mais en fait une troupe d'élite de l'armée d'accompagnement appartenant à la classe palatine. L'expression de Comtes (*Comites* ou Compagnons) qualifie des cavaliers dès l'époque de la Tétrarchie. On la trouve aussi bien pour des scholes palatines que pour des vexillations d'accompagnement. Elle indique des unités qui ont eu l'honneur d'escorter l'empereur à un moment de son histoire[1]. Pour sa garde rapprochée, l'empereur dispose des protecteurs domestiques et surtout des scholes palatines[2]. Sous le règne de Constance, Saint Martin est enrôlé malgré lui dans les ailes scholaires (*scholares alae*), ce qui indique des unités de cavalerie[3]. Il s'agit d'unités d'élite extrêmement combatives. Bien qu'il n'y ait que 12 scholes palatines[4], Ammien Marcellin les cite fréquemment en action, où elles se distinguent pour leurs faits d'armes[5]. En 355, dans une campagne contre les Alamans dans la région du lac de Constance, la schole des Scutaires fait une sortie pour dégager les Romains encerclés dans leur camp. Repoussée, cette charge est bientôt soutenue victorieusement par trois autres unités de cavalerie palatine : la schole des Armatures (Chevau-légers) du

1. D. Van Berchem, 1952, p. 106-107.
2. R.I. Franks, *Scholae Palatinae. The Palace Guards of the Later Roman Empire,* Rome, 1969.
3. Sulpice Sévère, *Vita Martini,* II, 1.
4. L'Orient compte quatre scholes de Scutaires (cavaliers armés d'un bouclier) : schole Première, schole Seconde, schole des Scutaires-archers et schole des Scutaires-clibanaires. Il enregistre deux scholes de Gentils (Barbares) seniors et juniors ainsi qu'une schole d'Armatures juniors (*Notitia Dignitatum,* OR.XI.4-10). L'Occident dénombre cinq scholes de cavalerie : d'Armatures seniors , une de Gentils et trois scholes de Scutaires : la première, la seconde et la troisième (*ibid.,* OC.IX.4-8).
5. Scutaires et Gentils (Ammien Marcellin, XIV, 7, 9 ; XVI, 4, 1 ; XX, 8, 13 ; XXVII, 10, 12), Scutaires (XXII, 11, 2 ; XXV, 10, 9 ; XXVI, 1, 4), Armatures (XIV, 11, 21 ; XV, 4, 10 ; XV, 5, 6 ; XXVII, 2, 6), Scutaires-archers (XXXI, 12, 16).

tribun Arinthéus, les vexillations palatines des Comtes (Compagnons) du vice-tribun Seniauchus et celle des Promus du tribun Bappo[1]. En 359, une des trois scholes de Scutaires d'Occident sauve la vie à Constance II, mais son commandant, le tribun Cella, y laisse la sienne[2]. L'empereur Julien relève que les victoires de son prédécesseur Constance II dépendaient des gardes du corps, des phalanges de fantassins et des escadrons de cavalerie[3]. Les hommes des scholes de la garde impériale doivent être comptés parmi les unités opérationnelles les plus solides. Les scholaires continuent d'exister au VIe siècle dans l'Empire romain d'Orient sous le nom de *skolarioï*. Commis à la garde du Palais, ils reçoivent une solde supérieure aux autres soldats. Ces hommes sont choisis pour leurs aptitudes et se recrutent tout particulièrement chez les Arméniens. Toutefois, le corps des *skolarioï* s'est dégradé au Ve siècle sous le règne de Zénon (474-491) qui en a ouvert l'accès aux lâches et aux inaptes. Même des esclaves ont pu y entrer en payant des pots-de-vin. Initialement fixé à 3 500 hommes, Justinien l'aurait augmenté de 2 000 recrues appelées surnuméraires[4]. Jean le Lydien prétend, lui, que Justinien a porté les *skolaï* à 10 000 hommes[5].

La réserve stratégique des grands commandements d'Orient et d'Occident est constituée de troupes palatines : légions, auxiliats (*auxilia palatina*) pour l'infanterie et vexillations pour la cavalerie. Le terme d'auxiliaires ne désigne plus des supplétifs, comme sous le Haut-Empire, mais des unités d'élite à recrutement barbare[6]. Les troupes régulières d'intervention sont regroupées dans le *comitatus*, qui « accompagne » le prince dans les guerres d'importance. Les unités d'accompagnement sont dédoublées en seniors et juniors au moins depuis 356, comme l'atteste une inscription trouvée à Nikolea[7]. Cette division qui rappelle la division entre la *Vieille Garde* et la *Jeune Garde* de Napoléon, semble dater de Constantin[8]. Le *comitatus* forme le plus sûr garant militaire de l'Empire. En 363, l'empereur Jovien préfère céder la

1. Ammien Marcellin, XV, 4, 9-10. *Notitia Dignitatum*, OC.VI.43-44, 75-76 ; IX, 6.
2. Ammien Marcellin, XIX, 11, 10-16.
3. Julien, *Ad Constantium*, I, 3.
4. Procope, *Anecdota*, XXIV, 15-19.
5. Jean le Lydien, *De Magistratibus*, I, 24.
6. C. Zuckerman, « Les « Barbares » romains : au sujet de l'origine des auxilia tétrarchiques », *ARB-AFAM*, 1993, p. 17-20. D. Hoffmann, 1969, vol. 1, p. 155-164.
7. T. Drew-Bear, « A Fourth-Century Latin Soldier's Epitaph at Nikolea », *HSCP*, 81, 1977, p. 257-274.
8. M.J. Nicasie, *Twilight of Empire : The Roman Army from the reign of Diocletian until the Battle of Adrianople*, Dutch Monographs on Ancient History and Archaeology, 19, Amsterdam, 1998, p. 25-34.

Mésopotamie aux Perses que de laisser le *comitatus* être anéanti. En 364, lorsque Valentinien Ier et Valens se partagent l'Empire, ils se répartissent un tiers des *comitatenses* et une centaine d'autres contingents de palatins. À l'origine, Valentinien Ier garde les unités de seniors pour l'Empire d'Occident, mais il y a des transferts d'unités vers l'Orient par la suite.

Ce sont les moins bonnes recrues qui constituent les unités ou les détachements de gardes-frontière, désormais appelés *limitanei*. Ils sont répartis dans les anciennes légions frontalières qui ont perdu leur statut de troupes d'élite et dans d'innombrables unités (cohortes, auxiliats, nombres/*numeri*, groupes de Militaires/*Milites*). Les gardes-frontière combattent dans un cadre défensif régional sous les ordres des comtes ou des ducs régionaux. Livrer bataille revient aux forces palatines ou d'accompagnement. En conséquence, les auteurs contemporains ignorent systématiquement les gardes-frontière lorsqu'ils évoquent les forces vives de l'armée romaine.

NOUVEAU FORMAT DES UNITÉS AU IVe SIÈCLE

Sous le Haut-Empire, l'usage opérationnel était de fractionner la légion de 4 000 à 6 000 hommes en détachements[1]. Ces détachements ou vexillations tirés d'une ou de plusieurs légions étaient couplés à des auxiliaires qui fournissaient cavaliers et archers[2]. Cet usage a concouru à une réduction des effectifs légionnaires. Parallèlement, le nombre de légions passe de 15 à 33 entre l'année 14 et 211, pour atteindre 53 sous Dioclétien (284-305)[3]. Les rôles de la solde des légions d'Égypte à l'époque de Dioclétien donnent les effectifs suivants : 1 109 hommes pour une vexillation de la IIe Légion Trajane, 1 035 hommes pour une vexillation de la IIIe Dioclétienne et 1 716 pour la IIIe Légion Dioclétienne elle-même[4]. Après la Tétrarchie, l'armée limite la pratique du détachement mais multiplie les unités. La *Notitia Dignitatum* n'indique pas moins de 189 légions[5]. La légion du Bas-Empire a donc peu à voir avec celle de la période précédente. Différents indices prouvent l'affaiblissement des légions. Une loi datée de 360 ne prévoit que deux chariots par légion pour les

1. Ph. Richardot, « Hiérarchie militaire… », 1995, p. 411-412.
2. R. Saxer, « Untersuchungen zu den Vexillationen des römischen Kaiserheeres von Augustus bis Diokletian : Bonner Jahrbücher des Rheinischen Landesmuseum in Bonn und des Vereins von Altertumsfreuden in Rheinlande », *Epigraphische Studien,* 18, 1967.
3. Y. Le Bohec, 1989, p. 34.
4. R.P. Duncan Jones, « Numbers and Pay in Diocletian's Army », *Chiron,* 8, 1978, p. 541-560.
5. 188 d'après A.H.M. Jones, 1964, vol. 3, p. 379-380.

malades et les blessés, ce qui suppose des unités de faible dimension[1]. La bipartition entre l'Orient et l'Occident des unités d'élite en 364 réduit encore leur format. Végèce, réformateur militaire, note, dans les années 380, que « *la légion n'est plus qu'un nom qui persiste aujourd'hui dans l'armée*[2] ». Pour le début du Ve siècle, Zosime estime cinq *tagmata* (légions) à 6 000 hommes[3] et, ailleurs, il en évoque six autres évaluées à 4 000 hommes[4]. On a pensé que les légions mobiles de campagne comptaient 1 000 hommes et les légions territoriales 3 000 : ce qui est purement conjectural[5]. En fait, les effectifs légionnaires vont de 800 à 1 200 hommes[6]. Les auxiliats palatins ont un rôle identique aux légions dans les batailles rangées[7] et tournent autour de 500 hommes[8].

Il n'y a pas de normalisation du format des unités de cavalerie qui comportent environ 200 à 500 hommes. Les termes anciens, comme aile ou turme, et les nouveaux, comme coin ou vexillation, ont une valeur générique pour désigner une troupe de cavalerie. Les scholes palatines comportent chacune 500 cavaliers. À la bataille de Strasbourg en 357, Julien est entouré d'une escorte de 200 cavaliers tenus en réserve[9]. Son aile droite aligne quelques escadrons de cataphractaires (cuirassiers) qui atteignent 600 cavaliers[10]. Le coût de l'armure limite le format des 16 unités de cataphractaires et de clibanaires répertoriées par la *Notitia Dignitatum*. Lors du siège de la ville d'*Amida* par les Perses en 359, deux turmes de Cavaliers Illyriens totalisent 700 hommes[11]. Ce qui donne 350 hommes par turme, chiffre loin de la turme classique de 32 cavaliers qui constituait les ailes de cavalerie. Ammien emploie turme pour désigner une troupe de cavaliers en général[12]. On a supposé que les coins étaient des régiments de 1 200 cava-

1. *CTH,* VIII, 5, 11.
2. Végèce, *DRM,* II, 3.
3. Zosime, V, 45, 1.
4. *Ibid.*, VI, 8, 2-3. Sozomène, IX, 8, 6.
5. W. Kubitschek, article *legio* (Bas-Empire), *PW,* XII, 2, 1925, col. 1830-1837. A.H.M. Jones, 1964, p. 681-682, E. Luttwak, 1987, p. 142.
6. E. Stein, à juste titre, fait de la légion une unité de 1 000 hommes, 1968, p. 124.
7. Ammien Marcellin, XVIII, 9, 3.
8. E. Luttwak, 1987, p. 140. F. Lot donne 500 hommes (*uexillationes* et *auxilia),* 1 000 (légions), 200 *(scholae),* 100 *(cunei) et* 35 *(alae de minore laterculo), L'Art militaire et les armées au Moyen Âge en Europe et dans le Proche-Orient,* tome 1, p. 23.
9. *Ibid.*, XVI, 12, 28.
10. Zosime, III, 3, 4. Ammien Marcellin, XVI, 12, 39.
11. *Ibid.*, XVIII, 8, 2. Les *Equites Scutarii Illyriciani* et les *Equites Ducatores Illyriciani* sont stationnés à *Amida* (*Notitia Dignitatum,* OR. XXXVI.19 ; 21).
12. Ammien Marcellin, XV, 4, 9-10 ; XVIII, 9, 3 ; XXIV, 3, 2 ; XXV, 1, 7-9.

liers lourds[1]. Évaluation extraordinaire et fantaisiste car le Bas-Empire n'a pas de tels moyens en hommes et en matériels. « Coin » est une expression générique qui désigne autant une multitude de fantassins qu'une troupe de maraudeurs barbares[2].

L'armée du Haut-Empire jouait sur le format d'unités normalisées en légions/cohortes/ailes. Elle comptait sur le nombre. L'armée du Bas-Empire joue sur des unités de quelques centaines d'hommes répartis en palatins/troupes d'accompagnement/gardes-frontière. Ce n'est plus le nombre qui importe mais la classe opérationnelle. Les corps d'infanterie ou de cavalerie sont souvent appelés par des termes génériques, en latin *numeri* ou en grec *arithmoï*, qui signifient littéralement « nombres », mais « unités » en serait la meilleure traduction[3].

Le fait que ce soient toujours quelques mêmes unités d'élite qui participent aux batailles entre 354 et 378 d'après Ammien Marcellin, alors que la *Notitia Dignitatum* en indique des dizaines vers 400 révèle de faibles effectifs pour la plupart. À l'exception de quelques brigades légères opérationnelles constamment sollicitées, les unités palatines et d'accompagnement semblent avoir été des forces d'escorte et de gendarmerie. Cette tendance est renforcée par la création de nouvelles unités par Honorius après 395.

EFFECTIFS OPÉRATIONNELS : BRIGADES LÉGÈRES DE 2 000 À 5 000 HOMMES

Les estimations les plus sérieuses sur les effectifs de l'armée romaine entre 354 et 378 viennent de l'historien et soldat Ammien Marcellin (vers 325-395) qui fut souvent un témoin direct et utilisa les rapports officiels pour rédiger ses *Histoires* ou *Res Gestae*[4]. Contre des infiltrations barbares importantes sont utilisés des corps expéditionnaires de la taille de ce qu'on appellerait en langage militaire moderne une brigade, soit entre 2 000 et 5 000 hommes.

Le petit format des nouvelles unités limite la pratique du détachement chère à la période précédente, mais ne la fait pas

1. L. Varady, « New Evidence on some Problems of Late Roman Military Organisation », *A.Ant.Hung.*, 9, 1961, p. 360.
2. Végèce, *DRM*, III, 19. Ammien Marcellin, XXXI, 11, 4.
3. *CIL*, XIII, 1848 ; 3492 ; 3493.
4. N.J.E. Austin, « In Support of Ammianus Veracity », *Historia, 22,* 1973, p. 331-335. *Id.*, « Ammianus on Warfare. An Investigation into Ammianus Military Knowledge », *Latomus*, 165, 1979, p. 23-116. G. Sabbah, 1978. G.A. Crump, « Ammianus and the Late Roman Army », *Historia,* 22, 1973, p. 91-113. J.F. Matthews, *The Roman Empire of Ammianus*, Londres, 1989.

disparaître. En janvier-février 360, l'empereur Constance II ordonne au notaire Décentius de puiser en Gaule des renforts contre les Perses. Il demande des auxiliaires palatins (Hérules, Bataves, Celtes et Pétulants), « *plus 300 hommes tirés d'autres unités* (*numeri*)[1] ». En outre, le tribun-connétable Sintula reçoit l'ordre de sélectionner les cavaliers plus rapides parmi les scholes palatines des Scutaires (« *Porteurs de boucliers* ») et des Gentils (« *Étrangers* ») sous les ordres de Julien[2]. Les demandes de Constance II se font pressantes. Aux dires de Zosime, il aurait fait trois demandes successives : deux corps, un nombre indéterminé, quatre unités de cavalerie, *ilaï*[3]. Dans un discours écrit ultérieurement, Julien confirme l'existence de trois demandes mais en exagère le contenu, pour en démontrer le côté exorbitant et justifier sa rébellion contre Constance. Il fait état de l'envoi de quatre unités (*arithmoï*) de fantassins d'élite, de trois autres de moindre qualité et de deux escadrons (*tagmata*) de cavaliers d'élite[4]. Sur le moment Julien promet à Constance les Gentils, les Scutaires, plus des jeunes lètes nés en Gaule, ou bien des déditices (Barbares émigrés dans l'Empire)[5]. Les troupes gauloises, requises pour combattre les Perses et rendues inquiètes pour leurs familles livrées à la menace des Alamans, se mutinent. Julien, pour calmer la troupe, permet aux femmes et aux enfants de les suivre en Orient et met à leur disposition les transports publics. Néanmoins, les Pétulants et les Celtes exaspérés forcent Julien à prendre le titre d'Auguste[6]. Cet épisode, qui débouche sur la révolte de l'armée des Gaules, montre combien la mobilité stratégique pouvait être politiquement délicate. Il oppose deux logiques : celle du César Julien qui veut conserver des troupes opérationnelles pour défendre les Gaules menacées, celle de l'Auguste Constance II qui a besoin de renforts pour l'Orient et veut affaiblir un subordonné puissant, donc dangereux. Ainsi, les demandes faites par Constance portent sur les auxiliaires et les scholes de palatins.

Les unités employées pour résoudre les crises mineures sont le plus souvent des auxiliaires palatins ou des légions palatines qui combattent par binômes et forment une brigade permanente. Ammien Marcellin évoque fréquemment trois brigades d'auxiliaires palatins qui opèrent en Occident : Pétulants et Celtes[7],

1. Ammien Marcellin, XX, 4, 2.
2. *Ibid.*, XX, 4, 3.
3. Zosime, III, 8. Libanius fait état de deux demandes, *Oratio*, 12, 58.
4. Julien, *Ep. Ad Athenienses*, V, 8, 45-47.
5. *Ibid.*, *Ep.* 17 (à Constance II).
6. Ammien Marcellin, XX, 4, 1-sq.
7. *Ibid.*, XX, 4, 2, 20 ; 5, 9 ; XXI, 3, 2 ; XXII, 12, 6 ; XXXI, 10, 4.

Cornus (leur casque porte des cornes) et Bracchiates (« Porteurs de Braies »)[1], Bataves et Hérules[2]. Il mentionne quatre brigades de légions palatines qui opèrent seules ou suivent l'empereur au combat dans le cadre d'une armée : Joviens et Herculiens[3], Victorieux et Joves[4], Pannoniens et Mésiens[5], Lanciers et Mattiaires[6], Divitiens et Tongriens[7]. Deux brigades sont parfois associées comme c'est le cas en Gaule et en (Grande-)Bretagne de 360 à 368. Les opérations de sécurité demandent donc un volant de deux à quatre unités. La capacité opérationnelle de l'armée romaine dans les années 350-370 repose sur peu d'unités expérimentées fréquemment engagées.

L'effectif total de certains corps expéditionnaires est donné par les sources. Pour une mission spéciale, des effectifs réduits suffisent. En 373, les 300 cavaliers du roi d'Arménie Papa ont mis en déroute une légion avec une pluie de flèches, qui manque à dessein sa cible mais l'effraie et la met en déroute. Le comte Daniel et le tribun des scutaires Barzimer prennent alors 1 000 archers légers pour capturer le roi[8]. Pour mater le rebelle Firmus qui sévit en Afrique du Nord dans les années 372-373, le maître de la cavalerie Théodose l'Ancien s'embarque en Arles avec un renfort de troupes d'accompagnement qu'Ammien juge faible[9]. Par contre, Zosime déclare que l'on a dû affaiblir les

1. *Ibid.,* XV, 5, 30 ; XVI, 12, 43 ; 11, 9. Les *Brachiati* et les *Cornuti seniores* ou *iuniores*, sont des auxiliats ou des vexillations de palatins qui appartiennent à la réserve stratégique d'Occident ou d'Orient (*Notitia Dignitatum,* OC.V.158-159 ; VI.47-48 ; OR.V.50 ; VI.28 ; 50. Jean le Lydien les mentionne ensemble, comme « *porteurs de bracelets* »*, De Magistratibus,* I, 46.
2. Ammien Marcellin, XVI, 12, 45 ; XX, 1, 3 ; 4, 2 ; XXVII, 1, 2-6 ; XXXI, 13, 9. Il n'y a qu'une seule légion palatine de Hérules seniors, cantonnée en Italie (*Notitia Dignitatum,* OC.V.18). La plupart des Bataves servent dans des vexillations et des auxiliats de palatins (*ibid.,* OR.V.49 ; VI.30. OC.V.163 ; 186 ; VI, 47, 51).
3. Ammien Marcellin, XXV, 6, 2 ; XXVII, 10, 10. Végèce, *DRM,* I, 17. Zosime, II, 42. Les *Ioviani* et les *Herculiani seniores* ou *iuniores* sont des légions palatines à disposition de la réserve stratégique d'Occident ou d'Orient (*Notitia Dignitatum,* OC.V.145-146 ; OR.V.43-44).
4. Ammien Marcellin, XXV, 6, 3 ; XXVII, 7, 13-14 ; XXVI, 10, 3 ; XXVI, 7, 17 ; XXVII, 8, 7 ; XXIV, 4, 23. Les *Victores iuniores* sont localisés à la fois en Espagne et en Bretagne (*Notitia Dignitatum,* OC.V.185 ;VII.126). Les *Victores seniores* sont stationnés en Italie (*ibid.,* OC.VII.17).
5. Ammien Marcellin, XXIX, 6, 13. Les *Pannoniciani seniores* et des *Moesiaci seniores* sont des légions palatines de la réserve stratégique occidentale (*Notitia Dignitatum,* OC.VII.7-8). Le corps des *Pannoniciani iuniores* est en Orient, dans la province danubienne de Thrace, (*ibid.,* OR.VIII.48). Celui des *Moesiaci iuniores* a disparu.
6. Ammien Marcellin, XXXI, 18, 8. Les *Lanciarii seniores* et *iuniores* sont des légions palatines *praesentales* sous le commandement stratégique d'Orient (*Notitia Dignitatum,* OR.V.2 ; VI.7). D'autres Lanciers forment des légions d'accompagnement ou de *pseudocomitatenses* en Thrace ou en Illyrie (*ibid.,* OR.VIII.12.IX.14 et 16 ; OC.V.109 et 110). Les *Mattiarii* comptent deux légions palatines, deux légions d'accompagnement et des auxiliaires palatins (*ibid.,* OR.VI.2, 7 ; OC.V.83 ; OR.IX.9 ; OC.VII.52).
7. Ammien Marcellin, XXVI, 6, 12 ; XXVII, 1, 2-5. *Notitia Dignitatum,* OC.VI.147-148.
8. Ammien Marcellin, XXX, 1, 5 et 7 ; 11.
9. *Ibid.,* XXIX, 5, 3-4.

armées de Pannonie et de Mésie pour monter cette expédition[1]. Il est vrai qu'au même moment, les Quades et les Sarmates envahissent la Pannonie et la Valérie insuffisamment gardées[2]. Théodose n'utilise qu'une partie des 11 légions d'Afrique et dispose de 3 500 hommes pour combattre le rebelle Firmus[3]. Le renfort occasionnel d'auxiliaires de la tribu maure des Mazices n'est pas évalué[4]. Théodose est contraint de mener des combats d'infanterie contre les cavaliers maures, malgré 19 vexillations de cavalerie mentionnées par la *Notitia Dignitatum*[5]. On doit supposer que beaucoup ont rejoint la rébellion. En 398, cinq légions d'Italie totalisant 5 000 hommes sont envoyées contre Gildon, gouverneur rebelle d'Afrique et frère de Firmus (!)[6]. Les guerres de Firmus et de Gildon révèlent que la garnison d'Afrique était faible, avec des légions de 200 à 400 hommes.

ARMÉES EN CAMPAGNE AU IVe SIÈCLE : DE 8 000 À 83 000 HOMMES

Quand la situation l'exige, des forces plus importantes sont mises sur pied.

La bataille la plus sanglante du IVe siècle est celle de *Mursa* en Pannonie (28 septembre 351), qui oppose l'usurpateur occidental Magnence à Constance II. Zosime déclare qu'il n'y avait jamais eu autant de pertes auparavant et que Constance aurait préféré un accord à cette tuerie préjudiciable à la défense de l'Empire[7]. Les sources remarquent combien cette bataille a été funeste à la postérité de l'Empire par le gaspillage de forces romaines[8]. Constance a plus de 30 000 tués sur 80 000 hommes et Magnence 24 000 sur 36 000 soldats[9]. La mobilisation de l'armée de manœuvre (et certainement frontalière) tant occidentale qu'orientale est alors poussée à son maximum. Les pertes des guerres civiles sont supérieures à n'importe quel conflit avec des Barbares. Excepté la campagne persique de 363, on ne retrouve plus des effectifs aussi importants lors de la seconde moitié du

1. Zosime, IV, 16.
2. Ammien Marcellin, XXIX, 6, 1.
3. *Ibid.*, XXIX, 5, 9 ; 5, 29 ; 5, 48.
4. *Ibid.*, XXIX, 5, 17 et 30.
5. *Notitia Dignitatum*, OC.XXV.
6. Orose, VII, 36, 6. Claudien, *Bellum Gildonicum*, I, 421-423 : parle des *Neruii*, de la légion *Felix*, de celles des *Augustenses*, des *Inuicti* et des *Leones*.
7. Zosime, II, 50, 4 ; 51, 1.
8. Eutrope, X, 12, 1. Aurélius Victor, XLII, 4. Orose, VII, 29, 12.
9. Zonaras, 13, 8.

IVe siècle, signe de l'ampleur des pertes et d'une lente dégradation de l'armée.

En 355, le maître de l'infanterie des Gaules Silvain commande une armée de réserve de 8 000 hommes[1]. En 357, après avoir réuni toute l'armée gauloise à Reims, Julien dispose de 13 000 soldats à la bataille de Strasbourg[2]. Pour le soutenir, un renfort de 25 000[3] ou 30 000 hommes[4] vient d'Italie sous le commandement du maître de l'infanterie Barbatio. Le total de l'armée de manœuvre occidentale approche 38 000 hommes en réunissant toutes les forces mobiles des Gaules et un fort contingent d'Italie : c'est peu pour colmater des brèches importantes, mais un tiers de ces effectifs suffit à Julien pour repousser les Alamans[5]. Néanmoins, l'insécurité sur la frontière germanique persiste jusque vers 360.

L'expédition en Perse de 363 est la dernière offensive de grande envergure de l'Empire romain[6]. Les effectifs sont à la mesure de l'opération : Zosime parle de 65 000 hommes[7], auxquels il faut ajouter 18 000 hommes détachés sous le commandement de Sébastien et de Procope pour garder le Tigre[8] ; l'armée de campagne compte une flotte de 600 navires construits en bois, 500 en peaux (il devait s'agir de barques), plus de 50 vaisseaux de guerre[9]. Ammien ne donne pas d'estimation globale mais des indications : Julien, à la suite d'un raid perse en Mésopotamie, envoie 30 000 hommes à Sébastien et à Procope[10], la flotte romaine sur l'Euphrate est estimée à 1 100 unités : 1 000 navires de charge en support logistique, 50 navires de combat et 50 pour construire des ponts de bateaux[11]. Cette flotte est occupée par 20 000 hommes armés[12]. L'armée d'invasion de la Perse s'étend sur une colonne de 10 000 pas (15 km) ; Julien, il est vrai, a étendu intentionnellement sa colonne pour donner l'impression d'un effectif plus grand[13]. Comme Julien a emmené avec lui les troupes gauloises d'Occident[14] et le *comitatus* d'Orient, les capa-

1. Ammien Marcellin, XVI, 2, 4.
2. *Ibid.*, XVI, 2, 8 ; 12, 2.
3. *Ibid.*, XVI, 11, 2.
4 Libanius, *Oratio*, 18, 49.
5. Ammien Marcellin, XVI, 11, 15.
6. R.T. Ridley, « Notes on Julian's Persian Expedition (363) », *Historia*, 22, 1973, p. 317-330.
7. Zosime, III, 13, 1.
8. *Ibid.*, III, 12, 5.
9. *Ibid.*, III, 13, 2.
10. Ammien Marcellin, XXIII, 3, 5.
11. *Ibid.*, XXIII, 3, 9.
12. *Ibid.*, XXIV, 7, 4.
13. *Ibid.*, XXIV, 1, 3.
14. *Ibid.*, XXII, 12, 6.

cités militaires de l'Empire sont portées à leur maximum dans cette expédition : 83 000 hommes selon l'option haute.

En 378, à la bataille d'Andrinople, l'empereur d'Orient Valens engage, après trois années de campagnes infructueuses contre les Goths, ses réserves stratégiques. Avec les forces déjà sur place, cette armée de manœuvre est évaluée par les historiens entre 13 000 et 60 000 hommes. Les sources ne donnant pas de chiffres, ces évaluations restent conjecturales[1].

Dans la seconde moitié du IVe siècle, il y a trois types d'armée en campagne : de 8 000 à 13 000 pour rétablir l'ordre en Gaule, de 20 000 à 35 000 pour les guerres civiles et barbares d'importance, et près de 80 000 pour les mobilisations exceptionnelles. La configuration la plus fréquente est la deuxième. Les effectifs des armées expéditionnaires sont faibles par rapport à la taille de l'Empire mais suffisent généralement à remplir leur mission.

AU Ve SIÈCLE : EFFONDREMENT DE L'ARMÉE OCCIDENTALE

La situation évolue dramatiquement au Ve siècle. Pour affronter l'invasion de l'Italie en 406, l'empereur d'Occident Honorius lance deux édits de recrutement étendus aux esclaves. On voit mal l'intégration de ces recrues à l'armée : amalgame aux unités régulières ou créations de troupes d'« *Honoriens* », mentionnées dans la *Notitia Dignitatum.* Le généralissime Stilicon, pour combattre les Goths de Radagaise à la bataille de Fiésole (23 août 406), aligne trente *arithmoï* (corps) concentrés à Pavie[2]. Au mieux, Stilicon peut disposer, après avoir dégarni les frontières du Rhin, du Danube et de (Grande-)Bretagne[3], de 30 000 soldats réguliers environ, sans compter les fédérés évalués au même nombre. Un épisode révèle la faiblesse des effectifs opérationnels d'Italie. En 407, Stilicon charge le Goth Sarus d'éliminer l'usurpateur Constantin III élevé par l'armée de (Grande-)Bretagne et des Gaules. Après avoir assiégé Valence pendant sept jours, Sarus bat en retraite. Sarus obtient de retraverser les Alpes en abandonnant son butin aux bagaudes, bandes errantes de paysans révoltés, voire milices d'autodéfense[4]. Les troupes

---

1. R. MacMullen, 1991, p. 284, 407, note 45. N.J.E. Austin, « Ammianus account of Adrianople. Some strategic observations », *AC,* 15, 1972, p. 301-309. H. Wolfram, 1990, p. 139-143. TH.S. Burns, « The Battle of Adrianople : A Reconsideration », *Historia,* 22, 1973, p. 336-345.
2. Zosime, V, 26, 4.
3. Claudien, *De Bello Getico,* v. 414-429.
4. Zosime, VI, 2, 5.

régulières, désorganisées par leur sédition de 408, sont incapables de contrer l'invasion de l'Italie par les Wisigoths d'Alaric. En 409, pour délivrer Rome assiégée, l'empereur Honorius envoie cinq unités (*tagmata*) cantonnées en Dalmatie : « *Ces corps de troupes réunissaient 6 000 hommes qui, du fait de leur audace et de leur puissance, constituaient l'élite de l'armée romaine*[1] ». On peut relever la faiblesse de ce corps expéditionnaire comparé à l'ampleur de sa mission : sauver Rome, d'ailleurs délaissée comme capitale au profit de Ravenne par l'empereur Honorius. La même année, l'empereur d'Orient envoie à Honorius six *tagmata*[2] évalués à 4 000 hommes[3]. La loi du 8 février 411 promulguée par Honorius réduit les zones de recrutement à la Sicile, la Sardaigne, la Corse et l'Afrique. L'Italie, encore occupée par les Wisigoths, est exemptée[4].

Toujours fidèle à Honorius, la garnison des Espagnes compte « sur le papier » une douzaine d'auxiliats palatins et deux légions d'accompagnement, cinq cohortes et l'ancienne VIIe Légion *Gemina*[5]. En fait, ce n'est qu'une force de police car la Péninsule ibérique n'a pas connu de conflits depuis 275. En 408, l'armée hispanique ne peut s'opposer seule aux forces britanno-gauloises de l'usurpateur Constantin III. Deux grands propriétaires partisans d'Honorius, Vérinien et Didyme, s'efforcent de « *protéger les Pyrénées à l'aide d'une garde personnelle*[6] ». Vaincus une première fois, les fidèles d'Honorius, renforcés par la garnison de Lusitanie (Portugal), enrôlent un grand nombre de leurs colons et de leurs esclaves[7]. Mais Gérontius, le général de Constantin III, encore vainqueur, occupe la région de Barcelone[8]. En septembre 409, il ne peut arrêter le déferlement des Vandales, des Alains et des Suèves. Les Suèves s'installent durablement en Galice, les Alains dans le Nord et les Vandales dans le Sud (Andalousie). Les troupes hispaniques, affaiblies par la guerre civile et l'invasion barbare, se maintiennent jusqu'en 411, date où Constantin et Gérontius sont vaincus à leur tour. Pour récompenser la fidélité de l'armée des Espagnes, Honorius attribue la solde de l'unité

1. *Ibid.*, V, 45, 1.
2. *Ibid.*, VI, 8, 2-3.
3. Sozomène, IX, 8, 6.
4. *CTH,* VII, 13, 20.
5. *Notitia Dignitatum,* OC.VII.118-132 ; XLII.
6. Orose, VII, 40, 8.
7. Zosime, VI, 4, 3.
8. *Ibid.*, VI, 5, 1. P. Le Roux, *L'Armée romaine et l'organisation des provinces ibériques d'Auguste à l'invasion de 409,* Paris, de Boccard, 1982, p. 396-397.

détruite des Gaulois aux Seniors, Juniors, Spéculateurs et Britanniques, soit quatre unités encore opérationnelles [1].

La crise politico-militaire de 406 à 411 anéantit les armées d'Italie, de Bretagne, des Gaules et d'Espagne. L'Occident reconstitue ses forces avec difficulté. Une inscription de la Porte Dorée à Constantinople datée de 425 fait état de trois corps occidentaux envoyés à l'empereur d'Orient Théodose II par l'impératrice régente Galla Placidia. Il s'agit probablement d'un prêt[2]. À partir de cette époque, les sources littéraires perdent l'habitude de nommer ou de chiffrer les unités combattantes. Les évaluations d'armées en Occident deviennent rares et symboliques. En 451, face à Attila, le généralissime Aétius ne rassemble plus qu'une coalition de fédérés barbares établis en Gaule et d'Armoricains. Son plus gros contingent tient aux Wisigoths d'Aquitaine qui interviennent à titre d'alliés et non de fédérés. En 452, quand Attila envahit le Nord de l'Italie, Aétius n'a plus aucune armée de campagne à lui opposer. La perte de l'Espagne au début du Ve siècle et l'installation de fédérés sur plus de la moitié des Gaules ont cassé la logistique et les bassins de recrutement qui existaient encore auparavant. Désormais, la force militaire de Rome tient aux mercenaires Barbares.

APPARITION DE MILICES D'AUTODÉFENSE EN OCCIDENT

L'effondrement de l'armée régulière fait apparaître des milices locales qui mènent un combat décentralisé.

Vers 409, des milices d'autodéfense spontanées transforment la (Grande-)Bretagne et l'Armorique en régions autonomes. Initialement réfractaires à l'Empire, ces milices deviennent des alliées dans la seconde moitié du Ve siècle. En 468, l'empereur Anthémius appelle Riothame, roi des Bretons d'Armorique, à lutter contre le royaume wisigoth de Toulouse. Après avoir réuni 12 000 hommes, Riothame est vaincu à Déols, sans avoir pu opérer sa jonction avec les fédérés francs aux ordres de Childéric et du comte Paul[3].

Vers 440, un édit de l'empereur Valentinien III rend légales les milices d'autodéfense sur le territoire romain. Il précise que les Romains ont le droit de se défendre par les armes dans le respect

1. E. Demougeot, « Une Lettre de l'empereur Honorius sur l'*Hospitium* des soldats », 1988, p. 75-111.
2. Il s'agit des Cornus juniors, des Premiers Archers et des Lions juniors, E. Demougeot, « La Notitia Dignitatum... », 1988, p. 131.
3. Jordanès, *Getica,* XLV, 237-238.

de l'ordre public et de faire du butin sur l'ennemi[1]. La résistance aux agresseurs n'est forte que si la noblesse sénatoriale la commande et la finance. Dans les années 460, le grand-père de Cassiodore, grand éleveur de chevaux, repousse les Vandales en Sicile et dans le Sud de l'Italie avec une armée privée[2]. En 471, pour dégager Clermont-Ferrand assiégée par « *quelques milliers* » de Wisigoths, Ecdicius, un noble gallo-romain, fils du général et empereur Avitus, dispose d'une escorte de dix à dix-huit cavaliers avec lesquels il fait une sortie victorieuse[3]. Ayant gonflé ses troupes par une levée de ses compatriotes arvernes, il perd deux à trois cavaliers, à chaque escarmouche contre les Goths[4]. Ecdicius mène des combats de faible amplitude avec des effectifs extrêmement réduits. C'est en 474 qu'il reçoit le titre de maître des deux milices des Gaules. L'armée romaine d'Occident du Ve siècle semble se dissoudre en même temps que l'État, diluée dans l'apport barbare. Il est clair qu'en 471, il n'y a plus d'armée romaine en Gaule, seulement quelques unités de mercenaires dans le « Royaume des Romains » tenu par Aégidius puis par son fils Syagrius jusqu'en 486.

L'ARMÉE D'ORIENT TIENT BON

L'armée d'Orient garde des moyens opérationnels plus solides[5]. À partir de 400, elle limite la part des fédérés et redonne aux troupes régulières la première place. Le culte de saints militaires, comme Maurice, Démétrios, Georges aux Ve-VIe siècles, traduit un changement de mentalité sinon un véritable sursaut dans la chrétienté grecque. Le Christ lui-même est représenté en soldat avec une croix sur l'épaule. L'armée orientale rassemble, selon les sources, entre 100 000 et 400 000 hommes, pour chasser les Vandales d'Afrique du Nord en 468[6]. Ces chiffres sont évidemment symboliques et la réalité devait approcher les 35 000 hommes. En 533, Bélisaire dispose de 18 000 hommes pour une mission com-

1. *CTH, Val.III.N,* IX.
2. Cassiodore, *Variae Epistulae,* I, 4, 14.
3. Dix-huit cavaliers selon Sidoine Apollinaire, *Ep.*, III, 3, 3. Dix d'après Grégoire de Tours, *Historia Francorum,* II, 16, 24. Sur Ecdicius, A.H.M. Jones, 1980, tome 2, p. 383-384.
4. Sidoine Apollinaire, *Ep.*, III, 3, 7.
5. D. Nicolle, *Romano-Byzantine Armies 4th-9th Century*, Men-at-Arms 247, Londres, Osprey, 1998.
6. 100 000 hommes selon Procope, *Bellum Vandalicum,* I, 6, 1 ; 400 000 d'après Jean le Lydien, *De magistratibus,* III, 43.

parable[1]. Un exemple du début du VIe siècle tend à montrer que l'armée d'Orient n'avait pas de gros effectifs à ses frontières. En 505, un corps expéditionnaire ostrogothique de 2 000 fantassins et 500 cavaliers sous le commandement de Pitzia suffit à vaincre l'armée romaine d'Illyrie de Sabinien, renforcée de Bulgares[2]. Or, Procope et le comte Marcellin, un autre historien du VIe siècle, s'accordent pour donner à l'armée d'Illyrie un effectif de 15 000 hommes en 548[3]. Cet effectif est comparable à ce que l'on déduit de la *Notitia Dignitatum* en acceptant le chiffre de 1 000 hommes par légion et 500 par vexillation ou auxiliat soit 17 500 hommes[4] :

Unités Notitia Dignitatum	*Effectifs*
2 vexillations de 500 hommes	1 000
9 légions de 1000 hommes	9 000
6 auxiliats de 500 hommes	3 000
9 *pseudocomitatenses* 500 hommes	4 500
Total	*17 500*

Ces chiffres contradictoires pour la situation de l'Illyrie en 505 et en 548 montrent qu'il faut se méfier des raisonnements trop linéaires. Même s'il y a continuité de tradition et d'organisation entre l'armée romaine du Bas-Empire et celle de l'Empire romain d'Orient (byzantin) au VIe siècle, la situation des effectifs a pu connaître des hauts et des bas. Néanmoins, comme les faits le montrent d'eux-mêmes, Constantinople a su maintenir une armée régulière organisée, ce que l'Occident n'a plus été capable de faire au Ve siècle. L'historien grec Procope, dans le deuxième quart du VIe siècle, donne l'image d'une armée d'Orient très proche de l'armée romaine du Bas-Empire : mobile, combative et d'un format réduit[5].

1. Le corps expéditionnaire byzantin se décompose en 10 000 fantassins *comitatenses*, quatre *arithmoï* de cavaliers *comitatenses* (1 500 cavaliers), neuf *tagmata* de fédérés (3 500 cavaliers), trois corps de *symmachoï* ou alliés (400 Hérules, 600 Huns Massagètes en deux corps) et 2 000 gardes du corps de Bélisaire, *Bucellarii* (Procope, *Bellum Vandalicum,* III, 11, 1-21).
2. Jordanès, *Getica,* LVIII, 300.
3. Procope, *Bellum Gothicum*, VII, 29, 3. Comte Marcellin, 95.
4. Tableau réalisé par W. Treadgold, 1995, p.47
5. A. Müller, « Das Heer Iustinians nach Prokop und Agathias », *Philologus,* 71, 1912, p. 101-138. R. Grosse, 1915, p. 122-161.

LES EFFECTIFS DES BARBARES

Comme ennemis, les Barbares ne disposent pas non plus de gros effectifs. L'historien Sulpice Alexandre rapporte que vers 392, « *le tyran Eugène, ayant entrepris une expédition guerrière, gagne la frontière du Rhin pour renouer avec les rois des Alamans et des Francs de vieilles alliances traditionnelles et faire parader une armée qui, à cette époque, était immense devant les peuples barbares*[1] ». Pendant l'hiver 357-358, un groupe de 600 *raiders* Francs parvient à tenir cinquante-quatre jours dans un fort romain abandonné face au César Julien[2]. Les Alamans, à la bataille de Strasbourg en 357, sont estimés de 30 000 à 35 000 hommes et à 40 000 lors de la campagne de 378, chiffre que les courtisans de l'empereur Gratien portent à 70 000 ![3]. Les effectifs ennemis restent stables dans le temps. Vers 373, les Maures rebellés contre l'ordre romain disposent d'environ 20 000 guerriers[4]. Vers 533, les Maures de l'Aurès du roi Iaudas sont estimés à 30 000[5].

Néanmoins, certaines sources littéraires évoquent des chiffres considérables. Ammien Marcellin évalue les Goths à 10 000 hommes avant Andrinople, partant d'un rapport qu'il déclare pas forcément erroné[6]. Mais l'historien Eunape les estime à 200 000[7]. Ammien fait un rapport de soldat, proche de la réalité et conscient des erreurs d'appréciation à la guerre. Eunape fait une appréciation épique : le nombre seul a pu subjuguer la valeur romaine. Certaines estimations maximalistes désignent des forces barbares supérieures aux romaines et qu'on ne peut précisément évaluer : en 406, les envahisseurs goths de Radagaise atteindraient les 100 000 à 400 000[8]. La seule évaluation globale d'un peuple barbare au Ve siècle est celle que donne Victor de Vita à propos des Vandales : en 429, près de 80 000 personnes sous la conduite de Genséric s'embarquent pour l'Afrique sur des navires confis-

1. Sulpice Alexandre n'est connu qu'à travers Grégoire de Tours, *Historia Francorum,* II, 9.
2. Ammien Marcellin, XVII, 2, 1-sq.
3. Libanius, *Oratio* 18, 54. Ammien Marcellin, XVI, 12, 26 ; XXXI, 10, 5.
4. *Ibid.,* XXIX, 5, 47.
5. Procope, *Bellum Vandalicum,* IV, 12, 29.
6. Ammien Marcellin, XXXI, 12, 3.
7. Eunape, VI.
8. Selon Zosime Radagaise dispose de 400 000 hommes venant des peuples celtiques et germaniques d'au-delà du Danube et du Rhin, V, 26, 3. Orose en donne 200 000, VII, 39, 4, 13. Augustin les estime à 100 000, *De Civitate Dei,* V, 23. Il faut certainement y inclure les femmes et les enfants, E. Demougeot, *La formation de l'Europe et les invasions barbares,* Paris, Aubier-Montaigne, 1979, tome 2 p. 421-426. F. Paschoud, éd. de Zosime, Les Belles Lettres, 1986, note 55, p. 200.

qués[1]. Hommes, femmes, enfants et esclaves doivent être comptés. L'image de centaines de milliers d'hommes pour les armées de la Migration des peuples germaniques (*Völkerwanderung*) est à rejeter[2]. En 406, le roi des Vandales Godigysèle dispose d'une armée de 20 000 hommes qui est battue par les Francs. Les Vandales ne doivent leur salut qu'à l'arrivée des Alains de Respendial[3]. La proportion de 20 000 combattants pour une population de 80 000 semble vraisemblable. Les Huns, militairement supérieurs aux autres peuples barbares et probablement plus nombreux, ont perturbé l'équilibre européen Barbarie/Empire. Pour traduire la supériorité numérique des Huns, l'historien goth Jordanès évalue les forces d'Attila à 500 000 hommes lors de la bataille des Champs Catalauniques en 451[4]. De façon plus réaliste, Prosper, dans sa *Chronique*, les situe à « *plusieurs milliers*[5] ». Les Huns n'alignaient pourtant pas des effectifs immenses ; à en croire l'historien chinois du IIe siècle avant Jésus-Christ, Jia Ji, « *selon les évaluations, les Xiongnu* (Huns) *ont environ 60 000 cavaliers... Si, dans une famille de cinq personnes, il y a un guerrier – toute la population équivaut à 300 000 personnes*[6] ». L'arrivée des Huns ne menace pas immédiatement les frontières ; indirectement, ils poussent les Goths, ennemis déjà anciens de l'Empire, à demander sa protection vers 376. Les Huns sont longtemps les auxiliaires fidèles des Romains, en particulier contre les Goths fédérés rebelles. En dépit de quelques agressions rares et ponctuelles, ils ne représentent pas un danger avant l'avènement d'Attila comme seul roi des Huns (445-453).

Les Perses ne sont pas un peuple en marche mais alignent une armée régulière aux effectifs innombrables d'après Ammien. En 359, ils réunissent une armée d'invasion de 100 000 soldats[7]. Ils subissent de lourdes pertes en assiégeant les villes romaines : 30 000 tués devant *Amida* d'après le tribun notaire Discénès[8].

Quel que soit leur nombre, les Barbares, en tant qu'agresseurs, disposent de l'initiative et donc de la possibilité de se concentrer en un point. Ils ont toujours eu cet avantage. Au Ve siècle,

1. Victor de Vita, I, 2.
2. H. Delbrück, *History of the Art of War. The Barbarian Invasions,* trad. W.J. Renfroe Jr, Lincoln et Londres, Bison Books, 1990, tome 2, p. 285-299.
3. Grégoire de Tours, *Historia Francorum*, II, 9.
4. Jordanès, XXXV, 182.
5. Prosper, I, an.451.
6. V.B. Kovalevskaja, « La présence alano-sarmate en Gaule : confron-tation des données archéologiques, paléoanthropologiques, historiques et toponymiques », *ARB-AFAM,* 1993, p. 210.
7. Ammien Marcellin, XIX, 9, 9.
8. *Ibid.*, XIX, 6, 11.

après la crise de 408-410, l'armée romaine d'Occident est dans un tel état de décomposition que les Barbares disposent d'une indéniable supériorité numérique, en tant qu'ennemis ou alliés.

CHAPITRE 5

L'ordre de bataille vers 400 d'après la Notitia Dignitatum

L'ordre de bataille de l'armée romaine entre 395 et 437 est connu par un document exceptionnel la *Notitia Dignitatum* (« *Notice des Dignités* »)[1]. À la fois précise et lacunaire, la *Notitia Dignitatum* ne donne aucun effectif, mais elle permet de connaître la structure de l'armée romaine au début du Ve siècle.

DESCRIPTION ET VALEUR DE LA *NOTITIA DIGNITATUM*

La *Notitia Dignitatum omnium tam ciuilium quam militarium in partibus orientis* (« *Notice de toutes les Dignités tant civiles que militaires dans la partie orientale (de l'Empire)* ») a connu différents titres dans l'historiographie. Depuis le XVIe siècle, la *Notitia* connaît différentes éditions[2]. Composé de 78 sections et

1. Les diverses datations de la *Notitia Dignitatum* ont été analysées par E. Demougeot, « La *Notitia Dignitatum* et l'histoire de l'Empire d'Occident au début du Ve siècle », *L'Empire romain et les Barbares d'Occident IVe-VIIe s. Scripta varia,* Paris, Publications de la Sorbonne, 1988, p. 115-169.
2. Les deux éditions scientifiques standards depuis le XIXe siècle sont : *Notitia dignitatum et administrationum omnium tam ciuilium quam militarium partibus orientis et occidentis (ad codd. mss. Monachiensium, Romani, Parisienium ac Vindobonensis editorumque fidem recensuit tabulis ad cod. ms. Biblioth. Reg. Palatin. Monachiens depictis commentariis indicique illustrauit Eduardus Böcking)*, éd. E. Böcking, Adolph Marc, Bonn, vol. 1, 1839, vol. 2, 1849, vol. 3, 1850, vol. 4, 1853. *Notitia Dignitatum accedunt Notitia urbis Constantinopolitanae et latercula prouincarum*, éd. O. Seeck, Berlin, Teubner, 1876, réimp. Francfort-sur-le-Main, Minerva, 1962. La dernière en date d'après O. Seeck est disponible sur site

de 89 illustrations, ce document de chancellerie dresse la liste des provinces, des hauts responsables de l'administration et de l'armée impériales avec la composition de leurs secrétariats et des unités subordonnées[1]. Ce document du Ve siècle, s'il dépeint les emblèmes des boucliers[2] des unités romaines et indique parfois leur lieu de garnison comporte des lacunes. Les emblèmes de bouclier des gardes-frontière et les troupes de cavalerie d'Orient ne sont décrits. Les décomptes des unités d'élite d'Occident ne se recoupent pas entre répartition par grand commandement et distribution géographique. Certaines unités sont à deux endroits à la fois et les désignations d'une même unité peuvent changer. Les unités aux ordres du duc de Germanie Première manquent, ainsi que celles du comte de Strasbourg et du Comte d'Italie. Il manque aussi des sections entières dont on ne peut préciser le contenu militaire ou civil (VIII, XIV pour l'Occident ; IV, X, XVI, XXVII, XXX pour l'Orient). On ne peut savoir si les unités de lètes ou de *gens* stationnés en Occident sont des cavaliers ou des fantassins. La *Notitia Dignitatum* superpose plusieurs époques, mais l'on s'accorde pour donner 400 comme l'époque centrale de référence. C'est un document précieux mais à prendre avec précaution. La compilation de rôles d'époques différentes figure certaines unités à deux endroits à la fois et rend le décompte difficile. Le volume abondant d'unités recensées participe de cette difficulté[3]. La précision parfaite ne sera jamais atteinte, mais c'est une constante de l'Histoire militaire y compris à l'ère informatique.

SITUATION GÉNÉRALE DE L'ARMÉE ROMAINE VERS 400

La *Notitia Dignitatum* permet de relever la division entre les armées mobiles, les gardes-frontière et la marine pour les deux Empires d'Orient et d'Occident. Elle comprend aussi les unités spéciales (scholes) aux ordres du maître des offices et des protecteurs domestiques aux ordres des comtes des domestiques à pied

---

internet : *http://www.upmf-grenoble.fr/Haiti/Cours/Ak/notitia_index.htm* établie d'après les manuscrits : Oxford, Bodleian Library, *MS Canon Misc. 378* et Université de Leyde, BPL 2869.

1. I. Maier, « CNH (compilation « *notitia... habent* ») », commentaire et bibliographie d'une trentaine de pages sur la *Notitia Dignitatum* depuis 1801 sur site internet : *http://members.ozemail.com.au/~igmaier/webnot05 à 09 htm.*
2. Les emblèmes de boucliers sont donnés en noir, tons gris et blanc dans l'édition d'O. Seeck. H. Sjolie les présente en couleur d'après le manuscrit de la Bibliothèque Bodléienne d'Oxford sur le site internet « Late Roman Shield Patterns taken from the *Notitia Dignitatum* » : *http://www.ne.jp/asahi/luke/ueda-sarson/NotitiaPatterns.html.*
3. D. Hoffmann, *Das spätrömische Bewegungsheer und die « Notitia Dignitatum »*, Düsseldorf, 1969.

et à cheval. Le décompte est rendu difficile par les doublets, les altérations de noms et les lacunes.

Gardes-frontière (*limitanei, riparienses*) et marine

Unités	Occident	Orient	Total
Cavalerie			
Unités de cavalerie (Ailes, coins, cavaliers)	74	179	276
Sarmates gentils	23		
TOTAL Cavalerie	**97**	**179**	**276**
Infanterie			
Légions (200-1000 hommes)	14	33	47
Unités d'infanterie (Cohortes, nombres, militaires)	152	92	244
Lètes (gendarmerie barbare)	11	–	11
TOTAL Infanterie	**177**	**125**	**302**
Flottes et flottilles	16	6	22

Armées mobiles

Unités	Occident	Orient	Total
Cavalerie			
Vexillationes palatinae (Régiments de cavalerie : 200-500 hommes)	10	14	24
Vexillationes comitatenses (id.)	35	29	64
TOTAL Cavalerie	**45**	**43**	**88**
Infanterie			
Legiones palatinae (Légions palatines : 600-1000 hommes)	12	13	25
Auxilia palatina (Bataillons d'infanterie d'élite : 300 hommes)	68	43	111
Legiones comitatenses (Légions d'accompagnement)	33	37	70
Legiones pseudocomitatenses (Légions formées d'anciens gardes-frontières)	27	20	47
Auxilium pseudocomitatensis (Auxiliat formé d'anciens gardes-frontières)	–	1	1
TOTAL Infanterie	**140**	**114**	**254**

Troupes spéciales

Unités	Occident	Orient	Total
Scholae palatinae (Régiments de cavalerie)	5	7	12
Scholae agentum in rebus (Sécurité militaire)	1	1	2
Domestici equites (Protecteurs domestiques à cheval)	1	1	2
Domestici pedites (Protecteurs domestiques à pied)	1	1	2
Deputati eorum (Délégués des précédents)	1	1	2

Répartition des forces armées entre l'Orient et l'Occident

Unités	Occident	Orient	Grand Total
Cavalerie	142	222	**364**
Infanterie	317	239	**556**
Marine	16	6	**22**
GRAND TOTAL	**475**	**467**	**942**

Rapport entre les forces armées

Unités	Occident	Orient
Cavalerie	29,8 %	47,5 %
Infanterie	66,7 %	51,1 %
Marine	3,3 %	1,2 %

LA LISTE DES UNITÉS D'APRÈS LA *NOTITIA DIGNITATUM*

Ne sont données ici que les parties militaires de la *Notitia Dignitatum.* Les chiffres romains sont ceux qui numérotent le document. Entre crochets sont faits les commentaires. Pour combler une lacune des éditions précédentes, une traduction est proposée[1].

OCCIDENT

V – Maître de l'infanterie

À la disposition de l'illustre maître de l'infanterie présent à la Cour

- **Comtes des frontières citées plus bas :**
  - d'Italie-*Italiae*
  - d'Afrique-*Africae*
  - de Tingitane-*Tingitaniae*
  - de la Bordure de Strasbourg-*Tractus Argentoratensis*
  - des Bretagnes-*Britanniarum*
  - du Rivage saxon des Bretagnes-*Litoris Saxonici per Britannias*
  - [omission du comte d'Espagne]
- **Ducs des frontières citées plus bas :**
  - de Maurétanie Césarée-*Mauretaniae Caesariensis*
  - de Tripolitaine-*Tripolitani*
  - de Pannonie Seconde-*Pannoniae secundae*
  - de Valérie Ripuaire-*Valeriae ripensis*
  - de Pannonie Première et de Norique Ripuaire-*Pannoniae primae et Norici ripensis*
  - de Rhétie Première et Seconde-*Raetiae primae et secundae*
  - de Belgique Seconde-*Belgicae secundae*
  - de Germanie Première-*Germaniae primae*
  - des Bretagnes-*Britanniarum*
  - de Mayence-*Mogontiacensis*

1. Le texte latin est établi à quelques corrections apportées d'après O. Seeck, Berlin, Teubner, 1876, réimp. Francfort sur le Main, Minerva, 1962. Il est consultable sur le site internet : *http://www.upmf-grenoble.fr/Haiti/Cours/Ak/notitia_index.htm*. Cette traduction et l'identification des sites ne sauraient être définitives, mais sont liées aux progrès de l'archéologie.

- **12 Légions palatines :**
  - Joviens seniors-*Iouiani seniores*
  - Herculiens seniors-*Herculiani seniores*
  - Divitiens seniors-*Diuitenses seniores*
  - Tongriens seniors-*Tungrecani seniores*
  - Pannoniens seniors-*Pannoniciani seniores*
  - Mésiens seniors-*Moesiaci seniores*
  - Gens d'armes de l'avant seniors-*Armigeri propugnatores seniores*
  - Lanciers Sabariens-*Lanciarii Sabarienses*
  - Ceux de la VIIIe-*Octauani*
  - Thébains-*Thebaei*
  - Cimbriens-*Cimbriani*
  - Gens d'armes de l'avant juniors-*Armigeri propugnatores iuniores*
- **65 Auxiliats palatins :**
  - Cornus seniors-*Cornuti seniores*
  - Bracchiates (« porteurs de braies ») seniors-*Bracchiati seniores*
  - Pétulants seniors-*Petulantes seniores*
  - Celtes seniors-*Celtae seniores*
  - Hérules seniors-*Heruli seniores*
  - Bataves seniors-*Bataui seniores*
  - Mattiaques seniors-*Mattiaci seniors*
  - Mattiaques juniors-*Mattiaci iuniores*
  - Ascaris seniors-*Ascarii seniores*
  - Ascaris juniors-*Ascarii iuniores*
  - Joves seniors-*Iouii seniores*
  - Cornus juniors-*Cornuti iuniores*
  - Archers Nerviens-*Sagittarii Neruii*
  - Lions seniors-*Leones seniores*
  - Lions juniors-*Leones iuniores*
  - Exculcateurs seniors-*Exculcatores seniores*
  - Archers Tongres-*Sagittarii Tungri*
  - Exculcateurs juniors-*Exculcatores iuniores*
  - Sonnants-*Tubantes*
  - Saliens (Francs)-*Salii*
  - Estimables-*Grati*
  - Heureux seniors-*Felices seniores*
  - Heureux seniors-*Felices iuniores*
  - Gratiens seniors-*Gratianenses seniores*

– Invaincus seniors-*Inuicti seniores*
– Augustéens-*Augustei*
– Joves juniors-*Iouii iuniores*
– Victorieux juniors-*Victores iuniores*
– Bataves juniors-*Batavi iuniores*
– Bructères-*Bructeri*
– Ampsivariens-*Ampsiuarii*
– Gratiens juniors-*Gratiens iuniores*
– Valentiniens juniors-*Valentinianenses iuniores* [doublement localisés en OCCIDENT VII sans la mention juniors : aux ordres du comte d'Illyrie et à ceux du maître de la cavalerie des Gaules]
– Rhétiens-*Raeti*
– Séquanes-*Sequani*
– Archers chasseurs-*Sagittarii venatores*
– Latins-*Latini*
– Sabins-*Sabini*
– Bracchiates juniors-*Bracchiati iuniores*
– Honoriens Atecotts seniors-*Honoriani Atecotti seniores*
– Honoriens Marcomans seniors-*Honoriani Marcomanni seniores*
– Honoriens Marcomans juniors-*Honoriani Marcomanni iuniores*
– Honoriens Atecotts juniors-*Honoriani Atecotti iuniores*
– Brisigaves seniors-*Brisigaui seniores*
– Brisigaves juniors-*Brisigaui iuniores*
– Honoriens Maures seniors-*Honoriani Mauri seniores*
– Honoriens Maures juniors-*Honoriani Mauri iuniores*
– Celtes juniors-*Celtae iuniores*
– Invaincus juniors Britanniques-*Inuicti iuniores Britanniciani* [=*Victores iuniores Britanniciani* en OCCIDENT VII aux ordres du comte des Bretagnes ?]
– Exculcateurs juniors Britanniques -*Exculcatores iuniores Britanniciani*
– Heureux Valentiniens-*Felices Valentinianenses*
– Mattiaques Galliques juniors-*Mattiaci iuniores Gallicani*
– Saliens Galliques-*Salii Gallicani*
– Archers Nerviens Galliques-*Sagittarii Neruii Gallicani*
– Joves Galliques juniors-*Iouii iuniores Gallicani*
– Segontiens-*Seguntienses* [originaires de Siguenza, Espagne]
– Gaulois Victorieux-*Galli victores*
– Honoriens Victorieux juniors-*Honoriani victores iuniores*
– Honoriens ascaris seniors-*Honoriani victores seniores*

- Heureux Galliques juniors-*Felices iuniores Gallicani*
- Atecotts Galliques juniors-*Atecotti iuniores Gallicani*
- Tongres
- Honoriens Galliques-*Honoriani Gallicani*
- Maures Tonnants seniors-*Mauri tonantes seniores*
- Maures Tonnants juniors-*Mauri tonantes iuniores*

- **32 Légions d'accompagnement (*comitatenses*) :**
  - Ménapes seniors-*Menapii seniores*
  - Fortiens-*Fortenses* [cités pour la 1re fois parmi les légions d'accompagnement; originaires d'une région dalmate]
  - Combattants de l'avant seniors-*Propugnatores seniores*
  - Gens d'armes de défense seniors-*Armigeri defensores seniores*
  - Ceux de la VIIe seniors-*Septimani seniors*
  - Royaux-*Regii*
  - Pacatianiens-*Pacatianenses*
  - Bisontins-*Vesontes*
  - Mattiaires juniors-*Mattiarii iuniores*
  - Maures aux boucliers courts-*Mauri cetrati*
  - Ceux de la XIe-*Undecimani*
  - Ceux de la IIe Italique-*Secundani Italiciani*
  - Germaniques juniors-*Germaniciani iuniores*
  - Ceux de la IIIe Italique-*Tertiani Italica*
  - IIIe Herculienne-*Tertia Herculea*
  - Lanciers Galliques Honoriens-*Lanciarii Gallicani Honoriani*
  - Combattants de l'avant juniors-*Propugnatores iuniores*
  - IIe Britannique-*Secunda Britannica* [= deux localisations possibles en OCCIDENT.VII : *Secundani Britones* aux ordres du maître de la cavalerie des Gaules ou *Secundani iuniores* à ceux du comte des Bretagnes]
  - Ceux de la VIIe juniors-*Septimani iuniores*
  - Présicants-*Praesichantes* [= *Praesidientes* en OCCIDENT.VII aux ordres du maître de la cavalerie des Gaules ?]
  - Ursariens-*Ursarienses* [signifie « les gardiens d'ours »]
  - Cortoriaques-*Cortoriacenses*
  - Géminiens-*Geminiacenses*
  - Honoriens Heureux Galliques-*Honoriani felices Gallicani*
  - IIIe Julienne Alpine-*Tertia Iulia Alpina*
  - Ire Flavienne de la Paix-*Prima Flauia Pacis*
  - IIe Flavienne de la Vertu-*Secunda Flauia Virtutis*

- Flavienne Victorieuse Constantine-*Flauia victrix Constantina*
- IIe Flavienne Constantinienne-*Secunda Flauia Constantiniana*
- IIIe Augustéenne-*Tertio Augustani*
- Fortiens-*Fortenses* [cités pour la 2e fois parmi les légions d'accompagnement ; originaires d'une région dalmate. Erreur pour *Catarienses* cités en OCCIDENT.VII aux ordres du comte d'Illyrie ?]

- **18 Fausses légions d'accompagnement (*pseudocomitatenses*) :**
  - Ire Alpine-*Prima Alpina*
  - IIe Julienne Alpine-*Secunda Iulia Alpina*
  - Lanciers de *Lauriacum* (Lorch)-*Lanciarii Lauriacenses*
  - Lanciers de Comagène-*Lanciarii Comaginenses*
  - Tauruns-*Taurunenses* [originaires de*Taurunum*]
  - Antiens-*Antianenses*
  - Pontiens-*Pontinenses*
  - Ire Flavienne Gallique Constantienne-*Prima Flauia Gallicana Constantia*
  - Martiaux-*Martenses*
  - Abrincatiens-*Abrincateni*
  - Défenseurs seniors-*Defensores seniores*
  - Maures Osismiaques-*Mauri Osismiaci*
  - Ire Flavienne Messine-*Prima Flauia Metis* [originaire de Metz]
  - Voltigeurs juniors-*Superuentores iuniores*
  - Constantiaques-*Constantiaci*
  - Corniaques-*Corniacenses* [originaires de *Cornacum* en Pannonie]
  - Ceux de la VIIe-*Septimani* [= présents aussi comme juniors et seniors parmi les légions d'accompagnement]
  - Romaniens-*Romanenses*

VI- Maître de la cavalerie

À la disposition de l'illustre comte et maître de la cavalerie présent à la Cour :

- **10 Vexillations palatines :**
  - Comtes seniors-*Comites seniores*
  - Cavaliers promus seniors-*Equites promoti seniores*

- Cavaliers brachiates seniors-*Equites brachiati seniores*
- Cavaliers brachiates juniors-*Equites brachiati iuniores*
- Cavaliers Bataves seniors-*Equites Bataui seniores*
- Cavaliers cornus seniors-*Equites cornuti seniores*
- Cavaliers cornus juniors-*Equites cornuti iuniores*
- Comtes Alains-*Comites Alani*
- Cavaliers Bataves juniors-*Equites Bataui iuniores*
- Cavaliers Constants Valentiniens seniors-*Equites constantes Valentinianenses seniores*

• **[32] Vexillations d'accompagnement (*comitatenses*) :**

- Cavaliers gens d'armes-*Equites armigeri*
- Cavaliers de la Ire Gallique-*Equites primi Gallicani*
- Cavaliers de la VIIIe Dalmate-*Equites octauo Dalmatae*
- Cavaliers Dalmates Passerentiaques-*Equites Dalmatae Passerentiaci*
- Cavaliers Maures Ailés-*Equites Mauri alites*
- Cavaliers Honoriens Taïfales juniors-*Equites Honoriani Taifali iuniores*
- Cavaliers Honoriens seniors-*Equires Honoriani seniores*
- Cavaliers Maures Féroces-*Equites Mauri fer*oces
- Cavaliers Constantiniens Heureux-*Equite*s *Constantiani felices*
- Cavaliers scutaires-*Equites scutarii*
- Cavaliers Africains des écuries impériales-*Equites stablesiani Africani*
- Cavaliers Marcomans-*Equites Marcomanni*
- Cavaliers gens d'armes seniors-*Equites armigeri seniores*
- Cavaliers archers clibanaires-*Equites sagittarii clibanarii*
- Cavaliers archers Parthes seniors-*Equites sagittarii Parthi seniores*
- Cavaliers du Ier Archer-*Equites primo sagittarii*
- Cavaliers du IIe Archer-*Equites secundo sagittarii*
- Cavaliers du IIIe Archer-*Equites tertio sagittarii*
- Cavaliers du IVe Archer-*Equites quarto sagittarii*
- Cavaliers archers Parthes juniors-*Equites sagittarii Parthi iuniores*
- Cavaliers aux boucliers courts seniors-*Equites cetrati seniores*
- Comtes juniors-*Comites iunior*s
- Cavaliers promus juniors-*Equites promoti iuniores*
- Cavaliers archers juniors-*Equites sagittarii iuniores*

- Cavaliers aux boucliers courts juniors-*Equites cetrati iuniores*
- Cavaliers Honoriens juniors-*Equites Honoriani iuniores*
- Cavaliers gens d'armes juniors-*Equites armigeri juniors*
- Cavaliers du IIe de scutaires juniors-*Equites secundi scutarii iuniores*
- Cavaliers Italiques des écuries impériales-*Equites stablesiani Italiciani*
- Cavaliers archers de Corduène-*Equites sagittarii Cordueni*
- Cavaliers archers seniors-*Equites sagittarii seniores*
- Coin des cavaliers promus-*Cuneus equitum promotorum*

VII – Distribution des troupes précitées dans les provinces :

[Certaines unités sont en plus et d'autres ont leur nom modifié]

- **En Italie :**
  - Joviens seniors-*Iouiani seniores*
  - Herculiens seniors-*Herculiani seniores*
  - Divitiens seniors-*Diuitenses seniores*
  - Tongriens seniors-*Tongrecani seniores*
  - Pannoniens seniors-*Pannoniciani seniores*
  - Mésiens seniors-*Moesiaci seniores*
  - Cornus seniors-*Cornuti seniores*
  - Brachiates seniors-*Brachiati seniores*
  - Pétulants seniors-*Petulantes seniores*
  - Celtes seniors-*Celtae seniores*
  - Hérules seniors-*Heruli seniores*
  - Bataves seniors-*Bataui seniores*
  - Mattiaques seniors-*Mattiaci seniores*
  - Joves seniors-*Iouii seniores*
  - Victorieux seniors [non cités en OCCIDENT.V aux ordres du maître de l'infanterie présent à la Cour, seulement les *iuniores*.Auxiliat palatin ?]
  - Cornus juniors-*Cornuti iuniores*
  - Lions juniors-*Leones iuniores*
  - Exculcateurs seniors-*Exculcatores seniores*
  - Estimables-*Grati*
  - Sabins-*Sabini*
  - Heureux juniors-*Felices iuniores*

- Atecotts Honoriens juniors-*Atecotti Honoriani iuniores* [= *Honoriani Atecotti iuniores* en OCCIDENT.V auxiliat palatin]
- Brisigaves juniors-*Brisigaui iuniores*
- Maures Honoriens juniors-*Mauri Honoriani iuniores* [= *Honoriani Mauri iuniores* en OCCIDENT.V, auxiliat palatin]
- Gaulois Victorieux-*Galli victores*
- Ceux de la VIIIe-*Octauani*
- Thébains-*Thebaei*
- Mattiaires juniors-*Mattiarii iuniores*
- Ceux de la VIIe juniors-*Septimani iuniores* [= triplement localisés dont aux ordres du maître de la cavalerie des Gaules et du comte de Tingitane]
- Royaux-*Regii*
- Germaniques-*Germaniciani* [= *Germaniciani iuniores* en OCCIDENT.V, légion d'accompagnement]
- Ire Julienne-*Prima Iulia* [= *Prima Alpina* en OCCIDENT.V, fausse légion d'accompagnement]
- IIIe Julienne-*Tertia Iulia* [= *Tertia Iulia Alpina* en OCCIDENT.V, légion d'accompagnement]
- Placides Valentinianiques Heureux-*Placidi Valentinianici felices* [non cités en OCCIDENT.V aux ordres du maître de l'infanterie présent à la Cour. Probablement un auxiliat palatin]
- Gratiens juniors-*Gratianenses iuniores*
- Marcomans-*Marcomanni* [= deux auxiliats palatins en OCCIDENT.V : *Honoriani Marcomanni seniores* et les *iuniores*]
- Pontiens-*Pontinenses*

- **En Illyrie aux ordres de son excellence le comte d'Illyrie :**
  - Archers Tongres-*Sagittaii Tungri*
  - Joves juniors-*Iouii iuniores*
  - Séquanes-*Sequani*
  - Rhétiens-*Raeti*
  - Archers chasseurs-*Sagittarii venatores*
  - Latins-*Latini*
  - Valentiniens Heureux-*Valentinianenses felices* [= *Felices Valentinianenses* en OCCIDENT.V auxiliat palatin]
  - Honoriens Victorieux-*Honoriani victores* [= *Honoriani victores iuniores* en OCCIDENT.V auxiliat palatin]
  - Segontiens-*Seguntienses*

- Tongres-*Tungri*
- Maures Honoriens seniors- *Mauri Honoriani seniores* [= *Honoriani Mauri seniores* en OCCIDENT.V auxiliat palatin]
- Mattiaires Honoriens Galliques-*Mattiarii Honoriani Gallicani* [= *Honoriani Gallicani* en OCCIDENT.V auxiliat palatin]
- Ceux de la IIIe-*Tertiani* [= *Tertiani Italica* en OCCIDENT.V fausse légion d'accompagnement]
- IIIe Herculienne-*Tertia Herculea*
- Pacatianiens-*Pacatianenses*
- Maures aux boucliers courts-*Mauri cetrati*
- Combattants de l'avant juniors-*Propugnatores iuniores*
- Lanciers de *Lauriacum* (Lorch)-*Lanciarii Lauriacenses*
- Lanciers de Comagène-*Lanciarii Comaginenses*
- IIe Julienne-*Secunda Iulia* [= *Secunda Iulia Alpina* en OCCIDENT.V fausse légion d'accompagnement]
- Valentiniens-*Valentinianenses* [= *Valentinianenses iuniores* présents aussi en Gaule]
- Katariens-*Catarienses* [non cités en OCCIDENT.V aux ordres du maître de l'infanterie présent à la Cour. A la place du doublet des *Fortenses* comme 32e légion d'accompagnement ?]

- **Dans les Gaules sous les ordres de l'illustre maître de la cavalerie des Gaules :**
  - Mattiaques juniors-*Mattiaci iuniores*
  - Lions seniors-*Lions seniores*
  - Brachiates juniors-*Brachiati iuniores*
  - Saliens juniors-*Salii iuniores* [= *Salii* en OCCIDENT.V auxiliat palatin]
  - Gratiens-*Gratianenses* [= *Gratianenses seniores* en OCCIDENT.V auxiliat palatin]
  - Bructères-*Brocteri* [= *Bructères* en OCCIDENT.V auxiliat palatin]
  - Ampsivariens-*Ampsiuarii*
  - Valentiniens-*Valentinanienses* [= *Valentinianenses iuniores* présents aussi aux ordres du comte d'Illyrie, auxiliat palatin]
  - Bataves juniors-*Bataui iuniores*
  - Bretons-*Britones* [= *Exculcatores iuniores Britanniciani* en OCCIDENT.V, auxiliat palatin ?]

- Atecotts Honoriens seniors-*Atecotti Honoriani seniores* [= *Honoriani Atecotti seniores* en OCCIDENT.V, auxiliat palatin]
- Archers Nerviens Galliques-*Sagittarii Neruii Gallicani*
- Joves Galliques juniors-*Jouii iuniores Gallicani*
- Mattiaques Galliques juniors- *Mattiaci iuniores Gallicani*
- Atecotts Galliques juniors-*Atecotti iuniores Gallicani*
- Ascaris Honoriens seniors-*Ascarii Honoriani seniores* [= *Honoriani ascarii seniores*]
- Gens d'armes défenseurs seniors-*Armigeri defensores seniores*
- Lanciers Honoriens Galliques-*Lanciarii Honoriani Gallicani* [= *Lanciarii Gallicani Honoriani* en OCCIDENT.V, auxiliat palatin]
- Lanciers Sabariens-*Lanciarii Sabarienses*
- Ménapes seniors-*Menapii seniores*
- Bretons de la IIe-*Secundani Britones* [= *Secunda Britannica* en OCCIDENT.V, légion d'accompagnement. Présents aussi comme *Secundani iuniores* aux ordres du comte des Bretagnes]
- Ursariens-*Ursarienses*
- Présidiens-*Praesidienses* [= *Praesichantes* en V aux ordres du maître de l'infanterie ; signifie « garnison de défense »]
- Géminiens-*Geminiacenses*
- Cortoriaques-*Cortoriacenses*
- Honoriens Heureux Galliques-*Honoriani felices Gallicani*
- Ire Flavienne Gallique-*Prima Flauia Gallicana* [= *Prima Flauia Gallicana Constantia* en OCCIDENT.V, fausse légion d'accompagnement]
- Martiaux-*Martenses*
- Abrincatiens-*Abrincateni* [signifie « ceux d'Avranches »]
- Défenseurs seniors-*Defensores seniores*
- Maures Osismiaques-*Mauri Osismiaci*
- Ire Flavienne-*Prima Flauia* [= *Prima Flauia Metis* en OCCIDENT.V, fausse légion d'accompagnement]
- Voltigeurs juniors-*Superuentores iuniores*
- Arbalétriers-*Balistarii* [= non cités en V aux ordres du maître de l'infanterie présent à la Cour. Fausse légion d'accompagnement ?]
- Défenseurs juniors-*Defensores iuniores* [= non cités en V aux ordres du maître de l'infanterie présent à la Cour. Erreur pour *Defensores seniores* en OCCIDENT.V, fausse légion d'accompagnement]

- Ceux de la Garonne-*Garronenses* [= non cités en V aux ordres du maître de l'infanterie présent à la Cour. Fausse légion d'accompagnement ?]
- Anderétiens-*Anderetiani* [= non cités en V aux ordres du maître de l'infanterie présent à la Cour ; originaires d'*Anderitum* en Aquitaine. Fausse légion d'accompagnement ?]
- Acinciens-*Acincenses* [= non cités en V aux ordres du maître de l'infanterie présent à la Cour ; originaires d'*Aquincum* (Ofen-Buda, quartier de Budapest) en Pannonie. Fausse légion d'accompagnement ?]
- Corniaques-*Cornacenses* [= *Corniacenses* en OCCIDENT.V, fausse légion d'accompagnement; originaires de *Cornacum* en Pannonie]
- Ceux de la VIIe juniors-*Septimani iuniores* [= triplement localisés dont en Italie et aux ordres du comte de Tingitane]
- Cursariens juniors-*Cursariens iuniores* [= non cités en V aux ordres du maître de l'infanterie présent à la Cour. Fausse légion d'accompagnement ?]
- Musmagiens-*Musmagenses* [= non cités en V aux ordres du maître de l'infanterie présent à la Cour. Fausse légion d'accompagnement ?]
- Romaniens-*Romanenses*
- Insidiateurs-*Insidiatores* [= non cités en V aux ordres du maître de l'infanterie présent à la Cour. Fausse légion d'accompagnement ?]
- Truncensimans-*Truncensimani* [= non cités en V aux ordres du maître de l'infanterie présent à la Cour. Fausse légion d'accompagnement ?]
- Abulques-*Abulci* [= non cités en V aux ordres du maître de l'infanterie présent à la Cour. Fausse légion d'accompagnement ?]
- Explorateurs-*Exploratores* [= non cités en V aux ordres du maître de l'infanterie présent à la Cour. Fausse légion d'accompagnement ?]

- **Dans les Espagnes aux ordres de son excellence le comte (d'Espagne) :**
  - Ascaris seniors-*Ascarii seniores*
  - Ascaris juniors-*Ascarii iuniores*
  - Archers Nerviens-*Sagittarii Neruii*
  - Exculcateurs juniors-*Exculcatores iuniores*
  - Sonnants-*Tubantes*

- Heureux seniors-*Felices seniores*
- Invaincus seniors-*Inuicto seniores*
- Victorieux juniors-*Victores iuniores*
- Invaincus juniors bretons-*Inuicti iuniores Britones* [= *Inuicti iuniores Britanniciani* en OCCIDENT.V, auxiliat palatin]
- Brisigaves seniors-*Brisigaui seniores*
- Saliens juniors Galliques-*Salii iuniores Gallicani* [= *Salli Gallicani* en OCCIDENT.V, auxiliat palatin]
- Fortiens-*Fortenses* [en OCCIDENT.V, légion d'accompagnement citée deux fois. Présents aussi en Afrique]
- Combattants de l'avant seniors-*Propugnatores seniores*
- Ceux de la VIIe seniors-*Septimani seniores*
- Bisontins-*Vesontes* [originaires de *Vesontio* (Besançon)]
- Ceux de la XIe-*Undecimani*

- **En (Maurétanie) Tingitane aux ordres de son excellence le comte (de Tingitane) :**
  - Maures Tonnants seniors-*Mauri tonantes seniores*
  - Maures Tonnants juniors-*Mauri tonantes iuniores*
  - Constantiniens-*Constantiniani* [= *Constantiniani* présents aussi en Afrique. Possibilités entre les légions d'accompagnement *Secunda Flavia Constantiniana* et *Flauia victrix Constantina*]
  - Ceux de la VIIe juniors-*Septimani iuniores* [= triplement localisés dont en Italie et aux ordres du maître de la cavalerie des Gaules]

- **En Afrique aux ordres de son excellence le comte d'Afrique :**
  - Celtes juniors-*Celtae iuniores*
  - Gens d'armes de l'avant seniors-*Armigeri propugnatores seniores*
  - Gens d'armes de l'avant juniors-*Armigeri propugnatores iuniores*
  - Ceux de la IIe Italique-*Secundani Italiciani*
  - Cimbriens-*Cimbriani*
  - Ceux de la Ire-*Primani* [= *Prima Flauia Pacis* en OCCIDENT.V, légion d'accompagnement]
  - Ceux de la IIe-*Secundani* [= *Secunda Flauia Virtutis* en OCCIDENT.V, légion d'accompagnement]
  - Ceux de la IIIe-*Tertiani* [= *Tertia Flauia Salutis* en OCCIDENT.V, légion d'accompagnement]

- Constantiniens-*Constantiniani* [= *Constantiniani* présents aussi en Tingitane. Possibilités entre les légions d'accompagnement *Secunda Flavia Constantiniana* et *Flauia victrix Constantina*]
- Constantiaques-*Constantiaci*
- Ceux de la IIIe Auguste-*Tertio Augustani*
- Fortiens-*Fortenses* [présents aussi en Espagne ; en OCCIDENT.V, légion d'accompagnement citée deux fois]

- **En (Grande-)Bretagne aux ordres de son excellence le comte des Bretagnes :**
  - Victorieux juniors Britanniques-*Victores iuniores Britanniciani* [=*Victores iuniores* en Espagne]
  - Ceux de la Ire juniors-*Primani iuniores* [non cités en V aux ordres du maître de l'infanterie présent à la Cour excepté *Primani* en Afrique]
  - Ceux de la IIe juniors-*Secundani iuniores* [= *Secunda Britannica* , en OCCIDENT.VI, légion d'accompagnement. Celle, très probablement des seniors, *Secundani Britones* est localisée en Gaule]

Vexillations :

- **En Italie :**
  - Comtes seniors-*Comites seniores*
  - Cavaliers promus seniors-*Equites promoti seniores*
  - Cavaliers brachiates seniors-*Equites brachiati seniores*
  - Cavaliers cornus seniors-*Equites cornuti seniores* [= vexillation palatine présente aussi en Gaule. Peut-être *iuniores*]
  - Comtes Alains-*Comites Alani*
  - Cavaliers Maures Féroces-*Equites Mauri feroces*
  - Cavaliers Constants Valentiniens juniors- *Equites constantes Valentinianenses iuniores* [= *Equites constantes Valentinianenses seniores* en OCCIDENT.VI, vexillation palatine]

- **Dans les Gaules aux ordres de l'illustre comte et maître de la cavalerie des Gaules :**
  - Cavaliers Bataves seniors-*Equites Bataui seniores*
  - Cavaliers cornus seniors-*Equites cornuti seniores* [= vexillation palatine présente aussi en Italie. Peut-être *iuniores*]
  - Cavaliers Bataves juniors-*Equites Bataui iuniores*
  - Cavaliers brachiates juniors-*Equites brachiati iuniores*
  - Cavaliers Honoriens seniors-*Equites Honoriani seniores*

- Cavaliers Honoriens juniors-*Equites Honoriani iuniores*
- Cavaliers gens d'armes seniors-*Equites armigeri seniores* [= *Equites armigeri* en OCCIDENT.VI, vexillation d'accompagnement]
- Cavaliers de la VIIIe Dalmate-*Equites octauo Dalmatae*
- Cavaliers Dalmates Passerentiaques-*Equites Dalmatae Passerentiaci*
- Cavaliers de la Ire Gallique-*Equites primi Gallicani*
- Cavaliers Maures Ailés-*Equites Mauri alites*
- Cavaliers Constantiniens Féroces-*Equites Constantiani feroces* [= *Equites Constantiniani felices* en OCCIDENT.VI, vexillation d'accompagnement]

- **En Afrique aux ordres de son excellence le comte d'Afrique :**
  - Cavaliers Italiques des écuries impériales-*Equites stablesiani Italiciani*
  - Cavaliers scutaires seniors-*Equites scutarii seniores* [= *Equites scutarii* ; présents aussi en Tingitane. Peut-être *iuniores*]
  - Cavaliers des écuries impériales seniors-*Equites stablesiani seniores* [= *Equites stablesiani seniores Africani* en OCCIDENT.VI, vexillation d'accompagnement]
  - Cavaliers Marcomans-*Equites Marcomanni*
  - Cavaliers gens d'armes seniors-*Equites armigeri seniores*
  - Cavaliers clibanaires-*Equites clibanarii* [= *Equites sagittarii clibanarii* en OCCIDENT.VI, vexillation d'accompagnement]
  - Cavaliers archers Parthes seniors-*Equites sagittarii Parthi seniores*
  - Cavaliers aux boucliers courts seniors-*Equites cetrati seniores*
  - Cavaliers du Ier Archer-*Equites primo sagittarii*
  - Cavaliers du IIe Archer-*Equites secundo sagittarii*
  - Cavaliers du IIIe Archer-*Equites tertio sagittarii*
  - Cavaliers du IVe Archer-*Equites quarto sagittarii*
  - Cavaliers Parthes archers juniors-*Equites Parthi sagittarii iuniores*
  - Cavaliers aux boucliers courts juniors-*Equites cetrati iuniores*
  - Cavaliers promus juniors-*Equites promoti iuniores*
  - Cavaliers archers juniors-*Equites sagittarii iuniores*
  - Cavaliers Honoriens juniors-*Equites Honoriani iuniores*

- Cavaliers scutaires juniors de la IIe Schole-*Equites scutarii iuniores secundae scolae* [= *Equites secundi scutarii iuniores* en OCCIDENT.VI, vexillation d'accompagnement]
- Cavaliers gens d'armes juniors-*Equites armigeri iuniores*

- **En (Grande-)Bretagne aux ordres de son excellence le comte des Bretagnes :**
  - Cavaliers cataphractaires juniors-*Equites catafractarii iuniores* [= non cités en OCCIDENT.VI aux ordres du maître de la cavalerie présent à la Cour]
  - Cavaliers scutaires Auréliaques-*Equites scutarii Aureliaci* [= non cités en OCCIDENT.VI aux ordres du maître de la cavalerie présent à la Cour]
  - Cavaliers Honoriens seniors-*Equites Honoriani seniores* [= présents aussi en Gaule]
  - Cavaliers des écuries impériales-*Equites stablesiani* [= *Equites stablesiani Italiciani* en OCCIDENT.VI vexillation d'accompagnement]
  - Cavaliers Syri(ens)-*Equites Syri.* [= non cités en OCCIDENT.VI aux ordres du maître de la cavalerie présent à la Cour]
  - Cavaliers Taïfales-*Equites taifali* [= *Equites Honoriani Taifali iuniores* en OCCIDENT VI, vexillation d'accompagnement]

- **En (Maurétanie) Tingitane aux ordres de son excellence le comte de Tingitane :**
  - Cavaliers scutaires seniors-*Equites scutarii seniores* [= *Equites scutarii* en OCCIDENT.VI, vexillation d'accompagnement présente aussi en Afrique. Peut-être *iuniores*]
  - Cavaliers archers seniors-*Equites sagittarii seniores*
  - Cavaliers de Corduène-*Equites Cordueni* [= *Equites sagittarii Cordueni* en OCCIDENT.VI, vexillation d'accompagnement]

IX – Illustre maître des offices

- Ire Schole de scutaires-*Scola scutariorum prima*
- IIe Schole de scutaires-*Scola scutariorum secunda*
- Schole des chevau-légers seniors-*Scola armaturarum seniorum*
- Schole des gentils seniors-*Scola gentilium seniorum*
- IIIe Schole de scutaires-*Scola scutariorum tertia*

– Schole des agents spéciaux et de leurs délégués-*Scola agentum in rebus et deputati eorum*

XXIV – Comte d'Italie

À la disposition de son excellence le comte d'Italie :

– Le Rivage d'Italie près des Alpes-*Tractus Italiae circa Alpes*
– [Aucune unité militaire, bien que le comte d'Italie soit sous l'autorité militaire du maître de l'infanterie présent à la Cour.]

XXV – Comte d'Afrique

À la disposition de son excellence le comte d'Afrique :

- **Gardes-frontière (*limitanei*) :**
  – Préposé à la frontière de Thamallula-*Praepositus limitis Thamallensis*
  – Préposé à la frontière de Monta au fort de Leptis-*Praepositus limitis Montensis is castris Leptitanis* [= fort de Leptis présent en OCCIDENT.XXXI aux ordres du comte de Tripolitaine]
  – Préposé à la frontière de Bazi-*Praepositus limitis Bazensis*
  – Préposé à la frontière de Gemellae-*Praepositus limitis Gemellensis*
  – Préposé à la frontière de Tubunae-*Praepositus limitis Tubuniensis*
  – Préposé à la frontière de Zabi-*Praepositus limitis Zabensis*
  – Préposé à la frontière de Tubusubdu (ou Tubusuptu)-*Praepositus limitis Tubusubditani*
  – Préposé à la frontière de Thamalloma-*Praepositus limitis Thamallomensis*
  – Préposé à la frontière de Balareta-*Praepositus limitis Balaretensis*
  – Préposé à la frontière de Columnata-*Praepositus limitis Columnatensis* [présent aussi en OCCIDENT.XXX aux ordres du comte de Maurétanie]
  – Préposé à la frontière de Tablata-*Praepositus limitis Tablatensis*
  – Préposé à la frontière de Caput Cilani-*Praepositus limitis Caputcellensis* [présent aussi en OCCIDENT.XXX aux ordres du comte de Maurétanie]

- Préposé à la frontière de Secundaforum au fort de Tillibarum-*Praepositus limitis Secundaeforum in castris Tillibarensis* [= présent aussi en OCCIDENT.XXXI aux ordres du comte de Tripolitaine]
- Préposé à la frontière de Tauga-*Praepositus limitis Taugensis*
- Préposé à la frontière de Bida-*Praepositus limitis Bidensis* [= présent aussi en OCCIDENT.XXX aux ordres du comte de Maurétanie sous le nom de *Vidensis*]
- Préposé à la frontière de Badi-*Praepositus limitis Badensis*

XXVI – Comte de Tingitane

À la disposition de son excellence le comte de Tingitane :

Gardes-frontières (*limitanei*) :

- Préfet de l'Aile Herculienne à Tamucum-*Praefectus alae Herculeae, Tamuco*
- Tribun de la IIe Cohorte des Espagnols à Duga-*Tribunus cohortis secundae Hispanorum, Duga*
- Tribun de la Ire Cohorte Herculienne à Aulucos-*Tribunus cohortis primae Herculeae, Aulucos*
- Tribun de la Ire Cohorte des Ituriens à Castrabarensis-*Tribunus cohortis primae Ityraeorum, Castrabarensis*
- Tribun de la Cohorte … à Sala-*Tribunus cohortis ..., Sala*
- Tribun de la Cohorte Pacatianienne à Pacatiana-*Tribunus cohortis Pacatianensis, Pacatiana*
- Tribun de la IIIe Cohorte des Asturiens à Tabernae-*Tribunus cohortis teriae Asturum, Tabernas*
- Tribun de la Cohorte Friglienne à Friglas-*Tribunus cohortis Friglensis, Friglas*

XXVII – Comte de Strasbourg

À la disposition de son excellence le comte de Strasbourg :

- La Bordure de Strasbourg-*Tractus Argentoratensis*
- [Aucune unité militaire recensée, bien que le comte de Strasbourg soit sous l'autorité militaire du maître de l'infanterie présent à la Cour. Par « Bordure » ou « Rivage », il faut entendre les rives du Rhin]

XXVIII – Comte du Littoral Saxon en (Grande-)Bretagne

À la disposition de son excellence le comte du Littoral Saxon en (Grande-)Bretagne :

- Préposé à l'unité des Fortiens à Othona (Bradwell)-*Praepositus numeri Fortiensium, Othonae*
- Préposé aux soldats Tongriens à Dubrae (Douvres)-*Praepositus militum Tungrecanorum, Dubris*
- Préposé à l'unité des Tournaisiens à Lemannae (Lympne)-*Praepositus numeri Turnacensium, Lemannis*
- Préposé aux Cavaliers Dalmates Branodunais à Branoduno (Brancaster)-*Praepositus equitum Dalmatarum Branodunensium, Branoduno*
- Préposé aux Cavaliers des écuries impériales gariannonais à Gariannonor (Burgh Castle ou Caister-on-Sea)-*Praepositus equitum stablesianorum Gariannonensium, Gariannonor*
- Tribun de la Ire Cohorte des Bétasiens à Regulbium (Reculver)-*Tribunus cohortis primae Baetasiorum, Regulbio*
- Préposé à la IIe Légion Auguste à Rutupiae (Richborough)-*Praefectus legionis secundae Augustae, Rutupis*
- Préposé à l'unité des Abulques à Anderidos (Pevensey)-*Praepositus numeri Abulcorum, Anderidos*
- Préposé à l'unité des explorateurs à Port Adurnum (Porchester)-*Praepositus numeri exploratorum, Portum Adurni*

XXIX – Comte de (Grande-)Bretagne

À la disposition de son excellence le comte des Bretagnes :

- [Aucune unité militaire recensée bien que le comte des Bretagnes soit placé sous l'autorité militaire du maître de l'infanterie présent à la Cour]

XXX – Duc et président de la province de Maurétanie

À la disposition de son excellence le duc et président de la province de Maurétanie Césarée :

- Préposé à la frontière de Columnata-*Praepositus limitis Columnatensis* [présent aussi en OCCIDENT.XXV aux ordres du comte d'Afrique]

- Préposé à la frontière de Vida-*Praepositus limitis Vidensis* [présent aussi en OCCIDENT. XXV aux ordres du comte d'Afrique sous le nom de Bida]
- Préposé à la frontière inférieure-*Praepositus limitis inferioris*
- Préposé à la frontière fortienne-*Praepositus limitis Fortensis*
- Préposé à la frontière de Muticita-*Praepositus limitis Muticitani*
- Préposé à la frontière d'Audia (Auzia)-*Praepositus limitis Audiensis*
- Préposé à la frontière de Caput Cilani-*Praepositus limitis Caputcellensis* [présent aussi en OCCIDENT. XXV aux ordres du comte d'Afrique]
- Préposé à la frontière d'Augusta-*Praepositus limitis Augustensis*

XXXI – Duc de la province de Tripolitaine

À la disposition de son excellence le duc de la province de Tripolitaine :

- Préposé à la frontière de Talalata-*Praepositus limitis Talalatensis*
- Préposé à la frontière de Tenthetta-*Praepositus limitis Tenthettani*
- Préposé à la frontière de Bizerentane-*Praepositus limitis Bizerentane*
- Préposé à la frontière de Tillibara-*Praepositus limitis Tillibarensis* [présent aussi en OCCIDENT. XXV aux ordres du comte d'Afrique]
- Préposé à la frontière de Madi-*Praepositus limitis Madensis*
- Préposé à la frontière de Maccomadi-*Praepositus limitis Maccomadensis*
- Préposé à la frontière de Tintiberita-*Praepositus limitis Tintiberitani*
- Préposé à la frontière de Buba-*Praepositus limitis Bubensis*
- Préposé à la frontière de Mamuca-*Praepositus limitis Mamucensis*
- Préposé à la frontière de Bala-*Praepositus limitis Balensis*
- Préposé à la frontière de Vara-*Praepositus limitis Varensis*
- Soldats Fortiens au fort de Leptis-*Milites Fortenses in castris Leptitanis* [= fort de Leptis présent aussi en

OCCIDENT.XXV aux ordres du comte d'Afrique ; originaires d'une région dalmate]
- Soldats de service au fort de Madi-*Milites Munifices in castris Madensibus*
- Préposé à la frontière de Sarcita-*Praepositus limitis Sarcitani*

XXXII – Duc de Pannonie

À la disposition de son excellence le duc de la province de Pannonie Seconde Ripuaire et de Savie :

- Coin des cavaliers scutaires à Cornacium-*Cuneus equitum scutariorum, Cornacii*
- Coin des cavaliers Dalmates à Teutiborgium-*Cuneus equitum Dalmatarum, Teutiborgio*
- Coin des cavaliers Constantiniens à Burgenae-*Cuneus equitum Constantianorum, Burgenas*
- Coin des cavaliers promus à Cuccae-*Cuneus equitum promotorum, Cuccis*
- Coin des cavaliers Constantiens à Acimincium-*Cuneus equitum Constantium, Aciminci*
- Coin des cavaliers Italiques à Secundarum-*Cuneus equitum Italicianorum, Secundarum*
- Cavaliers Dalmates à Novae (Sistova)-*Equites Dalmatae, Nouas*
- Cavaliers Dalmates à Albanum-*Equites Dalmatae, Albano*
- Cavaliers promus à Teutibarcium-*Equites promoti, Teutibarcio*
- Cavaliers Dalmates à Cornacum-*Equites Dalmatae, Cornaco*
- Cavaliers archers à Cuccae-*Equites Dalmatae, Cuccis*
- Cavaliers Dalmates à Bonoria-*Equites Dalmatae, Bonoriae*
- Cavaliers Dalmates à Cusium-*Equites Dalmatae, Cusi*
- Cavaliers archers à Acimircium-*Equites sagittarii, Acimirci*
- Cavaliers Dalmates à Rictium-*Equites Dalmatae, Ricti*
- Cavaliers Dalmates à Burgentae-*Equites Dalmatae, Burgentas*
- Cavaliers promus à Taurunum (Belgrade)-*Equites promoti, Tauruno*
- Auxiliat Herculien au lieu-dit d'Hercule (Pilismarot)-*Auxilia Herculensia, ad Herculem*

- Auxiliat Novien à Arsaciana ou Novae (Sistova)-*Auxilia Nouensia, Arsaciana siue Nouas*
- Auxiliat Augustéen en face de Bononia en pays barbare au château Onagrin-*Auxilia Augustensia, contra Bononiam in barbarico in castello Onagrino*
- Auxiliat Président au fort d'Hercule-*Auxilia Praesidentia, in castris Herculis*
- Auxiliat des ascaris à Taurunum (Belgrade) ou Marsonia-*Auxilia ascarii, Tauruno siue Marsonia*
- Préfet de la Ve Cohorte de la partie supérieure de la Ve Légion Jove à Bononia-*Praefectus legionis quintae Iouiae cohortis quintae partis superioris, Bononiae*
- Préfet de la Ve Cohorte de la partie supérieure de la VIe Légion Herculienne au Mont d'or-*Praefectus legionis sextae Herculeae cohortis quintae partis superioris, Aureo monte*
- Préfet de la Ve Légion Jove à Burgenae-*Praefectus legionis quinate Iouiae, Burgenas*
- Préfet de la VIe Légion Herculienne à Teutiborgium-*Praefectus legionis sextae Herculeae, Teutiborgio*
- Préfet de la Ve Légion Jove et de la VIe Herculienne au Château Onagrin-*Praefectus legionis quintae Iouiae et sextae Herculeae, in castello Onagrino*
- Préfet des soldats Calcariens à Sirmium (Sremska Mitrovica)-*Praefectus militum Calcariensium, Sirmi*
- Préfet de la Ire Flotte Flavienne Auguste à Sirmium (Sremska Mitrovica)-*Praefectus classis primae Flauiae Augustae, Sirmi*
- Préfet de la IIe Flotte Flavienne à Graium-*Praefectus classis secundae Flauiae, Graio*
- Préfet de la Flotte du Danube à Mursa-*Praefectus classis Histricae, Mursae*
- Tribun de la IIIe Cohorte des Alpins Dardaniens à ... -*Tribunus cohortis tertiae Alpinorum Dardanorum*
- Aile Sirmienne à Sirmium (Sremska Mitrovica)-*Ala Sirmensis, Sirmi*
- Préfet de la Ire Flotte pannonienne à Servitium-*Praefectus classis primae Pannonicae, Seruitii*
- Préfet de la Flotte Egetienne ou de Pannonie Seconde, ... maintenant à Siscia-*Praefectus classis Aegetensium siue secundae Pannonicae, ... nunc Sisciae*
- Tribun de la IIIe Cohorte des Alpins à Siscia-*Tribunus cohortis tertiae Alpinorum, Sisciae*

- Tribun de la Ire Cohorte Jove à Leonata-*Tribunus cohortis primae Iouiae, Leonat*
- Tribun de la Ire Cohorte des Thraces citoyens romains à Caput Basensis-*Tribunus cohortis primae Thracum ciuium Romanorum, Caput Basensis*

XXXIII – Duc de la province de Valérie

À la disposition de son excellence le duc de la province de Valérie Ripuaire :

- Coin des cavaliers écuyers à Solva-*Cuneus equitum scutatum, Solue*
- Coin des cavaliers Dalmates à Intercisa-*Cuneus equitum Dalmatarum, Intercisa*
- Coin des cavaliers Constantiens à Lusionium maintenant à Intercisa-*Cuneus equitum Constantianorum, Lusionio nunc Intercisa*
- Coin des cavaliers des écuries impériales à Haute Rive maitenant Conradcuha-*Cuneus equitum stablesianorum, Ripa Alta nunc Conradcuha*
- Coin des cavaliers Fortiens à Altinum-*Cuneus equitum Fortensium, Altino*
- Cavaliers Dalmates à Odiabum-*Equites Dalmatae, Odiabo*
- Cavaliers promus à Crumerum-*Equites promoti, Crumero*
- Cavaliers Maures à Solva-*Equites Mauri, Solua*
- Cavaliers Dalmates au lieu-dit d'Hercule (Pilismarot)-*Equites dalmates, Ad Herculem*
- Cavaliers Dalmates à Cirpi-*Equites dalmatae, Cirpi*
- Cavaliers Dalmates à Constantia (Szentendre)-*Equites dalmatae, Constantiae*
- Cavaliers Dalmates à Campona-*Equites Dalmatae, Campona*
- Cavaliers promus à Matrix-*Equites promoti, Matrice*
- Cavaliers Dalmates à Vetusalin ae-*Equites dalmatae, Vetusalinae*
- Cavaliers archers à Intercisa-*Equites sagittarii, Intercisa*
- Cavaliers Dalmates à Adnamantia-*Equites dalmatae, Adnamantia*
- Cavaliers Dalmates à Lussonium-*Equites dalmatae, Lussonio*
- Cavaliers Dalmates à Rive Haute-*Equites dalmates, Ripa Alta*

- Cavaliers Dalmates à Aux Statues-*Equites dalmatae, Ad Statuas*
- Cavaliers Dalmates à Florentia-*Equites dalmatae, Florentiae*
- Cavaliers archers à Altinum maintenant dans le fortin en face de Florentia-*Equites sagittarii, Altino nunc in burgo contra Florentiam*
- Cavaliers Flaviens au lieu-dit du Militaire-*Equites Flauianenses, Ad Militare*
- Auxiliat Herculien au lieu-dit d'Hercule (Pilismarot)-*Auxilia Herculensia, Ad Herculem*
- Auxiliat des Ursariens à Pone Navata (Visegrad) maintenant à Aux Statues-*Auxilia Ursariensia, Pone Nauata nunc Ad Statuas*
- Auxiliat Fortien à Cirpi-*Auxilia Fortensia, Cirpe*
- Auxiliat des insidiateurs à Cardabiaca-*Auxilia insidiatorum, Cardabiaca*
- Préfet de la Ve Cohorte de la partie supérieure de la Ire Légion Adjutrice à Bregtio-*Praefectus legionis adiutricis cohortis quintae partis superioris, Bregtione*
- Préfet de de la Ve Cohorte de la partie supérieure de la IIe Légion Adjutrice à Alisca-*Praefectus legionis secundae adiutricis cohortis quintae partis superioris, Aliscae*
- Préfet de la partie inférieure de la IIe Légion Adjutrice à Acincum (Ofen-Buda, quartier de Budapest)-*Praefectus legionis secundae adiutricis partis inferioris, Acinco*
- Préfet de la partie supérieure de la IIe Légion Adjutrice au château en face de Tautantum-*Praefectus legionis secundae adiutricis, in castello contra Tautantum*
- Préfet de la IIe Légion Adjutrice à Cirpi-*Praefectus legionis secundae adiutricis, Cirpi*
- Préfet de la IIe Légion Adjutrice à Lussonium-*Praefectus legionis secundae adiutricis, Lussonio*
- Préfet de la Légion Adjutrice-*Praefectus legionis adiutricis*
- Préfet de la Flotte du Danube à Florentia-*Praefectus classis Histricae, Florentiae*
- Tribun de cohorte à Vincentia-*Tribunus cohortis, Vincentiae*
- Tribun de cohorte à Quadriborgium-*Tribunus cohortis, Quadriborgio* [= *Quadriborgium* est cité en OCCIDENT.XXXIV en Pannonie Première à moins qu'il s'agisse d'un type de fortification]
- Tribun de cohorte à Jovia-*Tribunus cohortis, Iouia*

- Tribun de cohorte au lieu-dit du Bourg Centenaire-*Tribunus cohortis, ad Burgum Centenarium* [*Burgus* est un type de fortin ; centenaire indique l'effectif de garnison]
- Tribun de cohorte à Alesaca-*Tribunus cohortis, Alesacae*
- Tribun de cohorte à à Marinana-*Tribunus cohortis,*
- Préfet de légion à Transiacincum (Transaquicum-Budapest ?)-*Praefectus legionis, Transiacinco*

XXXIV – Duc de Pannonie Première

À la disposition de son excellence le duc de Pannonie et de Norique Ripuaire :

- Coin des cavaliers Dalmates à Flexum-*Cuneus equitum Dalmatarum, Flexo*
- Coin des cavaliers des écuries impériales à Arrabona-*Cuneus equitum stablesianrum, Arrabonae*
- Cavaliers promus, à Arrabona-*Equites promoti, Arrabonae*
- Cavaliers archers à Quadribrogium-*Equites sagittarii, Quadriborgio* [= *Quadriborgium* est cité en OCCIDENT. XXXIII en Valérie à moins qu'il s'agisse d'un type de fortification]
- Cavaliers Dalmates à Aile Nouvelle-*Equites Dalmatae, Ala Noua*
- Cavaliers Dalmates à Equinoxe-*Equites Dalmatae, Aequinoctoiae*
- Cavaliers Dalmates au lieu-dit d'Hercule (Pilismarot)-*Equites Dalmatae, Ad Herculem*
- Cavaliers archers à Gerolate-*Equites sagittarii, Gerolate*
- Cavaliers promus à Flexum-*Equites promus, Flexo*
- Cavaliers Maures à Quadratum-*Equites Mauri, Quadrato*
- Tribun des Marcomans-*Tribunus gentis Marcomannorum*
- Préfet de la Xe Légion Géminée à Vindomara-*Praefectus legionis decimae geminae, Vindomarae*
- Préfet de la Ve Cohorte des liburnes de la partie supérieure de la XIVe légion Géminée à Carnuntum (Bad Deutsch Altenburg)-*Praefectus legionis quartaedecimae geminae militum liburniarum cohortis quintae partis superioris, Carnunto*
- Préfet de la Xe Légion et des soldats des liburnes de la XIVe Légion Géminée à Arrabona-*Praefectus legionis quartaedecimae geminae militum liburniarum cohortis quintae partis superioris, Arrabonae*

- Préfet de la Flotte du Danube, Arruntum ou Vindomara-*Praefectus classis Histricae, Arrunto siue Vindomarae*
- Tribun de cohorte à Arrianae-*Tribunus cohortis cohortis, Arrianis*
- Tibun de cohorte à Caratens-*Tribunus cohortis, Caratensis*
- Cavaliers promus, au lieu-dit des Maures-*Equites promoti, Ad Mauros*
- Cavaliers archers à Lentia-*Equites sagittarii, Lentiae*
- Cavaliers archers à Lacufelix-*Equites archers, Lacufelicis*
- Cavaliers Dalmates à Arlapis-*Equites Dalmatae*, Arlape
- Cavaliers Dalmates à Augustianae-*Equites Dalmatae*, Augustianis
- Cavaliers promus à Comagène-*Equites promoti, Comagenis*
- Préfet des soldats des liburnes de la IIe Légion Italique à Joviacum-*Praefectus legionis secundae Italicae militum liburnariorum, Iouiaco*
- Préfet de la partie inférieure de la IIe légion Italique à Lentia-*Prafectus legionis secundae Italicae partis inferioris, Lentiae*
- Préfet de la IIe légion Italique à Lauriacum (Lorch)-*Praefectus legionis secundae Italicae, Lauriaco*
- Préfet de la partie supérieure de la Ve Cohorte des soldats des liburnes de la Ire Légion des Noriques à Adjuvens-*Praefectus legionis primae Noricorum militum liburnariorum cohortis Quintae partis superioris, Adiuuense*
- Préfet de la Ire Légion des soldats Noriques des liburnes à Fafiana-*Praefectus legionis primae Noricum militum liburnariorum cohortis Quintae partis superioris, Adiuuense*
- Préfet de la Flotte d'Arlapa et de Maginens-*Praefectus classis Arlapensis et Maginensis*
- Préfet de la Flotte de Lauriacum (Lorch)-*Praefectus classis Lauriacensis*
- Tribun de cohorte à Boiodorum-*Tribunus cohortis, Boiodoro*
- Tribun de cohorte à Austuri-*Tribunus cohortis, Austuris*
- Tribun de cohorte à Cannabiaca-*Tribunus cohortis, Cannabiaca*

XXXV – Le duc de Rhétie

À la disposition de son excellence le duc de la province de Rhétie première seconde :

- Cavaliers des écuries impériales seniors à Augustani-*Equites stablesiani seniores, Augustanis*
- Cavaliers des écuries impériales juniors à Pont Aone maintenant Febians-*Equites stablesiani iuniores, Ponte Aoni nunc Febians*
- Cavaliers des écuries impériales juniors à Submuntorium-*Equites stablesiani iuniores, Submuntorio*
- Préfet de la partie supérieur de la IIIe Légion Italique à Castra Regina maintenant à Vallatum-*Praefectus legionis tertiae Italicae partis superioris, Castra Regina nunc Vallato*
- Préfet de la partie supérieure de la IIIe Légion Italique assignée à la première rive à Submuntorium-*Praefectus legionis tertiae Italicae partis superioris deputatae ripae primae, Submuntorio*
- Préfet de la IIIe Légion Italique pour la partie médiane allant de Viminia Cassiliacum à Cambidanum-*Praefectus legionis tertiae Italicae pro parte media praetendis a Viminia Cassiliacum usque Cambidano*
- Préfet des soldats Ursariens à Guntia-*Praefectus militum Ursariensium, Guntiae*
- Préfet du détachement de la IIIe Légion Italique à Foetes-*Praefectus legionis tertiae Italicae transuectioni specierum deputatae, Foetibus*
- Préfet du détachement de la IIIe Légion Italique à Teriolae-*Praefectus legionis tertiae Italicae transuectioni specierum deputatae, Teriolis*
- Préfet de la Ire Aile Flavienne des Rhétiens à Quintanae-*Praefectus alae primae Flauiae Raetorum, Quintanis*
- Tribun de la IXe Cohorte des Bataves à Batavae-*Tribunus cohortis nouae Batauorum, Batauis*
- Tribun de la IIIe Cohorte des Bretons à Abusina-*Tribunus cohortis tertiae Brittorum, Abusina*
- Tribun de la IIe Aile Valérienne singulière à Vallatium-*Tribunus alae secundae Valeriae singularis, Vallato*
- Tribun de la VIIe Cohorte Valérienne des Rhétiens à Venaxamodorum-*Tribunus cohortis, Venaxamodorum*

- Tribun de la Ire Cohorte Herculéenne des Rhétiens à Parrodunum-*Tribunus cohortis primae Herculae Raetorum, Parruduno*
- Tribun de la Ve Cohorte Valérienne des Fryges à Pinianae-*Tribunus cohortis quintae Valeriae Frygum, Pinianis*
- Tribun de la IIIe Cohorte Herculienne des Panonniens à Ciel-*Tribunus cohortis, Caelio*
- Tribun du peuple assigné en Rhétie à Teriolae-*Tribunus gentis per Raetias deputatae, Teriolis*
- Préfet de la troupe de ceux du pays barbare aux Confluents ou à Brecantia-*Praefectus numeri barbariciorum, Confluentibus siue Brecantia*
- Préfet de la IIe Aile Valérienne des Séquanes à Vimania-*Praefectus alae secundae Valeriae Sequanorum, Vimania*
- Tribun de la Cohorte Herculienne des Pannoniens à Arbre-*Tribunus cohortis Herculia, Arbore*

XXXVI – Duc de la province des Séquanes

À la disposition de son excellence le duc de la province des Séquanes :

- Soldats Lataviens à Olitio-*Milites Latauienses, Olitione*

XXXVII – Duc du Rivage Armoricain

À la disposition de son excellence le duc du Rivage Armoricain et Nervien :

- Tribun de la Ire Cohorte nouvelle Armoricaine à Grannona sur le Rivage Saxon-*Tribunus cohortis primae nouae Armoricanae, Grannona in litore Saxonico*
- Préfet des soldats Carronensiens à Blablia (Hennebond, Morbihan ?)-*Praefectus militum Carronensium, Blablia*
- Préfet des soldats Maures Benetiens à Benetae (Vannes, Morbihan ?)-*Praefectus militum Maurorum Benetorum, Benetis*
- Préfet des soldats Maures Osismiaques à Brest-*Praefectus militum Maurorum Osismiacorum, Osismis*
- Préfet des voltigeurs à Nantes-*Praefectus militum superuentorum, Mannatias*
- Préfet des soldats Martiaux à Aleth (Ille-et-Vilaine)-*Praefectus militum Martensium, Aleto*

- Préfet des soldats de la Ire Flavienne à Coutances-*Praefectus militum primae Flauiae, Constantia*
- Préfet des soldats Ursariens à Rouen-*Praefectus militum Ursariensium, Rotomago*
- Préfet des soldats Dalmates à Avranches-*Praefectus militum Dalmatarum, Abrincatis*
- Préfet des soldats Grannoniens à Grannonum-*Praefectus militum Grannonensium, Grannono* [*Grannonum* semble correspondre à *Grannona* déjà citée en OCCIDENT.XXXVII mais non identifiée]

XXXVIII – Duc de Belgique Seconde

À la disposition de son excellence le duc de Belgique Seconde :

- Cavaliers Dalmates à Marcae sur le Rivage Saxon-*Equites Dalmatae, Marcis in litore Saxonico*
- Préfet de la Flotte de la Sambre au lieu-dit Quartenses ou à Hornens-*Praefectus classis Sambricae, in loco Quartensi siue Hornensi*
- Tribun des soldats Nerviens à Port Epatiaque-*Tribunus militum Neruiorum, Portu Epatiaci*

XL – Duc des Bretagnes

À la disposition de son excellence le duc des Bretagnes :

- Préfet de la VIe Légion-*Praefectus legionis sextae* [localisée à York]
- Préfet des cavaliers Dalmates à Praesidium (York ?)-*Praefectus equitum Dalmatarum, Praesidio*
- Préfet des cavaliers Crispiens à Danum (Doncaster ?)-*Praefectus equitum Crispianorum, Dano*
- Préfet des cataphractaires à Morbium (Binchester ?)-*Praefectus Cataphractorium, Morbium*
- Préfet de la troupe des barques Tigrisiennes à Arbeia (South Shields)-*Praefectus numeri barcariorum Tigrisiensium, Arbeia*
- Préfet de la troupe des Nerviens de Dicti à Dicti (Wearmouth ou Jarrow ?)-*Praefectus numeri Neruiorul Dictensium, Dicti*
- Préfet de la troupe des vigiles à Concangios (Chester-le-Street)-*Praefectus numeri vigilum, Concangios*

- Préfet de la troupe des explorateurs à Lavatres (Bowes)-*Praefectus numeri exploratorum, Lauatres*
- Préfet de la troupe des guides à Verterae (Brough)-*Praefectus numeri directorum, Verteris*
- Préfet de la troupe des défenseurs à Braboniacum (Kirkby Thore)-*Praefectus numeri defensorum, Braboniaco*
- Préfet de la troupe des Soliens (de Soles à Chypre ?) à Maglo (Old Carlisle)-*Praefectus numeri Solensium, Maglone*
- Préfet de la troupe des Pacensiens à Magae (Bowness on Solway ?)-*Praefectus numeri Pacensium, Magis*
- Préfet de la troupe des Longoviciens à Longovicium (Lanchester)-*Praefectus numeri Longouicianorum, Longouicio*
- Préfet de la troupe des survenants Pétuériens à Derventio (Malton)-*Praefectus numeri superuunientium Peturiensium, Deruentione*

• **De même sur la ligne du fossé (Mur d'Hadrien) :**

- Tribun de la IVe Cohorte des Lingons à Segedunum (Wallsend)-*Tribunus cohortis quartae Lingonum, Segeduno* [cohorte montée ?]
- Tribun de la Ire Cohorte des Cornoviens à Pont Aelius (Newcastle)-*Praefectus cohortis primae Cornouiorum, Ponte Aeli*
- Préfet de la Ire Aile des Asturiens à Condercum (Benwell)-*Tribunus alae primae Asturum, Conderco*
- Tribun de la Ire Cohorte des Frixages à Vindobala (Rudchester)-*Tribunus cohortis primae Frixagorum, Vindobala*
- Préfet de l'Aile Sabine à Hunnum (Halton Chesters)-*Praefectus alae Sabinianae, Hunno*
- Préfet de la IIe Aile des Asturiens à Cilurnum (Chesters)-*Praefectus alae secundae Asturum, Cilurno*
- Tribun de la Ire Cohorte des Bataves à Procolitia (Carrowburgh)-*Tribunus cohortis primae Batauorum, Procolitia*
- Tribun de la Ire Cohorte des Tongres à Borcovicium (Housesteads)-*Tribunus cohortis primae Tungrorum, Borcouicio*
- Tribun de la IVe Cohorte des Gaulois à Vindolana (Chesterholm)-*Tribunus cohortis quartae Gallorum, Vindolana*

- Tribun de la Ire Cohorte des Asturiens à Aesica (Great Chesters)-*Tribunus cohortis primae Asturum, Aesica*
- Tribun de la IIe Cohorte des Dalmates à Magnae (Carvoran)-*Tribunus cohortis secundae Dalmatarum, Magnis*
- Tribun de la Ière Cohorte Aélienne des Daces-*Tribunus cohortis cohortis primae Aeliae Dacorum* [localisée à Banna (Birdoswald). Corrigé d'après M. Hassal, 2004, p. 186-187 et *RIB* 1981, 1982, 1983 et 1999]]
- Tribun de la IIe Cohorte des Tongres à Camboglanna (Castlesteads)-*Tribunus cohortis secundae Tungrorum, Cambloganna* [Non présent dans la *Notitia Dignitatum*. Restauré d'après M. Hassal, 2004, p. 186-187 et *RIB* 1981, 1982, 1983 et 1999]
- Préfet de l'Aile de Petrianae à Petrianae (Stanvix)-*Praefectus alae Petrianae, Petrianis*
- ... à Luguvallius (Carlisle)- ..., *Luguuallii*
- Préfet de la troupe des Maures Auréliens à Aballaba (Burgh-by-Sands)-*Praefectus numeri Maurorum Aurelianum, Aballaba*
- Tribun de la IIe Cohorte des Lingons à Congavata (Drumburgh)-*Tribunus cohortis secundae Lingonum, Congauata*
- Tribun de la Ire Cohorte des Espagnols à Axelodunum (Maryport)-*Tribunus cohortis primae Hispanorum, Axeloduno*
- Tribun de la IIe Cohorte des Thraces à Gabrosenti (Moresby)-*Tribunus cohortis secundae Thracum, Gabrosenti*
- Tribun de la Ire Cohorte Aélienne de la flotte à Tunnocelum (Ravenglass)-*Tribunus cohortis primae Aeliae classicae, Tunnocelo*
- Tribun de la Ire Cohorte des Morins à Glannibanta-*Tribunus cohortis primae Morinorum, Glannibanta*
- Tribun de la IIIe Cohorte des Nerviens à Alio (Lancaster ?)-*Tribunus cohortis tertiae Neruiorum, Alione*
- Coin des Sarmates à Bremetenracum (Ribchester)-*Cuneus Sar*matarum, *Bremetenraco*
- Préfet de la Ire Aile Herculienne à Olenacum (Elslack)-*Praefectus alae primae Herculeae, Olenaco*
- Tribun de la VIe Cohorte des Nerviens à Virosidum (Brough-by-Bainbridge)-*Tribunus cohortis sextae Neruiorum, Virosido*

XLI – Duc de Mayence

À la disposition de son excellence le duc de Mayence :

- Préfet des soldats Pacensiens à Saletio-*Praefectus militum Pacensium, Saletione*
- Préfet des soldats Ménapes à Saverne-*Praefectus militum Menapiorum, Tabernis*
- Préfet des soldats Anderetiens (ville d'Aquitaine) à Vicus Julius-*Praefectus militum Anderetianorum, Vico Iulio*
- Préfet des soldats Vengeurs à Nemetum-*Praefectus militum vindicorum, Nemeti*
- Préfet des soldats Martiaux à Haute Rive-*Praefectus militum Martensium, Alta Ripa*
- Préfet des soldats de la IIe Flavienne à Vangiones-*Praefectus militum secundae Flauiae, Vangiones*
- Préfet des soldats gens d'armes à Mayence-*Praefectus militum armigerorum, Mogontiaco*
- Préfet des soldats de Bingium à Bingium-*Praefectus militum Bingensium, Bingio*
- Préfet des soldats arbalétriers à Bodobrica-*Praefectus militum balistariorum, Bodobrica*
- Préfet des soldats défenseurs aux Confluents-*Praefectus militum defensorum, Confluentibus*
- Préfet des soldats d'Aquincum à Antonacum-*Praefectus militum Acincensium, Antonaco*

XLII – De même les prépositures du maître de la milice de l'infanterie présent à cour

En Italie :

- **Dans la province de Vénétie inférieure :**
  - Préfet de la Flotte des Vénètes à Aquilée (Venise)-*Praefectus classis Venetum, Aquileae*
- **Dans la province de Flaminie :**
  - Préfet des soldats Italiques juniors à Ravenne-*Praefectus militum iuniorum Italicorum, Rauennae*
  - Préfet de la Flotte de Ravenne avec le soin de ladite cité à Ravenne-*Praefectus classis Rauennatium cum curis eiusdem ciuitatis, Rauennae*

- **Dans la province de Ligurie :**
  - Préfet de la Flotte de Côme avec le soin de ladite cité à Côme-*Praefectus classis Comensis cum curis eiusdem ciuitatis, Como*
- **Dans la province de Campanie :**
  - Préfet de la Flotte Misénate à Misène

En Gaule :

- **Dans la province Ripuaire :**
  - Préfet de la Flotte du fleuve Rhône à Vienne ou en Arles-*Praefectus classis fluminis Rhodani, Viennae siue Arelati*
  - Préfet de la Flotte des barques à Ebrudunum de Savoie-*Praefectus classis barcariorum, Ebudruni Sapaudiae*
  - Préfet des équipages à Marseille-*Praefectus militum muscu-lariorum, Massiliae Graecorum*
  - Tribun de la Ire Cohorte Flavienne de Savoie à Calarona-*Tribunus cohortis primae Flauiae Sapaudicae, Calaronae*
- **Dans la province de Novempopulanie :**
  - Tribun de la Cohorte de Novempopulanie à Lapurdum-*Tribunus cohortis Nouempopulanae, Lapurdo*
- **Dans la province de Lyonnaise Première :**
  - Préfet de la Flotte d'Ararica à Caballodunum-*Praefectus classis Araricae, Caballoduno*
- **Dans la province de Lyonnaise du pays des Sénons :**
  - Préfet de la Flotte des Andéretiens à Paris-*Praefectus classis Anderetianorum, Parisius*

Dans les Espagnes :

- **Dans la province de Gallicie :**
  - Préfet de la VIIe Légion Géminée à Léon-*Praefectus legionis septimae geminae, Legione*
  - Tribun de la IIe Cohorte Flavienne Pacatienne à Paetaonium-*Tribunus cohortis secundae Flauiae Pacatianae, Paetaonio*
  - Tribun de la IIe Cohorte Gallique au lieu-dit de Cohorte Gallique-*Tribunus cohortis secundae Gallicae, ad cohortem Gallicam*

- Tribun de la cohorte de Lucum à Lucum-*Tribunus cohortis Lucensis, Luco*
- Tribun de la cohorte celtibère à Brigantia maintemant à Juliobriga-*Tribunus cohortis Celtiberae, Brigantiae nunc Iuliobriga*

- **Dans la province de Tarraconaise :**
  - Tribun de la Ire Cohorte Gallique à Veleia-*Tribunus cohortis primae Gallicae, Veleia*
  - ...
  - Préfet des lètes Teutons à Carnuntum du pays des Sénons en Lyonnaise-*Praefectus laetorum Teutonicianorum, Carnunta Senoniae Lugdunensis*
  - Préfet des lètes Bataves et des gentils Suèves à Baiocas et à Constantia en Lyonnaise Seconde-*Praefectus laetorum Batauorum et gentilium Sueuorum,,*
  - Préfet des lètes et des gentils Suèves à ... et Ceromanni en Lyonnaise Troisième-*Praefectus laetorum gentilium Sueuorum, ... et Ceromannos Lugdunensis tertiae*
  - Préfet des lètes francs à Redona en Lyonnaise Troisième-*Praefectus laetorum, Redonas Lugdunensis tertiae*
  - Préfet des lètes du pays lingon dispersés à travers la Belgique Première-*Praefectus laetorum lingonensium per diuersa dispersorum Belgicae primae*
  - Préfet des lètes Actes à Epusum en Belgique Première-*Praefectus laetorum Acturum, Epuso Belgicae primae*
  - Préfet des lètes Nerviens à Fanomantae en Belgique Seconde-*Praefectus laetorum Neruiorum, Fanomantis Belgicae secundae*
  - Préfet des lètes Bataves du pays Nemète à Atrabatae en Belgique Seconde-*Praefectus laetorum Batauorum Nemetacensium, Atrabatis Belgicae secundae*
  - Préfet des lètes Bataves du pays de Contraginnum à Nimègue en Belgique Seconde-*Praefectus laetorum Batauorum Contraginnensium, Nouiomago Belgicae secundae*
  - Préfet des lètes et des gentils à Reims et à Silvanectae en Belgique Seconde-*Praefectus laetorum gentilium, Remo et Siluanectas Belgicae secundae*
  - Préfet des lètes Lagiens près de Tongres en Germanie Seconde-*Praefectus laetorum Lagensium, prope Tungros Germaniae secundae*

- Préfet des lètes et des gentils Suèves à Arumberni en Aquitaine Première-*Praefectus laetorum gentilium Sueurorum, Arumbernos Aquitanicae primae*
- ...
- ...

- **De même dans la province d'Italie :**
  - Préfet des gentils Sarmates d'Apulie et de Calabre-*Praefectus Sarmatarum gentilium Apuliae et Calabriae*
  - Préfet des gentils Sarmates du Bruttium et de Lucanie-*Praefectus Sarmatarum gentilium per Brittios et Lucaniam*

- **De même dans la province d'Italie méditerranéenne :**
  - Préfet des gentils Sarmates d'Apulie et de Calabre-*Praefectus Sarmatarum gentilium Apuliae et Calabriae*
  - Préfet des gentils Sarmates du Bruttium et de Lucanie-*Praefectus Sarmatarum gentilium per Brittios et Lucaniam*
  - Préfet des gentils Sarmates à Forum Fulviensis-*Praefectus Sarmatarum gentilium, Foro Fuluiensi*
  - Préfet des gentils Sarmates à Opittergii-*Praefectus Sarmatarum gentilium, Opittergii*
  - Préfet des gentils Sarmates à Patavium-*Praefectus Sarmatarum gentilium, Patauio*
  - Préfet des gentils Sarmates ...-*Praefectus Sarmatarum gentilium, ...*
  - Préfet des gentils Sarmates à Crémone-*raefectus Sarmatarum gentilium, Cremonae*
  - Préfet des gentils Sarmates à Taurinae-*Praefectus Sarmatarum gentilium, Taurinis*
  - Préfet des gentils Sarmates à Aquae ou à Tertona-*Praefectus Sarmatarum gentilium, Aquis siue Tertona*
  - Préfet des gentils Sarmates à Novaria-*Praefectus Sarmatarum gentilium, Nouariae*
  - Préfet des gentils Sarmates à Verceil-*Praefectus Sarmatarum gentilium, Vercellis*
  - Préfet des gentils Sarmates dans la Région Samnite-*Praefectus Sarmatarum gentilium, Regionis Samnitis*
  - Préfet des gentils Sarmates à Bononia d'Emilie-*Praefectus Sarmatarum gentilium, Bononiae in Aemilia*
  - Préfet des gentils Sarmates à Quadratae et à Eporizium-*Praefectus Sarmatarum gentilium, Quadratae et Eporizio*

- Préfet des gentils Sarmates à Pollentia en Ligurie-*Praefectus Sarmatarum gentilium, in Liguria-Pollentia*

En Gaule :

- Préfet des gentils Sarmates et des Taïfales à Pictavae-*Praefectus Sarmatarum et Taïfalorum gentilium, Pictauis*
- Préfet des gentils Sarmates depuis Chora jusqu'à Paris-*Praefectus Sarmatarum gentilium, a Chora Parisios usque*
- Préfet des gentils Sarmates entre Reni et Tambiani dans la province de Belgique Seconde-*Praefectus Sarmatarum gentilium, inter Renos et Tambianos prouinciae Belgicae secundae*
- Préfet des gentils Sarmates le long du Rodunensis (Rhône ?) et d'Alaunum-*Praefectus Sarmatarum gentilium, per tractum Rodunensem et Alaunorum*
- Préfet des gentils Sarmates du pays de Langres-*Praefectus Sarmatarum gentilium, Lingonas*
- Préfet des gentils Sarmates à Au.... -*Praefectus Sarmatarum gentilium, Au...*

ORIENT

V – Maître de la milice présent à la Cour

À la disposition de l'illustre maître de la milice présent à la Cour :

- **5 Vexillations palatines :**
  - Cavaliers promus seniors-*Equites promoti seniors*
  - Comtes clibanaires-*Comites clibanarii*
  - Comtes archers juniors-*Comites sagittarii iunior*es
  - Comtes Taïfales-*Comites Taifali*
  - Cavaliers Arcadiens-*Equites Arcades*
- **7 Vexillations d'accompagnement :**
  - Cavaliers cataphractaires Bituriges-*Equites catafractarii Biturigenses*
  - Cavaliers gens d'armes seniors Galliques-*Equites armigeri seniores Gallicani*
  - Cavaliers de la Ve Dalmate-*Equites quinto Dalmatae*
  - Cavaliers de la IXe Dalmate-*Equites nono Dalmatae*
  - Cavaliers de la Ire de scutaires-*Equites primi scutarii*

– Cavaliers promus juniors-*Equites promoti iuniores*
– Cavaliers de la Ire de clibanaires Parthes-*Equites primi clibanarii Parthi*

- **6 Légions palatines :**
  – Lanciers seniors-*Lanciarii seniores*
  – Joviens juniors-*Iouiani iuniores*
  – Herculiens juniors-*Herculiani iuniores*
  – Fortiens-*Fortenses*
  – Nerviens-*Neruii*
  – Mattiaires juniors-*Mattiarii iuniores*

- **18 auxiliats palatins :**
  – Bataves seniors-*Bataues seniors*
  – Brachiates juniors-*Brachiati iuniores*
  – Saliens-*Salii*
  – Constantiens-*Constantiani*
  – Mattiaques seniors-*Mattiaci seniores*
  – Archers seniors Galliques-*Sagittarii seniores Gallicani*
  – Archers juniors Galliques-*Sagittarii iuniores Gallicani*
  – Tertiens archers de Valens-*Tertii sagittarii Valentis*
  – Défenseurs-*Defensores*
  – Rétobares-*Raetobarii*
  – Anglevares-*Angleuarii*
  – Hibères-*Hiberi* [les Hibères sont des Géorgiens]
  – Visi-*Visi* [probablement des Wisigoths]
  – Heureux Honoriens juniors-*Felices Honoriani iuniores*
  – Victorieux-*Victores*
  – Ceux du Ier Théodosien-*Primi Theodosiani*
  – Ceux du IIIe Théodosien-*Tertii Theodosiani*
  – Heureux Théodosiens Isauriens-*Felices Theodosiani Isaurii*

VI – Maître de la milice présent à la Cour

À la disposition de l'illustre maître de la milice présent à la Cour :

- **6 Vexillations palatines :**
  – Comtes seniors-*Comites seniores*
  – Cavaliers brachiates juniors-*Equites brachiati iuniores*
  – Cavaliers Bataves juniors-*Equites Bataui iuniores*
  – Comtes archers Arméniens-*Comites sagittarii Armerni*
  – Cavaliers Perses clibanaires-*Equites Persae clibanarii*

- Cavaliers Théodosiaques seniors-*Equites Theodosiaci seniors*

- **6 Vexillations d'accompagnement :**
  - Cavaliers cataphractaires-*Equites catafractarii*
  - Cavaliers cataphractaires Ambiens-*Equites catafractarii Ambianenses*
  - Cavaliers du VIe Dalmate-*Equites sexto Dalmatae*
  - Cavaliers de la IIe de scutaires-*Equites secundi scutarii*
  - Cavaliers scutaires-*Equites scutarii*
  - Cavaliers de la IIe de clibanaires Parthes-*Equites secundi clibanarii Parthi*

- **6 Légions palatines :**
  - Mattiaires seniors-*Matiarii seniores*
  - Daces-*Daci*
  - Scythes-*Scythae*
  - Ceux de la Ire-*Primani*
  - Ceux de la XIe-*Undecimani*
  - Lanciers juniors-*Lanciarii iuniores*

- **17 Auxiliats palatins :**
  - Royaux-*Regii*
  - Cornus-*Cornuti*
  - Sonnants-*Tubantes*
  - Constantiniens-*Constantiniani*
  - Mattiaques juniors-*Mattiaci juniors*
  - Archers seniors Orientaux-*Sagittarii seniores Orientales*
  - Archers juniors Orientaux-*Sagittarii iuniores Orientales*
  - Archers du maître-*Sagittarii dominici*
  - Vengeurs-*Vindices*
  - Bucinobantes-*Bucinobantes*
  - Falchovares-*Falchouarii*
  - Thraces-*Thraces*
  - Tervinges-*Teruingi* [tribu gothique]
  - Heureux Théodosiens-*Felices Theodosiani*
  - Heureux Arcadiens juniors-*Felices Arcadiani iuniores*
  - Ceux du IIe Théodosien-*Secundi Theodosiani*
  - Ceux du IVe Théodosien-*Quarti Theodosiani*

- **De même fausses troupes d'accompagnement :**
  - Auxiliaires archers-*Auxiliarii sagittarii*

VII – Maître de la milice en Orient

À la disposition de l'illustre maître de la milice en Orient :

- **10 Vexillations d'accompagnement :**
  - Comtes cataphractaires bucellaires juniors-*Comites catafractarii Bucellarii iuniores*
  - Cavaliers gens d'armes seniors Orientaux-*Equites armigeri seniores Orientales*
  - Cavaliers de la IIIe Dalmate-*Equites tertio Dalmatae*
  - Cavaliers de la Ire de scutaires Orientaux-*Equites primi scutarii Orientales*
  - Cavaliers de la IIe des écuries impériales-*Equites secundi stablesiani*
  - Cavaliers de la IIIe des écuries impériales-*Equites tertii stablesiani*
  - Cavaliers promus clibanaires-*Equites promoti clibanarii*
  - Cavaliers de la IVe de clibanaires Parthes-*Equites quarti clibanarii Parthi*
  - Cavaliers du Ier Archer-*Equites primi sagittarii*
  - Coin des cavaliers de la IIe de clibanaires Palmyréniens-*Cuneus equitum secundorum clibanariorum Palmirenorum*

- **2 Auxiliats palatins :**
  - Heureux Arcadiens seniors-*Felices Arcadiani seniores*
  - Heureux Honoriens seniors-*Felices Honoriani seniores*

- **… Légions d'accompagnement :**
  - Ve Macédonienne-*Quinta Macedonica*
  - Martiaux seniors-*Martenses seniores*
  - VIIe Géminée-*Septima Gemina*
  - Xe Géminée-*Decima Gemina*
  - Arbalétriers seniors-*Balistarii seniores*
  - Ire Flavienne Constantienne-*Prima Flauia Constantia*
  - IIe Flavienne Constantienne des Thébains-*Secunda Flauia Constantia Thebaeorum*
  - IIe Heureuse de Valens des Thébains-*Secunda Felix Valentis Thebaeorum*
  - Ire Flavienne Théodosienne-*Prima Flauia Theodosiana*

- **11 Fausses (légions) d'accompagnement :**
  - Ire Arméniaque-*Prima Armeniaca*
  - IIe Arméniaque-*Secunda Armeniaca*
  - Fortiens auxiliaires-*Fortenses auxiliarii*

- Frondeurs-*Funditores*
- Ire Italique-*Prima Italica*
- IVe Italique-*Quarta Italica*
- VIe Italique-*Sexta Italica*
- Ire Isaurienne archère-*Prima Isaura sagittaria*
- Arbalétriers Théodosiaques-*Balistarii Theodosiaci*
- Transtigritaniens-*Transtigritani*

VIII – Maître de la milice dans les Thraces

À la disposition de l'illustre maître de la milice dans les Thraces :

- **3 Vexillations palatines :**
  - Comtes Arcadiaques-*Comites Arcadiaci*
  - Comtes Honoriaques-*Comites Honoriaci*
  - Cavaliers Théodosiaques juniors-*Equites Theodosiaci iuniores*
- **... Vexillations d'accompagnement :**
  - Cavaliers cataphractaires Albigens-*Equites catafractarii Albigenses*
  - Cavaliers archers seniors-*Equites sagittarii seniores*
  - Cavaliers archers juniors-*Equites sagittarii iuniores*
  - Cavaliers premiers Théodosiens-*Equites primi Theodosiani*
- **... Légions d'accompagnement :**
  - Soliens (de Soles à Chypre ?) seniors-*Solenses seniores*
  - Ménapes-*Menapii*
  - Ire Maximienne des Thébains-*Prima Maximiana Thebaeorum*
  - IIIe Dioclétienne des Thébains-*Tertia Diocletiana Thebaeorum*
  - Ceux de la XIIIe-*Tertiodecimani*
  - Ceux de la XIVe-*Quartodecimani*
  - Ire Flavienne Géminée-*Prima Flauia gemina*
  - IIe Flavienne Géminée-*Secunda Flauia gemina*
  - Constantins seniors-*Constantini seniores*
  - Divitiens Galliques-*Diuitenses Gallicani*
  - Lanciers Stobiens-*Lanciarii Stobenses*
  - Constantins Dafniens-*Constantini Dafnenses*
  - Arbalétriers Dafniens-*Balistarii Dafnenses*
  - Arbalétriers juniors-*Balistarii iuniores*
  - Pannoniens juniors-*Pannoniciani iuniores*

- Taannes-*Taanni*
- Soliens (de Soles à Chypre ?) Galliques-*Solenses Gallicani*
- Julienne Alexandrine-*Iulia Alexandrina*
- Augustiens-*Augustenses*
- Valentiniens- *Valentinianenses*

IX – Maître de la milice en Illyrie

À la disposition de l'illustre maître de la milice en Illyrie :

- **2 Vexillations d'accompagnement :**
  - Cavaliers archers seniors-*Equites sagittarii seniores*
  - Cavaliers Germaniques seniors-*Equites Germaniciani seniores*
- **1 Légion palatine :**
  - Bretons seniors-*Britones seniores*
- **6 Auxiliats palatins :**
  - Ascaris seniors-*Ascarii seniores*
  - Ascaris juniors-*Ascarii iuniores*
  - Pétulants juniors-*Petulantes iuniores*
  - Archers d'élite-*Sagittarii lecti*
  - Invaincus juniors-*Inuicti iuniores*
  - Atecotts-*Atecotti*
- **8 Légions d'accompagnement :**
  - Mattiaires constants-*Matiarii constantes*
  - Martes-*Martii*
  - Dianiens-*Dianenses*
  - Germaniques seniors-*Germaniciani seniores*
  - Ceux de la IIe-*Secundani*
  - Lanciers Augustéens-*Lanciarii Augustenses*
  - Minerviens-*Mineruii*
  - Lanciers juniors-*Lanciarii iuniores*
- **De même 9 fausses (légions) d'accompagnement :**
  - Timaciens (de Timacum ville de Mésie) auxiliaires-*Timacenses auxiliarii*
  - Heureux Théodosiens juniors-*Felices Theodosiani iuniores*
  - Bugaraciens-*Bugaracenses*
  - Scupiens-*Scupenses*
  - Ulpiens-*Ulpianenses*
  - Méritants-*Merenses*

- Seconds Théodosiens -*Secundi Theodosiani*
- Arbalétriers Théodosiens juniors-*Balistarii Theodosiani iuniores*
- Scampiens-*Scampenses*

XI – Maître des offices

À la disposition de l'illustre maître des offices :

- Ire Schole des scutaires-*Scola scutariorum prima*
- IIe Schole des scutaires-*Scola scutariorum secunda*
- Schole des gentils seniors-*Scola gentilium seniorum*
- Schole des scutaires archers-*Scola scutariorum sagittariorum*
- Schole des clibanaires scutaires-*Scola scutariorum clibanariorum*
- Schole des armatures juniors-*Scola armaturarum iuniorum*
- Schole des gentils juniors-*Schola gentilium iuniorum*
- Schole des agents spéciaux et de leurs délégués-*Scola agentum in rebus et deputati eorum*

XV – Comte des domestiques à cheval/ Comte des domestiques à pied

À la disposition des illustres comtes des domestiques à cheval et à pied :

- Domestiques à cheval-*Domestici equites*
- Domestiques à pied et leurs délégués-*Domestici pedites et deputati eorum*
- Comte des domestiques à cheval...-*Comes domesticorum equitum*
- Comte des domestiques à pied...-*Comes domesticorum peditum*

XXVIII – Comte de la frontière d'Égypte

À la disposition de son excellence le comte de la chose militaire en Égypte :

- Ve Légion Macédonienne à Memphis-*Legio quinta Macadonica, Memfi*
- XIIIe Légion Géminée à Babilone-*Legio tertiadecima gemina, Babilona*

- Cavaliers des écuries impériales à Pelusium-*Equites stablesiani, Pelusio*
- Cavaliers Sarrasins de Thamudenis à Scenae Veteranorum-*Equites Saraceni Thamudeni, Scenas Veteranorum*
- IIIe Légion Dioclétienne à Andrum-*Legio tertia Diocletiana, Andro*
- IIe Légion Trajane à Parembolis-*Legio secunda Traiana, Parembole*
- Aile de marche Theodosienne-*Ala Theodosiana nuper constituta*
- Aile de marche Arcadienne -*Ala Arcadiana nuper constituta*
- IIe Aile des Arméniens au Petit Oasis-*Ala secunda Armeniorum, Oasi minore*

• **Et celles qui sont énumérées par le petit registre :**

- IIIe Aile des Arabes à Thenenuthis-*Ala tertia Arabum, Thenenuthi*
- VIIIe Aile des Vandiles à Neis-*Ala octaua Vandilorum, Nee*
- VIIe Aile des Sarmates à Scenae Mandrorum-*Ala septima Sarmatarum, Scenas Mandrorum*
- Ire Aile des Egyptiens à Sellis-*Ala prima Aegyptiorum, Selle*
- Aile des vétérans Gaulois à Rinocoruna-*Ala veterana Gallorum, Rinocoruna*
- Ire Aile Herculienne à Scenae extra Gerasa-*Ala prima Herculia, Scenas extra Gerasa*
- Ve Aile des Rhétiens à Scenae Veteranorum-*Ala quinta Raetorum, Scenas Veteranorum*
- Ire Aile Tingitane à Thinunepae-*Ala prima Tingitana, Thinunepis*
- Aile Aprienne à Hipponos-*Ala Apriana, Hipponos*
- IIe Aile des Assyriens à Sosteos-*Ala secunda Assyriorum, Sosteos*
- Ve Aile d'élite à Dionisiada-*Ala quinta Praelectorum, Dionisiada*
- IIIe Cohorte des Galates à Cefrum-*Cohors tertia galatarum, Cefro*
- IIe Cohorte des Astares à Busirae-*Cohors secunda Astarum, Busiris*

• **Dans la province Augustamnique :**

- IIe Aile Ulpienne des Africains à Thaubasteos-*Ala secunda Ulpia Afrorum, Thaubasteos*

- IIe Aile des Egyptiens à Tacasiria-*Ala secunda Aegyptiorum, Tacasiria*
- Ire Cohorte des archers à Naithu-*Cohors prima sagittariorum, Naithu*
- Ire Cohorte Auguste des Pannoniens à Tohu-*Cohors prima Augusta Pannoniorum, Tohu*
- Ire Cohorte des Epirotes au Fort des Juifs-*Cohors prima Epireorum, Castra Iudaeorum*
- IVe Cohorte des Juthunges à Affroditum-*Cohors quarta Iuthungorum, Affrodito*
- IIe Cohorte des Ituriens à Aiy *Cohors secunda Ituraeorum, Aiy*
- IIe Cohorte des Thraces à Muson-*Cohors secunda Thracum, Muson*
- I Ve Cohorte des Numides à Narmunthi-*Cohors quarta Numidarum, Narmunthi*

XXIX – Comte d'Isaurie

À la disposition de son excellence le comte de la chose militaire et président en Isaurie :

- IIe Légion Isaurienne-*Legio secunda Isaura*
- IIIe Légion Isaurienne-*Legio tertia Isaura*

XXX – [Manquant]

XXXI – Duc de Thébaïde

À la disposition de son excellence le duc de Thébaïde :

- Coin des cavaliers Maures scutaires à Licum-*Cuneus equitum Maurorum scutariorum, Lico*
- Coin des cavaliers scutaires à Hermopolis-*Cuneus equitum scutariorum, Hermopolis*
- Cavaliers archers indigènes à Tentira-*Equites sagittarii indigenae, Tentira*
- Cavaliers archers indigènes à Coptos (Kuft)-*Equites sagittarii indigenae, Copto*
- Cavaliers archers indigènes à Diospolis-*Equites sagittarii indigenae, Diospoli*
- Cavaliers archers indigènes à Latum-*Equites sagittarii indigenae, Lato*

- Cavaliers archers indigènes à Maximianopolis-*Equites sagittarii indigenae, Maximianopoli*
- Cavaliers promus indigènes... -*Equites promoti indigenae...*
- IIIe Légion Dioclétienne à Ombos-*Legio tertia Diocletiana, Ombos* [présente aussi plus bas à Thèbes]
- IIe Légion Flavienne Constante des Thébains à Cusae-*Legio Flauia Constantia Thebaeorum, Cusas*
- IIe Légion Trajane à Apollonos superior-*Legio secunda Traiana, Apollonos superioris*
- Soldats Miliaires à Syène-*Milites Miliarenses, Syene*
- Ire Légion Valentinienne à Coptum-*Legio prima Valentiniana, Copto*
- Ire Légion Maximienne à Filae-*Legio prima Maximiana, Filas*
- IIIe Légion Dioclétienne à Thèbes-*Legio tertia Diocletiana, Thebas* [présente aussi plus haut à Ombos]
- IIe Légion Valentinienne à Hermunthi-*Legio secunda Valentiniana, Hermunthi*
- Cavaliers Heureux Honoriens à Asfynae-*Equites felices Honoriani, Asfynis*
- Ire Aile des Abasges à Hibeos-Grand Oasis -*Ala prima Abasgorum, Hibeos-Oaseos maioris*

- **Et celles qui sont énumérées par le petit registre :**

  - IIe Aile des Espagnols à Poisrietemidos-*Ala secunda Hispanorum, Poisrietemidos*
  - Aile des Germains à Pescla-*Ala Germanorum, Pescla*
  - IVe Aile des Bretons à Isiuum-*Ala quarta Britonum, Isiu*
  - Ire Aile des Hibères à Thmou-*Ala prima Hiberorum, Thmou*
  - Aile Neptunia à Chenoboscia-*Ala Neptunia, Chenoboscia*
  - IIIe Aile des dromadaires à Maximianopolis-*Ala tertia dromedariorum, Maximianopoli*
  - VIIIe Aile des Palmyréniens à Foenicionae-*Ala octaua Palmyrenorum, Foenicionis*
  - VIIe Aile Herculienne volontaire en face de Lata-*Ala septima Herculia voluntaria, Contra Lata*
  - Ire Aile des Francs en face d'Apollonos-*Ala prima Francorum, contra Apollonos*
  - Ire Aile Jove de cataphractaires à Pampanis-*Ala prima Iouia catafractariorum, Pampane*
  - VIIIe Aile... à Abydos-Abodecum-*Ala octaua..., Abydum-Abocedo*

- IIe Aile Herculienne de dromadaires à Psinaula-*Ala secunda Herculia dromedarium, Psinaula*
- Ire Aile des Abasges au Grand Oasis -*Ala prima Abasgorum, Oasi maiore*
- Ire Aile des Quades au Petit Oasis -Trimtheos-*Ala prima Quadorum, Oasi minore-Trimtheos*
- Ire Aile Valeria de dromadaires à Precteos-*Ala prima Valeria domedariorum, Precteos*
- Ire Aile des Lusitaniens à Theracum-*Ala prima Lusitanorum, Theraco*
- Aile à-*Ala,*
- Cohorte à boucliers des Citoyens romains à Mutheos-*Cohors scutata ciuium Romanorum, Mutheos*
- Ire Cohorte des Apamiens à Silili-*Cohors prima Apamenorum, Silili*
- X I^e Cohorte des Chamaves à Peamu-*Cohors undecima Chamauorum, Peamu*
- IXe Cohorte des Tzanes à Nitnu-*Cohors nona Tzanorum, Nitnu*
- IXe Cohorte des Alamans au Fortin de Sévère-*Cohors nona Alamannorum, Burgo Seueri*
- Ire Cohorte Heureuse Théodosienne près d'Eléphantine-*Cohors prima felix Theodosiana, apud Elephantinem*
- Ve Cohorte de Suenis à Suenis-*Cohors quinta Suentium, Suene*
- V I^e Cohorte des saginaires au Fort des Pierres-*Cohors saginarum, in Castris Lapidariorum*
- VIIe Cohorte des Francs à Diospolis-*Cohors septima Francorum, Diospoli*

XXXII – Duc de Phénicie

- **À la disposition de son excellence le duc de Phénicie :**
  - Cavaliers Maures Illyriens à Otthara-*Equites Mauri Illyriciani, Otthara*
  - Cavaliers scutaires Illyriens à Euthari-*Equites scutaires Illyriciani, Euthari*
  - Cavaliers promus indigènes à Saltatha-*Equites promoti indigenae, Saltatha*
  - Cavaliers Dalmates Illyriens à Latavi-*Equites Dalmatae Illyriciani, Lataui*

- Cavaliers promus indigènes à Avatha-*Equites promoti indigenae, Auatha*
- Cavaliers promus indigènes à Nazala-*Equites promoti indigenae, Nazala*
- Cavaliers archers indigènes à Abina-*Equites sagittarii indigenae, Abina*
- Cavaliers archers indigènes à Casama-*Equites sagittarii indigenae, Casama*
- Cavaliers archers indigènes à Calamona-*Equites sagittarii indigenae, Calamona*
- Cavaliers Sarrasins indigènes à Betproclis-*Equites Saraceni indigenae, Betproclis*
- Cavaliers Sarrasins à Thelsis-*Equites Saraceni, Thelsee*
- Cavaliers archers indigènes à Adatha-*Equites sagittarii indigenae, Adatha*
- Préfet de la Ire Légion des Illyriens à Palmyre-*Praefectus legionis primae Illyricorum, Palmira*
- Préfet de la IIIe Légion Gallique à Danaba-*Praefectus legionis tertiae Gallicae, Danaba*

- **Et celles qui sont énumérées par le petit registre :**
  - Ire Aile Damascène à Mons Jovis-*Ala prima Damascena, Monte Iouis*
  - IXe Aile Dioclétienne à Veriaraca-*Ala noun Diocletiana, Veriaraca*
  - Ire Aile des Francs à Cunna-*Ala prima Francorum, Cunna*
  - Ire Aile des Alamans à Neia-*Ala prima Alamannorum, Neia*
  - Ire Aile des Saxons à Verofabula-*Ala prima Saxonum, Verofabula*
  - Ire Aile des Phéniciens à Renis-*Ala prima Foenicum, Rene*
  - IIe Aile du Salut à Arefa-*Ala secunda Salutis, Arefa*
  - IIIe Cohorte Herculienne à Veranoca-*Cohors tertia Herculia, Veranoca*
  - Ve Cohorte sous contrat des Alamans à Onevatha-*Cohors quinta pacta Alamannorum, Oneuatha*
  - Ire Cohorte Julienne d'élite à Val(l)is Alba [Val-Blanc]-*Cohors prima Iulia lectorum, Vale Alba*
  - IIe Cohorte des Egyptiens à Vallis Diocletiana [Val Dioclétien]-*Cohors secunda Aegyptiorum, Valle Diocletiana*
  - Ire Cohorte orientale à Thama-*Cohors prima Orientalis, Thama*

XXXIII – Duc de Syrie

À la disposition de son excellence le duc de Syrie et de Syrie euphratienne :

- Cavaliers scutaires Illyriens à Seriana-*Equites scutarii Illyriciani, Serianae*
- Cavaliers promus Illyriens à Occariba-*Equites promoti Illyriciani, Occariba*
- Cavaliers archers indigènes à Matthana-*Equites sagittarii indigenae, Matthana*
- Cavaliers promus indigènes à Adada-*Equites promoti indigenae, Adada*
- Cavaliers archers indigènes à Anatha-*Equites sagittarii indigenae, Anatha*
- Cavaliers archers à Acadama-*Equites sagittarii, Acadama*
- Cavaliers archers à Acavatha-*Equites sagittarii, Acauatha*
- Préfet de la I Ve Légion Scythique à Oresa-*Praefectus legionis quartae Scythicae, Oresa*

• **En (Syrie) Auguste euphratienne** :

- Cavaliers Dalmates Illyriens à Barbalissum-*Equites Dalmatae Illyriciani, Barbalisso*
- Cavaliers Maures Illyriens à Neocésarée-*Equites Mauri Illyriciani, Neocaesareae*
- Cavaliers promus indigènes à Rosafa-*Equites promoti indigenae, Rosafa*
- Préfet de la XVIe Légion Flavienne Ferme à Sura-*Praefectus legionis sextaedecimae Flauiae firmae, Sura*

• **Et celles qui sont énumérées par le petit registre :**

- Ire Aile nouvelle Herculienne à Ammuda-*Ala prima noua Herculia, Ammuda*
- Ire Aile des Juthunges à Salutaria-*Ala prima Iuthungorum, Salutaria*
- Ire Cohorte des Goths à Helela-*Cohors prima Gotthorum, Helela*
- Ire Cohorte Ulpienne des Daces à Claudiana-*Cohors prima Ulpiana Dacorum, Claudiana*
- IIIe Cohorte Valérienne à Marmantharum-*Cohors tertia Valeria, Marmantharum*
- Ire Cohorte des Victorieux à Ammattha-*Cohors prima victorum, Ammatha*

XXXIV – Duc de Palestine

À la disposition de son excellence le duc de Palestine :

- Cavaliers Dalmates Illyriens à Benosaba-*Equites Dalmatae Illyriciani, Benosabae*
- Cavaliers promus Illyriens à Menochia-*Equites promoti, Menochiae*
- Cavaliers scutaires Illyriens à Chermula-*Equites scutarii Illyriciani, Chermulae*
- Cavaliers Maures Illyriens à Aelia-*Equites Mauri Illyriciani, Aeliae*
- Cavaliers Thamudènes Illyriens à Birsama-*Equites Thamudeni Illyriciani, Birsama*
- Cavaliers promus indigènes à Sabaia-*Equites promoti indigenae, Sabaiae*
- Cavaliers promus indigènes à Zodocatha-*Equites promoti indigenae, Zodocathae*
- Cavaliers archers indigènes à Havana-*Equites sagittarii indigenae, Hauana*
- Cavaliers archers indigènes à Zoara-*Equites sagittarii indigenae, Zoarae*
- Cavaliers archers indigènes à Robatha-*Equites sagittarii indigenae, Robatha*
- Cavaliers du Ier de Palestiniens Heureux à Sabur ou Veterocaria-*Equites primi felices Palaestini, Sabure siue Veterocariae*
- Cavaliers archers indigènes à Moahilis-*Equites sagittarii indigenae, Moahile*
- Préfet de la Xe Légion Fretensis à Aila-*Praefectus legionis decimae Fretensis, Ailae* [près d'Aqaba sur le Golfe du même nom en Mer Rouge]

- **Et celles qui sont énumérées par le petit registre :**

- Ire Aile milliaire de Sébasté à Asuada-*Ala prima miliaria Sebastena, Asuada*
- Aile Antana de dromadaires à Admatha-*Ala Antana dromedariorum, Admatha*
- Aile Constantienne à Toloha-*Ala Constantiana, Tohola*
- IIe Aile Heureuse Valentienne à Praesidium [La Garnison]-*Ala secunda felix Valentiana, apud Praesidium*
- Ire Aile milliaire à Hasta [La Lance]-*Ala miliaria, Hasta*

- Aile constituée d'éléments rapportés [?]-*Ala idiota constituta*
- XIIe Cohorte Valérienne à Afrum-*Cohors duodecima Valeria, Afro*
- Xe Cohorte Carthaginienne à Cartha-*Cohors decima Carthaginensis, Cartha* [par « *Carthaginienne* » il faut probablement entendre « *de Cartha* »]
- Ire Cohorte d'action à Tarba-*Cohors prima agentaria, Tarba*
- IVe Cohorte des Fryges à Praesidium [La Garnison]-*Cohors quarta Frygium, Praesidio*
- IIe Cohorte Gratienne à Iehibum-*Cohors secunda Gratiana, Iehibo*
- Ire Cohorte montée à Calamona-*Cohors prima equitata, Calamona*
- IIe Cohorte des Galates à Arieldela-*Cohors secunda Galatarum, Arieldela*
- Ire Cohorte Flavienne à Moleaatha-*Cohors prima Flauia, Moleaatha*
- IVe Cohorte des Palestiniens à Thamana-*Cohors quarta Palaestinorum, Thamana*
- IIe Cohorte Crétoise près du fleuve Jourdain-*Cohors secunda Cretensis, iuxta Iordanem fluuium*
- Ire Cohorte Salutaire entre Aelia et Hierichunta-*Cohors prima salutaria, inter Aeliam et Hierichunta*

XXXV – Duc d'Osrhoène

À la disposition de son excellence le duc d'Osrhoène :

- Cavaliers Dalmates Illyriens à Ganaba-*Equites Dalmatae Illyriciani, Ganaba*
- Cavaliers promus Illyriens à Callinicum-*Equites promoti Illyriciani, Callinico*
- Cavaliers Maures Illyriens à Danaba-*Equites Mauri Illyriciani, Danaba*
- Cavaliers promus indigènes à Banasam-*Equites promoti indigenae, Banasam*
- Cavaliers promus indigènes à Sina Judaeorum-*Equites promoti indigenae, Sina Iudaeorum*
- Cavaliers archers indigènes à Oraba-*Equites sagittarii indigenae, Oraba*
- Cavaliers archers indigènes à Thillazamana-*Equites sagittarii indigenae, Thillazamana*

- Cavaliers archers indigènes de Mediana à Mediana-*Equites sagittarii indigenae Medianenses, Mediana*
- Cavaliers du Ier d'Osrhéniens à Rasin-*Equites primi Osrhoeni, Rasin*
- Préfet de la IVe Légion Parthique à Circesium-*Praefectus legionis quartae Parthicae, Circesio*
- … à Apatna-…, *Apatna*

• **Et celles qui sont énumérées par le petit registre :**

- VIIe Aile Valérienne d'élite à Thillacama-*Ala septima Valeria praelectorum, Thillacama*
- Ire Aile de la Victoire à Tovia-en face de Bintha-*Ala prima Victoriae, Touia-contra Bintha*
- IIe Aile des Paphlagoniens à Thillafica-*Ala secunda Paflagonum, Thillafica*
- Ire Aile des Parthes à Resaia-*Ala prima Parthorum, Resaia*
- Ire Aile nouvelle Dioclétienne entre Thannurin et Horobam-*Ala prima noua Diocletiana, inter Thannurin et Horobam*
- Ire Cohorte des Gétules à Thillaamana-*Cohors prima Gaetulorum, Thillaamana*
- Ire Cohorte de l'Euphrate à Maratha-*Cohors prima Eufratensis, Maratha*
- Ire Aile Salutaire constituée à partir de la XIIe-*Ala prima salutaria, Duodecimo constituta*

XXXVI – Duc de Mésopotamie

• **À la disposition de son excellence le duc de Mésopotamie :**

- Cavaliers scutaires Illyriens à Amida-*Equites scutarii Illyriciani, Amidae*
- Cavaliers promus Illyriens à Resain-Theodosiopolis-*Equites scutarii Illyriciani, Resain-Theodosiopoli*
- Cavaliers guides Illyriens à Amida-*Equites ducatores Illyriciani, Amidae*
- Cavaliers Heureux Honoriens Illyriens à Constantia-*Equites felices Honoriani Illyriciani, Constantia*
- Cavaliers promus indigènes à Apadna-*Equites promoti indigenae, Apadna*
- Cavaliers promus indigènes à Constantina-*Equites promoti indigenae, Constantina*
- Cavaliers archers indigènes Arabes à Mefana-Cartha-*Equites sagittarii indigenae Arabanenses, Mefana-Cartha*

– Cavaliers archers indigènes Pafiens à Assara-*Equites sagittarii indigenae, Assara*
– Cavaliers archers indigènes Thibithiens à Thilbismis-*Equites sagittarii indigenae Thibitenses, Thilbisme*
– Cavaliers archers indigènes à Thannuris-*Equites sagittarii indigenae, Thannuri*
– Préfet de la Ire Légion Parthique de Nisibis à Constantina-*Praefectus legionis primae Parthicae Nisibenae, Constantina*
– Préfet de la IIe Légion Parthique à Cefa-*Praefectus legionis secundae Parhicae, Cefae*

- **Et celles qui sont énumérées par le petit registre :**

– IIe Aile nouvelle des Egyptiens à Cartha-*Ala prima noua Aegyptiorum, Cartha*
– VIIIe Aile Flavienne des Francs à Ripaltha-*Ala octaua Flauia Francorum, Ripaltha*
– XVe Aile Flavienne des Carduéniens à Cainis-*Ala quintadecima Flauia Carduenorum, Caini*
– Cohorte quingénaire des Arabes à Bethallaha-*Cohors quingenaria Arabum, Bethallaha*
– XIVe Cohorte Valérienne des Zabdiens à Maiocariris-*Cohors quartadecima Valeria Zabdenorum, Maiocariri*

XXXVII – Duc d'Arabie

À la disposition de son excellence le duc d'Arabie :

– Cavaliers scutaires Illyriens à Motha-*Equites scutarii Illyriciani, Motha*
– Cavaliers promus Illyriens à Tricomia-*Equites promoti Illyriciani, Tricomia*
– Cavaliers Dalmates Illyriens à Ziza-*Equites Dalmatae Illyriciani, Ziza*
– Cavaliers Maures Illyriens à Aréopolis-*Equites Mauri Illyriciani, Areopoli*
– Cavaliers promus indigènes à Speluncae-*Equites promoti indigenae, Speluncis*
– Cavaliers promus indigènes à Mefa-*Equites indigenae, Mefa*
– Cavaliers archers indigènes à Gadda-*Equites sagittarii indigenae, Gadda*
– Préfet de la IIIe Légion Cyrénaïque à Bostra (Bosra)-*Praefectus legionis tertiae Cyrenaicae, Bostra*

- Préfet de la IVe Légion Martiale à Betthorus (Leijun)-*Praefectus legionis quartae Martiae, Betthoro*
- Cavaliers archers indigènes à Dia-Fenae-*Equites sagittarii indigenae, Dia-Fenae*

- **Et celles qui sont énumérées par le petit registre :**
  - IXe Aile milliaire à Avatha-*Ala nona miliairia, Auatha*
  - VIe Aile des Espagnols à Gomoha-*Ala sexta Hispanorum, Gomoha*
  - IIe Aile Constantienne à Libona-*Ala secunda Constantiana, Libona*
  - IIe Aile de Miliara à Naarsafari-*Ala secunda Miliarensis, Naarsafari*
  - Ire Aile Valentienne à Thainatha-*Ala prima Valentiana, Thainatha*
  - IIe Aile Heureuse Valentinienne à Adittha-*Ala secunda felix Valentiniana, apud Adittha*
  - Ire Cohorte miliaire des Thraces à Adtitha-*Cohors prima miliaria Thracum, Adtitha*
  - Ire Cohorte des Thraces à Asabaia-*Cohors prima Thracorum, Asabaia*
  - VIIIe Cohorte volontaire à Ualtha-*Cohors octaua voluntaria, Ualtha*
  - IIIe Cohorte Heureuse des Arabes sur la rive du fleuve Vade Afar au fort d'Arnona-*Cohors tertia felix Arabum, in ripa Vade Afaris Fluuii in castris Arnonensibus*
  - IIIe Cohorte des Alpins à Arnona-*Cohors tertia Alporum, apud Arnona*

XXXVIII – Duc d'Arménie

À la disposition de son excellence le duc d'Arménie :

- Cavaliers archers à Sabbu-*Equites sagittarii, Sabbu*
- Cavaliers archers à Domana-*Equites sagittarii, Domana*
- Préfet de la XVe Légion Apollinaire à Satala-*Praefectus quintadecimae Apollinaris, Satala*
- Préfet de la XIIe Légion Fulminante à Mélitène-*Praefectus legionis duodecimae fulminatae, Melitena*

- **Dans le Pont :**
  - Préfet de la Ire Légion Pontique à Trapezunta-*Praefectus legionis primae Ponticae, Trapezunta*
  - Aile Rizena à Aladaeariza-*Ala Rizena, Aladaerizana*

- Aile Théodosienne à Avaxa-*Ala Theodosiana, apud Auaxam*
- Aile Heureuse Théodosienne à Silvanae-*Ala felix Theodosiana, Siluanis*

- **Et celles qui sont énumérées par le petit registre :**
  - Ire Aile Auguste des Colons à Chiaca-*Ala Augusta Colonorum, Chiaca*
  - Aile Auriana à Dascusa-*Ala Auriana, Dascusa*
  - Ire Aile Ulpienne des Daces à Suissa-*Ala prima Ulpiana Dacorum, Suissa*
  - IIe Aile des Gaulois à Aeliana-*Ala secunda Gallorum, Aeliana*
  - Aile de marche au château Tablariensis-*Ala castello Tablariensi constituta*
  - Ire Aile de marche prétorienne -*Ala prima paetoria nuper constituta,*
  - IIIe Cohorte Ulpienne milliaire de ceux de Petra à Metita-*Cohors tertia Ulpia miliaria Petraeorum, Metita*
  - IVe Cohorte des Rhétiens à Analiba-*Cohors quarta Raetorum, Analiba*
  - Cohorte milliaire du Bosphore à Arauraca-*Cohors miliaria Bosporiana, Arauraca*
  - Cohorte milliaire des Germains à Sisila-*Cohors miliaria Germanorum, Sisila*
  - Ire Aile Jovienne Heureuse à Chaszanenica-*Ala prima Iouia felix, Chaszanenica*
  - Ire Aile Heureuse Théodosienne à Pithia-*Ala prima felix Theodosiana, Pithiae*
  - Ire Cohorte Théodosienne à Valentia-*Cohors prima Theodosiana, Valentia*
  - Cohorte Apulée des citoyens Romains à Ysiportum-*Cohors Apuleia ciuium Romanorum,Ysiporto*
  - Ire Cohorte Lépidienne à Caenis-Parembolis-*Cohors prima Lepidiana, Caene-Parembole*
  - Ire Cohorte Claudienne montée à Sébastopolis-*Cohors prima Claudia equitata, Sebastopolis*
  - IIe Cohorte Valentinienne à Zigannis-*Cohors secunda Valentiana, Ziganne*
  - Cohorte à Mochora-*Cohors, Mochora*

XXXIX – Duc de Scythie

À la disposition de son excellence le duc de Scythie :

- Coin des cavaliers scutaires à Sacidava-*Cuneus equitum scutariorum, Sacidaua*
- Coin des cavaliers Soliens (de Soles à Chypre) à Capidava-*Cuneus equitum Solensium, Capidaua*
- Coin des cavaliers des écuries impériales à Cii-*Cuneus equitum stablesianorum, Cii*
- Coin des cavaliers des écuries impériales à Bireum -*Cuneus equitum um, Bireo*
- Coin des cavaliers cataphractaires à Arubium-*Cuneus equitum catafractoriorum, Arubio*
- Coin des cavaliers gens d'armes à Aegissos-*Cuneus equitum armigerorum, Aegissos*
- Coin des cavaliers Arcadiens à Talamonium-*Cuneus equitum Arcadum, Talamonio*

• **Auxiliaires (*auxiliares*) :**

- Soldats de marine à Flaviana-*Milites nauiclarii, Flauiana*
- Soldats voltigeurs à Axiupolis-*Milites superuentores, Axiupoli*
- Soldats Scythiques à Carsum-*Milites Scythici, Carso*
- Soldats de la IIe Constantinienne à Troesmis-*Milites primi Constantini, Trosmis*
- Soldats Scythiques à Dirigothia-*Milites Scythici, Dirigothia*
- Soldats de la Ire Constantinienne à Noviodurum-*Milites primi Constantini, Nouioduro*
- Soldats de la Ve Constantinienne à Salsovia-*Milites quinti Constantini, Salsouia*
- Soldats de la Ire Gratienne à Gratiana- *Milites primi Gratianenses, Gratiana*

• **De même les légions riveraines (*riparienses*) :**

- Préfet de la IIe Légion Herculienne à Troesmis-*Praefectus legionis secundae Herculiae, Trosmis*
- Préfet de la Ve Cohorte détachée à petite distance de la IIe Légion Herculienne riveraine à Axiupolis-*Praefectus ripae legionis secundae Herculiae cohortis quintae pedaturae inferioris, Axiupoli*
- Préfet de la Ve Cohorte détachée à petite distance de la IIe Légion Herculienne riveraine à Iprosmis-*Praefectus*

ripae legionis secundae Herculiae cohortis quintae pedaturae inferioris, Iprosmis
- Préfet de la Ire Légion Jovienne à Noviodunum-*Praefectus legionis primae Iouiae, Nouioduno*
- Préfet de la Ve Cohorte détachée à petite distance de la Ire Légion Jovienne riveraine à Noviodunum-*Praefectus ripae legionis primae Iouiae cohortis quintae pedaturae inferioris, Nouioduno*
- Préfet de la Ve Cohorte détachée à petite distance de la Ire Légion Jovienne riveraine à Acissum-*Praefectus ripae legionis primae Iouiae cohortis quintae pedaturae inferioris, Acisso*
- Préfet de la ... Cohorte de la Ire Légion Jovienne riveraine ... et de la IIe Herculienne des équipages Scythes et de la Flotte à Inplateypegae-*Praefectus ripae legionis primae Iouiae cohortis...et secundae Herculiae musculorum Scythicorum et classis, Inplateypegiis*

XL – Duc de Mésie Seconde

À la disposition de son excellence le duc de Mésie Seconde :

- Coin des cavaliers scutaires à Securisca-*Cuneus equitum scutariorum, Securisca*
- Coin des cavaliers Soliens (de Soles à Chypre ?) à Dimum-*Cuneus equitum Solensium, Dimo*
- Coin des cavaliers scutaires à Latius-*Cuneus equitum scutariorum, Latius*
- Coin des cavaliers gens d'armes à Sexagintaprista-*Cuneus equitum armigerorum, Sexagintaprista*
- Coin des cavaliers de la IIe de gens d'armes à Tegra-*Cuneus equitum secundorum armigerorum, Tegra*
- Coin des cavaliers scutaires à Appiaria-*Cuneus equitum scutariorum, Appiaria*
- Coin des cavaliers des écuries impériales à Sucidava-*Cuneus equitum stablesianorum, Sucidaua*

- **Auxiliaires (*auxiliares*) :**
  - Soldats éclaireurs à Ansamum-*Milites praeuentores, Ansamo*
  - Soldats Constantiniens à Trimammium-*Milites Constantini, Trimammio*
  - Soldats Daciques à Mediolana-*Milites Dacisci, Mediolana*

- Soldats du IIIe de marine à Appiaria-*Milites tertii nauiclarii, Appiaria*
- Soldats de Novae (Sistova) à Transmarica-*Milites Nouenses, Transmaricae*
- Soldats du Ier Mésien à Candidiana -*Milites primi Moesiaci, Candidiana*
- Soldats Mésiens à Teglicium-*Milites Moesiaci, Teglicio*
- Soldats du IVe Constantinien à Durostorum-*Milites quarti Constantiani, Durostoro*
- Soldats Cimbriens à Cimbrianae-*Milites Cimbriani, Cimbrianis*
- Soldats de marine d'Altinum à Altinum-*Milites nauiclarii Altinenses, Altino*

- **De même les légions riveraines (*riparienses*) :**
  - Préfet de la Ire Légion Italique à Novae (Sistova)-*Praefectus legionis primae Italicae, Nouas*
  - Préfet de la Ve cohorte détachée à grande distance de la Ire Légion Italique riveraine à Novae (Sistova)-*Praefectus ripae legionis primae Italicae cohortis quintae pedaturae superioris, Nouas*
  - Préfet de rive de la Ve Cohorte détachée à petite distance de la Ire Légion Italique riveraine à Sexagintapista-*Praefectus ripae legionis primae Italicae cohortis quintae pedaturae inferioris, Sexagintapista*
  - Préfet de la XIe Légion Claudienne à Durostorum-*Praefectus legionis undecimae Claudiae, Durostoro*
  - Préfet de la Ve Cohorte détachée à grande distance de la XI^re^ Légion Claudienne riveraine à Transmarica-*Praefectus ripae legionis undecimae Claudiae cohortis quintae pedaturae superioris , Transmaricae*
  - Préfet de la Ve Cohorte détachée à petite distance de la XI^re^ Légion Claudienne riveraine à Transmarica-*Praefectus ripae legionis undecimae Claudiae cohortis quintae pedaturae inferioris, Transmaricae*
  - Préfet des navires fluviaux et de leurs soldats-*Praefectus nauium amnicarum et militum ibidem deputatorum*

XLI – Duc de Mésie Première

À la disposition de son excellence le duc de Mésie Première :

- Coin des cavaliers Constantiaques à Pincum-*Cuneus equitum Constantacorum, Pinco*

- Coin des cavaliers promus à Flaviana-*Cuneus equitum promotorum, Flauiana*
- Coin des cavaliers archers à Tricornium-*Cuneus equitum sagittariorum, Tricornio*
- Coin des cavaliers Dalmates à Aureomontum-*Cuneus equitum Dalmatarum, Aureomontum*
- Coin des cavaliers promus à Viminacium-*Cuneus equitum promotorum, Viminacio*
- Coin des cavaliers archers à Laedenata-*Cuneus equitum sagittariorum, Laedenatae*
- Coin des cavaliers Dalmates à Pincum-*Cuneus equitum Dalmatarum, Pinco*
- Coin des cavaliers Dalmates à Cuppae-*Cuneus equitum Dalmatarum, Cuppis*

• **Auxiliaires (*auxiliares*) :**

- Auxiliaires de Regina en face de Regina-*Auxiliares Reginenses, contra Reginam*
- Auxiliaires Tricorniens à Tricornium-*Auxiliares Tricornienses, Tricornio*
- Auxiliaires de Novae (Sistova) à Ad Novas-*Auxiliares Nouenses, Ad Nouas*
- Auxiliat Margien à Margum (ou *Horreum Margi*, Pozarec)-*Auxilium Margense, Margo*
- Auxiliat Cuppien à Cuppae-*Auxilium Cuppense, Cuppis*
- Auxiliat Gratianien à Gratiana-*Auxilium Gratianense, Gratiana*
- Auxiliat Taliatien à Taliata-*Auxilium Taliatense, Taliata*
- Auxiliat d'Aureomontum (ville de Mésie) à Tricornium-*Auxilium Aureomontanum, Tricornio*

• **De même les légions :**

- Préfet de la IVe Légion Flavienne à Singidunum (Belgrade)-*Praefectus legionis quartae Flauiae, Singiduno*
- Préfet de la VIIe Légion Claudienne à Cuppae-*Praefectus legionis septimae Claudiae, Cuppis*
- Préfet des soldats..., en face de Margum (ou *Horreum Margi*, Pozarec)-au Fort Augustoflavien-*Praefectus militum..., contra Margum in castris Augustoflauianensibus*
- Préfet des soldats explorateurs à Novae (Sistova)-*Praefectus militum exploratorum, Nouis*
- Préfet des soldats explorateurs à Taliata-*Praefectus militum exploratorum, Taliatae*

- Préfet des soldats Vincentiens à Laedemata-*Praefectus militum Vincentiensium, Laedemata*
- Préfet des soldats explorateurs à Zmirna-*Praefectus militum exploratorum, Zmirnae*
- Préfet de la Flotte du Danube à Viminacium-*Praefectus classis Histricae, Viminacio*
- Préfet de la Flotte Stradienne et Germienne à Margum (ou *Horreum Margi*, Pozarec)-*Praefectus classis Stradensis et Germensis, Margo*
- Préfet des soldats-*Praefectus militum,*

XLII – Duc de Dacie Ripuaire

À la disposition de son excellence le duc de Dacie Ripuaire:

- Coin des cavaliers Dalmates Fortiens à Bononia-*Cuneus equitum Dalmatarum Fortensium, Bononia*
- Coin des cavaliers Dalmates Divitiens à Dorticum-*Cuneus equitum Dalmatarum Diuitiensium, Dortico*
- Coin des cavaliers scutaires à Cebrum-*Cuneus equitum scutariorum, Cebro*
- Coin des cavaliers Dalmates Divitiens à Drobeta-*Cuneus equitum Dalmatarum Diuitensium, Drobeta*
- Coin des cavaliers Dalmates à Augusta-*Cuneus equitum Dalmatarum, Augustae*
- Coin des cavaliers Dalmates à Varina-*Cuneus equitum Dalmatarum, Varina*
- Coin des cavaliers des écuries impériales à Almum-*Cuneus equitum stablesiarnorum, Almo*
- Coin des cavaliers scutaires à Aegeta (ou Egeta)-*Cuneus equitum scutariorum, Aegetae*
- Coin des cavaliers Constantiniens à Utus-*Cuneus equitum Constantinianorum, Uto*

- **Auxiliaires (*auxiliares*) :**
  - Auxiliat Miliarien à Transalba-*Auxilium Miliarensium, Transalba*
  - Auxiliat du Ier Dacique à Drobeta-*Auxilium primorum Daciscorum, Drobeta*
  - Auxiliat Crispitien à Crispitia-*Auxilium Crispitiense, Crispitia*
  - Auxiliat Marien à Oescus-*Auxilium Mariensium, Oesco*
  - Auxiliat des barrages à Translucum-*Auxilium claustrinorum, Translucum*

- Auxiliat du IIe Dacique à Burgus Zonus-*Auxilium secundorum Daciscorum, Burgo Zono*
- Préfet des soldats explorateurs à Transdiernae-*Praefectus legionis exploratorum, Transdiernis*

- **De même les légions :**
  - Préfet de la Ve Légion Macédonique à Variniana-*Praefectus legionis quintae Macedonicae, Variniana*
  - Préfet de la Ve Légion Macédonique à Cebrum-*Praefectus legionis quintae Macedonicae, Cebro*
  - Préfet de la Ve Légion Macédonique à Oescus-*Praefectus legionis quintae Macedonicae, Oesco*
  - Préfet de la XIIIe Légion Géminée à Aegeta (ou Egeta)-*Praefectus legionis tertiaedecimae geminae, Aegeta*
  - Préfet de la XIIIe Légion Géminée à Transdrobeta-*Praefectus legionis tertiaedecimae geminae, Transdrobeta*
  - Préfet de la XIIIe Légion Géminée à Burgus Novus-*Praefectus legionis tertiaedecimae geminae, Burgo Nouo*
  - Préfet de la XIIIe Légion Géminée à Zernae-*Praefectus legionis tertiaedecimae geminae, Zernis*
  - Préfet de la XIIIe Légion Géminée à Ratiara (Arcar)-*Praefectus legionis tertiaedecimae geminae, Ratiara*
  - Préfet de la Ve Légion Macédonique à Sucidava-*Praefectus legionis quintae Macedonicae, Sucidaua*
  - Tribun de ceux qui restent de la IIe Cohorte à Siosta-*Tribunus cohortis secundorum reducum, Siosta*
  - Tribun de la cohorte nouvelle de Sostica...-*Tribunus cohortis nouae Sosticae...*
  - Préfet de la Flotte du Danube à Aegeta (ou Egeta)-*Praefectus classis Histricae, Aegetae*
  - Préfet de la Flotte de Ratiara (Arcar)-*Praefectus classis Ratiarensis*

CHAPITRE 6

Le choix d'une défense mobile

Dès les années 250, la menace change et l'armée romaine doit repenser sa stratégie défensive. La problématique est celle d'une guerre barbare (*bellum barbaricum*) généralisée qui tantôt prend l'aspect de la guérilla de frontière, tantôt celui de l'invasion armée. Les distances sont un autre problème. Aujourd'hui encore, même avec des moyens modernes, le contrôle d'un secteur allant de l'Irak à l'Écosse est techniquement difficile. Fruit de l'empirisme, la stratégie du Bas-Empire est multiple. Elle hésite initialement entre la nouveauté, une défense en profondeur, et la restauration de l'ancienne défense en avant. Tournée vers l'intérieur ou vers l'extérieur, cette défense est mobile.

LE TEMPS DES HÉSITATIONS 251-305

Dans la seconde moitié du IIIe siècle, les marches germanique et danubienne s'effondrent, l'Orient s'effrite. La défense linéaire éclate et les Barbares avancent profondément en territoire romain, ne trouvant que des villes sans défense. L'Empire se rend compte qu'il n'a plus assez d'hommes pour maintenir la garde aux frontières et continuer à faire la guerre. Ces deux missions, fusionnées depuis le Ier siècle, sont désormais dissociées. Gallien (co-empereur 253, seul 260-268) inaugure la stratégie de défense en profondeur avec la constitution d'une force de réserve stationnée à Milan. Le retrait de grandes unités frontalières crée des vides comblés par le fractionnement des troupes maintenues sur le *limes* ou limite du territoire romain.

La stratégie de défense en profondeur s'accompagne d'une réduction du périmètre défensif de l'Empire qui permet de meilleurs délais d'intervention et reconcentre les moyens. Trois grandes lignes fortifiées sont abandonnées au cours de la même période : le Mur d'Antonin au Nord de la (Grande-)Bretagne, le remblai de Mésie Première et le *limes* germano-rhétique. En 271, Aurélien abandonne la Dacie. Ces abandons de territoires économiquement peu rentables et conquis pour des raisons de prestige au IIe siècle, s'expliquent par des raisons logistiques[1]. L'Empire revient aux marches linéaires du Rhin et du Danube en Europe continentale et au Mur d'Hadrien en (Grande-)Bretagne. Dans la mesure du possible, les Romains privilégient les délimitations bien claires, à l'image de leur cadastre, de leurs villes et de leurs camps. Des travaux aussi importants et exceptionnels que le Mur d'Hadrien ne sont plus accomplis mais le Bas-Empire ne renonce pas à la notion de ligne fortifiée. Depuis le milieu du IIIe siècle, à cause d'une transgression marine, les débouchés du Rhin, de la Meuse, du Waal et de l'Escaut ont été inondés. Cette région de Batavie-Toxandrie est abandonnée, tandis que les populations romaines sont graduellement réimplantées au Sud[2]. Pour démarquer cette zone et protéger la Belgique, les empereurs gaulois (258-273) établissent, le long de la rocade Cologne-Bavay-Boulogne, un chapelet de tours d'observation et de fortins espacés d'environ 16 km. Le *forum* de villes comme Bavay, Tongres est muni d'une enceinte appuyée sur les bâtiments publics. La zone comprise entre cette rocade et le Rhin devient un glacis stratégique.

Les victoires obtenues par cette stratégie sacrifient la sécurité des régions frontalières. Entre 261 et 275, les Alamans sont arrêtés à Milan, Fano, ou Pavie, des Francs traversent la Gaule et parviennent en Espagne. La conséquence directe de la défense en profondeur est le développement parallèle de fortifications urbaines et de lignes intérieures. Construit sous les règnes de Valérien et de Gallien, le mur de l'Isthme de Corinthe protège désormais le Péloponnèse des invasions gothiques. L'Empire résiste mais devient zone d'insécurité.

La réponse la plus originale aux agressions barbares est celle apportée par Dioclétien qui divise l'Empire en quatre commandements dans le système de la Tétrarchie. La décentralisation permet aux empereurs et à leurs collègues de faire campagne

---

1. D.J. Breeze, « The Abandonment of the Antonine Wall : its Date and Implications », dans *Roman Officers and Frontiers,* Stuttgart, Franz Steiner Verlag, 1993, p. 351-365. B. Isaac, « An open Frontier », *FE,* 1993, p. 105-114. C.R. Whittaker, 1994, p. 96-97, 205.
2. J. Mertens, « Quelques considérations sur le *limes belgicus* », *Limes,* 1977, p. 63-72.

simultanément sur tous les fronts : c'est une stratégie de riposte immédiate. Le terme de défense en profondeur, improprement utilisé par les historiens, ne peut s'appliquer à la stratégie dioclétienne. Contrairement à la période précédente, l'objectif de Dioclétien est d'arrêter l'ennemi aux frontières et pas à l'intérieur du territoire romain[1]. Pour colmater les brèches sur toutes les frontières de l'Empire, il porte le nombre de légions de 39 à 53 et augmente de 30 % le total des ailes de cavalerie. La surveillance linéaire prévaut sur toutes les frontières principales. L'Afrique, la Tripolitaine ou l'Égypte ne disposent d'aucune barrière naturelle et n'ont pas d'ouvrages comparables au Mur d'Hadrien. Des îlots de romanité s'y accrochent le long de vallées fertiles ou autour de cités prospères. Les provinces du continent africain forment des exceptions, car les Romains ont toujours recherché la protection de frontières fluviales. En Europe, la frontière s'appuie sur le Rhin et sur le Danube. En Asie, le Nord du Tigre et surtout l'Euphrate séparent l'Empire perse de l'Empire romain, mais au Nord, le royaume d'Arménie est partagé entre les deux influences. Le panégyriste Mamertin souligne le rôle stratégique des grands fleuves d'Europe et d'Asie : « *Sans doute le cours du Rhin paraissait jadis avoir été tracé par la nature elle-même pour servir de frontière et protéger les provinces romaines contre la férocité du monde barbare. Et avant votre principat, qui ne s'est félicité de voir ce fleuve servir de rempart aux Gaules ? N'éprouvions-nous pas une crainte extrême quand une longue période de beau temps réduisait le lit du Rhin ? Ne retrouvions-nous pas notre sécurité quand nous voyions croître ses inondations ? De même, me semble-t-il, l'Euphrate faisait à l'opulente Syrie comme une ceinture protectrice, avant que le royaume des Perses ne fît à Dioclétien une soumission volontaire*[2]. » La nature seule ne saurait être une protection suffisante, elle peut même tromper : ainsi, le gel du Rhin facilite une invasion germanique durant l'hiver 298-299. Dioclétien restaure une puissante défense frontalière par des effectifs accrus et de nombreuses fortifications sur le Rhin, le Danube et l'Euphrate. L'archéologie confirme l'importance de son œuvre.

1. S. Johnson, *Late Roman Fortifications,* Londres, Batsford, 1983, p. 253. S. Williams, 1985, p. 15-38, 96. E. Luttwak, 1987, p. 105-155. F. Millar, *The Roman Near East 31 BC-AD 337,* Cambridge (Mass.), Harvard University Press, 1993, p. 174-224.
2. Mamertin, *Panegyricus Maximiano Augusto Dictus. Panegyrici Latini,* II (10), 7, 3-4.

Garde au désert : la *Strata Diocletiana*

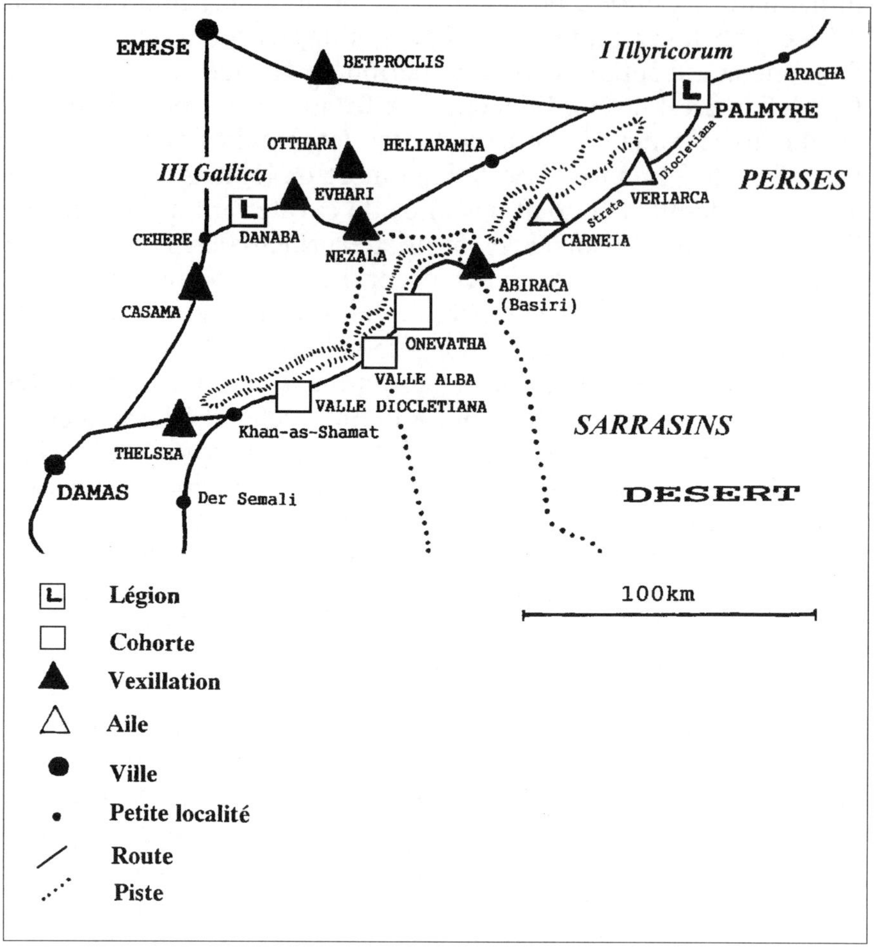

En Orient, Dioclétien réduit le périmètre défensif avec le recul de la frontière en Égypte jusqu'à la première cataracte du Nil, abandonnant une région de désert sans intérêt économique. Les quelques nomades qui menacent l'Égypte ne justifient pas la construction d'aucun barrage fortifié. Les routes qui assurent le transit entre Memphis, Alexandrie, les côtes de la mer Rouge et Gaza, sont protégées par la chaîne de forteresses de Tell el-herr dans le Nord du Sinaï construites par Diocletien. Ainsi est assuré la jonction entre l'Égypte et la Palestine[1]. Entre Palmyre et Damas, la ligne de fortifications qui longe la *Strata Diocletiana*,

1. D. Valbelle et J.Y. Carrez Maratray, *Le camp romain à Tell el-Herr : mission franco-égyptienne (Nord-Sinaï)*, Paris, Errance, 2001.

« *rocade dioclétienne* », édifiée vers 297-298, traduit une réorganisation énergique de la défense de l'Orient romain. L'historien byzantin Malalas déclare que « *Dioclétien a dressé une chaîne de forts le long de la frontière qui va de l'Égypte à la Perse et y a posté des* limitanei *(gardes-frontière). Il a nommé de nombreux commandants avec des forts et des troupes nombreuses pour la garde de chaque province*[1] ». Couvrant la Phénicie et le Sud de la Syrie sur 360 km, la *Strata Diocletiana* répond à une double menace : celle, fluide, des nomades du désert d'Arabie et celle, plus dévastatrice, des Perses sassanides. Les forts, distants de vingt milles, alternant des unités de cavalerie et d'infanterie, forment un cordon adapté aux raids des nomades du désert. L'onomastique des gardes-frontière trahit leur origine arabe. Située en retrait à moins de 60 km à *Danaba*, la IIIe Légion Gallique et la Ire des Illyriens, en garnison à Palmyre, au contact de la frontière, peuvent contrer une offensive perse. Dioclétien poursuit le barrage plus au Sud pour couvrir l'Arabie et la Palestine. Il s'appuie le long de la Voie Nouvelle Trajane (*Via Noua Traiana*) qui conduit jusqu'au Golfe d'Aqaba en Mer Rouge. Au Nord du dispositif, la IIIe Légion Cyrénaïque est stationnée à *Bostra* (Bosra) soit un retrait de 30 km d'un saillant dont la pointe sud-orientale donne sur le fort d'Azraq. Plus au Sud, la plupart des légions sont placées en première ligne : sur une rocade qui double à l'est la Voie nouvelle trajane la IVe Légion Martiale à *Betthorus* (Leijun) ; sur la Voie Nouvelle Trajane, comme la VIe Légion de Fer (*Ferrata*) à Adrou et la Xe Légion *Fretensis* à Aila sur le Golfe d'Aqaba. En arrière de la Voie Nouvelle Trajane, s'égrènent le long des routes des forts sur une profondeur de 30 à 60 km[2]. Ce système de garde au désert combine les avantages de la surveillance linéaire en avant et d'une défense en profondeur limitée, d'ordre opérationnel et non stratégique. La zone des combats est limitée à la périphérie frontalière et ne menace pas les villes de l'intérieur. C'est certainement le meilleur système défensif de l'histoire militaire romaine et le plus durable.

En Europe, Dioclétien construit ou reconstruit une série de forts ou de *burgi* (tours d'observation avec fossé, palissade et baraquements) sur les frontières, les routes ou les hauteurs des régions rhénanes ou danubiennes pour assurer les communications et détecter les incursions mineures. Il participe à une campagne contre les Sarmates en 294 et renforce considérablement les

1. Jean Malalas, 12, 308.
2. M. Gichon, « Coping with the triple threat of trespassing tribal inroads and regular troops on the Empire's south-eastern confines in the 4th century CE », *ARDV*, 2004, p. 211-226.

défenses de Pannonie et de Norique. Respectivement, Dioclétien et Maximien couvrent d'une enceinte les villes frontalières du Danube (Wels et Vienne) et du Rhin (Worms, Spire, Seltz). La frontière rhénane, confiée à Maximien à partir de 285, est plus difficile à stabiliser que les autres. En 286, Alamans et Burgondes avancent profondément dans le nord-est de la Gaule avant d'être vaincus. Avant de les rencontrer en bataille, Maximien leur a fermé les portes des villes, centres de ravitaillement. En janvier 287, des Alamans pillent la région de Trèves. Ces incursions constantes poussent Maximien à porter la guerre chez les Alamans et les Francs en 287-288. Maximien et son César Constance Chlore (père de Constantin) négligent la rocade Cologne-Bavay et préfèrent une défense plus active mais moins permanente. En 293, des Francs passent le Rhin, envahissent la Batavie et menacent la Belgique. Ils sont repoussés après de lourdes pertes par Constance Chlore. Alors que Constance part combattre l'usurpateur Allectus en (Grande-)Bretagne au cours de l'été 296, Maximien préfère surveiller le *limes* rhénan. Cette frontière n'est toujours pas pacifiée. Deux ans plus tard, Constance Chlore ne repousse les Alamans que dans la région de Langres. À l'évidence, il n'y a pas de stratégie arrêtée pour défendre les Gaules.

LA DOUBLE STRATÉGIE DE CONSTANTIN 306-337

Succédant à son père, Constantin décide de rétablir la ligne de défense Cologne-Bavay, en partie délaissée par les Tétrarques. L'efficacité de cette rocade marque encore l'Histoire contemporaine de la Belgique car elle sépare les Flamands germanophones au nord des Wallons francophones au sud, ancienne limite entre le monde barbare et le monde romain. Constantin y construit deux forts, *castella*, de plan rectangulaire (Maastricht et Liberchies II), des stations routières et des fortins, *burgi*. Pour en assurer la défense, de nouvelles unités sont créées à cette époque. Elles tirent leurs noms des localités où elles sont initialement stationnées[1]. Face à l'est, sur la ligne du Rhin, la campagne menée par Maximien en Germanie vers 287-288 et celle menée par Constantin contre les Bructères en 306 traduisent un esprit offensif qui prélude aux travaux de fortifications. Pour continuer cette politique d'opérations coups-de-poing, l'Empire se dote alors d'infra-

1. Unités (localités) : *Diuitenses* (*Diuitia*-Deutz), *Tungrecani* (Tongres), *Geminiacenses* (*Geminiacum*-Liberchies), *Neruiani (Bagacum Neruiorum*-Bavay), *Turnacenses* (Tournai), *Corteriacenses* (Kortrijk), *Menapii (Castellum Menapiorum*-Cassel).

structures permanentes sous la forme de ponts fortifiés aux deux extrémités du fleuve. Constantin fait édifier, en 307-308, un pont sur le Rhin à Cologne et un fort sur la rive droite à Deutz, au débouché du pont. La défense linéaire du Rhin garde les moyens d'une surveillance étroite et de l'offensive. Il s'agit bel et bien d'une défense en avant, comme le suggère le Panégyrique dit à Constantin en juillet 310 : « *Cependant, tu songes plus à la gloire de ton Empire et à l'ornement de la frontière qu'à te donner les moyens, chaque fois que tu le voudras, de passer en territoire ennemi, car le Rhin est sur toute sa longueur couvert de navires armés et sur toutes les rives jusqu'à l'océan, tes troupes sont postées, menaçantes*[1]. »

Entre 312 et 324, Constantin renonce provisoirement à la défense en avant car il doit mener deux guerres civiles, l'une contre Maxence en Italie, l'autre contre Licinius, son rival en Orient. Il constitue avec les meilleures troupes une réserve stratégique autour de Milan destinée à intervenir contre l'armée romaine orientale, mais dégarnit les frontières. C'est un début de défense en profondeur. Constantin et ses successeurs ajoutent, entre 305 et 350, un réseau de forts situés jusqu'à 200 km en arrière du Rhin, compris dans un polygone Cologne-Mayence-Strasbourg-Metz-Tongres, avec la ville impériale de Trèves pour centre de gravité. Les fortins installés le long des vallées de la Meuse et de la Moselle, ou des routes, comme la rocade Cologne-Bavay, assurent l'observation et le filtrage de l'ennemi. Parallèlement, l'Ardenne, l'Eifel et l'Hunsrück en arrière du Rhin, connaissent une grande densité de fortifications locales de hauteur[2]. Il s'agit de fortifications spontanées construites par les populations inquiètes du départ de l'armée.

Après avoir remporté les guerres civiles sur ses rivaux en 324, Constantin élève une série de forts-doublets sur le Danube en Pannonie[3]. Il dresse un pont entre les forts d'*Oescus* et de *Sucidiva* (Pannonie) et probablement entre *Drobeta* et *Transdrobeta* (Dacie Ripuaire). La Pannonie connaît une grande densité de fortifications constantiniennes, fidèles à une défense linéaire. Plus à l'Est, l'abandon de la Dacie par Aurélien en 271 avait ramené la frontière sur le Danube et rendu vulnérable la région des Portes de

1. *Panegyricus Constantino Augusto Dictus. Panegyrici Latini,* VII (6), 13, 1. Sur le pont entre Cologne et Deutz, S. Johnson, 1983, p. 255.
2. R. Brulet, « Les dispositifs militaires du Bas-Empire en Gaule septentrionale », *ARB-AFAM,* 1993, p. 135-142. S. Johnson, 1984, p. 257-259.
3. *Celamantia* (Iza) et *Brigetio* (Flecken Szoeny près de Komorn, en Autriche), *Transmarisca* et Daphné, *Aquincum* (aujourd'hui Ofen-Buda, un des quartiers de Budapest) et *Bonnonia* (Banostor).

Fer (dans l'actuelle Serbie). L'orgueil romain avait masqué cette perte en rebaptisant Dacie Ripuaire une partie de la province de Mésie. Pour couvrir ce secteur devenu vulnérable, Constantin dresse trois murailles de pierre à l'embouchure de petits affluents du Danube : la Brnjica, la Kozica et la Porecka. Ces barrières, longues de 2 km environ, sont toutes sur le même modèle. Elles forment une ligne brisée au centre par un cours d'eau, avec un fort de garde situé en arrière[1]. De tels dispositifs montrent que les vallées sont les voies d'infiltration suivies par les Barbares. L'armée occupe encore de nombreuses têtes de pont dans l'ancienne Dacie et la majorité des fortifications Nord-danubiennes datent de Dioclétien et de Constantin[2]. Ces travaux et les campagnes transdanubiennes révèlent une stratégie de défense en avant aux périodes où Constantin n'est pas retenu par les guerres civiles. En effet, sous son règne dans les années 325-334, les forces d'élite qui accompagnent le prince sont maintenues aux frontières et mènent des campagnes chez les Barbares.

Dans les forteresses des deux rives du Danube, troupes d'accompagnement et gardes-frontière sont placés côte-à-côte. Les découvertes de *Sucidiva* montrent également la présence de nombreux mercenaires ou colons barbares[3]. Constantin développe une politique d'alliance avec les Sarmates pour combattre leur ennemi commun, les Goths. En 332-334, il se tourne contre les Sarmates à la loyauté douteuse, puis intervient pour les défendre contre les Limigantes. Il installe une partie des Sarmates chassés par les Limigantes sur le territoire romain[4].

En dépit de ces témoignages évidents d'une défense en avant, Constantin est généralement reconnu comme celui qui a instauré la défense en profondeur[5]. Zosime, auteur païen du VIe siècle, hostile par principe au premier empereur chrétien, critique sévèrement la défense en profondeur :

1. P. Petrovic, « Les forteresses du Bas-Empire sur le *limes* danubien en Serbie », *RFS,* 1980, p. 757-776.
2. E. Demougeot, « Constantin et la Dacie », dans *Crise et redressement dans les provinces européennes de l'Empire (milieu du IIIe siècle – milieu du IVe siècle ap. J.-C.). Actes du Colloque de Strasbourg 1981,* Strasbourg, 1983, p. 91-112.
3. D. Tudor, « Contributions à l'histoire de l'armée de la *Dacia Ripensis* », *ARPR,* 11, 1960, p. 335-363. S. Johnson, 1983, p. 254-255. E. Demougeot, 1983, p. 107. C.R. Whittaker, 1994, p. 202.
4. Anonyme Valésien, *Pars Prior,* 6, 32. Eusèbe, *Vita Constantini,* IV, 6.
5. D. Van Berchem, 1952, p. 114-115.

Les *Limes* des portes de Fer vers 380

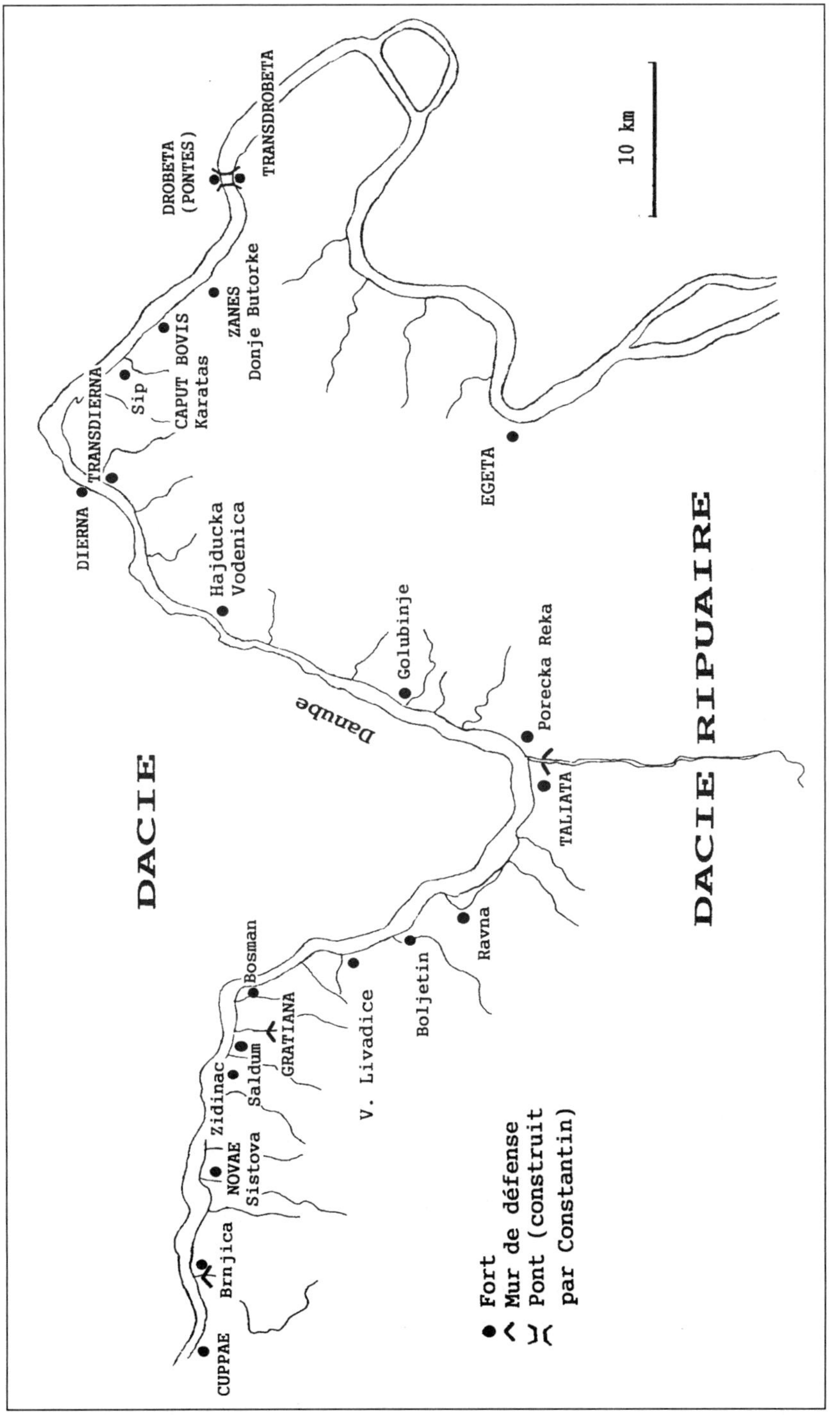

> « *Constantin prit encore une autre mesure, qui permit aux Barbares de pénétrer sans rencontrer de résistance dans le territoire soumis à la domination romaine ; comme, grâce à la prévoyance de Dioclétien, selon le principe que j'ai exposé plus haut, l'Empire romain, sur toutes ses frontières, était en effet retranché par des villes, des stations fortifiées et des tours et que l'ensemble de l'armée y avait ses cantonnements, le passage était impossible pour les Barbares, vu qu'il y avait partout des forces prêtes à résister et capables de repousser l'assaillant. Or, en abolissant cette sécurité et retirant des frontières la plus grande partie des soldats, Constantin les installa dans les villes qui n'avaient pas besoin de protection, priva de secours ceux qui étaient sous la menace des Barbares, imposa aux villes qui étaient paisibles le désordre que provoque la soldatesque – ce qui les a rendues désormais pour la plupart désertes –, laissa s'amollir les soldats qui s'adonnaient aux spectacles et à une vie confortable et en un mot fut lui-même à l'origine et sema les germes de la ruine de l'État qui nous afflige aujourd'hui encore*[1]. »

Dans les dernières années du règne de Constantin, entre 334 et 337, la paix est assurée aux frontières. À cette occasion, les troupes de choc semblent être ramenées en arrière, c'est alors qu'on peut davantage parler de défense en profondeur. Ces tendances, apparues sous le règne de Constantin, se sont affirmées après 337.

APRÈS 337, UNE DÉFENSE EN AVANT OCCASIONNELLE

La défense en avant consiste à porter la guerre chez les Barbares à la suite d'une agression. Elle dépend de la personnalité de l'empereur qui accepte de franchir le Rhin ou le Danube et mobilise les réserves stratégiques de l'Empire. Après le règne de Constantin, les campagnes de représailles restent nombreuses outre-Rhin et outre-Danube. En 357, le César Julien franchit le Rhin sur un pont à Mayence et attaque les Alamans qui, désemparés, se voient imposer une trêve de dix mois[2]. Il restaure un fort construit sous Trajan sur le territoire des Alamans et exige même des Barbares vaincus de le ravitailler[3]. Constance II en 358, dès le printemps, dresse un pont de bateaux sur le Danube en crue et sème terreur et destruction chez les Sarmates et les Quades qui

---

1. Zosime, II, 34, 1-2. Sur ce passage, cf. l'édition de F. Paschoud, Paris, Les Belles Lettres, 1971, p. 235, note 47.
2. Ammien Marcellin, XVII, 1, 2.
3. *Ibid.*, XVII, 1, 11 ; 10, 4.

doivent jurer la paix de façon humiliante[1]. En 360, Julien franchit encore le Rhin (sur un pont de bateaux ?) pour soumettre les Francs Attuaires et leur imposer sa paix[2]. Pendant sa première guerre de trois ans contre les Goths, Valens passe le Danube sur des ponts de bateaux en 367 à Daphné et en 369 à *Novidunum* (Dobroudja roumaine) et impose la paix au roi Athanaric[3]. Valentinien Ier, empereur issu de la cavalerie des scholes palatines, a une préférence marquée pour la défense en avant. En 368, il franchit le Rhin et le Main pour semer la terreur chez les Alamans[4]. En 372, il mène une opération préventive contre le roi alaman Macrien qui n'a pas d'intentions offensives mais dont la puissance croît. Le Rhin est passé sur un pont de bateaux, mais l'opération ne réussit pas[5].

En 374, Valentinien franchit à nouveau le Rhin, ruine les terres des Alamans et impose sa paix à Macrien[6]. En 375, il se reporte contre les Quades et les Sarmates ; le Danube est franchit sur un pont de bateaux à *Aquincum* (Ofen-Buda quartier de Budapest)[7]. Il fait construire des forts au milieu du territoire des Quades, comme s'ils étaient annexés à l'Empire[8]. Son fils Gratien, habitué à suivre une campagne dès l'enfance, poursuit la politique paternelle. En février 378, il porte la guerre chez les Alamans lentiens à la suite d'une agression[9]. Vers la fin du IVe siècle, la stratégie de défense en avant, menée par des généraux d'origine barbare, gagne en acharnement. Une opération de représailles chez les Francs se termine par un désastre romain en 388. Cette défaite appelle une revanche. De 388 à 393, sous la conduite du comte Arbogast, les Romains mènent une série d'opérations contre les Francs Ripuaires[10]. Entre 395 et 402, le poète Claudien loue Honorius et Stilicon pour avoir porté la guerre au-delà du Rhin chez les Chauques et les Suèves[11]. Plus jamais par la suite l'Empire d'Occident ne s'avère capable de mener une défense en avant, trop empêtré dans des guerres intérieures contre les fédérés barbares.

---

1. *Ibid.*, XVII, 12, 4-21.
2. *Ibid.*, XX, 10, 2.
3. *Ibid.*, XXVII, 5, 2-sq.
4. *Ibid.*, XXVII, 10, 6.
5. *Ibid.*, XXIX, 4, 2-sq.
6. *Ibid.*, XXX, 3, 1-sq.
7. *Ibid.*, XXX, 5, 13-sq.
8. *Ibid.*, XXIX, 6, 2.
9. *Ibid.*, XXXI, 10, 11.
10. Ph. Richardot, « Un désastre romain peu connu sur le Rhin », *Rivista Storica dell'Antichità*, 25, 1996, p. 111-130. Voir Chapitre VI qui reprend cet article.
11. Claudien, *In Eutropium*, I v. 378-384. *Id.*, *De Consulatu Stilichonis*, I, v. 218-231

Ces expéditions punitives n'ont rien d'une campagne classique opposant deux armées pour la maîtrise d'un réseau de villes fortifiées. Les raids anti-Barbares prennent l'aspect d'une campagne d'extermination : en 306, Constantin pille le territoire des Bructères, massacre la population et livre les prisonniers aux fauves de l'arène[1]. Dans la seconde moitié du IVe siècle, les campagnes contre les Quades[2] et les Limigantes[3] sont particulièrement cruelles. En 357, les Romains n'infligent que des dégâts matériels aux Alamans[4], qui, fidèles à la stratégie des Barbares du Rhin, ont pu fuir dans des forêts et des marécages inaccessibles. La surprise est donc l'élément de réussite dans une opération de représailles en terre barbare ainsi que le suggère les panégyristes : « *Toi empereur, tu étais homme à préférer une rencontre au grand jour, mais tu voulais* (par la surprise) *ôter à cette nation, habituée à éluder la guerre en se réfugiant dans les forêts et les marécages, le temps de prendre la fuite*[5]. » La stratégie de défense en avant est la plus efficace. Il revenait à l'empereur de l'appliquer : « *C'est en portant chez eux la dévastation, les combats, les massacres, le fer, le feu que tu as dompté ces peuples sauvages et indomptables*[6]. »

Opérer dans le *barbaricum* (terre barbare) comporte des risques. Les Romains ont toujours eu du mal à opérer en pays de forêts, propice aux embuscades, hors d'un réseau routier et urbain pour soutenir leur ligne d'opération. En 9 après Jésus-Christ, le désastre de Teutoburgerwald est resté un exemple classique : trois légions, trois ailes, six cohortes et leur chef Varus furent anéantis par les Germains[7]. En 355, le maître de la milice Arbetio tombe dans une embuscade aux alentours du Lac de Constance. Il perd de nombreux hommes, dix tribuns et part en déroute[8]. Le brouillard des régions germaniques favorise l'embuscade. Le César Julien l'expérimente en 356 au cours d'une opération chez les Alamans. Les deux légions de son arrière-garde sont attaquées par les Barbares qui utilisent la brume et la pluie pour opérer un mouvement tournant. Leurs cris alertent le reste des troupes romaines, empêchant ainsi leur destruction imminente[9]. L'aspect de la forêt-refuge des peuples germaniques effraie les Romains. En 357,

1. *Panegyricus Constantino Augusto Dictus. Panegyrici Latini,* VII (6), 12, 3.
2. Ammien Marcellin, XVII, 12, 19.
3. *Ibid.,* XVII, 13, 13.
4. *Ibid.,* XVII, 1, 7.
5. *Panegyricus Constantino Augusto Dictus. Panegyrici Latini,* VII (6), 12, 3.
6. Mamertin, *Panegyricus Maximiano Augusto Dictus. Panegyrici Latini,* II (10), 7, 6.
7. Velleius Paterculus, II, 117-119. W. Schlüter, « Archäologische Zeugnisse Varusschlacht ? », *Germania,* 70, 2, 1992, p. 307-402.
8. Ammien Marcellin, XV, 4, 7-8.
9. *Ibid.,* XVI, 2, 10.

Julien hésite à s'engager dans « *une forêt terrifiante aux épaisses ténèbres* », car il est informé par un déserteur que des forces nombreuses se terrent dans des galeries souterraines aux ramifications multiples, d'où elles sortiront à la moindre opportunité[1]. Les Germains ont l'habitude de dresser des abattis d'arbres énormes sur les sentiers déjà difficiles à franchir. Invisibles, ils poussent des hurlements propres à effrayer l'ennemi[2]. En 388, l'armée du maître de la milice Quentin est anéantie dans une embuscade forestière dans le pays des Francs sur un terrain piégé.

Afin d'opérer en pays barbare à moindres risques, la diplomatie est parfois utilisée dans le cadre d'une stratégie de division. Des alliances sont contractées avec des Barbares limitrophes en vue d'attaquer un peuple ennemi sur son territoire. En 358, les Sarmates de la tribu des *Picenses* sont anéantis avec l'aide d'autres Sarmates et des Taïfales[3]. En 370, Valentinien engage les Burgondes à attaquer les Alamans, en coopération avec le maître de la cavalerie Théodose l'Ancien qui mène une offensive à partir de la Rhétie[4]. Toutefois, après avoir juré la paix et promis aux Romains des vivres et des recrues, le Barbare vaincu finit toujours par reprendre le sentier de la guerre ; le répit est inférieur à dix ans et d'autres menaces ont surgi entre-temps. Cette stratégie de défense en avant occasionnelle disparaît après 406 au profit de marches barbares installées à l'intérieur du territoire romain.

En Orient, les offensives contre les Perses sont plus rares car elles demandent une mobilisation de moyens militaires prélevés sur la totalité de l'Empire, tandis qu'une action contre les Barbares rhénans ou danubiens ne réclame que des forces régionales ou les réserves d'un seul théâtre stratégique. Contrairement aux opérations extérieures européennes, les guerres persiques reproduisent le schéma conventionnel du choc de deux armées en rase campagne et d'une série de sièges. Conçue en riposte d'une agression, l'invasion de la Perse par Julien en 363 révèle toutefois la permanence de l'esprit de conquête. Son coût est exorbitant et son résultat désastreux. L'armée bat en retraite, tenaillée par la faim et harcelée par l'ennemi. Il s'agit de la dernière opération de ce genre avant les guerres entre Perses et Byzantins du VIe siècle.

1. *Ibid.*, XVII, 1, 8.
2. *Ibid.*, XVI, 11, 8.
3. *Ibid.*, XVII, 13, 19.
4. *Ibid.*, XXVIII, 5, 9-sq.

MAINTIEN ET VALIDITÉ DE LA DÉFENSE EN PROFONDEUR

Après le règne de Constantin, la défense en profondeur reste la stratégie principale de l'Empire. Des considérations budgétaires et logistiques en déterminent l'adoption afin d'économiser sur l'entretien des troupes[1]. En contrepartie, les forces opérationnelles sont éloignées des frontières qui restent dégarnies.

Théoriquement, la mobilité des forces d'intervention doit combler les vides en se portant contre les secteurs menacés. La mobilité est paradoxalement le point faible de cette stratégie, car les distances sont franchissables à vitesse d'homme ou de cheval. Des forces de cavalerie en campagne couvrent 80 km par jour ; l'infanterie progresse à 5 km/h, tandis que les convois ne peuvent dépasser 16 km/h[2]. D'après Végèce, une marche d'exercice aller-retour couvre 20 000 pas (30 km). Il distingue le pas ordinaire (20 000 pas en cinq heures d'été soit 6 km/h) et le pas allongé (24 000 pas ou 35 km pour une vitesse de 7 km/h)[3]. La mobilité stratégique s'évalue en journées de marche dans un Empire immense qui s'identifiait au Monde. Procope déclare que le pouvoir romain s'étendait autour de la Méditerranée à 347 jours de marche. L'Empire d'Occident, dans sa partie africaine, de Gadès à la Tripolitaine, couvrait 90 jours et en Europe, 75 jours de route séparaient Gibraltar de la mer Adriatique. Dans l'Empire d'Orient, 120 jours étaient nécessaires pour aller de Cyrène (en Cyrénaïque) à *Dyrrachium* (Durazzo ou Durrès) dans l'Albanie actuelle[4].

Au IVe siècle, les délais d'intervention sur la frontière du Rhin varient entre 20 et 40 jours. En 357, lorsque Julien et le maître de l'infanterie Barbatio conjuguent leurs forces pour marcher sur Strasbourg, Julien part de Reims avec les forces de théâtre gauloises et Barbatio d'Italie avec les réserves palatines de l'Occident. Barbatio, découragé par une attaque-surprise et jaloux de Julien, s'arrête à Augst. Avant cet échec, la stratégie des ciseaux adoptée par Julien et Barbatio, trop lente à se mettre en œuvre, laisse passer des lètes alamans jusqu'à Lyon[5]. La distance entre Strasbourg et la cour impériale à Milan, où sont stationnées les forces palatines, est de 40 jours de marche[6]. En 358, Julien a besoin d'une autonomie de vingt jours de vivres pour se rendre de

1. R. MacMullen, 1991, p. 273.
2. E. Luttwak, 1987, p. 111.
3. Végèce, *DRM,* I, 9, 27.
4. Procope, *Bellum Vandalicum,* I, 1, 10-16.
5. Ammien Marcellin, XVI, 11, 1-3 ; 14 ; 4.
6. *Ibid.,* XVI, 12, 70.

Paris à Tongres[1]. En 365, pour parer à une attaque des Alamans, Charietto, comte des deux Germanies, réunit ses troupes frontalières aux Divitiens et Tongriens partis de Châlon-sur-Saône sous les ordres de Sévérien[2] : ce qui représente une quinzaine de journées de marche. À la suite de l'échec de ce corps frontalier, des renforts stratégiques sont envoyés de Paris et rencontrent l'ennemi à Charpeigne sur la Moselle, puis à Châlons-en-Champagne. Ces deux engagements indiquent l'axe de progression ennemi et sa profondeur[3]. En Orient, il y a 22 jours de trajet entre Constantinople et la frontière du Danube[4]. Les forces d'intervention contactent un ennemi souvent avancé de 200 à 300 km en territoire romain. Les campagnes sont sacrifiées et dévastées. Les populations rurales tendent à déserter les régions dangereuses. Pour combler le vide ainsi créé, l'installation de colons-soldats barbares aux marches de l'Empire devient une nécessité économique et militaire. La lenteur des communications, combinée au manque d'effectifs, contribue au déclin de la sécurité des frontières[5].

La stratégie de défense en profondeur n'a pas rétabli la sécurité qui existait sous le Haut-Empire. Les problèmes militaires restent identiques de 250 à 350. L'empereur Constance II exprime ces difficultés en résumant à ses troupes les combats de 355 à 358 : « *Nos ennemis, dans leur fureur, ravageaient toute l'Illyrie avec une arrogante folie, méprisant notre absence alors que nous défendions l'Italie et les Gaules. Ils lançaient de nombreuses incursions contre nos frontières les plus éloignées, traversant les fleuves tantôt en pirogues, tantôt à pied ; ils ne plaçaient pas leur confiance dans leurs armes ou dans leurs forces mais, comme ils en ont l'habitude, dans des opérations secrètes de brigandage, avec l'astuce et la variété de ruses que nos pères ont constatées depuis que nous connaissons leur race*[6]. » Mais, quelles que soient les difficultés rencontrées, l'Empire tient toujours. En définitive, la défense mobile, en profondeur ou en avant, reste le meilleur moyen d'être partout à la fois. Un mal plus sournois mine la cohésion de la défense romaine.

1.. *Ibid.*, XVII, 8, 1-sq.
2. *Ibid.*, XXVII, 1, 2.
3. *Ibid.*, XXVII, 2, 1-sq.
4. Procope, *Bellum Vandalicum*, I, 1, 10-16.
5. E. Luttwak, 1987, p. 157.
6. Ammien Marcellin, XVII, 13, 27.

LA DIVISION DU COMMANDEMENT

La bipartition de l'Empire restaurée en 364 par Valens et Valentinien Ier divise les moyens opérationnels et conduit à un manque de coordination. En 378, l'Empire, attaqué sur deux fronts, est menacé sur un troisième : les Goths pillent la Thrace depuis 376, les Alamans lentiens franchissent le Rhin en février 378 et les Perses avancent des prétentions en Arménie. Le manque de coordination rejoint ici des considérations régionales : il est difficile d'abandonner son territoire à l'ennemi pour protéger celui du voisin. Théodose Ier rétablit l'unité en 394-395 mais, à sa mort, partage l'Empire entre ses deux fils.

Après 395, la coopération militaire entre les deux Empires disparaît brutalement. Stilicon, généralissime d'Occident et protecteur d'Honorius, essaie de mettre en tutelle Arcadius, le jeune empereur d'Orient. Il envoie à Constantinople une armée qui assassine le Premier ministre d'Arcadius. Cette armée se rebelle contre l'autorité de Stilicon et décide d'appuyer Arcadius. Il en résulte une véritable guerre froide entre l'Orient et l'Occident. Seule la mort de Stilicon en 408 rétablit une forme de coopération militaire sous la forme d'envois de contingents réduits (4 000 hommes). La prise de Rome en 410 n'émeut pas Constantinople. Au Ve siècle, les lois portent le nom des deux empereurs, mais l'unité politique de l'Empire est brisée. L'Orient et l'Occident ne cherchent plus de solution militaire commune, privilégiant leur survie individuelle. Une autre stratégie se met en place en Occident, régionale et décentralisée.

LES STRATÉGIES DÉFENSIVES ROMAINES

Pragmatiques, les Romains ont adapté leur *stratégie défensive* aux circonstances, à la menace et à leur outil militaire. Elle-même dérive d'une *grande stratégie* qui est d'essence politique, car elle définit la place que l'État romain voulait occuper dans le monde.

Époque	Défense	Commandement
République ***509-27 av. Jésus-Christ*** *Grande Stratégie* : Conquête défensive pour éliminer ennemis et rivaux ou aider des alliés	***En avant*** : l'envahisseur est d'abord combattu sur un territoire allié ou neutre par une armée venue de Rome ou de la Péninsule. Les conquêtes ont souvent un but défensif (protection d'alliés ou de colonies romaines à l'étranger)	***Déconcentré*** : consuls et proconsuls commandent les armées expéditionnaires
Haut-Empire **27 av. Jésus-Christ-284 ap.** *Grande Stratégie* : Défense de l'Empire et conquêtes ponctuelles défensives ou économiques	***Frontalière*** : les frontières sont surveillées par un cordon de légions et d'auxiliaires dans des forts et des tours, le long d'un fleuve, d'un mur ou d'une palissade ou sur le désert (*limes*). Quelques expéditions de représailles en avant	***Centralisé*** : l'Empereur laisse aux Légats de légions le soin d'éteindre les incursions mineures mais intervient pour les campagnes d'envergure et distribue les légions sur les frontières
Bas-Empire-Tétrarchie ***284-325*** *Grande Stratégie* : Défense de l'Empire et maintient de son unité par la coopération stratégique	***Frontalière*** : les frontières sont surveillées par un cordon de légions et d'auxiliaires dans des forts et des tours, le long d'un fleuve, d'un mur ou d'une palissade ou sur le désert. Quelques expéditions de représailles en avant	***Décentralisé*** : l'Empire est divisé en quatre théâtres d'opérations commandés par quatre généraux-empereurs installés aux frontières *Occident* : 1 Auguste, 1 César *Orient* : 1 Auguste, 1 César
Bas-Empire- Dominat ***325-395*** *Grande stratégie* : Défense de l'Empire et maintien de son unité par la coopération stratégique	***En profondeur*** : des gardes-frontières signalent les incursions qui sont arrêtées en arrière par des troupes mobiles. Quelques expéditions de représailles en avant	***Centralisé*** 325-364/ 394-395 ***Décentralisé*** 364-394 *Occident* : 1 Empereur *Orient* : 1 Empereur
Bas-Empire-Patriciat ***(Occident)*** ***395-476*** *Grande stratégie* : Défense autonome et séparation militaire des deux Empires	***Régionale*** : des fédérés barbares sont installés aux frontières ou à l'intérieur de l'Empire. Un cordon de garde-frontières subsiste. Des milices d'autodéfense se créent. Un patrice rassemble occasionnellement fédérés, mercenaires et troupes d'élite	***Décentralisé*** *Occident* : 1 Empereur *Orient* : 1 Empereur Régions sous contrôle de fédérés barbares

Situation sur le Rhin en 388

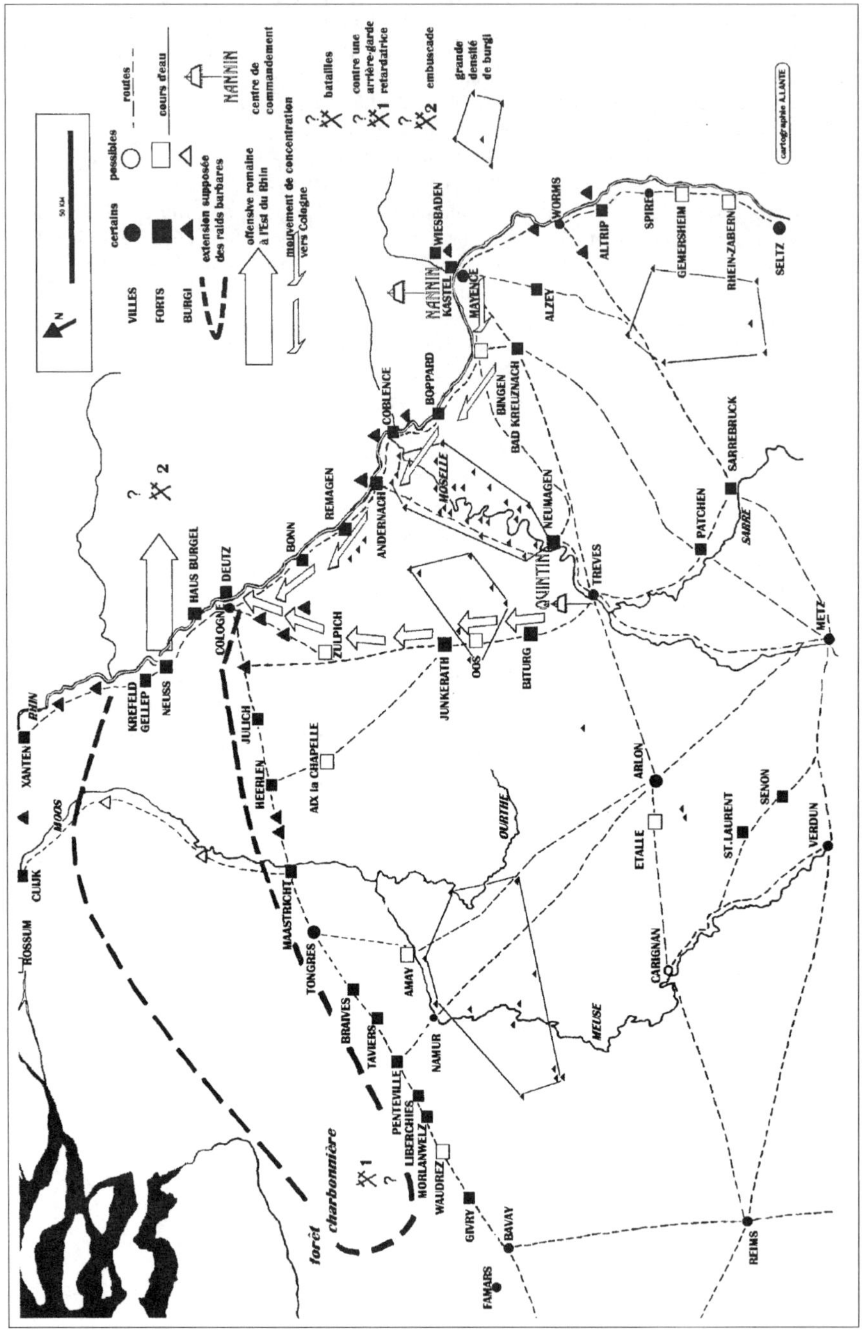

CHAPITRE 7

Étude de cas : la frontière du Rhin vers 388[1]

L'historien Sulpice Alexandre (fin IVe-début Ve siècle) n'est connu qu'à travers un chapitre de l'*Histoire des Francs* de Grégoire de Tours[2], généralement éludé par les historiens du Bas-Empire[3]. Il évoque un désastre romain sur la rive droite du Rhin en 388. Il révèle la coexistence d'une stratégie de défense en profondeur et d'une stratégie de défense en avant occasionnelle à la fin du IVe siècle.

LE CONTEXTE HISTORICO-MILITAIRE ROMAIN

En 388, la situation est confuse pour l'Empire. L'Orient est dirigé par l'empereur Théodose Ier. L'Italie est gouvernée par Valentinien II. Les Gaules, la (Grande-)Bretagne et les Espagnes sont aux mains de l'usurpateur Maxime. Au printemps, Maxime part chasser Valentinien II d'Italie et repousser une éventuelle contre-attaque théodosienne[4]. Il confie son fils Victor et la défense des Gaules aux maîtres de la milice Nannin et Quentin. La guerre civile demande une restructuration de la chaîne

1. Ce chapitre reprend et corrige l'article de Ph. Richardot, « Un désastre romain peu connu sur le Rhin », *Rivista Storica dell'Antichità*, 25, 1996, p. 111-130.
2. Grégoire de Tours, *Historia Francorum*, II, 9.
3. G. Glotz, *Histoire romaine*, Peuples et civilisations, Paris, 1946, p. 255, note 19. E. Stein, tome 1, 1968, p. 210. P. Périn et L. Ch. Feffer, 1987, t. 2, p. 95-06.
4. E. Stein, 1968, p. 204-205.

hiérarchique et il n'est pas étonnant de voir deux maîtres de la milice en Gaule au lieu d'un. Comme un usurpateur n'a aucune légitimité, Maxime préfère laisser deux commandants moins susceptibles de se rebeller qu'un seul. Les troupes de Maxime subissent une première défaite à *Siscia* sur la Save. Maxime est contraint de s'enfermer dans Aquilée et de se rendre à Théodose Ier qui le fait exécuter le 28 août 388[1]. Les événements sur le Rhin se situent entre le printemps et le 28 août 388.

Le départ de Maxime pour combattre en Italie signifie que non seulement l'élite mais aussi le gros des troupes d'accompagnement l'ont suivi. A chaque fois que la guerre civile ou des opérations extérieures dégarnissent la défense des Gaules, le *limes* rhénan est attaqué : schéma que l'on retrouve tous les dix ans. Pendant l'hiver 357-358, 600 guerriers francs pillent la région entre Cologne et Juliers en Germanie Seconde, alors dépourvue de garnison parce que le César Julien combat les Alamans au-delà du Rhin[2]. En 368, les Saxons et les Francs profitent du départ des troupes d'intervention vers la (Grande-)Bretagne pour attaquer la région comprise entre le Rhin et Boulogne[3]. En 378, après que l'empereur Gratien ait envoyé des renforts pour soutenir son collègue d'Orient Valens, les Alamans passent à l'offensive[4]. Cette règle se vérifie en 388 : les Francs Ripuaires attaquent la province de Germanie Seconde et pénètrent jusqu'en Belgique Seconde. Les agressions de 357, 368, 378 et 388 prouvent qu'en temps ordinaire la frontière des Gaules est solidement défendue et que la présence des troupes d'accompagnement a une valeur dissuasive... Leur absence, au contraire, incite à l'agression.

DIVISION STRUCTURELLE DU COMMANDEMENT ROMAIN

La défense du nord-est des Gaules requiert une étroite coopération des troupes frontalières et des troupes d'intervention. Or, en 388, la collégialité entre les maîtres de la milice Nannin et Quentin introduit une division structurelle dans le commandement des Gaules. L'absence de lien de subordination entre les deux commandements et la différence de personnalités jouent contre le principe d'unité d'action.

1. Pacatus, *Panegyricus Theodosio Augusto Dictus. Panegyrici Latini*, XII (2), 33-34. Ambroise, *Epistulae*, 40, 22 sq., 25, 32. Claudien, *De Quarto Consulatu Honorii*, v. 72-95. Orose, VII, 35, 2, 5, 12. Zosime, IV, 45, 2 et 47, 1. Philostorge, X, 8. Socrate, V, 12, 14. Grégoire de Tours, *Historia Francorum*, II, 9. E. Stein, 1968, p. 207.
2. Ammien Marcellin, XVII, 2, 1.
3. *Ibid.*, XXVII, 8, 5.
4. *Ibid.*, XXXI, 10, 1 sq.

Des deux officiers généraux laissés à la défense des Gaules par l'usurpateur Maxime, Nannin est le mieux connu, vraisemblablement le plus expérimenté. Vers 370, Nannin était comte du Rivage Gaulois, commandement côtier que plus tard la *Notitia Dignitatum* appelle duc du Rivage Armoricain et Nervien[1]. C'est « *un officier confirmé par une longue expérience de la guerre*[2] ». Son nom indique probablement un officier d'origine franque[3]. Nannin dut alors faire face à une invasion majeure des pirates saxons « ... *ayant perdu quelques soldats, lui-même blessé, il percevait son infériorité à soutenir de fréquents combats. Après avoir demandé à l'empereur (Valentinien I*er*) ce qui devait être fait, comme de coutume, il obtint que le maître de l'infanterie Sévère intervînt pour rétablir cette situation compromise*[4] ». Avant de faire appel aux troupes palatines stationnées en Italie du Nord, on doit supposer que Nannin a déjà fait appel aux troupes d'accompagnement aux ordres du maître de la cavalerie en Gaule. Mais pour lors, aucun renfort n'était disponible, car le maître de la cavalerie des Gaules, Théodose l'Ancien, père de l'empereur du même nom, menait une opération contre les Alamans en Rhétie sur le Rhin supérieur[5]. Après l'exécution de Théodose l'Ancien (376)[6], le poste semble être resté vacant. En 378, l'empereur Gratien, en marche vers l'Illyrie, ne pouvait repousser en personne une offensive des Alamans. Alors pour défendre la frontière du Rhin ; il « *confia le commandement à Nannin, chef valeureux et mesuré, mais il lui adjoignit comme collègue de rang égal Mallobaude, comte des Domestiques, roi des Francs, un homme fort et belliqueux*[7] ». Cela signifie que Nannin a désormais rang de maître de la cavalerie des Gaules, ce qui est plus probable que le grade frontalier (donc inférieur) de comte des deux Germanies[8]. La même structure binaire de commandement se retrouve en 388, avec la même division psychologique entre un chef prudent et un chef impétueux.

En 388, Nannin, certainement vieilli, peut-être même rappelé au service par Maxime, a le grade de maître de la milice selon l'historien Sulpice Alexandre. Son état-major est alors stationné à Mayence sur le Rhin en Germanie Seconde. D'après la même

1. *Notitia Dignitatum*, OC.XXXVII.
2. Ammien Marcellin, XXVIII, 5, 1.
3. A.H.M. Jones, 1971, tome 1, p. 615-616.
4. Ammien Marcellin, XXVIII, 5, 2.
5. *Ibid.*, XXVIII, 5, 15.
6. Jérôme, *Chronicon*, an. 376.
7. Ammien Marcellin, XXXI, 10, 6.
8. Comme le suppose A.H.M. Jones, 1971, p. 615-616.

source, son collègue Quentin est établi à près de 110 km en arrière, dans la ville de Trèves. C'est un dispositif d'alerte resserré. Il suggère que Nannin est chargé des troupes frontalières et que Quentin, certainement plus jeune, commande les troupes d'accompagnement. Ce dispositif permet théoriquement d'encager un agresseur avancé en territoire romain. Car, à juste titre, Maxime et ses officiers généraux s'attendent à une attaque des Francs ou des Saxons.

STRATÉGIE BARBARE : LA RAZZIA

Le Livre III de l'historien Sulpice Alexandre révèle que l'objectif des Francs Ripuaires en 388 n'est pas de s'implanter, mais de faire du butin. Ils ont alors trois chefs (*duces*) : Génobaude, Marcomer et Sunnon. Les Francs opèrent probablement en trois groupes pour faciliter le ratissage. Ils « *firent irruption dans (la province) de Germanie (Seconde) et lorsqu'ils eurent franchi la frontière, bien des mortels furent massacrés ; ils dévastèrent des campagnes très fertiles et jetèrent la panique à Cologne* ». Cologne est alors entourée par une puissante enceinte, et de l'autre côté du Rhin, dispose de la forteresse de Deutz. Les Francs ne s'y risquent pas, mais les réfugiés doivent y affluer. L'évitement des villes fortifiées est une constante de la stratégie d'infiltration des Barbares européens. Par contre, les campagnes sont dévastées, comme le décrit Zosime pour l'invasion des Gaules en 356 :

> « *Les Germains enlevaient richesses, femmes, enfants et les prisonniers suivaient, portant leurs bagages sur leurs épaules. Celui qui ne pouvait servir comme esclave ni se résigner à voir sa femme ou sa fille violentée, était égorgé au milieu de ses pleurs. Les biens de chez nous étant transportés là-bas ; les vainqueurs fauchaient nos moissons de leurs propres mains tandis qu'ils faisaient labourer les champs de leur pays par leurs captifs. Les villes qui, grâce à leurs murailles, avaient échappé aux envahisseurs ne disposaient que de très peu de terre à cultiver*[1]. »

Les Francs se sont infiltrés le long de la rocade Cologne-Tongres-Bavay, à environ 200 km à l'ouest du Rhin. Les forts et les tours d'observation de cette rocade stratégique, sont incapables d'arrêter les Barbares, probablement parce qu'ils n'ont pas ou plus de garnison suffisante. Les observateurs romains laissés sur place

1. Zosime, III, 1, 1, trad. F. Paschoud.

ne peuvent qu'aller renseigner le commandement de l'avance des Barbares. Par contre, la concentration urbaine justifie la fertilité des terres qu'évoque Sulpice Alexandre.

La stratégie des Francs évite les points de résistance et la bataille rangée. Dès qu'ils apprennent que les forces romaines se sont concentrées dans leur dos à Cologne, les Francs, chargés de butin, retraversent le Rhin. On doit supposer que le gros de la horde franque a passé le Rhin au nord de Cologne, probablement près de la forteresse de Neuss comme les événements ultérieurs semblent le confirmer. Les Francs laissent « *sur le sol romain un grand nombre des leurs prêts à reprendre le pillage*[1] ». Les Francs laissent derrière eux une arrière-garde retardatrice. Leur calcul est d'attirer les Romains vers cette arrière-garde pour les empêcher d'intercepter le gros de leurs forces qui bat en retraite. Cette arrière-garde se cache d'après Sulpice Alexandre dans la Forêt Charbonnière, comprise entre l'Escaut supérieur et moyen, la Sambre et la Dyle[2]. Cette forêt se trouve près de 200 km à l'Ouest du Rhin et au Nord de la rocade Bavay-Cologne. Cette tactique de diversion n'est pas nouvelle chez les Francs. Pendant, l'hiver 357-358, coincés à l'issue d'une razzia, 600 guerriers Francs se retranchent dans deux forts abandonnés sur le Rhin et résistent 54 jours aux Romains[3].

Cette stratégie de la razzia, basée sur la mobilité, la profondeur, le refus du combat et la diversion s'avère efficace. Car les Romains préfèrent nettoyer leurs arrières avant que de poursuivre la horde franque en retraite.

INFÉRIORITÉ TACTIQUE DES FRANCS

Si les Francs laissent une arrière-garde dans la Forêt Charbonnière, c'est qu'ils connaissent la supériorité tactique des Romains en combat rapproché : le choc d'une infanterie lourde. Quel est l'armement des Francs ? Lors du raid mené en Gaule en 357-358, ils sont équipés à la légère, ce qui est cohérent avec leur stratégie de la razzia et leur manque de moyens matériels[4]. Sidoine Apollinaire décrit ainsi les Francs de Sigismer venus à Lyon en 469 :

---

1. Sulpice Alexandre, III, d'après Grégoire de Tours, *Historia Francorum*, II, 9.
2. F. Lot, *Les invasions germaniques*, Paris, 1935, p. 126-127.
3. Ammien Marcellin, XVII, 2, 2-3.
4. *Ibid.*, XVII, 2, 2.

« *Quant aux princes et aux fidèles qui accompagnaient* (Sigismer), *leur aspect inspirait la terreur, même en temps de paix. Leur pied était enfermé dans une demi-botte couverte de poils, lacée sur le coup-de-pied et recouvrant entièrement la cheville. Le genou, la jambe et le mollet n'étaient pas protégés. La tunique, haute, serrée, bariolée, descendait à peine à la hauteur du jarret qui restait découvert. Les manches ne cachaient que le haut du bras. Les sayons verts étaient bordés de franges pourpres. Les épées, suspendues à des baudriers qui passaient par-dessus l'épaule, s'appuyaient à la taille enfermées dans des fourreaux de peau de renne ornés de clous. L'équipement qui protégeait ces guerriers était aussi pour eux une parure : des lances à crochets (angons) et des haches de jet (francisques) leur garnissait la main droite, tandis que le flanc gauche était masqué par des boucliers dont l'éclat, blanc sur les bords, fauve sur le renflement central, trahissait la richesse tout autant que la passion des armes*[1]. »

L'historien byzantin Procope donne une description assez proche pour le milieu du VIe siècle :

« *Ils avaient un petit corps de cavaliers qui étaient les seuls à porter la lance, alors que tout le reste étaient des fantassins qui n'avaient ni arcs, ni lances, mais chaque homme portait une épée, un bouclier et une hache. Le fer de cette arme était étroit et effilé et le manche en bois était court. Ils avaient coutume de toujours lancer ces haches à un signal au premier assaut pour détruire les boucliers et tuer les hommes de l'ennemi*[2]. »

La francisque est bien attestée par l'archéologie au Ve siècle. Forgée dans un métal peu carburé et donc peu sujet à la rouille, il ne s'agit pas d'une hache à deux tranchants, mais d'une hache au tranchant incurvé pour permettre la rotation de l'arme lancée contre une cible à moins de 10 mètres[3]. Sulpice Alexandre n'en parle pas, mais évoque l'arc. Au cours du Ve siècle, l'armement des Francs s'est romanisé, comme le montrent les casques segmentés retrouvés dans les tombes de chefs. L'archéologie révèle aussi des épées longues et larges dérivées de la *spatha* romaine. On peut trouver dans la même tombe un long poignard probablement dérivée du glaive, le *scramasax*. Lances et javelots éventuellement munis de deux crochets complètent la panoplie[4].

1. Sidoine Apollinaire, *Epistulae*, IV, 20, 2-3.
2. Procope, *Bellum Gothicum*, VI, 25, 3-4.
3. I. Lebedynsky, *Armes et guerriers barbares au temps des grandes invasions (IVe au VIe siècles)*, Errance, Paris, 2001, p. 170-171.
4. *Ibid.*, 2001, p. 97-99.

Piégés par les Romains dans la Forêt Charbonnière, il reste aux Francs de combattre jusqu'à la mort : « *Il fut aisé aux Romains de se mesurer avec eux et beaucoup de Francs périrent par le fer dans la Forêt Charbonnière*[1]. » La mission de l'arrière-garde franque semble bien avoir été de gagner du temps quel qu'en soit le prix.

REPRÉSAILLES ET DÉFAITE ROMAINES EN TERRE BARBARE

Maîtres de la tactique, les Romains ont reçu une leçon de stratégie des Francs. Nannin, parti de Mayence, et Quentin, parti de Trèves, ont concentré leurs troupes à Cologne, située à près de 150 km au nord, soit cinq jours de marche. Leur but était de couper la retraite des Francs. Ils n'y sont pas parvenus. Ils ont dirigé ensuite une partie de leurs troupes vers l'ouest sur la Forêt Charbonnière pour anéantir l'arrière-garde franque. L'aller-retour de cette opération couvre bien dix à quinze jours de marche. Revenus à Cologne, il reste désormais aux Romains à délibérer sur ce qui doit être fait. Or, la division structurelle du commandement avive l'antagonisme de caractère entre le prudent Nannin et l'impétueux Quentin. Nannin refuse de poursuivre les Francs chez eux « *parce qu'il savait que ceux-ci ne seraient pas pris au dépourvu et que dans leur propre pays ils seraient indubitablement plus fort*[2] ». Quentin et les autres chefs militaires ne sont pas de cet avis. Cela entraîne la division des forces et la défaite romaine :

> « ... *Nannin revint à Mayence et Quentin franchit le Rhin avec son armée près de la forteresse de Neuss, puis lorsqu'il fut à deux journées de marche du fleuve, il attaqua des maisons vides d'habitants et de grands villages désertés, car les Francs, simulant une panique, s'étaient retirés au plus profond des bois après avoir entassé des abattis d'arbres aux extrémités des forêts. Aussi lorsque toutes les maisons eurent été brûlées – violence qu'une lâche stupidité considérait comme l'achèvement de la victoire – les soldats passèrent une nuit inquiète sous le poids des armes et à la pointe du jour ils pénètrent dans les bois avec Quentin qui dirigeait le combat ; mais vers midi environ s'étant engagés dans des chemins détournés, ils s'égarèrent totalement. Enfin, après avoir rencontré partout des espaces solidement clos par des palissades, ils tentèrent de déboucher dans des plaines marécageuses qui*

1. Sulpice Alexandre, III, d'après Grégoire de Tours, *Historia Francorum*, II, 9.
2. *Ibid.*

avoisinaient les forêts ; des ennemis apparurent çà et là qui, accrochés à des troncs d'arbres ou grimpés sur des abattis comme au sommet des tours, lançaient, comme on fait avec des machines de guerre, des flèches enduites d'un suc vénéneux d'herbes pour que les blessures, même celles qui n'avaient qu'effleuré la peau et qui n'avaient pas atteint des organes vitaux entraînassent inévitablement la mort. Puis l'armée, se voyant encerclée d'une multitude croissante d'ennemis, se répandit précipitamment dans les parties découvertes des plaines que les Francs avaient laissées libres. C'est là que les cavaliers les premiers plongeant dans des gouffres où roulaient pêle-mêle les corps des hommes et des bêtes, s'étouffèrent les uns les autres dans leur chute. Les fantassins aussi, bien que le poids des chevaux ne les écrasât pas, s'embourbèrent dans le limon qui rendait leur marche malaisée, retournaient se cacher en tremblant dans les forêts d'où peu auparavant ils étaient sortis avec peine. Le désordre s'étant répandu dans les rangs, les légions furent massacrées. Héraclius, tribun des Joviniens, et presque tous ceux qui commandaient les troupes ayant été tués, quelques-uns seulement trouvèrent un refuge sûr dans la nuit et la cachette des forêts[1]. »

Sur la défensive, les Francs appliquent la stratégie du vide et la tactique de l'embuscade. Ils combattent avec les techniques du chasseur et les Romains réagissent à la manière du gibier traqué. L'embuscade sur terrain préparé annule l'avantage tactique des Romains. La défense opérationnelle du territoire franc est remarquablement efficace. Non seulement la population civile disparaît, mais les Romains sont entraînés sur un terrain soigneusement préparé. Les Francs, comme le supposait Nannin, avaient prévu l'éventualité de représailles romaines. Ils ont bénéficié des deux semaines de répit laissées par l'arrière-garde sacrifiée dans la Forêt Charbonnière ; à moins qu'ils n'aient un dispositif permanent de défense.

En 388, les Romains ont subi un désastre tactiquement comparable à celui de Varus à Teutoburg (9 après Jésus-Christ), trop avancé dans les forêts germaniques[2]. La légion des Joviniens semble avoir été anéantie avec son chef Héraclius, car la *Notitia Dignitatum* ne mentionne qu'une seule légion palatine de Joviniens seniors aux ordres d'un des deux généralissimes

1. *Ibid.*
2. Velleius Paterculus, II, 117-119. Dion Cassius, LVI, 18-19. C.M. Wells, *The German Policy of Augustus. An Examination of the Archaeological Evidence*, Oxford, 1972, p. 96, 149-152, 239.

d'Orient[1]. La légion anéantie en 388 devait être celle des Joviniens juniors. Les autres unités détruites ne sont pas connues.

REVANCHE ROMAINE

Théodose Ier, après sa victoire en août 388, rétablit Valentinien II sur l'Occident et envoie le maître de la milice Arbogast assassiner Victor le fils de Maxime. Deux autres officiers, Charietto et Sirus sont chargés de remplacer Nannin en Germanie avec une armée d'interposition dirigée contre les Francs. Arbogast presse Valentinien II d'obtenir réparation des Francs. Le retour en Gaule des forces d'élite inquiète les Francs. Sulpice Alexandre précise que « *peu de jours* » après la restauration de Valentinien II, les « *roitelets* » Marcomer et Sunnon viennent parlementer avec Arbogast et lui livrent des otages. Arbogast hiverne ensuite à Trèves (hiver 388-389)[2]. Arbogast, qui est lui-même un Franc d'origine[3] ne se satisfait pas de cette soumission opportuniste.

Il laisse passer une année avant de monter une opération contre les Francs au cours de l'hiver 389-390, comme le raconte Sulpice Alexandre :

> « *Arbogast poursuivant de sa haine barbare Sunnon et Marcomer, les roitelets des Francs, gagne Cologne en plein hiver, car il savait que toutes les retraites des Francs étaient accessibles et pouvaient être incendiées parce que les bois dénudés par la chute des feuilles et rendus arides ne pouvaient pas cacher ceux qui s'embusquaient. Il leva donc une armée, traversa le Rhin et dévasta le pays des Bructères qui sont les plus proches de ses rives et aussi celui qu'habitent les Chamaves sans rencontrer personne, sauf un petit nombre d'Ampsivares et de Chattes qui sous le commandement de Marcomer apparurent sur les sommets éloignés des collines*[4]. »

Arbogast a tenu compte de l'échec de Quentin. En hiver, privé de la couverture de la végétation, les Francs ne peuvent pas lui tendre d'embuscade. Toutefois, comme son malheureux prédécesseur, il ne trouve que le vide devant lui. Dans un témoignage différent, Paulin de Milan rapporte que « *le comte Arbogast entra en guerre contre son peuple, c'est-à-dire contre les Francs, dans*

1. *Notitia Dignitatum*, OR.V.3=43.
2. Sulpice Alexandre, IV, d'après Grégoire de Tours, *Historia Francorum*, II, 9.
3. A.H.M. Jones, 1971, tome 1, p. 95-96.
4. Sulpice Alexandre, IV, d'après Grégoire de Tours, *Historia Francorum*, II, 9.

un combat et en fit périr un grand nombre. Il conclut ensuite la paix avec les survivants[1] ». Il faut en déduire que, traqués par Arbogast, les Francs se résignent à traiter.

Arbogast, qui a rang de généralissime, réduit à rien le pouvoir de Valentinien II avant de le faire assassiner le 22 août 392. Il instaure un empereur fantoche appelé Eugène. Probablement en 393, l'usurpateur Eugène fait une démonstration de force pour démontrer la stabilité du pouvoir romain et asseoir la sécurité du *limes* rhénan :

> « *Ensuite, le tyran Eugène, ayant entrepris une expédition guerrière, gagne la frontière du Rhin pour renouer avec les rois des Alamans et des Francs de vieilles alliances traditionnelles et faire parader une armée qui à cette époque était immense devant les peuples barbares*[2]. »

L'obstination d'Arbogast et d'Eugène traduit la volonté d'effacer le souvenir du désastre de 388. Il ne s'agit pas tant de remonter le moral des troupes romaines que de montrer aux Barbares que l'Empire ne saurait être ébranlé par une bataille perdue, et qu'un affront ne saurait rester impuni. Les vaincus d'hier sont devenus des alliés. La diplomatie, appuyée par les armes, finit par l'emporter... pour un temps. En 413, les Francs Ripuaires attaquent à nouveau.

1. Paulin de Milan, *Vita Ambrosii*, 39.
2. Sulpice Alexandre, IV, d'après Grégoire de Tours, *Historia Francorum*, II, 9.

CHAPITRE 8

Surveillance des frontières

Entre 250 et 305, la stratégie romaine hésite entre redonner aux frontières un rôle de barrage ou leur assigner une simple fonction de surveillance. Constantin dirige la stratégie impériale vers la seconde option qui s'affirme irrémédiablement après son règne. Sa mise en place, toutefois, n'est pas systématique car la situation géopolitique des frontières est aussi diverse que l'Empire lui-même. Mais, d'une manière générale, la surveillance des frontières devient une mission spécialisée jusqu'à la barbarisation de l'armée au Ve siècle.

LES GARDES-FRONTIÈRE

Aux marches de l'Empire stationnent des troupes de gardes-frontière. Elles sont attestées pour la première fois en 298[1] mais ont pu apparaître plus tôt au cours du IIIe siècle[2]. Dès cette époque, elles sont placées sous l'autorité d'un duc ou d'un comte de la frontière (*dux* ou *comes limitis*). Leurs hommes sont appelés « *riverains* » (*ripenses* ou *riparienses*) en 325[3], « *frontaliers* » *(limitanei*) en 298 et après 363[4], puis « *châtelains* » (*burgarii* ou *castellani*) à partir de 398[5]. Ces qualificatifs suggèrent des changements graduels dans la surveillance des frontières.

1. Eumène, *Panegyricus Diocletiano Augusto Dictus. Panegyrici Latini,* IV (IX), 18, 4.
2. Il est question, sous le règne de Sévère Alexandre, de *limitanei* commandés par des ducs, mais il s'agit certainement d'un anachronisme commis par une source plus tardive, *HA, Severus Alexander,* XVIII, 58, 4.
3. *CTH,* VII, 20, 4.
4. *Ibid.,* XII, 1, 56.
5. *CTH*, VII, 14, 1.

Abinneus, dont le dossier de carrière nous est parvenu intact sur papyrus, illustre la première génération des gardes-frontière. Entre 309 et 351, il sert en Égypte dans deux unités de cavalerie, où il accède aux grades de ducénaire, de protecteur et de préfet d'Aile ou d'hipparque. Abinneus accomplit une mission de police des frontières ou de gendarmerie : escorte de percepteurs, d'artisans, voire d'une ambassade de Blemmyes jusqu'à Constantinople, recherche de voleurs de moutons et de porcs, de trafiquants de boisson, discipline à l'égard de soldats ivres et voleurs [1]. Procope définit clairement la mission des troupes frontalières, se référant probablement à l'époque de Dioclétien : « *Les Empereurs romains d'autrefois positionnaient une grande multitude de soldats sur toutes les frontières de l'Empire pour garder les limites du domaine romain, en particulier à l'Est pour surveiller les incursions des Perses et des Sarrasins, on appelait ces soldats* limitanaioï[2]. » Le nombre des *limitanei* est important à l'époque de la Tétrarchie. Il s'agit des plus anciens corps de l'armée romaine : légions, cohortes et ailes du Haut-Empire dont les noms se retrouvent encore dans la *Notitia Dignitatum* à la fin du IVe siècle. Bien qu'affaiblies, ces unités peuvent assurer une mission de barrage aux frontières.

Lorsque Constantin décide de créer une armée des frontières en 325, il n'en détruit pas les qualités militaires. Le professionnalisme des *limitanei* apparaît implicitement dans la création en 365 de légions *pseudocomitatenses* (« *fausses troupes d'accompagnement* ») issues des troupes frontalières. Ces légions ont les mêmes devoirs que les troupes d'accompagnement mais une solde inférieure de 30 %[3]. Des considérations bassement budgétaires ou des besoins opérationnels urgents ont pu présider à la levée des 48 fausses légions d'accompagnement que répertorie la *Notitia Dignitatum*. Les gardes-frontière, au milieu du IVe siècle et encore au VIe, sont exceptionnellement associés à des opérations offensives[4].

La dégradation des troupes frontalières intervient à partir de 363, quand la législation en fait des recrues de seconde catégorie

---

1. Sur Abinneus qui a servi 33 ans dans la Vexillation des Parthes archers à Dispolis en Thébaïde et dans la Ve Aile d'élite à *Dionysias* en Égypte (*Notitia Dignitatum*, OR.XXVIII, 34), H.J. Bell, 1962. A.H.M. Jones, 1971, tome 1, 1-2.
2. Procope, *Anecdota*, XXIV, 12.
3. *CTH*, VIII, 1, 10.
4. En 363, Secundinus, duc d'Osrhoène, est associé à l'expédition de Julien contre les Perses, pour fermer l'arrière-garde de l'armée (Ammien Marcellin, XXIV, 1, 2). Bélisaire a utilisé des *limitanaioï* de la province de Phénicie libanaise pour soutenir des offensives en Mésopotamie, mais Procope souligne le côté inhabituel de cet usage, *Bellum Persicum*, I, 13, 5 ; II, 8, 3 ; 16, 17 ; 19, 3. D. Van Berchem, 1952, p. 110, note 2. G.A. Crump, 1973, p. 99-100.

assimilées aux esclaves des manufactures impériales[1]. Ce statut humiliant est confirmé en 398[2]. À la même époque, les critères physiques du recrutement des gardes-frontière sont inférieurs à ceux des troupes d'accompagnement. Une loi de 372 déclare : « *Ceux qui ont une résistance physique ou une taille déficientes et qui pourraient servir dans les* comitatenses, *pourront être incorporés aux* ripenses[3]. » Il ne s'agit plus de soldats de carrière, comme Abinneus, mais de paysans réquisitionnés, fournis par les propriétaires terriens à titre de contribution fiscale. Hostile à ce principe, Végèce déclare à l'empereur qu'il n'est pas plus coûteux de solder de bonnes troupes que de mauvaises[4]. L'État prend acte de la médiocrité de ces recrues et les écarte des troupes de choc. Néanmoins, un rescrit impérial du 19 mars 400 interdit le transfert de personnels d'une branche à l'autre de l'armée, entre « *troupes riveraines de forteresse* » (*riparienses castricani*), troupes d'accompagnement et troupes palatines[5]. Le 25 février 438, l'empereur Théodose II interdit encore aux *limitanei* d'Orient de passer dans l'armée d'accompagnement et leur ordonne de supporter patiemment leur faim et de se contenter de leur maigre solde[6].

La découverte d'instruments aratoires dans quelques sites militaires a suggéré à des historiens que les gardes-frontière étaient des soldats-paysans[7]. D'autres ont pensé que l'agriculture était une pratique occasionnelle incapable de ravitailler les intéressés[8]. Le traité anonyme du *De Rebus Bellicis*, écrit vers 368-369, propose de faire construire le long de la frontière une ligne de *castella* distants d'un mille et des postes dans les champs dont la construction et la surveillance incomberaient aux propriétaires terriens[9]. L'Anonyme suggère d'installer aux frontières des vétérans « *enrichis par les dons impériaux et encore assez vigoureux pour travailler la terre comme agriculteurs*[10] ». Un tel

1. B. Isaac, « The Meaning of the Terms *Limes* and *Limitanei* », *JRS*, 78, 1988, p. 126-138.
2. *CTH*, VII, 14, 1.
3. *Ibid.*, VII, 22, 8.
4. Végèce, *DRM*, I, 7 ; II, 3.
5. *CTH*, VII, 1, 18.
6. *CTH.N*, 4.
7. S. Mazzarino, *Aspetti sociali del Quarto Secolo : Ricerche di Storia tardo-romana*, Rome, L'Erma di Bretschneider, 1951, p. 314-330. A.H.M. Jones, 1964, tome 1, p. 649-650, 652-653. G. Clemente, « *La Notitia Dignitatum* », *Saggi di storia e letteratura*, 4, Cagliari, Editrice Sarda Fossataro, 1968, p. 319-342.
8. R. MacMullen, *Soldier and Civilian in the Later Roman Empire*, Harvard Historical Monographs, vol. 52, Cambridge (Mass.), Harvard University Press, 1963, p. 1-22, 151-153. *Id.*, 1991, p. 272 et note 17 p. 409. E. Luttwak, 1987, p. 139-140. B. Isaac, 1988, p. 125-147.
9. *De Rebus Bellicis*, XX.
10. *Ibid.*, V.

projet montre que les soldats-paysans n'existent pas au IVe siècle[1]. En fait, l'État pourvoit à l'entretien des gardes-frontière. Il leur accorde des rations pour une année jusqu'en 364 et pour neuf mois par la suite[2]. Cette réduction de salaire correspond au changement de statut des troupes frontalières qui ne sont plus considérées comme des unités de combat. Loin de devenir des paysans, les soldats louent à des particuliers les terres qui entourent les forteresses. Des lois de 423 et 443 interdisent cette pratique et menacent les « squatters » de la peine de mort[3]. La répétition de ces lois montre leur impuissance. Celle de 443 rappelle même aux gardes-frontière l'obligation de séjourner dans les forteresses qui leur ont été confiées.

La deuxième génération de troupes frontalières assume un rôle d'observation ou de police, mais ne peut arrêter un ennemi. Les gardes-frontière dépendent administrativement de cohortes, surtout nombreuses en Occident, voire de légions commandées par des tribuns. Mais d'un point de vue opérationnel, il ne s'agit plus d'unités constituées. Sur le terrain, les gardes-frontière forment des groupements de quelques dizaines d'hommes, stationnés sur des points d'appui fortifiés. Significativement, après 398, les textes officiels les qualifient désormais de *castellani* et de *burgarii*, occupants de châteaux (*castella*) ou de tours d'observation (*burgi*). La discipline et l'entraînement y sont probablement relâchés, ainsi que cela arrive, aujourd'hui comme hier, dans les détachements réduits, trop longtemps confinés dans un même poste.

Si l'Orient conserve des *limitanaioï* jusqu'au VIe siècle, une troisième génération de gardes-frontière apparaît sur le Rhin dans les années 380. Des petits contingents de fédérés barbares (Germains, Goths, Alains, Huns) remplacent progressivement les troupes frontalières[4]. Après la grande invasion de 406, les fédérés (ou ennemis) francs alamans ou burgondes occupent désormais les marches de l'Empire. En Afrique, l'Empire ne parvient plus à trouver des gardes-frontière. La garde et l'entretien des longs murs fossoyés (*fossatum*) qui jalonnent sporadiquement le Sahara de Numidie sont confiés à des Bédouins en échange de terres cultivables. Un rescrit impérial de 409, envoyé par Honorius et Théodose II au vicaire d'Afrique, interdit que ces terres soient

1. H. Jouffroy, « La défense des frontières : le point de vue du *De Rebus Bellicis* », *RFS*, 1989, p. 373.
2. A.H.M. Jones, 1964, tome 1, p. 649-653.
3. VII, 14, 1 ; VIII, 15, 2. *CTH.N*, XXIV, 4.
4. C. Seillier, « Les Germains dans l'armée romaine tardive en Gaule septentrionale. Le témoignage de l'archéologie », *ARB-AFAM*, 1993, p. 187-194. M. Kazanski, « Les Barbares orientaux et la défense de la Gaule aux IVe-Ve siècles », *ibid.*, p. 175-181.

accaparées par d'autres que les gardes-frontière étrangers. À défaut d'immigrants barbares, ces terres seront confiées à des vétérans[1]. L'évolution des gardes-frontière montre qu'en un siècle, le *limes* occidental s'est dilué dans une société des confins romano-barbares.

DE NOUVELLES FORTIFICATIONS FRONTALIÈRES

Au Bas-Empire, le nombre de fortifications augmente tandis que leur rôle et leur architecture se modifient. Ils offrent une typologie plus riche que par le passé : *castra* (« camps » ou « forts »), *castella* (« fortins » ou « châteaux »), *clausurae* (« cluses ») et *burgi* (« bourgs »)[2].

Les ouvrages du Haut-Empire étaient conçus pour l'observation et l'intervention. Les grands forts légionnaires se situaient en plaine et avaient quatre portes. L'architecture militaire du Bas-Empire est résolument défensive. Dès l'époque de Dioclétien, les *castella* sont situés sur des positions naturelles fortes et disposent d'ouvrages de pierre réduits mais mieux protégés qu'autrefois. Les nouveaux fossés sont plus larges que ceux des Ier-IIe siècles (13,50 mètres contre 7,50 mètres). La profondeur augmente en conséquence et peut atteindre de 4 à 5 mètres. Le fond est plat et non plus en V. Une palissade en bois précède le fossé. Représentatif de ces changements, le fort d'Oudenburg présente un fossé large de 20 mètres entouré d'un mur de pierre ! Des bermes plus étendues (7,50 à 27 mètres contre 2,10 à 2,40 mètres) rendent mortelle l'approche de l'enceinte. Des murs plus épais (3 mètres contre 1,50 mètre) résistent mieux aux coups de bélier. Ils sont bâtis en petites pierres cubiques qui alternent avec des couches de briques ou de tuiles. Cette alternance de matériaux durs et souples donne une plus grande solidité à la courtine. Au IIe siècle, les tours des forts, rentrantes et carrées, avaient davantage un rôle d'observation que de défense. Dès la fin du IIIe siècle, elles deviennent des bastions capables d'accueillir de balistes. Installées en saillie du rempart, les nouvelles tours permettent un tir croisé sur les flancs de l'assaillant. Elles adoptent des formes circulaires en U, en éventail polygonal qui ne laissent pas d'angle mort. Les portes, points faibles des fortifications, sont renforcées par des tours de garde et des cours rentrantes. Les poternes apparaissent, favorisant les sorties surprises.

1. *CTH,* VII, 15, 1.
2. J. Napoli, R. Rebuffat, « *Clausurae* », *TMO,* 21, 1993, p. 35-44.

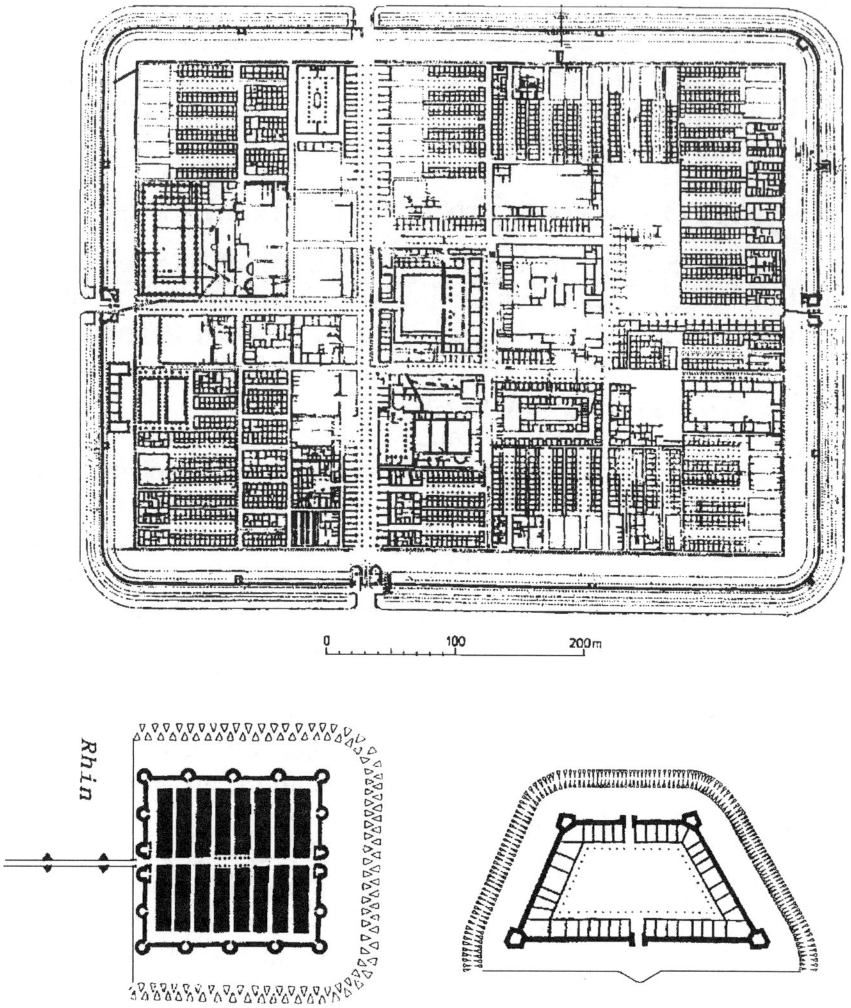

Forts romains. En haut : un fort légionnaire du Haut-Empire (Neuss, Ier siècle ap. J.-C.) qui abritait la XVIe *Gallica*. L'enceinte comprend des tours carrées d'observation rentrantes, un mur et un fossé étroits, pas de berme. Il y a quatre portes. Situé en plaine, c'est un fort tourné vers l'intervention.

En bas – à gauche : le fort de Deutz, érigé par Constantin vers 307-308 sur la rive droite du Rhin, en face de Cologne. Il abritait la légion des (*Diuitienses*). Son plan rectangulaire est classique mais il comprend une enceinte et un fossé larges séparés par une berme importante. Les tours sont rondes ou en U et saillantes. Il n'y a plus que deux portes. C'est un camp défensif.

À droite : plus complexe, le fort d'Altrip a des tours de forme pentagonale. Les baraquements renforcent l'enceinte et ménagent une place d'armes intérieure. Désormais, les camps légionnaires ont la taille des anciens camps d'auxiliaires.

DEUTZ

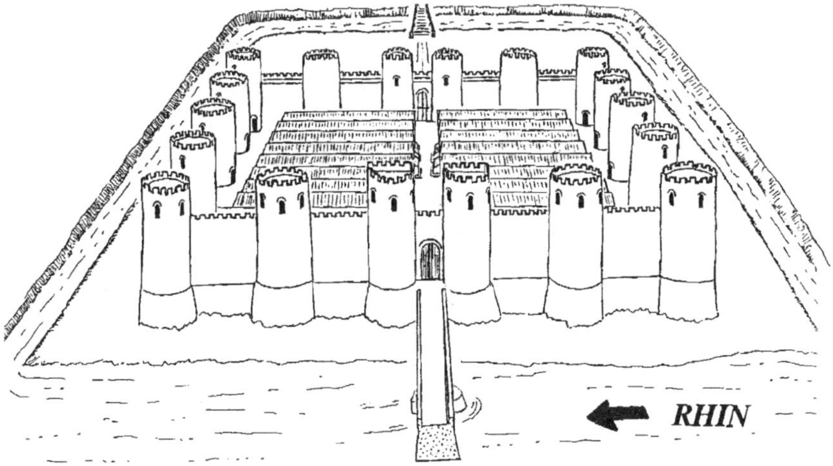

ALTRIP

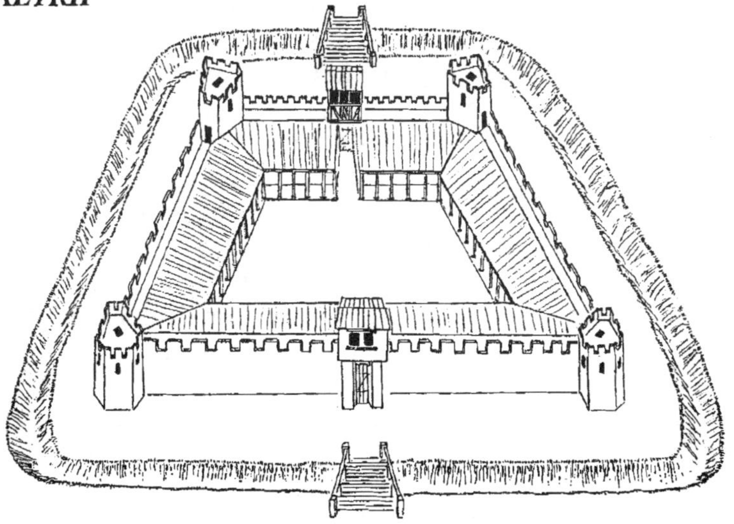

Planche 2. – Fortifications du Bas-Empire : les *Castella*

En haut : reconstitution du fort de Deutz devant Cologne.
En bas : reconstitution du fort d'Altrip.

Quelle que soit leur taille, la grande majorité des forts a un plan carré ou rectangulaire. À l'époque de Dioclétien se répand un nouveau type de fortin dont les premiers exemples sont apparus à la fin du IIe siècle sur l'Euphrate : le *quadriburg(i)um*, de plan carré avec des tours d'angles quadrangulaires en saillie[1]. On le trouve comme toponyme en Valérie et en Pannonie Première et lieu de garnison d'une cohorte et de cavaliers archers[2].

Toutefois, au milieu du IVe siècle, la diversité l'emporte sur la répétition d'un modèle[3]. La fortification d'Altrip a un plan pentagonal et celle de Junkerath un plan circulaire. De plus en plus de fortins adoptent un plan polygonal imposé par la topographie. Les architectes militaires romains travaillent davantage en coopération avec le terrain au lieu d'appliquer un plan universel.

Les ouvrages ont tendance à s'appuyer sur des falaises ou des cours d'eau. Cette technique économise la construction d'un mur sur le côté naturellement protégé ou bien permet d'en édifier un plus léger.

La superficie des camps fortifiés se réduit. Le diminutif *castellum* tend à s'imposer pour des ouvrages assez divers. Les forts légionnaires du Ier siècle pouvaient abriter deux légions, soit près de 10 000 hommes. Le fort de Neuss avait la taille d'une ville (560 x 440 mètres)[4]. Il n'y a rien d'aussi important au Bas-Empire, mais les ouvrages d'époque constantinienne ont un périmètre respectable qui évoque les anciens forts auxiliaires comme à Oudenburg (163 x 146 mètres) et à Deutz (141 x 141 mètres). Ils sont adaptés au nouveau format de la légion réduite à un millier d'hommes. Certains *castella* ont des périmètres de 50 mètres de côté, comme Senon, Liberchies, Haus Bürgel, Zurzach, Schaan. Des traces de poteaux à l'intérieur indiquent qu'on a parfois élargi le chemin de ronde pour permettre l'installation de balistes et faciliter les mouvements des défenseurs.

1. J. Lander, « Typology and Late Roman Fortification : the Case of the Diocletianic Type », *RFS,* 1980, tome 3, p. 1051-1061. M. Reddé, « Dioclétien et les fortifications militaires de l'Antiquité tardive. Quelques considérations de méthode », *L'Antiquité tardive,* 3, 1995, p. 91-124.
2. *Notitia Dignitatum*, OC. XXXIII et XXXIV.
3. F. Oelmann, *The Rhine limes in the Late Roman Times : IIIrd Congress of Roman Studies, 1949*, Durham, éd. E. Birley, 1952, p. 87-95. H. von Petrikowitz, « Fortifications in the North Western Roman Empire from the Third to the Fifth Centuries A.D. », *JRS,* 61, 1971, p. 178-218. S. Johnson, 1983, p. 31-54. E. Luttwak, 1987, p. 130-134. R. Brulet, « Les transformations du Bas-Empire », *ARG,* 1996, p. 254-258.
4. M. Reddé, « De la conquête de la Germanie à la garde du Rhin », *ARG,* 1996, p. 103-110.

Planche 3. – Des tours de garde aux *Burgi*

En haut : reconstitution d'une tour de garde sur le Danube au IIe siècle après Jésus-Christ. Un fanal est suspendu sur le balcon de la tour. Les deux meules et le bûcher servent à allumer des signaux de fumée. Il s'agit d'un mirador (d'après un bas-relief de la Colonne Trajane).

En bas : sur le *limes* germano-rhétique à la jonction Rhin-Danube (Suisse actuelle) au IVe siècle. Par ses dimensions (12 x 12 mètres), il s'agit d'un *Burgus* (bourg) qui abrite une petite garnison de défense locale.

L'aménagement intérieur des forts est modifié. La *via sagularis*, espace qui éloigne les hébergements de la courtine pour les protéger des projectiles, disparaît vers le milieu du IVe siècle. Rares sont les forts qui, comme à Deutz, conservent des baraques centrales rectangulaires sur l'ancien modèle. D'ordinaire, les casernements sont désormais bâtis contre la surface intérieure des remparts. Ceux-ci gagnent en épaisseur mais les quartiers y perdent en confort et en salubrité. Contrairement à la période du Haut-Empire, l'espace central est dégagé, capable d'accueillir d'éventuels réfugiés ou des troupes de passage. Aussi bien sur le Danube que sur les côtes de (Grande-)Bretagne, les casernements du IVe siècle sont construits en bois ou en torchis[1].

Végèce donne quelques renseignements sur la mission des *castella* : construits sur une position favorable, défendus par des fossés, ils assurent la sécurité des lignes de communication. Occupés par des détachements de fantassins et de cavaliers, ils s'avèrent dissuasifs pour l'ennemi qui, s'il tente de franchir le cordon défensif, craint d'être attaqué par l'action combinée des garnisons issues des deux fortins[2]. Confirmant Végèce, l'archéologie nous les montre égrenés en chapelet sur les rocades qui longent les frontières ou conduisent à l'arrière-pays. D'autre part, les *castella* assurent la fortification avancée des villes fortifiées. À Cologne, Mayence, Kaiseraugst et Maastricht, les *castella* forment des têtes de pont installées de l'autre côté du Rhin ou de la Maas.

Les *clausurae* et les *burgi* sont des fortifications de plus petite taille que les *castella*. Le terme de *clausura*, employé pour la première fois en 443, persiste au VIe siècle dans le langage militaire byzantin (*kleisura*). Il désigne un fortin qui verrouille un défilé[3]. Évoquant le royaume romano-ostrogothique d'Italie au début du VIe siècle, Cassiodore évalue la taille d'une garnison de *clausura* à soixante hommes : « *Nous avons décidé de fournir des approvisionnements pour soixante soldats dans les* clausurae augustanae *établies à perpétuité*[4]. » Moins spécifiques, les *burgi* sont des tours d'observation avec fossé et rempart, fréquemment situées en hauteur. À l'occasion, il y a des baraquements adossés au mur intérieur. Végèce évoque le « *petit fortin que l'on appelle*

---

1. M. Vasic, « L'architecture à l'intérieur des camps romains des Portes de Fer IVe-Ve siècles », *RFS,* 1989, p. 308-310. P.T. Bidwell, « Later Roman barracks in Britain », *ibid.,* p. 84-92. R. Brulet, 1996, p. 254.
2. Végèce, *DRM,* III, 8.
3. *CJ,* I, 31, 4.
4. Cassiodore, *Variae Epistulae,* II, 5, 1.

bourg (burgus)[1] ». Ce type de fortification peut-être rapidement construit. Une inscription précise que, sous Valentinien Ier, un bourg a été bâti en 48 jours[2]. Le rempart est élevé avec la terre du fossé, empilée entre deux rangées de madriers. Nombreuses en Séquanie, les tours de surveillance ont une forme rectangulaire de 7 x 12 mètres et peuvent accueillir une vingtaine d'hommes. Plus dispersées dans les régions rhénanes et belges, ces tours sont plus massives et peuvent atteindre 18 mètres de côté. Certains, comme le bourg de Mumpf sur le Rhin, déploient deux grosses tours semi-circulaires de chaque côté d'une maison forte, le tout entouré d'un fossé rectangulaire dont un côté donne sur le fleuve. Les *burgi* garnissent la rocade Cologne-Bavay, les bords du Rhin et du Danube, les hauteurs entre l'Iller et le lac de Constance, ainsi que les routes de l'arrière-pays rhénan. La terminologie militaire actuelle les qualifierait de points d'appui. Dans leur aspect et dans leur mission, ils n'étaient guère différents des ouvrages construits en Indochine par le général de Lattre.

LES FRONTIÈRES TERRESTRES : FILTRAGE EN AFRIQUE DU NORD

Les confins désertiques d'Afrique du Nord et d'Égypte sont idéaux pour une stratégie de filtrage des frontières. Peu d'hommes suffisent à contrôler d'immenses espaces que traversent quelques itinéraires imposés par le manque d'eau. Les gardes-frontière assurent une mission de police aux limites de l'Empire au milieu de nomades qui préfèrent le commerce à la guerre et le pillage au combat. Ils maintiennent une frontière ouverte qui laisse passer les travailleurs saisonniers, les troupeaux, contrôle les échanges et perçoit des taxes.

Rome ne contrôle qu'un tiers de l'Afrique du Nord et s'intéresse aux zones agricoles irriguées[3]. D'autre part, le Maghreb romain n'a jamais connu de continuité territoriale de la Maurétanie Césarienne (bande tellienne de l'Algérie actuelle) à la Tingitane (actuel Maroc). Un trou de 270 km sépare les deux provinces. Les Romains semblent avoir buté sur la vallée de la Moulouya. Significativement, la Tingitane est rattachée par Dioclétien au Diocèse des Espagnes par où passent les renforts. Le dispositif

1 *Ibid.*, IV, 10. G. Forni, *Esercito e Marina di Roma antica,* Stuttgart, Franz Steiner Verlag, 1992, p. 228.
2. *CIL,* III, 3653.
3. P. Trousset, « *Limes* et frontière climatique », *111e Congrès national des sociétés savantes, Montpellier, IIIe Colloque sur l'Histoire et l'Archéologie d'Afrique du Nord,* 1985, p. 377-390.

militaire dans le Maghreb romain a toujours été léger, en particulier sur les frontières. Au IVe siècle, des « *préposés à la frontière* » (*praepositi limitis*) commandent des groupes de *limitanei* distribués dans des *castella*. L'Afrique proconsulaire dispose de seize prépositures de gardes-frontière tandis que la Maurétanie Césarienne n'en a que huit et la Tripolitaine douze. La Tingitane n'en a aucune.

Le dispositif romain au Maroc est tourné vers le contrôle intérieur des populations et la sécurité des routes. Quelques troupes palatines et d'accompagnement assurent une mission de gendarmerie. La Tingitane repose sur trois îlots de romanité : au nord *Tingi* (actuelle Tanger), au sud *Sala* (Rabat), à l'est la région de *Volubilis*. Le système défensif se caractérise par sa discontinuité. *Tingi* fonctionne comme un comptoir qui regarde vers l'Espagne.

Frontières de Maurétanie vers 395

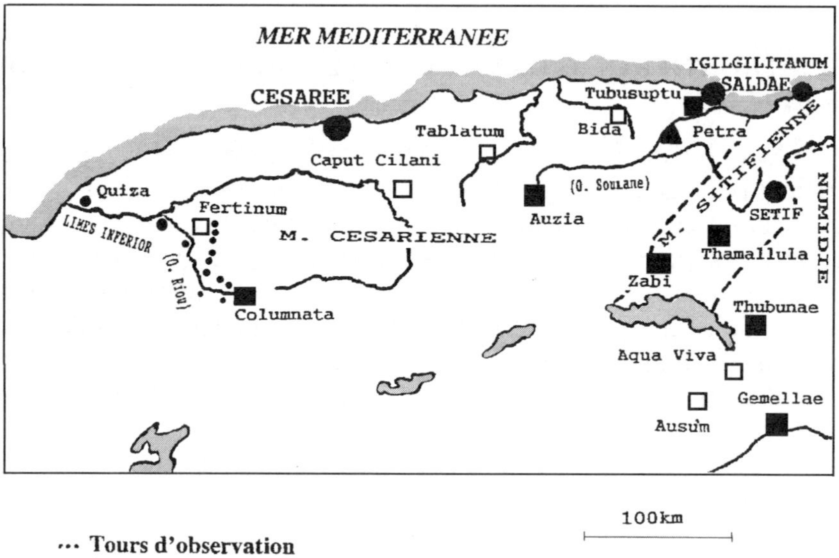

··· **Tours d'observation**
● **Forts non mentionnés par la** ***Notitia Dignitatum***
□ **Forts mentionnés par la** ***Notitia Dignitatum*** **(supposés)**
■ **Forts mentionnés par la** ***Notitia Dignitatum*** **(identifiés)**
▲ **Domaine fortifié**
● **Villes**
--- **Limite de Province**

La région côtière de *Sala* sur l'Atlantique est défendue par un fossé de 10,5 km construit à la fin du Ier siècle, qui la sépare d'un *hinterland* montagnard et forestier. Quelques forts d'auxiliaires, distribués sur un rayon de 30 km, assurent la protection de *Volubilis*. Un exemple montre le côté empirique des constructions militaires romaines en Afrique. Lucius Aelius Ianuarius, ancien procurateur d'Osrhoène sur l'Euphrate en 205, a importé en Tingitane le fort de type *quadriburg(i)us*[1]. Au Bas-Empire, la Tingitane est la province la plus tranquille d'Afrique du Nord, car le souvenir d'aucun trouble nous est parvenu.

La Maurétanie Césarienne est une région plus instable mais relève de la même problématique. Dans les années 201-203, les Romains ont construit une rocade bordée de forts qui encage les tribus maures du Tell. Bien que cette rocade soit abandonnée au IVe siècle, le concept de *limes* intérieur persiste. Le dispositif est désormais resserré entre l'oued Riou, défendu par une chaîne de tours d'observation et la Soumame[2]. C'est sous cet angle qu'il faut comprendre la villa fortifiée de Pierre (*Petra* ou *fundus Petrensis*, actuelle Maklou), construite à la fin du IIIe siècle par le chef maure Sammac pour surveiller la vallée de la Soumame. Dans une inscription, Sammac déclare que cette place « *fortifie l'État romain par une complète loyauté* ». D'après la *Notitia Dignitatum*, le duc de Maurétanie dispose de 8 prépositures frontalières stationnées dans 8 *castella* confirmés par l'archéologie[3]. Aux IVe-Ve siècles, l'Empire contrôle les marches mal romanisées de Maurétanie Césarienne grâce à des chefs indigènes qui font allégeance à l'Empire[4]. Les tribus intégrées constituent des unités régulières que l'on retrouve aux quatre coins de l'Empire. Les tribus extérieures fournissent des irréguliers et des gardes-frontière. Une lettre de 412 entre Saint Augustin, évêque d'Hippone et Publicola, évoque les Barbares (Maures) qui, après avoir prêté serment, assurent la protection et le transport des récoltes. Conquérants de l'Afrique romaine, les Vandales utilisent les Maures comme auxiliaires[5]. Ce sont les Maures eux-mêmes qui constituent une menace temporaire pour l'ordre impérial. Les rébellions de 372-373 et de 398 sont conduites par des princes maures comblés d'honneurs par les Romains : Firmus et son frère

1. Ph. Leveau, « Le *limes* d'Afrique à l'épreuve de nouveaux concepts (Appoint du point de vue systémique à la notion de limite et de frontière) », *FTFC,* 1995, p. 57-66. Ch. Hamdoune, « Frontières théoriques et réalité administrative : le cas de la Maurétanie Tingitane », *ibid.*, p. 237-253.
2. D. Lengland, « Le *limes* interne de Maurétanie Césarienne au IVe siècle et la famille de Nubel », *FTFC,* 1995, p. 143-161.
3. *Notitia Dignitatum*, OC.XXX. 12-19.
4. Procope, *Bellum Vandalicum,* XXV, 5, 8.
5. P.A. Février, *Approches du Maghreb romain,* Aix-en-Provence, Edisud, 1990, tome 2, p. 141-143.

Gildon devenu comte d'Afrique[1]. Il ne faut donc pas s'étonner de voir la IVe Cohorte d'Archers et la légion des Constantiniens incendier Césarée (Cherchell) aux côtés des tribus rebelles, ou de voir Firmus appeler les légionnaires africains à déserter[2]. Les rebelles ne sont vaincus que par des corps expéditionnaires venus de l'extérieur. En 373, le maître de la cavalerie des Gaules Théodose l'Ancien débarque avec peu de troupes mais accule Firmus au suicide[3]. En 398, Mascezel écrase son frère Gildon avec cinq légions d'élite envoyées d'Italie. Néanmoins, les rébellions sont assez rares ; l'Afrique du Nord est un secteur militairement tranquille. En revanche, le brigandage semble endémique. Au début du Ve siècle, la lettre 111 de Saint Augustin évoque l'enlèvement de la petite-fille de l'évêque de *Sitifis* (Sétif), rendue à ses parents après rançon.

Plus à l'est, le comte d'Afrique dispose de la majorité des troupes d'accompagnement situées au Maghreb : 19 corps de cavalerie[4] et 12 d'infanterie[5]. Ce dispositif impressionnant ne s'est jamais vérifié dans les faits, car dans les révoltes maures de 373 et de 398, ce sont des troupes venues de Gaule et d'Italie qui rétablissent l'ordre romain. Le comte d'Afrique commande également 16 prépositures frontalières et autant de *castella*[6]. La frontière saharienne de Numidie et d'Afrique est sporadiquement délimitée par un *fossatum*. Il s'agit de longs fossés bordés d'un remblai ou d'un mur. En avant du fort de *Gemellae* la Seguia bent el Krass forme un arc de cercle sur près de 60 km comportant un fossé, une berme et un mur de pierre ou de terre haut de 2 mètres. Quatre autres murs sont situés à l'intérieur du territoire romain. Au Nord-Ouest, un mur fossoyé protège la route qui emprunte la passe d'El Kantara et monte vers le camp de Lambèse. Plus à l'Est, en Afrique proconsulaire, barrant les accès qui descendent vers le Chott el Djerid, trois autres lignes de ce type, celles de Taferma, Ksar el Asker, Bir Oum Ali, en Tunisie, forment des murets de pierres sèches étendus sur moins d'une dizaine de kilomètres. Ces coupures faiblement défendues indiquent aux nomades et à leurs troupeaux une limite à ne pas transgresser. En l'absence d'une cartographie précise, elles peuvent servir de

1. A.H.M. Jones, 1971, tome 1, p. 340 ; 395-396.
2. Ammien Marcellin, XXIX, 5, 20 ; 48.
3 *Ibid.*, XXIX, 5, 1-sq.
4. *Notitia Dignitatum*, OC.VII.179-198.
5. *Ibid.*, OC.141-152.
6. *Ibid*, OC.XXV.21-36.

démarcation opérationnelle aux forces romaines[1]. Toutefois, on ne peut nier aux murs africains un rôle évident de contre-mobilité. Leur fonction militaire est probablement d'encager les pillards nomades au retour d'une razzia, ce qui permet aux poursuivants romains de les anéantir. La défense repose sur une chaîne de fortins routiers, appelés *burgi*. Dans le Sud de la Numidie, depuis 198 jusqu'au début du Ve siècle, routes et fortins encerclent le massif des Aurès, sorte de *limes* intérieur aux marges de la présence romaine, où sont installés des tribus numides qui se rebellent sporadiquement sans menacer véritablement l'ordre romain[2]. Les prépositures de gardes-frontière offrent à ces étrangers de l'intérieur la possibilité de trouver un emploi. L'entretien du *fossatum* contre l'octroi de terres irriguées les détourne d'intentions belliqueuses.

Ce *modus vivendi* établit la sécurité aux marges de l'Afrique avec une réelle économie de forces. En 534, Justinien ordonne à Bélisaire de restaurer des *limitanei* sur le *fossatum Africae*[3]. Néanmoins, il commet l'erreur de les choisir parmi ses soldats réguliers. La révolte maure qui survient en été, juste après le départ de Bélisaire, déborde les *limitanei*. L'historien Procope déclare : « *Dans tous les secteurs frontaliers, en effet, nos soldats étaient peu nombreux et encore impréparés : ils ne pouvaient donc s'opposer aux Barbares, qui poussaient partout leurs incursions, ni leur interdire de se livrer à des agressions fréquentes, que leurs adversaires ne menaient jamais à découvert*[4]. »

En Tripolitaine, la chaîne de forts sahariens construits à l'époque de Septime Sévère (193-211) semble abandonnée. La présence romaine est limitée aux plaines côtières près des trois grandes villes qui donnent son nom à la province (*Sabratha*, *Oea* et *Leptis Magna*). La tribu nomade des *Austoriani* commet trois raids impunis et pille les environs de *Leptis Magna* (actuelle Lebda) et d'*Oea* (actuelle Tripoli) en 363 et 365. Les prépositures de *limitanei* plus les deux corps de soldats répertoriés par la *Notitia Dignitatum* sont totalement inefficaces et le duc qu'évoque le document n'a pas d'existence. C'est peut-être une création de la fin du IVe siècle ou, plus réellement, un poste d'un faible poids

1. B. Isaac, *The Limits of Empire. The Roman Army in the East,* Clarendon Press, Oxford, 1992, p. 413-416. C.R. Whittaker, 1994, p. 80-81, 206.
2. Y. Le Bohec, « La stratégie de Rome en Afrique de 238 à 240 », *111e Congrès national des sociétés savantes, Montpellier, IIIe Colloque sur l'Histoire et l'Archéologie d'Afrique du Nord,* 1985, p. 377-390. *Id.,* « La « frontière militaire » de la Numidie de Trajan à 238 », *FTFC,* 1995, p. 119-142.
3. *CJ,* I, 27, 2.
4. Procope, *Bellum Vandalicum,* II, 8, 21.

militaire. D'après la *Notitia Dignitatum*, le duc de Tripolitaine a théoriquement 12 prépositures frontalières avec chacune leur *castellum* plus deux camps (*castra*)[1]. La population de Tripolitaine demande au comte d'Afrique Romanus d'intervenir, mais celui-ci ne bouge pas et masque son inaction à l'empereur par des rapports falsifiés[2]. Par la suite, les relations avec les nomades libyens redeviennent normales et une inscription de Leptis, datée entre 408 et 423, loue la fidélité des *Austoriani*. À l'est, la Cyrénaïque et la Libye s'intègrent au diocèse d'Égypte. La *Notitia Dignitatum* n'a pas conservé les forces commandées par le duc des Libyes. On peut les estimer réduites, étant donné que cette région n'est pas le théâtre d'une insécurité notoire.

En Égypte, il n'y a ni fortification linéaire ni barrière naturelle. Le Nil concentre les populations et canalise les incursions des Blemmyes venus du Sud. Leurs brigandages sont rares. Pour les IVe-Ve siècles, on ne connaît que celui de 441, période difficile où l'Empire d'Orient combat sur trois fronts. La véritable menace pour l'ordre vient des rivalités entre sectes chrétiennes, en particulier à Alexandrie, patrie de l'évêque Arius, principal hérésiarque du IVe siècle. Les troupes romaines sont des forces de sécurité intérieure échelonnées le long du fleuve. Quelques ailes de cavaliers ou de méharistes suffisent à la police des confins d'Égypte[3].

BARRAGE SIMPLE EN GRANDE-BRETAGNE...

La diversité géographique de l'Empire amène des solutions tout aussi diverses. L'adoption d'une stratégie de défense en profondeur après 337 ne fait pas renoncer à l'idée de barrage.

En (Grande-)Bretagne, face aux Pictes du Nord, le Mur d'Antonin a été abandonné au cours de la seconde moitié du IIIe siècle. En retrait au sud, le Mur d'Hadrien est la plus puissante fortification continue construite par les Romains. Il coupe en son point le plus étroit l'Isthme qui sépare la mer du Nord de la mer d'Irlande. Mur de pierre garni de tours et de fortins, il délimite l'actuelle Écosse de l'Angleterre. Occupé au IVe siècle par des effectifs réduits aux ordres du duc des Bretagnes[4], il ne peut

1. *Notitia Dignitatum*, OC.XXXI.18-31.
2. Ammien Marcellin, XXVIII, 6, 1-sq.
3. C.R. Whittaker, 1994, p. 143-145.
4 *Ibid.*, OC.I.35.

arrêter les Pictes[1]. La province de Bretagne a 57 unités à la fin du IVe siècle d'après la *Notitia Dignitatum* ce qui est comparable au 50 mentionnées dans un diplôme militaire de 122[2]. Elle ne dispose pas de troupes d'accompagnement ou palatine et ne peut se défendre seule. Les troupes d'intervention venues des Gaules empruntent l'itinéraire Boulogne-Richborough-Londres avant de se déployer en rase campagne. Ammien Marcellin rapporte qu'en 360, le général Lupicin est envoyé de Gaule en Bretagne pour repousser les Pictes et les Scots qui ont pénétré en territoire romain[3]. La situation est encore plus désespérée en 367-368 : Nectaridus, le comte de la région maritime, a été tué et le duc des Bretagne*s* Fullofaude a été capturé dans une embuscade. Le maître de la cavalerie des Gaules, Théodose l'Ancien, arrive en renfort l'année suivante et affronte les bandes de Pictes, de Scots et de Saxons dispersées à travers la province[4]. En 407, l'Empire d'Occident n'a plus les moyens de défendre simultanément le Rhin et la Bretagne. Les troupes britanniques proclament empereur Constantin III et gagnent les Gaules envahies par les Vandales, les Alains et les Suèves. L'archéologie montre la baisse drastique des effectifs au début du Ve siècle[5]. Le retrait des troupes romaines a plus d'effet sur l'économie que sur la défense militaire, car la Bretagne perd un marché qui maintenait son économie. Avec l'armée, ce sont également les fonctionnaires du fisc qui sont partis, détruisant l'État romain[6]. Comprenant que l'État central de Ravenne est désormais incapable d'appuyer sa présence autrement que par des Barbares, les Britanno-Romains décident d'assurer eux-mêmes leur propre défense. Toutefois, rien n'empêche l'exil massif des Bretons dans cette Armorique qui porte aujourd'hui leur nom. En définitive, la (Grande-)Bretagne montre l'échec du concept de barrage. Le Mur d'Hadrien, efficace aux IIe-IIIe siècles, ne l'est plus au Bas-Empire. Attaquée par la terre, au nord par les Pictes, et par la mer, à l'ouest par les Scots, au sud-est par les Saxons, la Bretagne romaine est devenue indéfendable.

---

1. D.A. Welsby, *The Roman Military Defence of the British Province in its Later Phases,* Oxford, British Archeological Reports International Series, 1982. P.A. Holder, *The Roman Army in Britain,* Londres, Batsford, 1982, p. 97-102. S. Johnson, 1983, p. 196-214.
2. M. Hassal, « The Defence of Britain in the 4th Century », *ARDV*, 2004, p. 184.
3. Ammien Marcellin, XX, 1, 1-sq. ; 4, 3, 9 ; 4, 9, 9.
4 *Ibid.,* XXVII, 8, 1-sq.
5. M. Hassal, 2004, p. 179-189.
6. A.S. Esmonde Cleary, *The Ending of Roman Britain,* Batsford, Londres, 1989.

Mur d'Hadrien

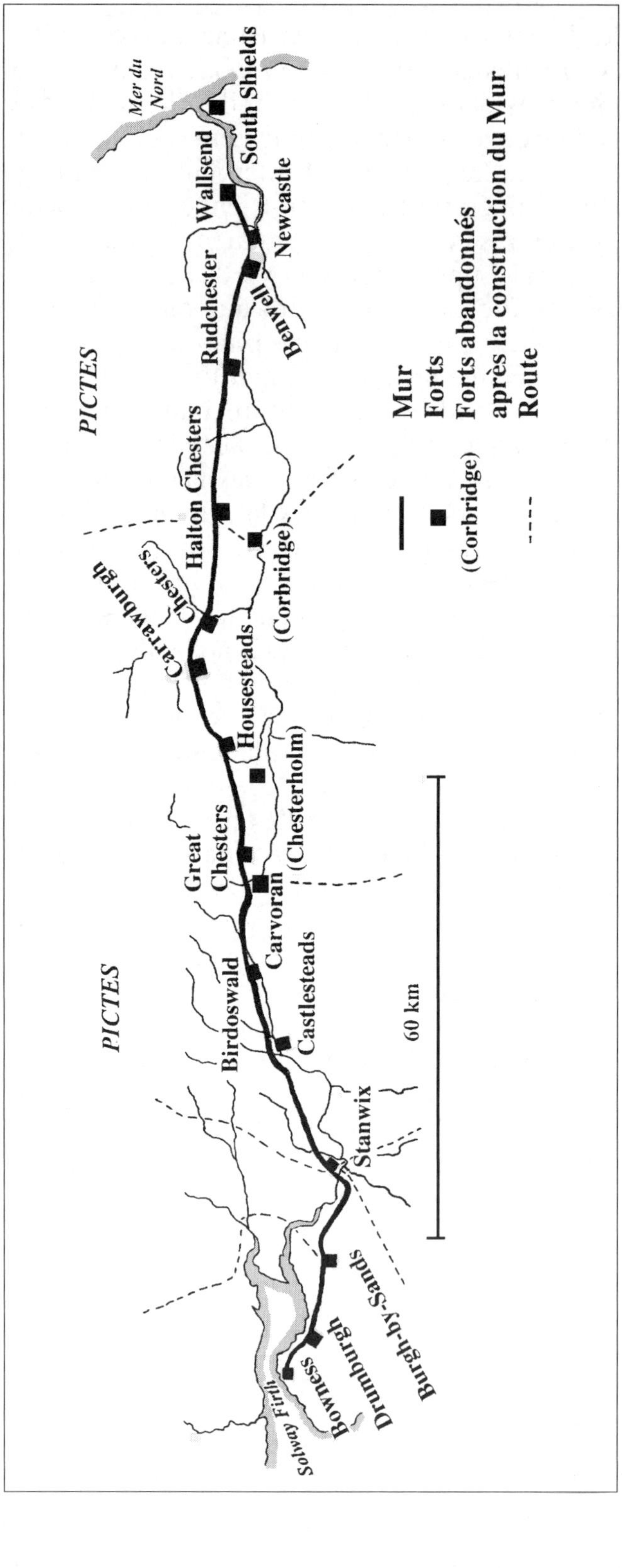

… ET DOUBLE BARRAGE SUR LE TIGRE ET L'EUPHRATE

Le concept de barrage s'avère opérationnel dans la préfecture d'Orient où la surveillance frontalière s'appuie sur trois zones défensives : le double barrage qui s'appuie sur deux fleuves le Tigre et l'Euphrate, la *Strata Diocletiana* qui protège la Phénicie et la *Via Noua Traiana* qui protège l'Arabie et la Palestine. Le dispositif de double barrage est unique dans l'Empire.

Les marches de mésopotamie et d'Osrhoène vers 350

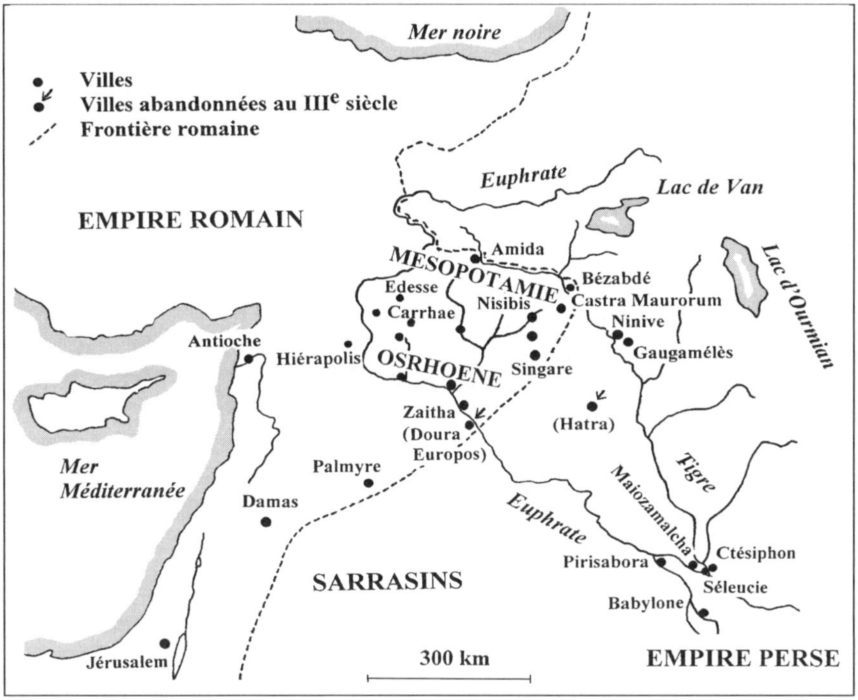

La Mésopotamie et l'Osrhoène forment une marche comprise entre l'Euphrate et le nord du Tigre. Gagnées par l'empereur Trajan, elles protègent les riches provinces de Cilicie et surtout de Syrie où se trouve la capitale de la préfecture d'Orient, Antioche. À partir du IIIe siècle, la Mésopotamie romaine devient la cible des attaques d'un Empire perse reconstitué par la dynastie des Sassanides. Les Perses, ennemi nombreux et puissant, alignent un matériel de siège comparable à celui des Romains. La ville romaine de *Doura Europos*, ruinée par un siège violent au milieu du IIIe siècle, reste abandonnée au siècle suivant[1]. En 348, l'Empire a subi une nouvelle offensive perse qui a échoué devant Singare[2]. La mission défensive des villes est fondamentale dans le maintien de la frontière mésopotamienne[3]. Ammien Marcellin, originaire d'Antioche et vétéran des campagnes de 359 et de 363 contre les Perses, définit les villes fortifiées d'*Amida*, où l'on fabrique des pièces d'artillerie, de *Bézabdé* et de *Nisibis* en Mésopotamie comme des *claustra* (« *barrages* ») qui ferment l'accès au territoire romain[4]. Les effectifs de garnisons des villes frontalières sont comparables à ceux des brigades d'intervention et tournent autour de 2 000/3 000 hommes[5], voire plus, en cas d'invasion perse. En 359, la garnison d'*Amida* sur le Tigre, composée ordinairement de la Ve Légion Parthique et d'une turme d'Indigènes, est renforcée par six légions rapidement acheminées[6], plus la majeure partie d'une schole palatine, les Comtes archers[7] : environ 8 000 hommes. On ne voit pas de garnisons urbaines aussi importantes en Occident. Seules les villes fortes comptent dans la défense romaine. En 359, le duc de Mésopotamie décide d'abandonner la ville de *Carrhae* dont les murailles sont trop faibles. Les champs de blé et les herbages sont incendiés pour priver l'ennemi de ravitaillement. Les villes fortifiées servent alors de refuge aux paysans et à leurs troupeaux. Une telle affluence porte la population d'*Amida* à 120 000 personnes et cause une épidémie[8]. Dans la stratégie romaine, les villes fortifiées sont autant d'abcès de fixation et la Mésopotamie toute entière la porte étanche de l'Orient romain. Les fleuves Tigre et Euphrate assurent partiellement cette étanchéité. Au Sud de la Mésopotamie, zone où la défense romaine ne peut s'appuyer sur aucune barrière naturelle, se déploie une ligne permanente de forts

1. Ammien Marcellin, XXIII, 5, 8.
2. *Ibid.,* XVIII, 5, 7.
3. V. Chapot, *La frontière de l'Euphrate,* Rome, l'Erma di Bretschneider, 1967, p. 241-333 (ouvrage ancien mais qui déploie une synthèse bien illustrée). P. Freeman, D.L. Kennedy (éd.), *DRBE,* 1986. J. Matthews, 1989, p. 288-294. Sur le réseau militaire romain en Orient d'après l'archéologie et la photographie aérienne, D. Kennedy, D. Riley, *Rome's Desert Frontier from the Air,* Londres, Batsford, 1990. H. Solin, M. Kajava (éd.), *Roman Eastern Policy and Other Studies on Roman History,* Helsinki, Societas Scientiarum Fennica, 1990. C.R. Whittaker, 1994, p. 139-141.
4. Ammien Marcellin, XX, 11, 24.
5. En Orient, Séleucie, ville métropole de Cilicie, contient une garnison de trois légions en 354 (Ammien Marcellin, XIV, 2, 14). *Bézabdé*, ville-forteresse, compte un corps d'archers et trois légions : *Sagittarii Zabdicenses, IIa Flavia, IIa Armenica, IIa Parthica* (*ibid.*, XX, 7, 1). Singare abrite deux légions en 360 : *I Flavia, Ia Parthica* (*ibid.*, XX, 6, 8). Voir la minutieuse étude de R. MacMullen sur les garnisons chez Ammien Marcellin, 1991, p. 320-329.
6. Ammien Marcellin, XVIII, 9, 3.
7. *Ibid.,* XVIII, 9, 4.
8. *Ibid.,* XIX, 2, 14 ; 4, 1-sq.

et de postes d'observation[1]. Les Romains considèrent l'Euphrate comme une deuxième ligne de défense. En cas d'invasion de la Mésopotamie, ils prévoient la destruction des ponts sur l'Euphrate[2] ; d'autre part, des tribuns et des protecteurs sont chargés de garnir la rive droite de l'Euphrate de fortins (*castella*), de pieux et de machines de traits aux endroits où le fleuve a peu de remous[3]. En 359, une armée de 100 000 Perses ne parvient à s'emparer que de deux villes (*Amida* et *Bézabdé*) après avoir perdu un tiers de ses effectifs. En définitive, au milieu du IVe siècle, le *limes* mésopotamien, reposant sur une double ligne fluviale et une chaîne de puissantes garnisons, est le plus solide de l'Empire. Contrairement à la stratégie de défense mobile européenne, les Romains n'essaient pas de détruire l'envahisseur perse en rase campagne. Ils attendent une ou plusieurs années avant de reconquérir le terrain perdu. En 363, l'empereur Julien essaie non seulement de reprendre les villes perdues mais envahit la Perse. Après l'échec de l'opération où Julien trouve la mort, son successeur Jovien conclut avec le Roi des rois un traité désastreux, marquant la perte définitive de cinq provinces, de quinze *castella*, de *Nisibis*, de Singare et du fort des Mûriers, pivots de la défense romaine en Mésopotamie, mais il sauve l'armée de manœuvre d'une destruction totale[4]. La frontière romaine est ramenée sur l'Euphrate. Néanmoins, elle conserve une solide chaîne de villes fortifiées.

En août 421, à la suite de la persécution des chrétiens dans l'Empire Perse, le maître de la milice Ardabur lance une offensive en Arménie méridionale. Les Romains ne parviennent pas à reprendre *Nisibis* perdue en 363. Par contre, les Perses s'emparent de la place-forte de *Théodosiopolis* au nord de l'Arménie romaine[5].

BARRAGES FILTRANTS EN ARABIE ET EN PALESTINE

Au sud des marches de Mésopotamie et d'Osrhoène, face au désert d'Arabie, s'étendent la *Strata Diocletiana* et la *Via Noua Traiana* déjà évoquées. Vers 297-298, Dioclétien les a organisées comme des barrages filtrants axés sur une rocade frontalière. Il

1. *Ibid.*, XIV, 3, 2.
2. *Ibid.*, XVIII, 7, 9-10.
3. *Ibid.*, XVIII, 7, 3-6.
4. *Ibid.*, XXV, 7, 1-sq.
5. E. Stein, 1968, tome 1, p. 280-281.

semble que ce soit un des dispositifs qui change le moins au cours du IVe siècle.

Au milieu du IVe siècle, Ammien Marcellin déclare la frontière d'Arabie « *garnie de forteresses solides et de fortins que les anciens ont placés sur les défilés opportuns et aptes à repousser les raids des peuples voisins* (Sarrasins)[1] ». La *Notitia Dignitatum* confirme une forte garnison : la *Strata Diocletiana* relève du duc de Phénicie, la *Via Noua Traiana* est répartie entre le duc de Palestine et celui d'Arabie[2]. De nombreuses inscriptions sont relevées pour la période 305-412, ce qui traduit une occupation continue et importante[3]. Dans les années 370 et en 412, les Sarrasins font des incursions sur le territoire romain[4]. Ardabur, fils du généralissime Aspar, combat les Sarrasins près de Damas en 453[5]. Toutefois, la frontière arabe reste certainement, avec celle d'Égypte, la plus sûre de l'Empire. Ce n'est qu'après 450 que l'on note un recul du matériel archéologique et donc de l'occupation. Les forts construits par Dioclétien sont abandonnés aux Ve-VIe siècles, mais on relève encore une inscription datant de 529 au nord de la marche d'Arabie. Cela ne traduit pas un abandon de la frontière mais un remplacement des *limitanei* par des fédérés sarrasins sous l'autorité de phylarques, « *chefs de tribu* », de la dynastie Ghassanide. Procope reproche à Justinien cette politique[6], mais la frontière tient jusqu'à la conquête islamique, qui suit d'une année la suspension de la solde versée aux gardes frontaliers arabes.

En 441, les Perses et les Arabes pénètrent en territoire romain mais ne parviennent pas à déboucher. Les Perses imposent un traité modéré à l'Empire d'Orient, qui doit combattre en même temps les Huns d'Attila en Thrace et les Blemmyes en Égypte. Les Romains verseront une indemnité aux Perses pour l'entretien des forteresses du Caucase et les deux parties s'engagent à ne plus élever de fortifications sur leur frontière commune[7]. À l'exception de l'alerte en 441 et de nouveaux conflits aux VIe-VIIe siècles, les *limites* d'Euphrate et d'Arabie résistent jusqu'à la conquête arabe. La *Notitia Dignitatum* révèle que la proportion de *limitanei* est plus forte en Orient qu'en Occident, ce qui pourrait expliquer la

1. Ammien Marcellin, XIV, 18, 13.
2. *Notitia Dignitatum,* Phénicie, OR.XXXII, Palestine, XXXIV, Arabie, XXXVII.
3. S.Th. Parker, « The Nature of Rome's Arabian Frontier », *RFS,* 1989, p. 498-504.
4. Rufin, *Historia Ecclesiastica,* II, 6. Jérôme, *Ep.* 126.
5. Priscus, frag. 20.
6. Procope, *Anecdota,* XXIV, 12-sq. *Id., Bellum Persicum,* I, 19, 8-13.
7. *Ibid.,* 1968, tome 1, p. 292.

survie militaire de la moitié d'Empire contrôlée par Constantinople[1].

BARRAGES FILTRANTS SUR LE RHIN...

Sur le Rhin, la situation conflictuelle est beaucoup plus tendue. Après le règne de Constantin, la stratégie de filtrage n'y est que l'auxiliaire avancée d'une défense mobile. Elle n'établit pas un rideau de fer entre la civilisation et la barbarie. Le filtrage régule l'immigration de Barbares et l'exportation d'objets romains ou même d'armes que l'on retrouve jusqu'au Danemark. Au Bas-Empire, l'histoire du *limes* rhénan hésite entre la décrépitude et le renouveau.

L'abandon de forts légionnaires datant des Ier-IIe siècles, la dispersion de petits contingents en *castra, clausurae* et *burgi* répondent au détournement des soldats qualifiés vers les unités d'intervention. De petits effectifs suffisent à la police des frontières du Rhin entre 310 et 350, parce que les campagnes de sécurisation menées par Constantin dissuadent provisoirement les Barbares.

D'autre part, Constantin, après les guerres civiles, reporte son attention sur le Danube et néglige le Rhin. La situation s'est alors lentement dégradée. Ammien juge sévèrement la politique de défense rhénane antérieure à l'arrivée de Julien en 355 et parle d'une « *longue incurie* »[2].

La frontière du Rhin est à cette date totalement perméable et comporte des fortifications ruinées ou abandonnées. Les années 350-353 agissent comme un révélateur de ces faiblesses accumulées. Magnence, commandant de l'armée des Gaules, se proclame empereur et se prépare à affronter Constance II dans les provinces danubiennes : « *Toutes les villes, toutes les forteresses voisines du Rhin sont évacuées par leurs garnisons et livrées sans défense aux Barbares, tandis qu'une splendide armée se concentre*[3]. » La bataille de *Mursa* (28 septembre 351) saigne l'armée des Gaules qui est vaincue. À partir de cette époque, la frontière rhénane est impunément ravagée par les Alamans et les Francs. Ammien déclare que la route qui va de Cologne à Reims à travers la vallée de la Meuse n'a aucune garnison[4]. Voilà le tableau que fait le César Julien quand il prend le commandement des Gaules

1. E. Luttwak, 1987, p. 155.
2. Ammien Marcellin, XV, 5, 1.
3. Julien, *Ad Constantium,* I, 28.
4. Ammien Marcellin, XVII, 2, 1.

en 355 : « *Déjà une multitude de Germains s'établissaient en toute liberté dans le pays des Celtes, autour des cités ruinées et les villes dont ils avaient détruit les remparts étaient au nombre de quarante-cinq environ, sans compter les tours et les forteresses de moindre importance. L'ennemi cantonné le plus près de nous était à trois cents stades de la rive du Rhin et trois fois plus grand était le désert qu'ils avaient créé entre eux et nous par leurs dévastations. Les Celtes ne pouvaient plus même mener paître leurs troupeaux et maintes villes, que l'invasion n'avait pas atteintes, avaient déjà été évacuées*[1]. »

Au cours de l'année 355, les Barbares pillent Strasbourg, Brumath, Saverne, Seltz, Spire, Worms, Mayence, Cologne et colonisent leurs environs. En 356, rien ne s'oppose à une avancée des Barbares jusqu'à Autun, dont les murs ont été affaiblis par le temps. Ils s'engouffrent même jusqu'à Lyon l'année suivante[2]. Dans ce dernier cas, des lètes (alliés barbares installés sur le territoire romain) se sont glissés entre l'armée gauloise de Julien et celle de Barbatio venue d'Italie. Des trouées énormes existent dans le dispositif de défense. La mission du César Julien en Gaule est triple : chasser les Barbares, les maintenir chez eux par la terreur, reconstruire les fortifications frontalières abandonnés ou détruites[3]. Il atteint ces objectifs au cours de quatre campagnes menées entre 356 et 360[4]. Julien ne croit pas possible de rétablir la sécurité des Gaules sans une politique d'États-tampons barbares aux marges de l'Empire. En 358, il part combattre les Francs Saliens installés sans autorisation sur un territoire romain abandonné au Nord de la Belgique, la Toxandrie (entre le nord du Brabant et la Zélande). Après avoir obtenu leur soumission, il décide de les maintenir en tant que fédérés[5]. Julien, en 360, surprend les Francs Attuaires sur leur territoire et les contraint à une paix avantageuse pour la sécurité des frontières romaines[6]. Cette politique permet aux Romains une judicieuse économie de forces.

1. Julien, *Ep. ad Athenienses,* V, 7, 59-65. Zosime fait un témoignage comparable, III, 1.
2. Ammien Marcellin, XIV, 10 ; 1 ; XV, 5, 1 ; XVI, 2, 1, 7, 12 ; 3, 1 ; XVI, 11, 4.
3. E. Frézouls, « Les deux politiques de Rome face aux Barbares d'après Ammien Marcellin », *Crise et redressement dans les provinces européennes de l'Empire (milieu du IIIe – milieu du IVe siècle après Jésus-Christ). Actes du Colloque de Strasbourg 1981,* Strasbourg, 1983, p. 183-184.
4. Ammien Marcellin, XVI, 11, 11 et 14 ; XVII, 1, 13 ; 9, 1 ; XVIII, 2, 3-6.
5. *Ibid.,* XVII, 8, 3.
6. *Ibid.,* XX, 10, 2.

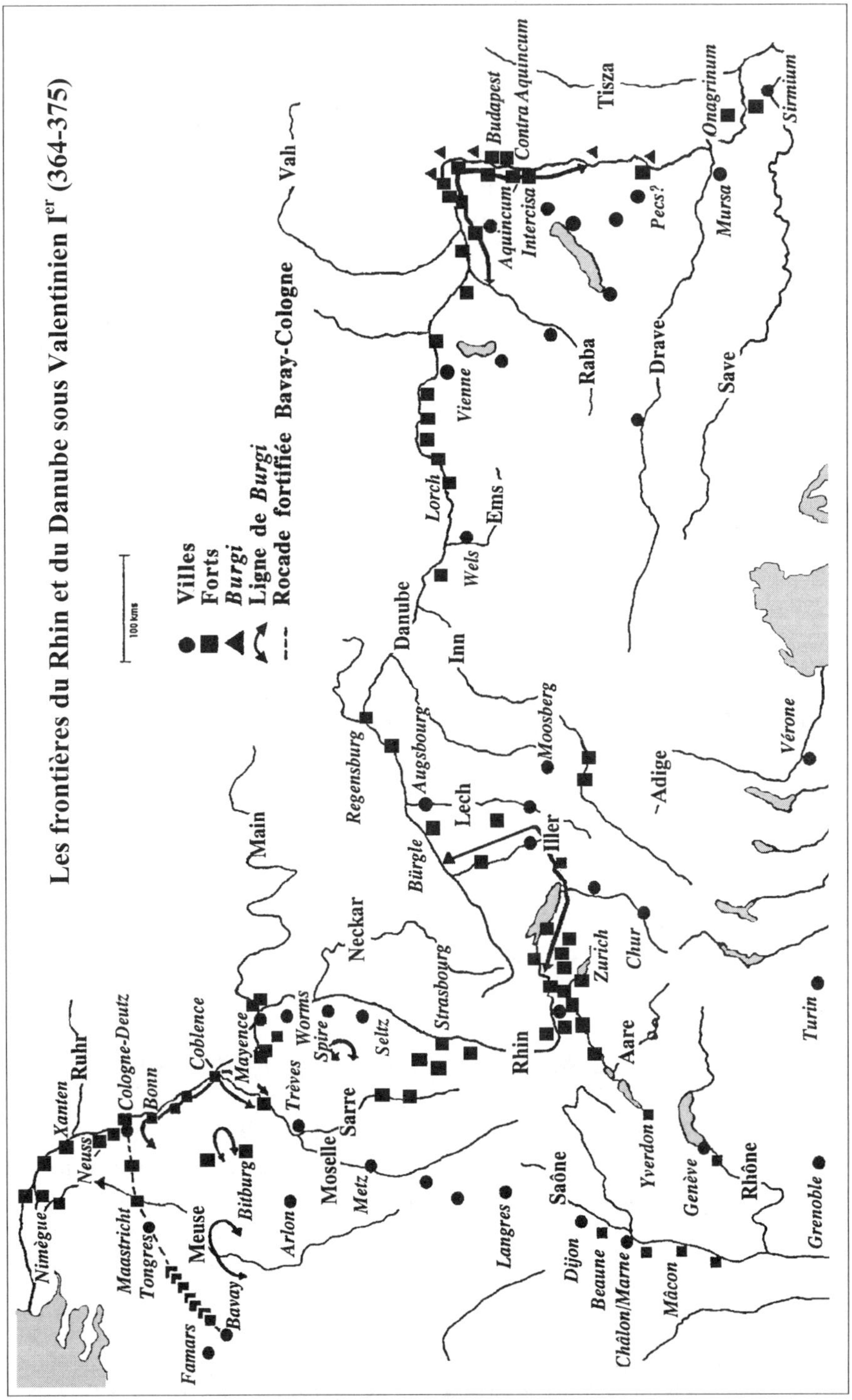

Les frontières du Rhin et du Danube sous Valentinien Ier (364-375)
100 kms
Villes
Forts
Burgi
Ligne de Burgi
Rocade fortifiée Bavay-Cologne
Nimègue
Xanten
Ruhr
Neuss
Cologne-Deutz
Bonn
Maastricht
Tongres
Famars
Bavay
Meuse
Bitburg
Coblence
Mayence
Trèves
Arlon
Moselle
Sarre
Metz
Worms
Spire
Seltz
Strasbourg
Langres
Saône
Dijon
Beaune
Châlon/Marne
Mâcon
Main
Neckar
Rhin
Aare
Zurich
Chur
Yverdon
Genève
Rhône
Grenoble
Turin
Bürgle
Iller
Lech
Augsbourg
Regensburg
Moosberg
Adige
Vérone
Danube
Inn
Wels
Lorch
Ems
Vienne
Raba
Drave
Save
Vah
Aquincum
Intercisa
Budapest
Contra Aquincum
Tisza
Pecs?
Mursa
Onagrinum
Sirmium

Dix ans après, l'œuvre de Julien est à recommencer. La marche de Germanie retrouve une certaine consistance sous Valentinien Ier en 369. « *Bâtisseur de forteresses et de frontières fortifiées (limites)* », il dresse le long du Rhin, une nouvelle ligne de retranchements qui vont des Alpes à la Manche. Ces *castra, castella* et *turres* sont d'après Ammien « *habilement placés aux endroits opportuns* ». Des avant-postes sont même construits au-delà du fleuve chez les Barbares[1]. L'archéologie confirme ces travaux. Valentinien Ier fait construire une série de forts-doublets sur le Rhin qui permettent une défense en avant[2]. Le plus exemplaire de ces travaux est le fort d'Alzey. Construit entre 367 et 371, sur la rivière Selz à 30 km au Sud de Mayence, il domine la vallée du Rhin. Bâti en pierre, de plan carré, avec 105 mètres de côté, avec des murs larges de 3 à 3,50 mètres, hauts de 9 à 12 mètres, il possède deux portes et dix tours. Aucun ouvrage fortifié aussi puissant n'avait été construit sur le Rhin sous le Haut-Empire. Sa robuste conception lui vaut de survivre jusque vers le milieu du VIe siècle[3].

La politique des États-tampons francs inaugurée par Julien porte ses fruits. En 374, le roi des Alamans Macrien, ennemi de l'Empire, trouve la défaite et la mort chez le roi des Francs Mallobaude. Quatre années plus tard, Mallobaude, ami fidèle des Romains, devenu comte des domestiques de l'empereur Gratien, combat encore les Alamans[4]. Toutefois, la sécurité sur le Rhin dépend d'un équilibre fragile. Les quelques tribus franques alliées ne couvrent pas toute la frontière et le filtrage romain ne saurait contenir une invasion en règle. Le départ des troupes d'intervention hors des Gaules incite les Barbares à attaquer. En 378, le départ de l'empereur Gratien pour l'Orient décide les Alamans à franchir le Rhin. En 388, l'usurpateur Maxime emmène le gros des troupes d'élite pour conquérir l'Italie. Les Francs Ripuaires, encouragés par ce départ, pillent la région de Cologne. Les quelques troupes d'intervention stationnées à Trèves et les gardes-frontière montent une opération combinée de dégagement qui chasse les Francs. Quentin, le chef des troupes d'intervention, mène une campagne de représailles en territoire franc, contre l'avis du comte des deux Germanies Nannin. Ses troupes sont anéanties dans une grande embuscade. Pour venger l'affront, le

1. *Ibid.*, XXVIII, 2, 1-sq. et XXX, 9, 1.
2. Zurzach-Rheinheim, Kaiseraugst-Wyblen, Bâle-Robur, Altrip-Neckerau, Horburg-Brisach.
3. S. Johnson, 1983, p. 136-168. J. Oldenstein, « La fortification d'Alzey et la défense de la frontière romaine le long du Rhin au IVe et au VIe siècles », *ARB-AFAM,* 1993, p. 125-133.
4. Ammien Marcellin, XXX, 3, 6 ; XXXI, 10, 6.

comte et maître de la milice Arbogast, lui-même un Franc, déclenche représailles et démonstrations jusqu'en 393. Les Francs Ripuaires se soumettent alors et s'engagent à servir de marche-frontière à l'Empire[1]. Au printemps 406, le généralissime Stilicon dégarnit le Rhin pour défendre l'Italie contre les Goths de Radagaise. À cette occasion, le panégyriste Claudien avance présomptueusement que l'« *orgueilleuse Germanie... ne tente pas de franchir une frontière dégarnie, ni d'avancer dans un pays largement ouvert*[2] ». Quelques mois après ces lignes imprudentes, les Vandales, les Alains et les Suèves se ruent vers les Gaules. Les Francs Ripuaires combattent ces envahisseurs avec acharnement, mais vaincus par le nombre, ils ne peuvent empêcher le franchissement du Rhin le 31 décembre 406.

À la suite de cette invasion, l'armée de (Grande-)Bretagne proclame empereur un des siens. L'usurpateur Constantin III séjourne à Trèves de 407 à 408 et, d'après Zosime, « *fit régner une sécurité totale sur le Rhin, ce qui avait été négligé depuis l'époque de Julien*[3] ». Tandis que Vandales, Alains et Suèves ravagent les Gaules sans être poursuivis, la guerre civile contre Honorius, empereur légitime, oblige Constantin III à transférer ses troupes régulières vers les Alpes et en Espagne. Dès 408, il prend ses quartiers en Arles. Les marches du Rhin sont alors définitivement abandonnées par l'armée régulière. Constantin III confie la Belgique Seconde à des fédérés francs. En contrepartie, il peut compter sur l'aide du prince franc Edobinch pour combattre l'armée d'Honorius[4]. À cette époque l'armée n'a plus les moyens ni même la volonté de rétablir la frontière. La nature des gardes-frontière et les modalités de leur mission changent alors. Dans le nord-est de la Gaule, le cordon de filtrage et l'échelon de contre-attaque se resserrent pour former une zone de barrage. Les tours de surveillance routière établies sous Constantin sur la rocade Cologne-Bavay, désormais en terre barbare, sont abandonnées. En fait, il s'agit d'un réel abandon des Germanies et des bouches de l'Escaut, confinées dans le rôle de glacis stratégique et graduellement occupées par les Barbares (fédérés ou pas) après 406. Les dernières troupes romaines contrôlent les voies d'accès, les gués en direction des riches terres de Picardie, d'Artois et du Bassin Parisien. Au Ve siècle, en Occident, la distinction entre *limitanei*

1. Ph. Richardot, « Un désastre romain… », 1995, p. 112.
2. Claudien, *De Bello Getico,* v. 414-429.
3. Zosime, VI, 3, 3. E. Demougeot, « Constantin III, l'empereur d'Arles », 1988, p. 171-213.
4. Zosime, VI, 2, 4.

et *comitatenses* tend à disparaître en même temps que l'armée régulière et la frontière du Rhin.

... ET SUR LE DANUBE

Le Danube est la plus longue frontière naturelle de l'Empire. C'est aussi la mieux défendue car elle assure la couverture stratégique de Rome et de Constantinople. De par son étendue, le *limes* danubien peut être divisé en plusieurs régions stratégiques.

L'abandon des Champs Décumates (Plaine de Wetteravie) après 256 découvre la jonction Rhin-Danube et ramène la frontière sur les deux fleuves. Le rentrant ainsi formé dans la défense romaine a pour centre de gravité la Suisse actuelle et s'appuie sur le lac de Constance, à la limite des provinces de Grande Séquanie et de Rhétie. Cette région assure la couverture stratégique de l'Italie. Or, dans les années 260-270, les Alamans et les Juthungues parvenaient fréquemment à la déborder jusque vers Milan et Pavie. Les Tétrarques ont cherché à renforcer ce secteur. Vers 369-370, Valentinien Ier édifie une chaîne de *burgi* échelonnés tous les 1 à 4 km allant de l'Iller jusqu'au Rhin supérieur. On a retrouvé 52 tours d'observation entre Bâle et le Lac de Constance[1]. D'après la *Notitia Dignitatum*, les lacs de Constance et de Genève sont munis d'une flottille de surveillance ou de liaison.

Le secteur qui va de Norique aux Bouches du Danube répond à une problématique différente. Il couvre le flanc est de l'Italie et toute la péninsule balkanique. Depuis Aurélien jusqu'à la Tétrarchie, les empereurs sont des officiers illyriens qui ont eu à cœur de fortifier la frontière danubienne. Symbole de l'influence du clan des militaires illyriens, Galère Auguste réunit tous les Tétrarques à *Carnuntum* (Bad Deutsch Altenburg) en novembre 308 et fait de Licinius, un de ses compatriotes, le maître de la péninsule balkanique. Entre 324 et 332, Constantin passe plusieurs années à fortifier et à consolider la frontière danubienne. Une inscription de *Trœsmis* sur le Danube oriental, datant de 337-340, rappelle que la construction d'un fort et d'un arsenal a pour objectif de contrôler le brigandage[2]. À cette époque, la guérilla de frontière semble constante, même si les grandes invasions ont été momentanément enrayées. À partir de 364, la frontière danubienne est partagée entre l'Empire romain d'Occident et celui d'Orient. La Save et la

1. W. Drack et *alii*, *Die Römer in der Schweiz*, Stuttgart, Konrad Theiss Verlag, 1988, p. 476-477.
2. *ILS,* 724. S. Johnson, 1983, p. 257.

vallée de la Drina séparent les deux moitiés d'Empire. Il y a désormais deux histoires et deux stratégies danubiennes.
Valentinien Ier fortifie le Danube central dès le début de son règne. Par un décret du 19 juin 365, il ordonne au duc de Dacie Ripuaire Tautomade de renforcer son secteur : « *À part les tours qui devraient être réparées, si besoin en est, construisez chaque année pour votre emploi de nouvelles tours dans des endroits commodes*[1]. » En Pannonie et en Valérie, il charge le maître de la cavalerie Equitius des travaux de fortifications. Comme Equitius tarde à les réaliser, il est remplacé par Marcellianus vers 373. Ce dernier, promu par favoritisme, commet un impair diplomatique. En 374, il construit un fort sur le territoire des Quades. Ce fort a été retrouvé à 60 km au nord du Danube : il s'agit d'un modeste bourg, capable d'accueillir une vingtaine d'hommes tout au plus. Loin de réellement menacer les Quades, il constitue un poste d'écoute. Néanmoins, le roi des Quades vient pacifiquement protester contre son édification. Pour toute réponse, Marcellianus l'exécute avec ses ambassadeurs : c'est la guerre. Les Quades franchissent le Danube et mettent à feu et à sang les provinces romaines de Pannonie et de Valérie. Les Sarmates Libres se joignent à la curée. Malgré l'anéantissement de deux légions d'accompagnement, la menace est endiguée au sud par l'envoi de troupes gauloises et à l'est par le duc de Mésie Théodose, futur empereur[2]. Valentinien Ier intervient personnellement en Pannonie dans la dernière année de son règne en 375. Il poursuit la construction le long du fleuve d'un réseau serré de tours d'observation (de 8 x 8 mètres de côté) entre *Brigetio* (Flecken szoeny) et *Aquincum* (Ofen-Buda quartier de Budapest), commencé par le général Equitius ainsi que l'atteste une inscription. Face à cette ligne d'écoute, deux forts construits en Sarmatie depuis 294 continuent à être occupés après 395[3]. Poursuivant la politique de son père, Gratien (375-383) fortifie le duché de Dacie Ripuaire. Le fort de *Gratiana*, occupé par un *Auxilium Gratianense* témoigne de cette époque[4]. Depuis 364, l'empereur d'Orient, souvent retenu à Antioche par la crainte d'une invasion perse, a délégué à son collègue d'Occident le contrôle de la Dacie Ripuaire pour réduire ses contraintes logistiques.

1. *CTH,* XV, 1, 3.
2. Ammien Marcellin, XXIX, 6, 2-16.
3. A. Mocsy, *Pannonia and Upper Moesia. A History of the Middle Danube Provinces of the Roman Empire,* Londres, Routledge et Kegan Paul, 1974, p. 291-293. S. Johnson, 1983, p. 169-195. *Notitia Dignitatum,* OC.XXX.48 ; XXXII.41.
4. *Notitia Dignitatum,* OR.XLI.26.

Le coude du Danube vers 375

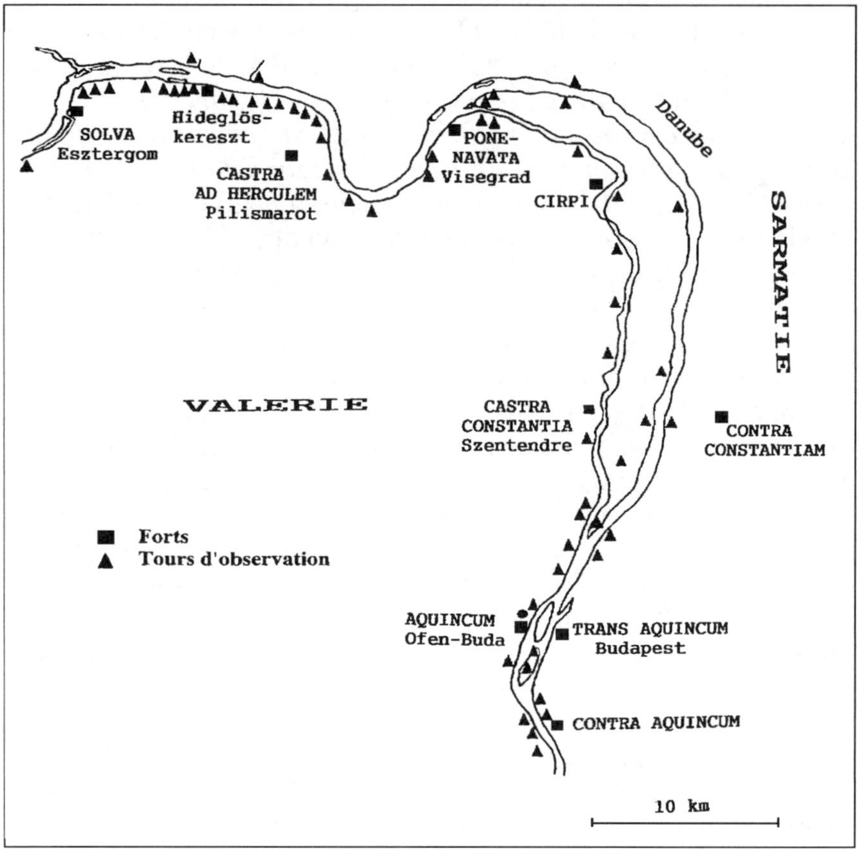

Les marches de Mésie Seconde et de Scythie dépendent de l'Empire d'Orient. La Scythie, adossée à la mer Noire, est mieux défendue. Sur la rive gauche de l'embouchure du Danube, des fossés, longs de 10 à 14 km et profonds de 2 à 3 mètres, sont situés à 20 ou 50 km en avant de forteresses de protection. C'est un secteur relativement tranquille pendant la première moitié du IVe siècle. L'empereur Valens mène une guerre de trois ans contre les Goths de 366 à 368, pour les punir d'avoir soutenu l'usurpateur Procope. Puis, il retourne à Antioche. Les échecs des années 376-382 contre les Goths ne relèvent pas de l'incompétence des gardes-frontière du Danube oriental. L'installation des réfugiés wisigoths sur la rive romaine du Danube les prend à revers au moment des hostilités. En 376, les Romains parviennent à coincer les Goths entre le Danube et les défilés du Mont *Haemus*

(Balkans) où sont dressés des remblais, sorte de *limes* intérieur. Mais ces positions sont presque aussitôt abandonnées et les Goths se répandent en Thrace[1]. La frontière est désorganisée de l'intérieur et laisse passer des groupes d'Alains et de Huns qui rejoignent les Wisigoths. La paix revient entre 380 et 382, car les envahisseurs acceptent de garder le Danube. L'empereur d'Orient Théodose récupère le contrôle de la Dacie Ripuaire et de la Mésie Première. Il renforce la surveillance danubienne en créant deux grands commandements qui supervisent les ducs frontaliers : le maître de la milice de Thrace et le maître de la milice d'Illyrie. C'est un retour à la stratégie du barrage.

Entre 382 et 441, le *limes* danubien parvient à repousser les agressions venues de l'extérieur. À l'intérieur, les fédérés goths se révoltent occasionnellement et ravagent la péninsule balkanique en 391-392, puis de 395 à 397. Au Ve siècle, la menace des Huns s'affirme. Depuis 376, après avoir chassé les Goths, ils se sont installés sur les bords du Danube oriental en Scythie. Les quelques bandes qui avaient franchi la frontière à l'occasion de la guerre gothique de 376-382 sont établis en Valérie, sous-province de la Pannonie, avec le statut de fédérés dès 380[2]. De 400 à 410, le roi Hun Uldin, installé au nord de la Scythie, a une politique d'amitié avec les deux parties de l'Empire à qui il fournit des mercenaires dans les périodes difficiles. Toutefois, la puissance des tribus hunniques s'affirme comme l'égale de l'Empire. Depuis leur arrivée aux Bouches du Danube vers 376, les chefs huns ont constitué un véritable Empire barbare. Ce n'est pas un Empire unitaire, mais un ensemble de royaumes. Compris entre Rhin et Danube, l'Empire hunnique est le double barbare de l'Empire romain. Tous ceux que Rome n'a pu soumettre, les Huns les ont soumis. Les peuples vassaux des Huns sont les Ostrogoths, les Gépides, les Hérules, les Rugues, les Suèves ou Quades, une partie des Burgondes et des Alains. On ne sait trop si les Scires et les Torcilingues sont des tribus hunniques ou d'Alains. En fait, le règne des Huns est initialement un facteur de stabilité pour l'Empire romain car plus jamais il n'est question de raids des Sarmates, probablement asservis par les Huns. Pour garantir la paix, de jeunes aristocrates romains sont envoyés comme otages chez les Huns de Pannonie : c'est le cas d'Aétius entre 408 et 423. En 409, des Huns et des Scires franchissent le Bas-Danube mais sont repoussés. Il s'agit de l'action d'irréguliers et non d'une

1. Ammien Marcellin, XXXI, 8, 1.
2. Comte Marcellin, II, 76. Jordanès, *Getica,* XXXII, 166. L. Varady, *Das Letze Jahrhundert Pannonien, 376-476,* Amsterdam, Adolf M. Hakkert, 1969.

action générale. La mort du roi Uldin modifie l'attitude des Huns de Scythie face aux Romains. Son successeur Rua ou Rugila devient agressif, d'autant plus que l'Empire d'Orient a enregistré une défaite face aux Perses en 421. Le Diocèse de Thrace est envahi par les Huns en 422. L'empereur d'Orient Théodose II accepte de leur verser un tribut annuel en or pour acheter leur départ et la paix. De fait, l'Empire devient un État tributaire. En 425, les Huns fournissent une armée au tribun du Palais Aétius pour aider l'usurpateur Jean à se maintenir sur le trône d'Occident. La défaite et la mort de Jean n'empêchent pas Aétius de mener bataille avec ses Huns contre les renforts venus d'Orient sous le commandement d'Aspar. L'empereur légitime d'Occident, Valentinien III et sa mère Galla Placidia n'obtiennent le départ des Huns qu'en donnant à Aétius le grade de comte et maître de la milice des Gaules[1]. De leur côté, les Huns reçoivent un tribut pour retourner chez eux. Leur intervention dans la guerre civile de 425 fait prendre conscience aux autorités occidentales de la menace stratégique que représentent les Huns de Pannonie : installés dans une ex-province romaine, le dos au Danube, ils peuvent servir de tête de pont à leurs frères de Scythie. En 427, les troupes romaines d'Occident et des mercenaires goths chassent les Huns de Pannonie qu'ils occupaient depuis cinquante ans. Chassés de Pannonie, les Huns combattent les Burgondes ; au cours de cette guerre leur roi Octar meurt d'indigestion (!) en 430. Leurs relations avec l'Empire d'Occident se normalisent rapidement. En 433, les Huns sont officiellement réinstallés en Pannonie septentrionale avec le titre de fédérés. Vers 434-435, Attila et son frère Bléda deviennent rois des Huns et succèdent à Rugila dont ils sont les neveux, de même qu'ils sont aussi les neveux du défunt Octar[2]. On peut assez justement supposer qu'ils font l'unité des royaumes hunniques de Scythie et de Pannonie. Les liens familiaux d'oncles à neveux étaient peut-être chez les auteurs anciens le biais facile pour dépeindre la situation politique peu claire du monde des Huns. Le centre de gravité des Huns se rassemble sur la Pannonie septentrionale, véritable tête de pont en territoire romain. En position de force, dès 434-435 Attila et Bléda doublent le tribut versé par l'Empire d'Orient lors du traité d'*Horreum Margi* ou *Margos* (actuelle Pozarec) en Mésie. Le

1. A.H.M. Jones, 1980, tome 2, p. 22 : Prosper, I, an 425. *Chron. Gall.*, an. 452, n° 100 (an. 425). Philostorge, XII, 14. Jordanès, *Romana*, 328.
2. Notice prosopographique sur Attila in A.H.M. Jones, 1980, tome 2, p. 182 : Prosper, I, an. 444. Comte Marcellin an. 442, Priscus, frag. 1. Jordanès, *Getica*, XXXV, 180. *Chron. Gall.* 452 n° 131 (an. 446). Cassiodore, *Chronicon*, an. 444.

traité n'est pas équitable, car si l'Empire d'Orient est sommé de rendre tous les captifs échappés du royaume des Huns, il doit payer 8 sous pour racheter un prisonnier romain. Constantinople jure également de ne pas s'allier avec des peuples barbares ennemis des Huns. Attila veut éviter l'encerclement stratégique. En 441, Attila et Bléda ravagent la partie romaine de la Pannonie, la Mésie, la Dacie Ripuaire, la Thrace avant de marcher sur Constantinople. Une trêve est obtenue pour 442, mais l'année suivante, les Huns repartent en guerre. Ils ravagent les villes danubiennes de *Ratiara* (Arcar), *Singidunum* (Belgrade), *Naïssus* (Nis), *Serdica* (Sofia), Philippopolis (Plovdiv) et marchent sur Constantinople. Ils écrasent l'armée romaine d'Orient commandée par Aspar. Finalement, ils obtiennent le triplement du tribut et le versement d'une rançon de 12 sous pour racheter les prisonniers romains[1]. Attila n'hésite pas à assassiner son frère Bléda vers 444-445 pour rester seul au pouvoir. Jamais un roi hunnique n'a eu une telle puissance. Après le départ des Huns, l'Empire d'Orient essaie de réorganiser sa défense. Ces mesures semblent peu efficaces. En 447-448, les Huns infligent une défaite aux Romains sur la rivière Utus en Dacie Ripuaire. Ils menacent encore Constantinople et pénètrent jusqu'aux Thermopyles. Soixante-dix villes sont ravagées. La paix qu'Attila impose à Constantinople sonne momentanément le glas de la surveillance frontalière sur le Danube central. Il n'exige pas de nouveau tribut mais l'évacuation de la population romaine hors de la rive droite du Danube, entre *Singidunum* (Belgrade) et *Novae* (Sistova), sur une profondeur de cinq jours de marche. Cela équivaut à la perte de la Mésie Première et de la Dacie Ripuaire. La frontière romaine est repoussée à l'Est en Mésie Première, à *Naïssus* (Nis en Serbie) sur la Morave[2]. En 449, probablement pour prévenir une attaque similaire contre l'Empire d'Occident, Aétius concède à Attila la partie méridionale de la Pannonie qui s'étend jusqu'à la Save[3]. L'intention stratégique d'Attila n'est pas d'étendre son territoire mais de constituer un glacis stratégique. Ce qui correspond à la stratégie traditionnelle des peuples germaniques : « *Il n'est pas de plus grand honneur pour les peuples germains que d'avoir fait le vide autour de soi et d'être entourés d'espaces désertiques aussi vastes que possible*[4]. »

---

1. E. Stein, 1968, tome 1, p. 292.
2. *Ibid.*, 1968, tome 1, p. 292 et 392.
3. Priscus, frag. 7.
4. César, *Bellum Gallicum*, VI, 23.

En 454, après la mort d'Attila, à la bataille de Nedao, les peuples-sujets des Huns secouent leur joug, mais les Gépides se posent en nouveaux maîtres. Il en résulte une immense vague d'immigration pour l'Empire romain. Les Ostrogoths demandent à l'Empire romain d'Occident de s'établir en Pannonie. L'Empire d'Orient installe les Sarmates et quelques bandes hunniques en Dacie Ripuaire près du Camp de Mars dans l'actuelle Bulgarie. Les Scires, les Sadagares et des Alains sont distribués dans la vallée de la Dobroudja, tandis que les Rugues et d'autres peuples sont établis dans deux cités (*Bizis* et *Arcadiopolis*) à proximité de Constantinople, dans ce qui correspond à la partie européenne de la Turquie[1]. Essayant de gérer cet afflux pacifique de peuples guerriers demandeurs d'asile, l'Empire d'Orient prend soin de les disperser et de les installer majoritairement près du Danube. C'est plus la crainte d'une révolte intérieure que la stratégie du barrage qui impose ce choix habile.

FLOTTILLES FLUVIALES DU RHIN ET DU DANUBE

Propices à la navigation, le Rhin et le Danube abritent des systèmes navals de patrouille et de communication très développés. Bien que comparables, les flottilles fluviales du Rhin et du Danube ont des destinées différentes aux IVe-Ve siècles.

Dans la stratégie navale des Romains, on ne peut dissocier l'ensemble Rhin-Manche : la marine romaine opère sur le Rhin à partir de la mer du Nord. D'autre part, avec l'abandon des Bouches du Rhin dans les années 260, la Manche devient moins sûre et la chaîne des forts rhénans qui s'étend de Cologne jusqu'à Nimègue se retrouve sans *hinterland*. La marine doit jouer un grand rôle dans leur défense jusqu'au milieu du IVe siècle. Une série de débarcadères fortifiés abrite les navires et assure la continuité géographique de la garde fluviale[2]. La flotte rhénane, encore vantée par un panégyrique de juillet 310[3], est désorganisée par la guerre civile qui oppose Magnence à Constance entre 350 et 353. Chargé de la défense des Gaules de 355 à 360, le César Julien déclare : « *Je reformai une flotte de 600 navires, dont 400 construits en dix mois par mes soins et je les fis pénétrer sur le Rhin ; opération difficile à cause de la menace des Barbares qui sont*

1. Jordanès, *Getica,* L, 264-266.
2. M. Reddé, *Mare Nostrum. Les infrastructures, le dispositif et l'histoire de la Marine militaire sous le Haut-Empire,* EFR, 1986, p. 364.
3. *Panegyricus Constantino Augusto Dictus. Panegyrici Latini,* VII (6), 13, 1.

proches voisins[1]. » Le dernier empereur connu pour avoir disposé d'une flotte rhénane est Valentinien Ier (364-375)[2]. La *Notitia Dignitatum*, malheureusement lacunaire, ne donne aucune indication pour les dernières années du IVe siècle. D'un point de vue militaire, la flotte rhénane reconstituée par Julien n'empêche pas les incursions barbares qui ravagent les Gaules entre 368 et 406. Son rôle le plus efficace semble être le franchissement du fleuve dans les opérations de représailles chez les Barbares.

Dix épaves datant de la fin du IVe siècle et retrouvées à Mayence restituent l'aspect des embarcations romaines. Elles sont de deux types. La première figure une barque rapide, longue d'une vingtaine de mètres, large de trois, avec un faible tirant d'eau. La propulsion est assurée par 26 rameurs et une petite voile (latine ?). Une étrave lui donne la possibilité d'éperonner un navire hostile[3]. Il peut s'agir du type de navire *lusoria* ou *scafa exploratoria* dont parle Végèce[4]. La taille de ces patrouilleurs varie. Ammien Marcellin évoque 40 *lusoriae* transportant 300 hommes sur le Rhin : ce qui donne seulement sept à huit hommes par barque[5]. Le second type de navire trouvé à Mayence est un transporteur rapide présentant la même mâture que le patrouilleur.

L'existence de la flotte du Rhin au IVe siècle est marquée par la discontinuité. Les sources n'en parlent plus après 375. Contrairement à son homologue danubienne, les édits impériaux n'ordonnent pas sa rénovation. Faute d'une politique de renouvellement, elle est en voie de déréliction à la fin du IVe siècle. Il faut raisonnablement croire que ses vestiges disparaissent après la grande invasion de 406.

Le Danube sert non seulement de frontière naturelle et de rocade stratégique, mais aussi de débouché sur le Pont Euxin (mer Noire). À l'époque de la Tétrarchie, plusieurs débarcadères fortifiés sont construits sur la rive gauche du fleuve chez les Sarmates en face des forteresses d'*Aquincum* (Ofen-Buda quartier de Budapest), de *Bonnonia* (Banostor) et de *Lugio*[6]. Ces débarcadères ont la forme d'un rectangle dont trois côtés sont murés et le quatrième ouvert sur le fleuve. Quatre tours d'angle et une porte fortifiée défendent l'ensemble[7]. À la fin du IVe siècle, la *Notitia Dignita-*

1. Julien, *Ep. ad Athenienses,* V, 8, 21-24.
2. Symmaque, *Laudatio ad Valentinianum,* I, 28.
3. J. Haywood, *Dark Age Naval Power. A Reassessment of Frankish and Anglo-Saxon Seafaring Activity,* Londres, Routledge, 1991, p. 46-47.
4. Végèce, *DRM,* IV, 37.
5. Ammien Marcellin, XVIII, 2, 11-12.
6. Actuelle Dunaszecksö.
7. A. Mocsy, 1974, p. 269-270. M. Reddé, 1986, p. 364.

tum mentionne encore 12 flottilles réparies en 18 mouillages sur le Danube et la Drave. Chaque flottille est commandée par un préfet aux ordres d'un duc frontalier. La plus grande est la Flotte du Danube (*Classis Histrica*) qui stationne sur 6 mouillages et 5 duchés frontaliers différents. Cela traduit le démantèlement de l'ancienne flotte stratégique au profit d'une défense locale. La Flotte Pannonienne (*Classis Pannonica*) comme la Flotte Flavienne (*classis Flauia*) sont divisées en deux, numérotées I et II. Il existe 5 flottilles locales qui portent le nom de leur port d'attache et deux unités de « barques des Scythes » (*Classis musculorum Scythorum*) et de « navires fluviaux » (*Naves amnicae*). Cette fragmentation répond à des besoins locaux de surveillance et d'intervention. Les flottilles fluviales ne connaissent pas de désorganisation brutale au cours du IVe siècle. Entre 376 et 386, leur existence est confirmée par de nombreux témoignages qui attestent leur efficacité logistique et combattante. En 376, pendant plusieurs jours et nuits, les flottilles danubiennes assurent le transfert des réfugiés goths sur le territoire romain[1]. Sans avoir à combattre, les Goths réussissent le plus difficile : la traversée du Danube, frontière naturelle gardée par une flotte fluviale. En 378, l'empereur Gratien emprunte le Danube pour se rendre de *Sirmium* (Sremska Mitrovica ou Mitrowitz) au Camp de Mars en Dacie Ripuaire (Kula en Bulgarie). Débarqué à cet endroit, il est attaqué par les Alains et ne peut intervenir contre les Goths dans les Balkans[2]. En 386, le général Promotus repousse une tentative des Goths Greuthungues qui essaient de débarquer par une nuit sans lune à bord de pirogues. Ayant prévenu leur opération, les galères de Promotus rabattent les Goths sur le rivage romain où les attendent des fantassins. Le triomphe est célébré le 12 octobre[3]. Végèce, d'ordinaire critique, note l'efficacité de la flotte danubienne : « *Je pense n'avoir rien à dire sur les patrouilleurs qui montent la garde quotidiennement sur le Danube, parce qu'en ce domaine, l'usage contemporain témoigne d'un art supérieur à celui de l'ancienne doctrine*[4]. »

Un décret du 28 janvier 412, émis par Théodose II, montre le soin porté par Constantinople à la flotte du Danube oriental[5]. Le maître de la milice de Thrace est chargé de réorganiser les

1. Ammien Marcellin, XXXI, 4, 4-6.
2. *Ibid.*, XXXI, 11, 6.
3. Zosime, IV, 38-39. Claudien, *De Quarto Consulatu Honorii,* v. 619-637. M. Reddé, 1986, p. 645.
4. Végèce, *DRM,* IV, 46.
5. *CTH,* VIII, 17, 1-2.

flottilles de Mésie et de Scythie à l'embouchure du Danube. La flotte de Mésie devra comprendre 100 patrouilleurs (90 nouveaux et 10 anciens) et celle de Scythie 125 (110 nouveaux et 15 anciens). Chaque année, la Mésie produira 10 navires pour surveiller les affluents danubiens à l'intérieur des terres et la Scythie 12. En outre, il est question de fabriquer chaque année 4 croiseurs dits « *judiciaires* » (patrouilleurs lourds ?) et 10 croiseurs dits « *de veille* » (patrouilleurs légers ?) en Mésie, tandis que respectivement 5 et 12 navires de ces deux catégories seront construits en Scythie. Le décret impérial ordonne aux ducs frontaliers de veiller à ce que les navires soient totalement équipés. Les anciens marins seront assignés au transport du ravitaillement et les autres stationnés dans les bases fortifiées. Ce texte de 412 montre que le contrôle fluvial intéressait tout autant la logistique des fortifications frontalières que l'interdiction militaire des rives romaines. On doit supposer que ces embarcations, rapidement construites en série, n'étaient pas très grandes, certainement proches des exemplaires trouvés sur le Rhin. Il ne faut pas les confondre avec les galères rostrées à deux rangées de rameurs (*liburnae*) qui ont transporté l'armée romaine pour conquérir la Dacie, telles que les illustre la Colonne Trajane. Les liburnes étaient des navires légers de 24 à 30 mètres de long. Végèce déclare qu'elles avaient de un à cinq rangs de rameurs[1]. Les Barbares danubiens sont incapables de lancer sur les eaux du fleuve autre chose que des pirogues ou des radeaux, incapables de rivaliser avec les flottilles romaines.

Le soin constant apporté à la surveillance fluviale explique, indépendamment des troubles intérieurs, la sécurité de la frontière danubienne entre 382 et 433. À cette date, les Huns sont établis comme fédérés en Pannonie. Attila, grâce à cette tête de pont, déjoue la surveillance fluviale et menace directement le territoire romain entre 441 et 448. Pourtant, Constantinople croit toujours à l'efficacité de ses flottilles. Dans une loi de 443, Théodose III ordonne au maître des offices de veiller à l'entretien des camps du *limes* danubien et à celui des patrouilleurs fluviaux[2]. L'armée régulière continue de se maintenir sur l'Orient danubien.

1. Végèce, *DRM,* IV, 33. M. Reddé, 1986, p. 104. D. Baatz et R. Bockius, *Vegetius und die römische Flotte*, Mayence, Verlag des römisch-germanischen ZentralMuseums, 1997.
2. *CTH.N,* XXIX.

Frontières maritimes de la Manche vers 395

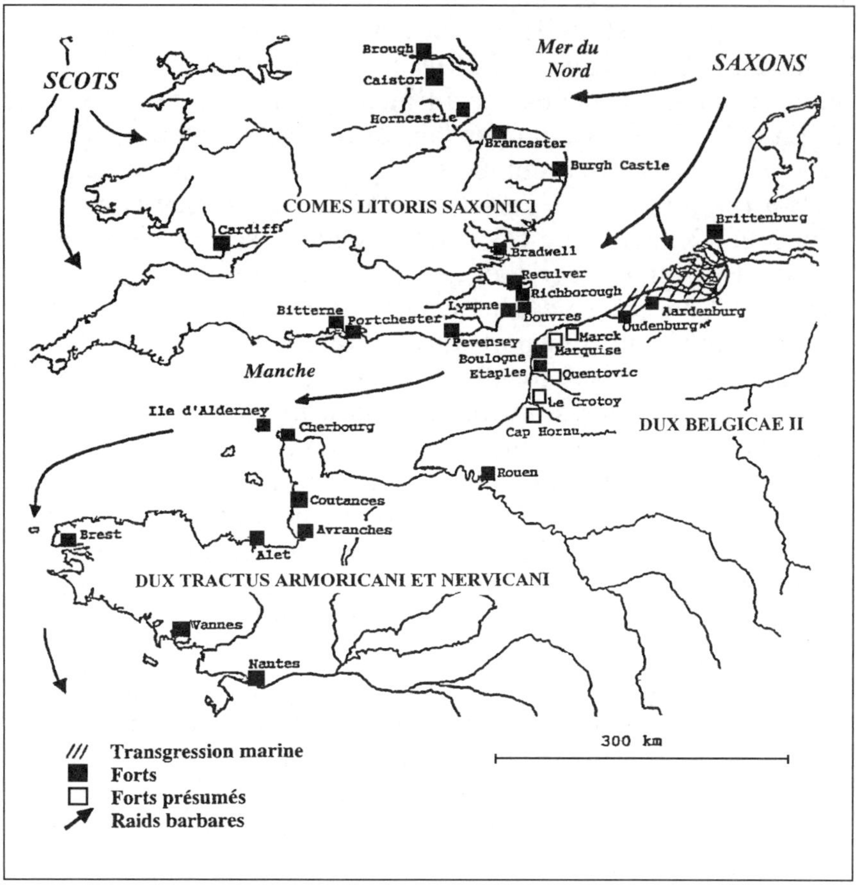

FRONTIÈRES MARITIMES DE LA MANCHE

La piraterie en mer du Nord représente une nouvelle forme de menace qui accroît les servitudes de défense. Apparue dans les années 260, elle persiste jusqu'à la fin de l'Empire. Les pirates sont les Francs installés à l'embouchure du Rhin puis les Saxons (« *porteurs de Sax* », un large coutelas), implantés dans les Pays-Bas et dans le Danemark[1]. Au milieu du IVe siècle, les côtes gauloises sont toujours ravagées par les Francs et les Saxons qui viennent par la terre ou la mer[2]. Zosime déclare que les Saxons contournent les Francs par la mer et attaquent les territoires romains[3]. L'outil de ces expéditions est illustré par un navire

1. J. Haywood, 1991, p. 23-30.
2. Ammien Marcellin, XXVII, 8, 5.
3 Zosime, III, 6, 1-2.

datant de la seconde moitié du IVe siècle, découvert à Nydam dans le Sud du Danemark. Avec une coque construite à clins, long, profilé, à fond plat (24 x 3 x 1,30 mètres), propulsé par une trentaine de rameurs, il était rapide, bas sur l'horizon, adapté à la remontée des fleuves : outil idéal pour les coups de main[1]. Les raids saxons contre les côtes gauloises persistent dans la seconde moitié du Ve siècle. Habiles navigateurs, ils profitent des tempêtes pour masquer leur approche. Cruels, ils noient un dixième de leurs prisonniers pour se concilier les divinités marines[2].

En réponse à cette menace, les Romains développent le concept de frontière maritime une vingtaine d'année après le début des raids. Vers 285, le général Carausius est envoyé en (Grande-)Bretagne pour mener une politique de grands travaux de défense côtière. Doté d'importants moyens, il se proclame empereur et se prépare à contrer un débarquement romain venu des Gaules. Il tient même sur le continent le port de Boulogne, point de départ pour la Bretagne. Après la prise de Boulogne en 293 par l'armée des tétrarques, Carausius est assassiné par ses troupes. Son lieutenant Allectus devient usurpateur à son tour. En 296, deux flottes tétrarchiques interviennent pour mettre fin à la sécession. Une flotte de diversion, aux ordres d'Asclépiodote, débarque à Douvres, l'autre, commandée par le César Constance Chlore, porte l'attaque principale en remontant la Tamise jusqu'à Londres. L'armée d'Allectus, composée de mercenaires francs, est taillée en pièces[3]. Les usurpateurs de Bretagne ont néanmoins jeté les bases du Littoral Saxon (*Litus Saxonicum*). Selon l'habitude romaine, cette région militaire porte au IVe siècle le nom de l'ennemi à combattre[4]. Il s'agit essentiellement d'un système de gardes-côte à terre. Aux ordres d'un comte, le Littoral Saxon couvre l'angle Sud-Est de l'actuelle Grande-Bretagne. Douvres reste le principal port militaire de l'île. Son fort, construit en surplomb, abrite une tour de signalisation et d'observation. Des fortifications variées dans leur forme sont édifiées sur le Littoral Saxon jusque vers les années 340-350[5]. Immanquablement, les ouvrages barrent l'embouchure des fleuves qui servent d'axes de pénétration à l'intérieur des terres. L'implantation de fédérés saxons, attestée par des tombes le long de la rivière Humber, semble commencer

1. L. Casson, *Ships and Seafaring in ancient Times,* Londres, British Museum Press, 1994, p. 145-146.
2. Sidoine Apollinaire, *Ep. ad Namantium,* VIII, 6, 14.
3. J. Haywood, 1991, p. 40.
4. J.G. Hind, « *Litus Saxonicum*. The Meaning of Saxon Shore », *RFS,* 1980, p. 317-324.
5. A.C. King, « The Date of the Stone Defences of Roman Bitterne », *RFS,* 1989, p. 108-110.

dès les années 380[1]. Néanmoins, ils restent les principaux ennemis de la Bretagne. En 398 et en 400, le panégyriste Claudien évoque les menaces qu'ils font courir sur les côtes britanniques[2].

Planche 4. – Secteur Rhin-Manche : les navires. En haut, la menace : longue barque saxonne du IVe siècle trouvée à Nydam (Allemagne). Avec un faible tirant d'eau, sans mât, et propulsée par trente rameurs, c'est l'ancêtre du drakkar des Wikings, idéale pour les coups de main rapides le long des côtes et sur les fleuves.

En bas, la réponse : patrouilleur fluvial du Rhin (IVe siècle) d'après un exemplaire trouvé à Mayence. Avec un mât incliné, une voile triangulaire (?), 20-30 rameurs. Ce navire hérite des traditions méditerranéennes (rostre, plateforme avant) et celto-germaniques (coque longue et profilée). Il est prévu pour l'interception et le combat (redessiné d'après O. Höckman et la Colonne Trajane).

1. N. Fuentes, « Fresh Thought on the Saxon Shore », *RFS,* 1989, p. 58-64.
2. Claudien, *De Quarto Consulatu Honorii,* v. 28 et *De Consulatu Stilichonis,* v. 253-255.

Parallèlement aux Saxons, les Scots, venus d'Irlande, écument l'Ouest de la Bretagne romaine à partir du IVe siècle. Saint Patrick (vers 385-461), patron de l'Irlande, est à l'origine Patrice, un Romano-Breton capturé par les Scots et devenu leur apôtre puis leur évêque. Pour contrer ces pirates, les Romains mettent en état de défense l'actuel Pays de Galles. Ils fortifient les sites portuaires et réaménagent d'anciens camps dont l'origine remonte à la conquête des Ier-IIe siècles. Il s'agit d'une cinquantaine de forts situés près des cours d'eau, établis jusqu'à 60 km du littoral. Néanmoins, ils sont graduellement abandonnés au cours de la seconde moitié du IVe siècle[1]. Les gardes-côte sont retirés au profit de la frontière du Rhin qui connaît une situation chaotique entre 351 et 360, puis tendue dans les années 360-370. La *Notitia Dignitatum*, rédigée après 395, ne fait état d'aucun déploiement de troupes dans le Pays de Galles[2]. Il est clair que la (Grande-)Bretagne est en voie d'abandon stratégique dans la seconde moitié du IVe siècle.

La région militaire du Littoral Saxon en (Grande-)Bretagne trouve un prolongement continental. Ammien est l'unique source à parler d'un Rivage Gaulois (*Gallicanus Tractus*) qui s'oppose à la piraterie saxonne vers 368 avec l'aide des forces d'accompagnement[3]. La *Notitia Dignitatum* évoque deux régions maritimes gauloises : le duché de Belgique Seconde et le Rivage Armoricain et Nervien.

Le duc de Belgique Seconde ne commande que trois à quatre forteresses côtières et le port de Boulogne[4]. Ses attributions sont essentiellement navales. Il commande la Flotte de la Sambre (*Classis Sambrica*) basée à l'embouchure de la Somme ou de la Canche (?). Mais son plus important commandement naval reste la Flotte Britannique (*Classis Britannica*) basée à Boulogne. Un vaste camp rectangulaire de 235 x 410 mètres adjacent à la ville abrite les équipages de la flotte. Saccagé par les Barbares puis abandonné après 268, il a été reconstruit par Carausius entre 285 et 293. Au nord de l'estuaire de la Liane, un phare octogonal de douze étages signale l'entrée du port[5]. La Flotte Britannique est inopérante en 360 et 367, où elle ne peut empêcher les débarquements des Saxons et des Scots en (Grande-)Bretagne. Elle semble

1. D. Moore, « Roman and Norman Military Sites in Wales : a Comparison of Two Frontiers », *Limes,* 1977, p. 19-34.
2. J.L. Davies, « Roman Military Deployment in Wales and the Marches from Pius to Theodosius I », *RFS,* 1989, p. 48-51.
3. Ammien Marcellin, XXVII, 8, 5.
4. *Notitia Dignitatum,* OC.XXXVIII.
5. M. Reddé, « La marine militaire », *ARG,* 1996, p. 211-219.

toutefois adaptée à l'embuscade. Végèce évoque certains navires de vingt rameurs dont la coque, les voiles, les cordages, jusqu'aux tenues des marins sont peints en vert-océan[1] (bleu) et surnommés « *Peintes* » (*Pictae*) par les Bretons. C'est le premier exemple de camouflage de bâtiments de guerre. Ces navires peints qui, d'après Végèce, éclairent et accompagnent les liburnes semblent adaptés aux coups de main rapides sur les côtes de la Manche[2]. Le souvenir de batailles navales dans la mer du Nord entre Romains et Saxons ne s'est pas conservé, car les pirates saxons préfèrent l'infiltration à l'engagement. La seule mission que la Flotte Britannique assume sans faillir est le transport de troupes (avec la coopération de la Flotte de la Sambre ?).

De la Somme à la Loire, un second dispositif continental est mis en place, le Rivage Armoricain et Nervien (*Tractus Armoricanus et Nervicanus*)[3]. Contrairement à l'expression « *Littoral Saxon* », les adjectifs « *Armoricain* » et « *Nervien* » déterminent la localisation géographique de la région maritime. L'Armorique, actuelle Bretagne, est le centre de gravité du dispositif. L'épithète « *Nervien* », nom d'une ancienne tribu belge, suppose un prolongement jusqu'en Belgique Seconde. La plupart des sites archéologiques reconnus se trouvent à l'ouest de la Seine. Neuf fortifications côtières (Presqu'île du Cotentin, Brest, Vannes) ou fluviales (Rouen, Nantes) protègent les principaux ports. La *Notitia Dignitatum* mentionne le fort de *Grannona* comme situé *in Litore Saxonico*, « *sur le Littoral Saxon* ». *Grannona* correspond à l'île d'Alderney au nord-ouest du Cotentin[4]. Contrairement aux marches du Rhin, le Rivage Armoricain, mal connu dans sa partie Nervienne, ne multiplie pas les ouvrages militaires et repose sur le réseau urbain civil préexistant[5]. La défense du Rivage Armoricain à partir du Ve siècle est confiée à des Barbares, dont la présence est attestée en Basse-Normandie. L'archéologie funéraire militaire et civile donne des exemples de squelettes de grande taille avec des crânes déformés à la Burgonde et des articles vestimentaires de mode danubienne (plaques de ceinturon, fibules)[6]. Trois colonies de Saxons ont été installées dans la première moitié du Ve siècle : la première près de Bayeux dans une région qui sera

1. Végèce, *DRM,* IV, 37.
2. S. Kerneis, 1998, p. 230-234.
3. *Notitia Dignitatum,* OC XXXVII.
4. *Ibid.,* OC.XXXVII.24. R. Brulet, « Le *Litus Saxonicum* continental », *RFS,* 1989, p. 155-169.
5. P. Galliou, « The Defence of *Armorica* in the Later Roman Empire : A Tentative Synthesis », *RFS,* 1979, tome 2, p. 397-422. R. Brulet, 1996, p. 240-242.
6. Ch. Pilet *et alii*, « L'apport de l'archéologie funéraire à l'étude de la présence militaire sur le *limes* saxon le long des côtes de l'actuelle Basse-Normandie », *ARB-AFAM,* 1993, p. 157-161.

appelée *Olinga Saxonica* au IXe siècle, une seconde à l'embouchure de la Loire et une troisième dans le Boulonnais[1]. En 409, l'Armorique et d'autres régions gauloises (du nord-ouest ?) se révoltent contre l'autorité romaine et les Barbares qui occupaient leurs villes[2]. Il s'agit d'un refus de la fiscalité romaine pour l'entretien de fédérés barbares. L'archéologie révèle que la partie bretonne du Rivage Armoricain, contrairement à la Basse-Normandie, est libre de toute implantation germanique. Les Bretons d'Armorique préfèrent assurer leur propre autodéfense, mais coopèrent avec les dernières forces « romaines » en 468 pour lutter contre les Wisigoths. La partie non-armoricaine du Rivage Armoricain et Nervien reste contrôlée par l'État central. Elle devient le « Royaume des Romains » de Syagrius entre 465 et 487, dernière partie de la Gaule à s'identifier avec l'Empire, même après la chute de Romulus Augustule en 476.

1. J. Haywood, 1991, p. 58-59.
2. Zosime, VI, 5, 3.

CHAPITRE 9

La défense de l'intérieur

Une stratégie qui assigne aux frontières un rôle de surveillance plutôt que de barrage doit envisager une défense intérieure. C'est le cas en arrière du Rhin et du Danube. Les zones rurales des marches-frontalières sont les premières à être exposées. Les routes forment des couloirs d'invasion, obligeant les villes qui les jalonnent à se fortifier. L'armature stratégique de l'Empire est un réseau de villes et de routes. Les villes ont trois missions stratégiques : retenir l'ennemi, fournir des bases d'opérations à l'armée romaine, abriter et symboliser le pouvoir impérial.

LA DÉFENSE DE L'INTÉRIEUR : PROTECTION DES CAMPAGNES

Les fortifications rurales se multiplient entre 260 et 350, signe que la *Pax romana* a vécu. Construits au cours des périodes d'accalmie, ces refuges sont un phénomène rhénan et danubien, mais aussi gaulois. L'arrière-pays rhénan se couvre de fortifications civiles de hauteur sur les massifs des Ardennes et de l'Hunsrück-Eifel le long des vallées de la Meuse et de la Moselle, en même temps que les routes sont jalonnées par des *burgi* militaires[1]. Les établissements civils sont éloignés des routes et donc des invasions[2]. Il s'agit souvent d'éperons rocheux barrés par un simple mur. Certaines fortifications plus complexes, comme à Moosberg, s'appuient sur une falaise et développent une enceinte de pierre garnie de tours carrées. Elles ont des traces d'occupation continue jusqu'à l'époque mérovingienne. L'aspect médiéval de

1. S. Johnson, 1983, refuges de hauteur p. 226-244, fortifications en arrière du Rhin, p. 257-259.
2. R. Brulet, 1996, p. 246-248.

telles installations est évident. Le refuge de Bertrix, avec son enceinte de pierre vaguement circulaire, a été réoccupé au Moyen Âge (XIe-XIIe siècles) par un donjon carré[1]. Autour des fortifications de hauteur les plus simples se concentrent désormais habitations et nécropoles. L'absence de matériel archéologique dans certains sites traduit une occupation conjoncturelle liée à une agression barbare. On a cru reconnaître dans la plaine au Sud-Ouest de Cologne, à Froitzheim et à Rheinbach-Flerzheim, des tours-silos protégées par une palissade et un fossé.

Les fortifications civiles sont d'abord le fait des grands propriétaires terriens qui tiennent à protéger leurs récoltes et leurs gens. Un dispositif comparable se retrouve en arrière du Danube, aux sources de la Drave et de la Save et en bordure de la côte Dalmate. L'archéologie témoigne de l'existence de villas fortifiées du Bas-Empire en Pannonie, une des régions les plus exposées des marches danubiennes. Souvent, de hauts murs et des tours d'angles carrées ferment une cour intérieure[2]. Le même phénomène se reproduit très profondément dans l'intérieur des Gaules. Sidoine Apollinaire décrit l'imprenable bourg construit par Pontius Léontius au IVe siècle sur le confluent de la Garonne et de la Dordogne. Ce *burgus* est muni de murailles, de thermes d'été et d'hiver, d'un bâtiment de réception avec un péristyle, de greniers, d'ateliers de tissage, de tours, dont l'une abrite la salle à manger d'hiver, annonçant le donjon[3]. Salvien de Marseille, au début du Ve siècle, note que les paysans vont trouver refuge dans les *castella* des propriétaires[4]. L'archéologie confirme ce fait et relève qu'à cette époque, dans le Bassin parisien, 80 % des *uici* (hameaux) antiques ont été abandonnés, probablement au profit des villas dont l'existence se maintient et qui sont à l'origine des villages médiévaux. Les fortifications de l'intérieur ne jouent aucun rôle militaire au moment d'incursions barbares, mais ce n'est pas leur rôle. On ne peut évaluer la protection réelle qu'elles apportent aux civils. L'insécurité liée à la grande invasion de 406-409 en Gaule semble avoir été atroce. En Aquitaine, de nombreux hameaux sont abandonnés après avoir été incendiés. La grotte préhistorique de l'Hortus est temporairement réoccupée à cette époque[5].

---

1. J. Mertens, « Recherches récentes sur le *limes* en Gaule Belgique », *RFS,* 1980, p. 423-470.
2. A. Lengyel, *The Archaelogy of Roman Pannonia,* Budapest, Akadémiai Kiado, 1980, p. 312-317.
3. Sidoine Apollinaire, *Carmen* 22.
4. Salvien de Marseille, *De Gubernatione Dei,* IV, 14.
5. J. Chapelot, R. Fossier, *The Village and House in the Middle Age,* Londres, Bastford, 1985, p. 691.

UNE GENDARMERIE BARBARE

Constantin installe des préfectures de Sarmates et de gentils en arrière du Danube et du Rhin mais les préfectures de lètes sont une caractéristique de la Gaule. Lètes et Sarmates y sont répartis en quatre grands secteurs : Rhin-Somme, Somme-Loire, Massif Central, Trouée de Belfort plus un détachement létique en Aquitaine Première. D'après la *Notitia Dignitatum*, il y a 12 préfectures de lètes, essentiellement des peuples germaniques : Suèves (4), Bataves (3), Teutons (1 ou 2 ?), Francs (1), mais aussi d'autres non identifiés installés dans le pays des Lingons (1) et des Nerviens (1) soit la région de Langres et la rive Sud de l'Escaut[1]. Les récits du IVe siècle les mentionnent peu dans les combats, mais évoquent la trahison de certains en 357. Dans l'arrière-pays rhénan, des fortifications de hauteur civiles sont manifestement devenues des garnisons germaniques dans les années 370-380. Les nécropoles adjacentes trahissent l'origine des occupants : petits groupes de lètes ou de gentils à qui l'on confie des terres à cultiver et à défendre. Les nécropoles permettent d'autre part d'évaluer à 20 ou 25 personnes, hommes et femmes, la population de tels sites : Rhenen (Pays-Bas), Vireux-Molhain (Ardennes), à Haillot et Furfooz (Namurois), Cortrat (Loiret) et Vert-la-Granvelle (Marne). En Germanie Seconde, ce sont des Francs que l'on retrouve dans les fortifications de hauteur, tandis qu'en Germanie Première, il s'agit d'Alamans ou de Burgondes[2]. Certains forts de l'intérieur sont construits en plaine et correspondent à des relais. C'est le cas à Jublains dans la Mayenne qui présente une double enceinte originale : une enceinte de pierre extérieure avec des tours semi-circulaires, une levée de terre intérieure abritant un bâtiment central et deux thermes[3]. Deux flottilles rhodaniennes et une sur la Seine assurent la police fluviale ou plus certainement un transit logistique. La toponymie française a gardé des traces de fédérés alano-sarmates répartis en arrière du *limes* rhénan en Picardie, dans la région parisienne et en Champagne, en Forez et région lyonnaise et dans le Sud-Ouest entre Loire et Gironde. La plaine du Pô semble avoir reçu des implantations comparables[4]. Gendarmerie territoriale, ces auxiliaires barbares représentent l'État romain auprès des populations indigènes.

---

1. *Notitia Dignitatum*, OC.XLII.33-44.
2. P. Périn et L.Ch. Feffer, *Les Francs,* 1987, tome 1, p. 90-91.
3. R. Brulet, 1995, p. 248-250.
4. V.B. Kovalevskaja, 1993, p. 209-221.

En Orient, le besoin d'une force de police est ressenti sur le *limes* intérieur d'Isaurie, région montagneuse au sud-ouest de la Turquie actuelle, foyer d'insoumission et de brigandage. Pour contrer les raids isauriens en 367, le vicaire d'Asie Musonius, ex-professeur de rhétorique, lève une force de police locale, les *diogmitae* (du verbe « *poursuivre* » en grec). Ces *rangers* sont qualifiés de *semiermes* par Ammien, c'est-à-dire « *à demi-armés* ». Ils sont massacrés dans une embuscade et, malgré tout, les troupes régulières, méprisées par Musonius, rétablissent l'ordre[1].

FRONTIÈRES INTÉRIEURES

Avant l'établissement massif de fédérés en Gaule, les guerres civiles ont parfois créé des frontières intérieures. Il y en a de frappants exemples au Bas-Empire.

La Barrière des Alpes Juliennes (*Claustra Alpium Juliarum*) est conçue pour protéger la plaine du Pô contre un ennemi qui viendrait du nord-est. Elle forme un arc de cercle de l'Adriatique aux Alpes, dont le tour fait une centaine de kilomètres avec l'actuelle Trieste pour centre de gravité. La moderne Ljubliana est à une quinzaine de kilomètres au nord-est de la barrière. Sur le périmètre, les traces discontinues d'un mur s'y retrouvent avec quelques forts linéaires situés en avant ou en arrière.

Trois forts (Vrhnika, Hrusica, Aidovcina) sont échelonnés le long d'un défilé, sur la route qui conduit à l'Italie. Entre Vrhnika (le point le plus exposé au nord-est) et Hrusica, séparées par une quinzaine de kilomètres, trois tours d'observation routière ont été dressées. Cet axe est barré par un premier mur construit à 3 km en arrière du fort de Vrhnika, deux petits murs de moins d'un kilomètre s'appuient aux tours d'observation et une quatrième barrière longue de 7 km se déploie plus au sud directement en avant du fort de Hrusica. Cette ligne intérieure a été construite par Constantin autour de 320 pour contenir Licinius, son rival à l'est. En 361, le César Julien, révolté contre Constance II, craint que les soldats loyalistes d'Aquilée ne le coupent de ses arrières en bloquant les passes des Alpes Juliennes[2]. Il est très probable que cette opération soit facilitée par la Barrière des Alpes Juliennes. En 388, quand il occupe l'Italie, l'usurpateur Maxime commet l'erreur de dégarnir cette ligne et se fait battre par l'empereur Théodose Ier. La Barrière des Alpes Juliennes semble abandonnée

1. Ammien Marcellin, XXVII, 9, 7.
2. *Ibid.*, XXI, 12, 21.

vers 400 d'après le matériel archéologique[1]. Jordanès déclare qu'Alaric en 401 « *entra en Italie par le côté droit* (est) *comme si celle-ci avait été déserte*[2] ». Entre 407 et 411, l'usurpateur Constantin III établit des garnisons sur les Alpes pour se garantir d'une nouvelle attaque venant d'Italie de la part d'Honorius[3]. Selon l'habitude romaine, des fortifications, même mineures, ont dû être construites, mais l'archéologie n'en a pas retrouvé la trace. Par contre, les troupes romaines d'Honorius franchissent les Alpes sans encombre en 411 et renversent l'usurpateur.

La Barrière des Alpes Juliennes

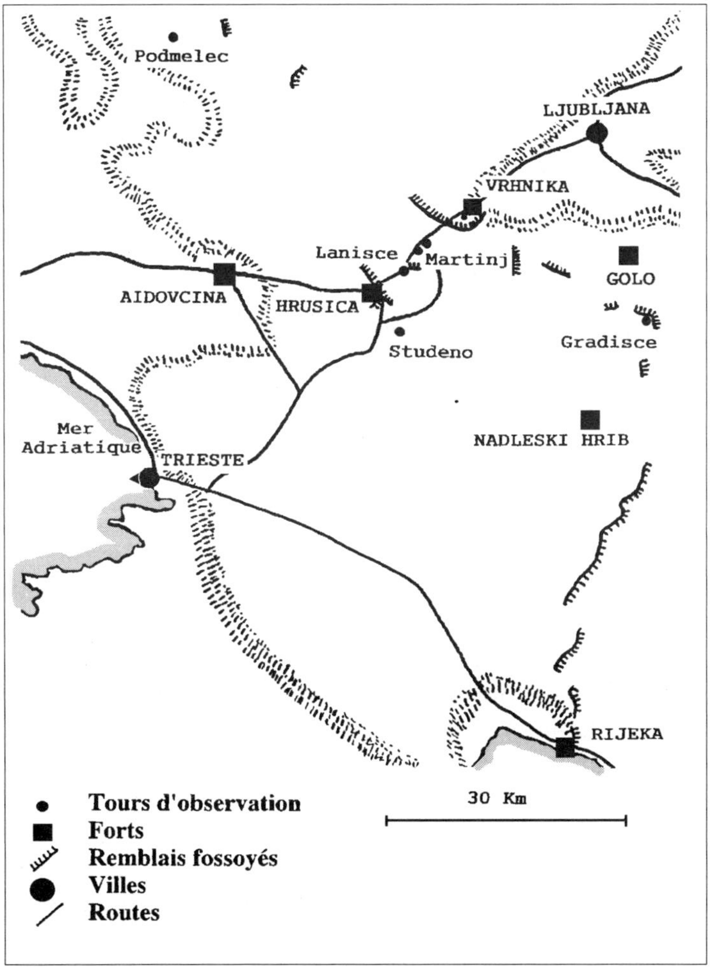

1. S. Johnson, 1983, p. 216-218.
2. Jordanès, *Getica,* XXIX, 147.
3. Zosime, VI, 2, 6.

La guerre civile est à l'origine d'une autre barrière intérieure. Après la sanglante bataille de *Mursa* en Pannonie, l'armée des Gaules de l'usurpateur Maxence est affaiblie mais pas vaincue. Constance II veut empêcher que son adversaire étende son influence aux Espagnes. Avec les troupes loyalistes sur place et certainement des renforts acheminés par la mer, Constance II essaie d'empêcher Magnence de pénétrer en Espagne par la construction d'une ligne de défense dans les cluses (*clausurae*) des Pyrénées orientales entre 352 et 353. Il s'agit de fortins dressés sur des éperons rocheux, hâtivement construits avec des blocs de remploi et des moellons. Les fortins du « Château des Maures » et de « Cluse Haut » sont raccordés, en contrebas, par un mur garni d'une porte centrale qui verrouille la *via Domitia*[1]. Néanmoins, en l'absence de garnisons suffisantes, les cluses sont inefficaces. En 408, elles sont franchies par les troupes de l'usurpateur gallo-breton Constantin III et, le 22 septembre 409, elles sont incapables de s'opposer au déferlement des Vandales des Alains et des Suèves[2]. En 415, Jordanès évoque encore les cluses pyrénéennes. Elles servent alors de frontière entre les Wisigoths qui occupent la Tarraconaise, dans le nord-ouest de l'Espagne et la Gaule encore romaine[3]. Par la suite les cluses pyrénéennes jouent un rôle important dans l'Histoire de l'Espagne wisigothique. Encore vers 672-673, Julien de Tolède évoque « *les camps que l'on appelle* clausurae[4] ».

L'AUTODÉFENSE URBAINE

En Occident les villes de l'intérieur se sont fortifiées dans la seconde moitié du IIIe siècle, pour répondre à l'effondrement du *limes*. Pour les Germains, les vallées de la Moselle, de la Saône et du Rhône constituent un véritable couloir d'invasion. Pour condamner ce couloir, les villes de la Saône comme Dijon et Châlons-sur-Saône s'entourent de murs entre 270 et 282 et sont prolongées par une ceinture de forts comme Beaune, Tournus, Mâcon et Anse. Dioclétien complète la fortification de cet axe avec les villes d'Arlon, Metz, Toul, Grand et Langres en Gaule. Ces villes forment, en arrière du Rhin, un deuxième échelon compris entre la Moselle et la Saône pour un ennemi venant de l'est.

1. G. Castellvi, « *Clausurae* (les cluses des Pyrénées orientales) : forteresses-frontières du Bas-Empire Romain », *FTFC,* 1995, p. 81-118.
2. P. Le Roux, 1982, p. 395-396.
3. Jordanès, *Getica,* XXXII, 165.
4. Julien de Tolède, *Historiae Wambae Regis,* 11.

On connaît une centaine de villes fortifiées pour l'ensemble des Gaules et des Belgiques. La taille des villes décroît car les fortifications urbaines coûtent cher. À l'exception de Trèves qui a une enceinte de 6,4 km pour une surface de 285 hectares, les villes gauloises atteignent une superficie de 12-15 hectares en moyenne[1]. L'enceinte redéfinit l'espace urbain. Dans le nord de la Gaule et en Belgique, les remparts s'appuient sur les bâtiments publics du *forum* et forment ce qu'on appelle des villes réduites comme Amiens, Bavay ou Famars. En Aquitaine, les monuments se retrouvent placés à l'extérieur de l'enceinte et commencent à servir de carrières. Des blocs de récupération tirés de ces bâtiments publics ont servi aux fondations des remparts urbains. Les enceintes urbaines reprennent les éléments caractéristiques des fortifications militaires : fossés défensifs, tours carrées ou demi-circulaires donnant sur l'extérieur, portes défendues par deux bastions rapprochés, remparts alternant petits blocs de pierre et briques comme au Mans ou à Carcassonne, formant des motifs ornementaux. Végèce, dans son *De Re Militari,* recommande l'*opus mixtum* qui associe la pierre et la brique pour une plus grande souplesse contre les coups de bélier. Il évoque la nécessité d'avoir des portes et des herses incombustibles. Végèce insiste sur les douves dont la taille augmente dans les fortifications du Bas-Empire[2]. La ville de Famars semble avoir été défendue par un double fossé mais les traces de douves urbaines ont été remplacées par celles du Moyen Âge, comme c'est le cas au Mans. Contrairement aux douves médiévales, celles du Bas-Empire ne sont pas accolées directement à l'enceinte mais séparées par une berme large de 15 à 20 mètres. Les remparts élevés entre 250 et 350 sont construits avec soin, à l'exception de Die où l'on relève l'emploi de pierres sèches.

Au milieu du IVe siècle, les fortifications urbaines des Gaules sont généralement en mauvais état faute d'un entretien régulier, mais leur principale faiblesse tient à l'absence d'une garnison. Les troupes d'élite stationnées à l'arrière, rares et dispersées, sont faites pour combattre en rase campagne et abandonnent les villes en temps de guerre. Les murailles toutefois suffisent à contenir les Barbares au-dehors, comme le rappelle Zosime pour l'invasion germanique des Gaules en 356 :

---

1. K. F. Werner, *Histoire de France. Les Origines,* Paris, Fayard, 1984, p. 254.
2. Végèce, DRM, IV, 2-4.

> « *Les villes qui, grâce à la force de leurs murailles, avaient échappé aux envahisseurs, ne disposaient que de très peu de terre à cultiver. Leurs habitants avaient beau s'attacher à tirer parti de tout pour se nourrir, ils mouraient de faim. Finalement, ces villes furent si dépeuplées que, le vide s'y faisant, elles furent comme envahies par la campagne, et alors, mises en culture, les parties inoccupées de leur enceinte suffirent à sustenter ce qu'elles avaient encore de citoyens. On y voyait atteler des bœufs, tirer des charrues, jeter des semences et produire des épis ; on y rencontrait des faucheurs et des aires à battre le blé, le tout à l'intérieur des portes...*[1] »

Au Ve siècle, les cités doivent apprendre à se défendre par elles-mêmes, car l'Empire n'a pas les moyens militaires de les protéger individuellement. En 410, la population de Rome, nombreuse mais désarmée, ne parvient pas à s'organiser militairement contre les Wisigoths. Aux Romains qui essaient de l'effrayer par leur supériorité numérique, Alaric répond que « *plus l'herbe est épaisse, plus elle est facile à tondre*[2] ». En 440, Valentinien III déclare que les citoyens romains ne sont nullement forcés à revêtir l'état militaire, mais les oblige à aider à la construction et à la défense des murs et des portes[3]. La défense d'une ville n'est efficace que si l'Église soutient le courage des habitants. En 407, Toulouse est la seule ville qui résiste aux envahisseurs grâce à l'évêque Exupère. En 451, c'est Geneviève, une noble franque consacrée à Dieu, qui exhorte les habitants de Paris à repousser Attila. La seule résolution des Parisiens dissuade le roi des Huns. En 471, l'évêque de Clermont-Ferrand et le sénateur Ecdicius repoussent les Wisigoths. La résistance urbaine quitte la science militaire pour entrer dans la légende. Les villes survivent à la disparition de l'État romain et leurs enceintes, remaniées, persistent jusque vers 1300, avant de laisser place à des circuits nouveaux[4].

En Orient, les villes fortifiées de Mésopotamie sont activement défendues par des garnisons frontalières. Elles forment une marche qui défend l'accès de la Syrie. Dans la partie européenne de l'Orient romain, entre le Danube et Constantinople, les Romains ont développé une active fortification de l'intérieur.

---

1. Zosime III, 1, 1, trad. F. Paschoud.
2 *Ibid.*, V, 40, 1-sq.
3. *CTH. Val.III.N.*, V ; IX.
4. B.S. Bachrach, « On Roman Ramparts 300-1300 », *The Cambridge illustrated History of Warfare. The Triumph of the West,* éd. par G. Parker, Cambridge University Press, 1995, p. 64-91. *Id.*, « Imperial Walled Cities in the West : An examination of their early medieval Nachleben » in *City Walls. The Urban enceinte in Global Perspective*, ed. J.D. Tracy, Cambridge University Press, 2000, p. 192-218.

Théodose II (408-450) est l'auteur de cette politique. Sont touchées les grandes cités antiques (*Philippopolis*, *Serdica*, *Béroéa*), les petites agglomérations (*Nicopolis*, *Istrum*...), de nouvelles forteresses de petite taille. Les fortifications de plaine ont une enceinte complète, tandis que celles construites sur une colline escarpée ne défendent que les faces accessibles. Théodose II généralise le système de la double enceinte qu'il a inauguré à Constantinople. 30 des 120 forteresses balkaniques répertoriées ont deux enceintes. L'espace entre les deux murailles est de 10 mètres. La première muraille est deux fois plus basse que la seconde d'où peut être dirigé un tir plongeant. Les murs sont plus larges que par le passé et atteignent de 5 à 6 mètres. Une solution rapide et économique a été mise au point pour élever ces enceintes : l'intérieur des deux parements a été comblé par des pierres brutes liées avec du mortier. Contrairement à la tradition du camp romain, il n'y a qu'une porte et des poternes. À l'exception des grandes cités comme *Serdica* ou *Béroéa*, les portes d'apparat du Haut-Empire sont abandonnées et les autres emmurées[1].

En Afrique, beaucoup de villes de Numidie situées près des marches militaires disposent d'une enceinte rectangulaire qui remonte au IIe siècle, époque de prospérité et d'insécurité relative. Une ville dépourvue de murailles comme Césarée est brûlée par les Maures en 372. Il s'agit d'un événement exceptionnel causé par la trahison des troupes régulières maures. En Tripolitaine, les murailles de *Leptis Magna* (Lebda) sauvent la cité des nomades *Austoriani* qui font un blocus de huit jours. Néanmoins, Carthage s'entoure d'un mur construit rapidement vers 425 ou dans les deux années qui ont suivi l'invasion vandale en 429[2].

VILLES IMPÉRIALES

Rome et Constantinople, les deux capitales de l'Empire, sont fréquemment désertées par l'empereur au profit de sites plus opérationnels. Des villes secondaires deviennent des résidences impériales intermittentes ou durables.

Quand une campagne n'a pas été décisive, l'empereur passe l'hiver dans des villes situées à une centaine de kilomètres de la frontière et qui constituent des postes de surveillance stratégique. Ce positionnement a une valeur dissuasive car les Barbares

1. D. Ovcarov, « Observations sur le système de fortifications de la haute époque byzantine dans les terres bulgares d'aujourd'hui durant les Ve-VIe siècles », *Limes*, 1977, p. 467-471.
2. C.M. Wells, « Carthage : the Late Defences », *RFS*, 1980, p. 1051-1060.

n'osent plus franchir le Danube. Au cours de la première guerre gothique de trois ans, Valens passe deux hivers (368-369 et 369-370) à *Marcianopolis* (Imertje en Bulgarie) avec toute son armée[1]. Il ne rentre à Constantinople qu'une fois la paix conclue[2]. Après sa campagne de l'automne 375 contre les Quades, Valentinien Ier retranche ses troupes dans un camp et une chaîne de fortins, puis revient passer l'hiver sur le Danube à *Brigetio* (Flecken Szoeny), sur l'emplacement d'une forteresse légionnaire du Ier siècle[3]. Valentinien Ier y meurt d'un coup de sang en recevant une ambassade des Quades[4].

Trèves et *Sirmium*, respectivement situées à proximité du Rhin et du Danube, sont utilisées comme postes de garde par les empereurs. *Sirmium* (Sremska Mitrovica ou Mitrowitz en Serbie), ville principale de Pannonie, est capitale de la préfecture d'Illyrie[5]. Elle occupe un véritable carrefour stratégique Nord-Sud, Est-Ouest. Depuis la Save, elle surveille la frontière centre-danubienne située à une centaine de kilomètres au nord. C'est le centre d'opérations d'où partent les expéditions que mène Constance II contre les Sarmates et les Quades et qu'il choisit pour hiverner de 358 à 360[6]. Pendant la courte guerre civile qui oppose Julien à Constance II, en 361, *Sirmium* est le centre d'opérations de *Lucillianus*, maître de la cavalerie d'Illyrie chargé de contrer l'avance de Julien[7]. Elle dispose alors d'une garnison de deux légions et d'une cohorte d'archers que Julien envoie en Gaule[8]. Après la partition de l'Empire, *Sirmium* reste un centre de garnison ou d'étape mais perd son rôle de quartiers d'hiver de l'empereur sur le Danube central. En 374, *Sirmium* est devenue une ville privée de garnison régulière avec des murs laissés en ruines faute d'entretien. D'urgence, le préfet du prétoire d'Illyrie appelle une cohorte d'archers et « *fit déblayer les fossés obstrués par des décombres, réparer des pans entiers de murailles qu'on avait laissés en ruine durant la paix et les éleva même à la hauteur des tours. Son goût le portait à bâtir et une réserve de fonds destinée à la construction d'un théâtre lui fournit, dans cette circonstance, de quoi achever rapidement les travaux*[9] ». *Sirmium*

1. Ammien Marcellin, XXVII, 5, 5-6.
2. *Ibid.*, XXVII, 5, 10.
3. *Ibid.*, XXX, 5, 15. S. Johnson, 1983, p. 180, 182, 194, 255.
4. Ammien Marcellin, XXX, 6, 6.
5. S. Johnson, 1983, p. 121, 193, 253.
6. Ammien Marcellin, XVII, 12, 1 ; 13, 33 ; XIX, 11, 1.
7. *Ibid.*, XXI, 9, 5.
8. *Ibid.*, XXI, 11, 2.
9. *Ibid.*, XXIX, 6, 10-11.

contrôle aussi le passage de l'Occident vers l'Orient. Le Wisigoth Alaric fin 401, puis l'Ostrogoth Théodoric en 488-489, passent par le couloir de la Save pour gagner l'Italie. En 504, une guerre pour le contrôle de *Sirmium* oppose Théodoric, devenu roi d'Italie, aux Byzantins. La Save devient alors une barrière entre l'Occident et l'Orient. Dans la première moitié du IVe siècle, Constantin et Constance Ier choisissent de s'établir à Trèves, siège du préfet du prétoire des Gaules depuis la Tétrarchie, pour surveiller le Rhin. De 368 à l'hiver 374-375, Valentinien passe plusieurs hivers dans la ville de Trèves[1]. Ville stratégique et capitale impériale, Trèves est un centre économique dans les domaines du textile, en particulier les vêtements militaires et de la manufacture d'armes[2]. Située sur la Moselle, elle est proche du secteur des opérations sur le Rhin (environ 150 km de Cologne et de Strasbourg, 120 km de Mayence). Serpentant entre les massifs boisés de l'Eifel et de l'Hunsrück, les méandres de la Moselle sont l'itinéraire obligé entre le Rhin et les plaines de Gaule. Trèves communique par la route au nord avec Cologne et au sud avec Metz. La ville, placée sur la route des invasions, est dévastée de nombreuses fois dans la première moitié du Ve siècle : en 407 par les Vandales, en 413, 420 et deux fois entre 428 et 432 par les Francs du Rhin et en 451 par les Huns d'Attila. Le dernier empereur à l'avoir fréquentée est l'usurpateur Constantin III au printemps 408, pour rétablir la situation après l'invasion de 407. Par la suite, il s'installe en Arles où il transfère le siège de la préfecture des Gaules. De cette position, il peut intervenir au nord par la vallée du Rhône mais surtout se protéger contre les troupes d'Honorius venues d'Italie.

Quand la paix est acquise ou la sécurité maintenue, l'empereur retourne dans une grande ville de l'intérieur. Cette attitude n'est guère différente de celle de Marc-Aurèle dans ses campagnes contre les Marcomans. La différence avec le IIe siècle tient au retour après une campagne victorieuse des troupes de choc dans les villes de garnison de l'arrière, ce qui laisse les frontières dégarnies. En Occident, Milan est une ville de résidence impériale depuis le règne de Gallien (253-268). Au siècle suivant, Constance II et Valentinien Ier y séjournent en temps de paix[3]. En

1. *Ibid.*, XXVII, 8, 1 ; XXVI, 10, 16 ; XXIX, 4, 6 ; XXX, 3, 7.
2. S. Johnson, 1983, p. 19, 23-24. H. Cüppers, « Das spätantike Trier und sein Umland », *MCIR*, p. 227-240.
3. F. Rebecchi, « Milano, rivale di Roma », dans *Storia di Roma*, vol. 3, *L'Età Tardoantica. II. I Luoghi e le Culture*, Einaudi, 1993, p. 105-112. Ammien Marcellin, XIV, 10, 16 ; XVI, 12, 70 ; XXVIII, 6, 30.

février 402, Honorius s'y trouve encore quand Alaric vient l'assiéger. La ville ne doit son salut qu'à l'arrivée des troupes commandées par Stilicon.

Qu'en est-il de Rome ? Rome au milieu du IIIe siècle était encore le centre politique de l'Empire. Mais la situation militaire change dramatiquement à cette époque. Désormais, Rome est menacée par des invasions barbares capables de franchir la frontière danubienne et d'avancer jusque vers Pavie. En conséquence, l'empereur Aurélien (270-275) entoure l'*Urbs* d'un mur qui porte son nom, mais que Probus achève (276-282). Cette enceinte de briques, bâtie entre 272 et 279, comporte pas moins de 381 tours, 18 portes principales et s'étire sur 19 km. L'ouvrage, toujours visible aujourd'hui, a conservé un rôle militaire jusqu'à la confiscation des États pontificaux par la Maison de Savoie en 1870. Au Bas-Empire, l'enceinte est partiellement rénovée par Maxence (306-312), au moment de la guerre civile qui l'oppose à Constantin et à l'armée des Gaules. La victoire de Constantin à la bataille du Pont Milvien, livrée à l'extérieur sur le Tibre, rend inutile cet ouvrage probablement trop vaste pour être défendu efficacement. Au IVe siècle, Rome n'a plus aucun rôle militaire ou politique : c'est un musée qu'on visite. Constance II ne s'y rend qu'une seule fois pour célébrer son triomphe sur les fronts d'Orient et des Gaules en 357[1]. Le Mur d'Aurélien connaît quelques aménagements mineurs sous le règne d'Honorius entre 401 et 403 quand les Goths d'Alaric pénètrent une première fois en Italie. Le Mausolée d'Hadrien, actuel château Saint-Ange, est alors transformé en forteresse et jouera encore activement ce rôle en 1527. En 408, 409 et 410, Alaric assiège trois fois Rome qui sert d'otage dans ses négociations avec l'empereur Honorius. Il s'agit en fait d'une série de blocus. L'on aurait tort de croire qu'Alaric s'avère capable d'encercler la ville tout entière et même de contrôler le Tibre. Beaucoup de Romains l'utilisent pour gagner la mer et le port de Giglio : « *Il est historique, ô merveille, que par le caprice des décisions du sort, un même port se trouva si près des Romains, si loin pour les Goths*[2]. » Néanmoins, Ostie, port fortifié par où transite le blé venant d'Afrique du Nord, est le point faible de la ville. Alaric commence par s'en emparer[3]. Stratégie efficace car Rome, affamée, accepte de verser une rançon contre son ravitaillement. Malgré tout, la ville est prise durant la nuit du 24 août 410. Seule la trahison d'un esclave a

1. *Ibid.*, XVI, 10, 1-sq.
2. Rutilius Namatianus, *De Reditu Suo,* I, v. 325-336.
3. Zosime, VI, 6, 2.

permis la chute de l'*Urbs*. Chrétien de confession arienne, Alaric ordonne qu'on respecte les églises Saint-Pierre et Saint-Paul au cours de la mise à sac de Rome pendant trois jours[1]. La ville n'avait pas été envahie par une armée étrangère depuis huit cents ans. La prise de Rome a plus d'impact sur les contemporains que n'en aura la déposition de l'ultime empereur romain d'Occident en 476. Un symbole s'effondrait. Un autre s'élevait, témoignage d'un Empire en pleine déliquescence. Ravenne devient la capitale politique de l'Occident à partir de 404, puis de l'Italie, sous le règne ostrogothique[2]. Contrairement à Milan ou à Trèves, ce n'est pas un site de surveillance stratégique tourné vers l'intervention. Ville réduite appuyée à la mer, Ravenne est d'autant plus facile à défendre qu'elle est entourée de marais. C'est un refuge dont le port, préfecture de la flotte de Méditerranée orientale, offre une porte de sortie à l'empereur, au cas où les péripéties d'un siège tourneraient mal. Assiégé par le patrice Oreste, l'empereur Népos embarque pour Salone en Dalmatie. Port de l'Adriatique, Ravenne regarde l'Orient d'où peuvent venir d'éventuels renforts. Après la reconquête de l'Italie par les armées de Justinien au VIe siècle, Ravenne s'affirme comme la capitale de l'Occident byzantin, tandis que Rome est désormais la ville du successeur de saint Pierre. Dans les derniers siècles de l'Empire, Rome n'est décidément plus dans Rome.

En Orient, Antioche est au IVe siècle une résidence impériale et le quartier général des troupes d'intervention[3]. Proche de la côte et située sur l'Oronte, Antioche (Antakya en Turquie) peut facilement recevoir des renforts par la mer. Suffisamment en retrait pour n'être pas immédiatement menacée par une offensive perse, elle est assez proche de la frontière pour organiser une riposte. Elle possède la taille nécessaire pour accueillir la Cour et l'armée impériales. Constance II en 360-361 et Julien en 362-363 choisissent d'y hiverner pour préparer la reconquête des territoires mésopotamiens enlevés par les Perses[4]. Valens en fait un lieu de résidence impériale et de gouvernement. C'est là qu'il réside au début de la crise gothique dans les Balkans en 376. Il ne quitte Antioche que deux ans plus tard pour combattre les Goths. Parvenu à Constantinople, il ne s'y attarde pas[5]. L'élévation de la

1. L. Homo, *Essai sur le règne de l'empereur Aurélien (270-275)*, Rome, L'Erma di Bretschneider, 1967, p. 214-308. S. Johnson, 1983, p. 117-119. A. Piganiol, *Le sac de Rome*, Paris, Albin Michel, 1964.
2. R. Farioli Campanati, « Ravenna Capitale », *MCIR*, 1992, p. 375-380.
3. B. Isaac, 1992, p. 436-437.
4. Ammien Marcellin, XXI, 5, 1 ; XXII, 10, 1.
5 *Ibid.*, XXXI, 7, 1 ; 10, 1.

ville de Byzance au rang de capitale impériale sous le nom de Constantinople (« *Ville de Constantin* ») en 330 porte un coup au prestige de Rome, car il y a désormais deux Sénats, deux légitimités et, jusqu'au Ve siècle, les textes de loi sont co-signés par les deux empereurs. Mais Constantinople ne joue pas de rôle politico-militaire décisif avant le règne de Théodose Ier (379-395). C'est la seule ville sur laquelle Théodose peut s'appuyer au début de son règne pour rétablir une situation militairement catastrophique dans les Balkans. Située en Thrace sur le Bosphore, c'est le point de contact entre l'Europe et l'Asie. La ville a la forme d'un triangle qui s'enfonce dans la mer, ce qui lui assure une remarquable défense naturelle. Le flanc Nord est protégé par la Corne d'Or qui peut être barrée par une chaîne, la pointe orientale donne sur le Bosphore tandis que le côté Sud est baigné par la mer de Marmara. Le blocus de la ville demande à la fois des moyens terrestres et navals qui ne sont pas à la portée des Barbares. Contrairement à Rome, Constantinople peut être ravitaillée par la mer. L'Est est protégé par une double enceinte de pierre : la première élevée par Constantin et la seconde, la plus impressionnante, bâtie par Théodose II (408-450) en 412[1]. Le chroniqueur byzantin Malalas prétend qu'il a fallu seulement 70 jours pour l'élever[2]. L'exemple fâcheux de la prise de Rome en 410 a certainement décidé l'empereur d'Orient à renforcer la protection de sa capitale. L'enceinte de Théodose II qui fermait le continent européen sur plus 8 km reste visible aujourd'hui. 96 tours carrées ou polygonales et six entrées principales en assurent la défense et les accès. Les tours saillantes permettent un tir d'enfilade contre les assiégeants qui approcheraient du rempart. Les dernières réalisations de l'architecture militaire romaine sont consacrées au Mur de Théodose II. Des couches alternées de briques et de pierres confèrent souplesse et résistance à des murs qui atteignent jusqu'à 9 mètres de haut et 5 mètres de largeur. Un mur avancé précédé de douves remplies d'eau représente une révolution dans l'art militaire. L'obstacle mur avancé-douves a une profondeur de 18 mètres. Entre le mur avancé et l'enceinte, un espace découvert, les lices, expose les assaillants au tir des défenseurs. De nombreuses fortifications médiévales, en bois puis en pierre, s'inspireront du système de la double enceinte. Une taille réduite, un site exceptionnel et, à partir de 412, des fortifications révolutionnaires pour l'époque ont fait de Constantinople une ville

1. R. Krautheimer, *Early Christian and Byzantine Architecture,* Londres, Penguin Books, 1965, p. 48-49.
2. Jean Malalas, XII.

imprenable, beaucoup plus facile à défendre que Rome. Les empereurs romains d'Orient du Ve siècle ne quittent pas cette ville-forteresse et abandonnent la politique de capitale itinérante de leurs prédécesseurs. Alors que la Dacie, la Thrace, la Macédoine et l'Illyrie sont éventuellement ravagées par les Goths et les Huns, l'empereur d'Orient reste à l'abri des murailles de Constantinople. Grâce à elles, l'État romain oriental maintient à un même endroit sa capitale politique et historique, avantage dont ne dispose plus l'Occident. Ni les Goths, vainqueurs après Andrinople, ni Attila n'osèrent l'affronter. En 487, l'Ostrogoth Théodoric assiège vainement la cité, coupant un des aqueducs. Après avoir subi de multiples assauts au cours du Moyen Âge, Constantinople ne tombe que deux fois : en 1204 (les croisés étaient déjà à l'intérieur) et en 1453 (sous les effets de l'artillerie à poudre), cette dernière entraînant la chute de l'Empire d'Orient. Jamais des fortifications n'ont eu un rôle aussi décisif dans l'Histoire que celles de la ville du Bosphore.

CHAPITRE 10

Maîtrise navale de la Méditerranée

Chez les Romains, la mer Méditerranée s'appelait significativement « mer Intérieure » (*Mare Internum*) ou « Notre Mer » (*Mare Nostrum*). Depuis la bataille d'Actium en 31 avant Jésus-Christ, Rome a la totale maîtrise de cet espace maritime autour duquel est bâti son Empire.

DÉPROFESSIONNALISATION DE LA MARINE ROMAINE

Une trop longue paix a fait perdre à la marine l'habitude de combattre sur mer. En même temps que sa combativité, son format s'est probablement réduit. Cette faiblesse apparaît pour la première fois dans les années 260 en Méditerranée occidentale. À cette époque, des pillards Francs traversent la Gaule et s'installent à Tarragone dans le nord-est de l'Espagne. Ils s'y maintiennent pendant douze ans et, avec des navires capturés, lancent des raids jusque sur les côtes d'Afrique[1]. La flotte romaine connaît des difficultés comparables en Méditerranée occidentale. Vers 278, l'empereur Probus installe des prisonniers Francs en Asie Mineure, sur le littoral de la mer Noire. L'année suivante, les Francs se rebellent, s'emparent de navires romains et traversent toute la Méditerranée après avoir pillé les côtes d'Asie, de Grèce, de Cyrénaïque et d'Afrique. Ils regagnent l'embouchure du Rhin en passant par l'Atlantique, dévastant sans doute les littoraux d'Espagne et de Gaule[2]. Après ces deux alertes significatives, la

1. Orose, VII, 41, 2.
2. J. Haywood, 1991, p. 31-32.

situation se rétablit pendant plus d'un siècle, faute d'ennemi sur mer. Vers 369, Ammien Marcellin fait état de pirates appelés *Maratocupreni* qui opèrent à partir d'un petit port situé près d'Apamée en Syrie. Nombreux, habiles à se faire passer pour des marchands ou des soldats, leurs raids sont aussi soudains que ceux des Saxons. Sur ordre de Valens, leur village, eux-mêmes et leurs enfants sont anéantis par les troupes impériales[1]. À la fin du IVe siècle, la flotte de Méditerranée occidentale, stationnée à Misène et celle de Méditerranée orientale, basée à Ravenne, continuent d'affirmer l'hégémonie romaine[2]. Le rapport des forces navales est largement en faveur de l'Occident, néanmoins il s'inverse au profit de l'Orient durant le Ve siècle.

Selon Végèce, les liburnes sont encore les vaisseaux de combat standards des Romains. Il s'agit de petites galères rostrées, longues de 24 à 30 mètres, originaires de Dalmatie[3]. Outre une efficace police des mers, la marine apparaît surtout comme moyen de projection des forces. Les légions de Constantin en 324 sont transportées par des liburnes de Thrace jusqu'au Bosphore[4]. La flotte occidentale transporte le général Théodose l'Ancien avec un petit corps expéditionnaire d'Arles jusqu'à *Igilgilitanum* en Maurétanie Sitifienne en 373[5]. Lorsque Stilicon part combattre Alaric en Grèce, il traverse l'Adriatique, probablement au moyen de la flotte de Ravenne[6]. En 398, le poète Claudien évoque les rostres des navires envoyés par Stilicon qui transportent 5 000 hommes partis combattre le rebelle Gildon en Afrique[7]. Par contre, lorsque des troupes européennes vont combattre en Syrie-Mésopotamie, elles empruntent la voie de terre jusqu'à Constantinople, embarquent pour traverser la mer de Marmara et traversent l'Asie Mineure à pied. On peut s'étonner d'une telle perte de temps, alors qu'au XIIe siècle, après s'être assurés la maîtrise des mers grâce aux flottes italiennes, les croisés francs préféreront la voie maritime pour gagner le Proche-Orient. Il faut croire que les Romains jugeaient leur réseau routier stratégiquement plus efficace que la marine.

Il n'y a pratiquement pas de bataille navale en Méditerranée au IVe siècle. La seule que l'on connaisse a lieu en 324 à Gallipoli sur l'Hellespont. La flotte de Constantin commandée par Crispus

1. Ammien Marcellin, XXVIII, 2, 11-14.
2. *Notitia Dignitatum,* OC.XLII.7 et 11.
3. Végèce, *DRM,* IV, 33. M. Reddé, 1986, p. 104-sq. L. Casson, 1994, p. 94-95.
4. Anonyme Valésien, Pars Prior, 5, 28.
5. Ammien Marcellin, XXIX, 5, 4.
6. Claudien, *De Quarto Consulatu Honorii,* v. 460-461. *Id. Laudatio Stilichonis,* I, v. 173-174.
7. *Id., Bellum Gildonicum,* 417, 489-sq., 518-sq.

défait celle d'Orient aux ordres d'Amandus, amiral de Licinius[1]. La flotte de Licinius, disposant des ressources de l'Orient est la plus nombreuse : 350 trirèmes. Tandis que celle de Constantin se monte à 200 navires de guerre suivie par une flotte logistique de 2 000 navires destinée à ravitailler les troupes terrestres. La bataille de Gallipoli commence par un engagement indécis entre Amandus et Crispus qui n'utilise que 80 navires, craignant les bas-fonds du détroit. Le lendemain, les deux flottes sont à effectifs complets mais un vent du Sud échoue 130 navires appartenant à Amandus. Crispus exploite sa victoire et vient mouiller devant Byzance[2]. On connaît trois exemples de blocus maritime. En 388, l'usurpateur Maxime envoie Andragathios en Adriatique pour bloquer la flotte de Théodose Ier qui ramène l'empereur d'Occident déchu, Valentinien II, en Italie[3]. En 400, la flotte orientale bloque les détroits de la mer Noire, empêchant Gaïnas et ses fédérés rebelles de passer en Asie[4]. En 413-415, le général Constance fait le blocus naval et terrestre des Wisigoths installés en Tarraconaise dans le nord-ouest de l'Espagne, les poussant à traiter[5]. La rareté des batailles navales pendant plusieurs siècles, malgré un savoir tactique que nous conserve le livre IV du *De Re Militari* de Végèce, a certainement déprofessionnalisé la marine romaine. Végèce, qui écrit à la fin du IVe siècle, affirme que les Barbares ne savent pas combattre sur mer. Les événements vont lui donner tort.

L'ASCENSION DES VANDALES EN MÉDITERRANÉE 429-477

Le Ve siècle en donne la tragique mesure. En 439, les Vandales s'emparent de Carthage et mettent la main sur la flotte annonaire qui ravitaillait Rome en blé africain. Cette flotte est importante, car en 413, Héraclien, gouverneur rebelle d'Afrique, avait armé 3 700 navires pour débarquer en Italie, mais une défaite terrestre avait causé son rembarquement[6]. Grâce à cette flotte de transport, les Vandales, peuple germanique sans tradition maritime, font éclater la Méditerranée en deux. Sous la conduite de leur habile roi Genséric, ils sont capables, dès 440, de lancer des raids contre la Sicile, les côtes italiennes et Rhodes. Après la mort

1. Anonyme Valésien, *Pars Prior*, 5, 26.
2. W.L. Rodgers, *Naval Warfare under Oars, 4th to 16th Centuries*, Annapolis, Naval Institute Press, 1940, rééd. 1990, p. 5-6. M. Reddé, 1986, p. 641-sq.
3. Zosime, IV, 46.
4. *Ibid.*, VI, 20-21.
5. Orose, VII, 43, 1.
6. *Ibid.*, VII, 42, 12-13.

de Valentinien III qui les avait reconnus comme fédérés, ils ont les moyens en 455 de remonter le Tibre et de piller Rome en compagnie d'auxiliaires Maures. Le pape Léon évite l'incendie de la ville et le massacre des habitants, mais n'empêche pas le pillage systématique. Un navire vandale est tellement chargé de butin à son retour qu'il en sombre[1]. Par la suite, les Vandales occupent la Sardaigne, la Corse et les Baléares, puis, entre 462 et 468, ils conquièrent la Sicile. La piraterie devient endémique. La chronique d'Aurélius de Vita énumère parmi les victimes des Vandales : la Campanie, la Lucanie, le *Bruttium*, la Calabre, l'Apulie, la Dalmatie, l'Épire, l'Hellade[2]. En fait, les Vandales créent un Empire maritime en Méditerranée occidentale et se révèlent des maîtres dans la stratégie navale[3].

Que fait la flotte romaine ? Celle d'Occident est incapable, en 429, de s'opposer au transfert de 80 000 Vandales de *Iulia Traducta* (actuelle Tarifa, lieu où débarquèrent les musulmans en 710) jusqu'en Maurétanie Tingitane[4]. Cette cohue, embarquée sur des vaisseaux de pêche confisqués, est pourtant une cible facile pour une marine de guerre entraînée. Il faut croire que le renseignement naval n'a pas fonctionné. L'état de la marine romaine occidentale au Ve siècle est déplorable. Par contre on assiste à une montée en puissance de la flotte orientale qui annonce la thalassocratie byzantine. En 431, seule la flotte d'Orient est capable d'envoyer des troupes contre les Vandales en Afrique sous le commandement d'Aspar. Mais, sur terre, ce corps expéditionnaire est vaincu[5]. Dix ans plus tard, en 441, l'empereur d'Orient Théodose II envoie une flotte de 1 100 navires contre les Vandales, mais la menace des Huns sur Constantinople l'oblige à la rappeler[6]. De 458 à 460, pour lutter contre les Vandales, l'empereur d'Occident Majorien fait construire une flotte de 300 vaisseaux qu'il concentre entre Elche et Carthagène[7]. Celle-ci est incendiée au mouillage par les Vandales, ce qui témoigne de l'excellence de leur renseignement et de la rapidité d'exécution de leur flotte. L'Orient subit un échec comparable en 468, mais sur une plus grande échelle. La flotte, commandée par Basiliscos, aurait été, selon l'historien grec Procope, la plus grande jamais armée par les

1. Ch. Courtois, *Les Vandales et l'Afrique,* Paris, 1955, p. 194-195.
2. Aurélius de Vita, I, 51.
3. M. Reddé, 1986, p. 649.
4. Ch. Courtois, 1955, p. 57.
5. Procope, *Bellum Vandalicum,* III, 35. Zosime, XIII, 24, 12.
6. Prosper, IX, 134, 4.
7. Sidoine Apollinaire, *Panegyricus Maioriano Augusto Dictus,* v. 441-sq. Priscos, fr.27.

Romains[1]. Jean le Lydien va jusqu'à dénombrer, en toute exagération, 10 000 vaisseaux et 400 000 hommes[2]. Théophane n'hésite pas à avancer le chiffre de 100 000 navires ![3]. Selon l'estimation la plus réaliste, celle de Georges Cédrène, 1 113 navires ont été réunis. Mais il donne pas moins de 100 000 marins ! Tandis que Théodore le Lecteur propose le chiffre plus acceptable de 7 000 marins[4]. Les navires sont incendiés au mouillage près du Cap Bon par des brûlots venus de la mer et des archers sur le rivage. Les historiens byzantins expliquent ce désastre par la trahison de Basiliscos[5]. Après tant d'échecs, Constantinople signe en 474 un traité de paix perpétuelle avec le vieux roi Genséric : c'est la fin des expéditions vandales. En 476, Genséric est à même de concéder la Sicile à Odoacre contre un tribut, mais, en 491, le nouveau maître de l'Italie, l'Ostrogoth Théodoric, obtient l'île en pleine souveraineté. Néanmoins, le roi vandale Gélimer reste capable en 533 d'envoyer 120 navires et cinq « *milliers* » (unités) contre son gouverneur rebelle de Sardaigne[6]. Le *Mare Nostrum* a vécu.

Planche 5. – Navires de haute mer. Deux transports de troupes du Ve siècle venant d'un monument de Constantinople probablement tirés de la Colonne d'Arcadius (d'après un dessin fait par un voyageur allemand à Constantinople en 1574). Celui de gauche est similaire à un marchand figuré sur un bas-relief vers 200 trouvé à Utique en Afrique (*British Museum*) : pas de rames, le premier mât incliné, une coque massive. Une pièce de Dioclétien et Maximien datée de 306 reproduit un modèle semblable.

1. Procope, *Bellum Vandalicum,* I, 6, 11.
2. Jean le Lydien, *De magistratibus,* III, 43.
3. Théophane *Chronographia*, a.5961.
4. Georges Cédrène, *Historia*, *CHSB*, tome 1, p. 613. Théodore le Lecteur, *Historia Ecclesiastica*, I, 25.
5. Ch. Courtois, 1955, p. 201-204.
6. Procope, *Bellum Vandalicum,* I, 11, 22-23.

CHAPITRE 11

Logistique

Entretenir et déplacer une armée à l'échelle d'un Empire représente toujours un tour de force logistique. Les Romains disposent en ce domaine d'un savoir-faire éprouvé par le temps.

L'HÉBERGEMENT DES TROUPES

Depuis le règne de Constantin, les villes de l'intérieur remplacent les anciens camps légionnaires du *limes* comme lieux de garnison, dépôts logistiques et bases d'opérations[1]. Elles forment les arrières de l'armée. La *Notitia Dignitatum* énumère les différentes fabriques urbaines d'armement. Elles sont généralement spécialisées, même si des villes comme Autun, Trèves, Nicomédie, Antioche peuvent avoir une production diversifiée[2]. Sur la trentaine de fabriques mentionnées, une dizaine est localisée sur le Danube[3]. *Amida*, qui fabriquait de l'artillerie murale

1. R. MacMullen, 1991, appendice C, p. 320-329.
2. M. Feugère, « L'armement du Bas-Empire », *ARG,* 1996, p. 267-271.
3. Epées *(spathariae)* : Lucques et Reims ; lances : Irenopolis (Cilicie) ; arcs *(arcuaria)* : Pavie ; flèches *(sagittaria)* : *Concordia,* Mâcon ; artillerie *(balistariae)* : Trèves, Autun ; boucliers *(scutariae)* : Trèves, Autun, Budapest, Haimburg, Lorch, Crémone, *Horreum Margi* (Illyrie) ; boucliers, épées : Amiens ; boucliers, revêtements de selles et autres armes : *Sirmium* (Sremska Mitrovika) ; boucliers et autres armes : Antioche, Damas, Edesse, Nicomédie, Sarde (Lydie), Andrinople, *Marcianopolis* (Mésie), Vérone ; cuirasses (*loricariae* = cottes de mailles ou d'écailles) : Mantoue ; cuirasses (*clibanariae* = cataphractaires) : Autun, Antioche, Césarée de Cappadoce, Nicomédie ; armes diverses : Thessalonique, *Naissus* (Nys), Salona (Dalmatie), *Ratiara*, Argenton-sur-Creuse, Soissons.

jusqu'à sa prise par les Perses en 359, n'est plus mentionnée. La *Notitia* n'indique pas quelle ville orientale l'a remplacée. Il est toutefois impensable que l'Orient en soit resté démuni. Ravenne et Constantinople, oubliées par la *Notitia Dignitatum*, deviennent certainement des fabriques d'armes au Ve siècle. Les villes sont surtout des lieux de garnison. Le César Julien, au cours des campagnes qu'il mène en Gaule de 355 à 360, préfère hiverner dans des villes très éloignées des zones frontalières comme Vienne, Sens et surtout Paris [1]. Il recherche probablement le confort urbain et ne garde auprès de lui que deux unités palatines, les Pétulants et les Celtes [2], tandis que les autres corps sont « *distribués à travers les cités pour qu'ils puissent être nourris plus commodément que par le passé*[3] ». Pour réduire le délai d'intervention sur le Rhin, Julien envoie le maître de la cavalerie Sévère hiverner à Reims [4]. La situation est la même pour les réserves palatines. En 357, le maître de l'infanterie Barbatio revient à la Cour impériale à Milan après avoir distribué ses troupes dans leurs quartiers d'hiver[5].

Le long des routes, les villes sont aussi des étapes de l'armée en marche ou des points de ralliement. La dispersion des troupes dans les villes de l'intérieur ralentit la mobilisation de l'armée. Commandement, troupes et base d'opérations se trouvent dissociés au début de chaque campagne. Julien, pendant la campagne de 356 en Gaule, désigne Reims comme point de ralliement des forces romaines et y fait constituer un dépôt d'un mois de vivres ; lui-même part de Vienne et gagne cette ville à marches forcées avec une escorte réduite[6]. Une armée en déplacement est certes plus difficile à ravitailler qu'une garnison fixe. Il faut constituer une chaîne de dépôts de vivres sur le passage de troupes qui marchent pendant plusieurs semaines sur des lignes intérieures. L'armée en marche fait des haltes de plusieurs jours dans des villes d'étape où la troupe se repose et se ravitaille[7]. Au cours d'une guerre civile, l'armée qui se voit fermer villes et forteresses doit se contenter d'une nourriture rare et grossière[8].

Une loi dite « *d'hospitalité des soldats* » invite les populations des villes et des campagnes à héberger les troupes. L'*hospitium militum* a toujours donné lieu à des abus. Dès 340, la

1. Ammien Marcellin, XVI, 3, 3 ; XVII, 2, 4 ; 8, 1 ; XX, 1, 1 ; 8, 2.
2. *Ibid.*, XVII, 10, 10.
3. *Ibid.*, XVI, 4, 1.
4. *Ibid.*, XVII, 2, 1 et 4.
5. *Ibid.*, XVI, 11, 15.
6. *Ibid.*, XVI, 2, 8.
7. *Ibid.*, XVII, 2, 1 ; XX, 10, 4 ; XXIII, 3, 7 ; XXVI, 6, 12.
8. *Ibid.*, XXI, 9, 2.

loi du 12 août précise que les civils ne sont pas obligés de fournir aux soldats l'huile et le vin. Elle est suivie le 11 octobre par un arrêt qui punit les comtes, tribuns, préposés (chefs d'unités frontalières) et soldats qui continuent d'exiger du bois de chauffage, de la chaux et de l'huile[1]. L'hospitalité est imposée à tous les provinciaux par la constitution du 16 septembre 384 proclamée à Constantinople[2]. Seuls les *Illustres* (ex-préfets du prétoire, maîtres des soldats, comtes du consistoire, grand chambellan) bénéficient de l'exemption qui, en 361 encore, était étendue aux sénateurs. Théodose doit légiférer le 29 juillet 393 pour sévir contre les abus de la troupe et le refus des provinciaux[3]. Une loi d'Arcadius du 6 février 398 laisse au soldat un tiers de la maison, plus la disposition de l'écurie. Les deux autres tiers sont réservés au propriétaire. Des amendes frappent le soldat qui exigera plus du propriétaire ; elles atteignent 30 livres d'or si la victime appartient à la catégorie des *Illustres*. Les empereurs, dès 400, accordent des exemptions à cette loi mal acceptée[4]. Les soldats brutalisent les civils pour se ravitailler et les villes paient pour se débarrasser de troupes encombrantes[5]. La population d'Ombos en Égypte construit, à l'initiative de l'évêque, une caserne pour ne plus avoir à héberger les troupes de passage[6]. Les fouilles du chantier Baudimont à Arras ont mis à jour les baraquements de 42 mètres de long d'un quartier militaire des années 380-400[7].

PRÉPARATION LOGISTIQUE D'UNE CAMPAGNE

La préparation d'une campagne demande les plus grands soins car, sans ravitaillement, il n'y a aucune mobilité stratégique. L'hiver est une saison morte pour les opérations militaires ; ce qui n'empêche pas, exceptionnellement, qu'une campagne se poursuive après les premières neiges ou que l'armée romaine ait à contrer des attaques hivernales des Barbares à travers le Rhin gelé[8]. Cependant, l'hiver pose de graves contraintes logistiques : difficultés de communication, sol gelé qui gêne les travaux de

1. *CTH,* VII, 9, 1 et 2.
2. *Ibid.,* VII, 8, 3.
3. *Ibid.,* VII, 9, 3.
4. *Ibid.,* VII, 8, 5. E. Demougeot, « Une lettre de l'empereur Honorius sur l'*Hospitium* des soldats », 1988, p. 75-99.
5. R. MacMullen, 1991, p. 248-250.
6. J. Durliat, « Armée et société vers 600. Le problème des soldes », *ARB-AFAM,* 1993, p. 31-38.
7. A. Jacques, « La présence militaire à Arras au Bas-Empire », *ARB-AFAM,* 1993, p. 195-208.
8. Ammien Marcellin, XVII, 2, 1-sq. ; XXXI, 10, 4.

fossoiement d'un camp, manque de fourrage pour les chevaux, nécessité d'avoir des abris et des magasins bien remplis.

L'hiver passé, les stocks de vivres sont pratiquement épuisés : c'est le moment difficile de la « soudure » dans les économies rurales. Il faut attendre les récoltes. La campagne peut être retardée par des aléas climatiques, en particulier les pluies de printemps qui enflent les cours d'eau et bloquent les transports[1]. Au printemps de 358, le César Julien, s'apprêtant à opérer contre les Francs Saliens et les Alamans, doit attendre le mois de juillet pour que parvienne le blé d'Aquitaine bloqué par des crues. Pour remédier à cet obstacle et entrer en campagne avant juillet, il vide les magasins d'hiver et distribue pour vingt jours de pain de munition appelé *buccellatum*[2]. Le ravitaillement de juillet lui donne une autonomie de soixante-dix jours. Julien prélève de quoi ravitailler trois forts sur la Meuse, espérant combler le déficit par le pillage des moissons des Francs Chamaves. Espoir déçu, car les vivres sont consommés avant la maturation du blé, ce qui met Julien en grand péril car les soldats gaulois l'insultent. Des discours parviennent à calmer la troupe qui patiente jusqu'aux moissons[3]. La plupart des empereurs n'aiment pas prendre de tels risques à une époque où les mutineries débouchent souvent sur des usurpations. En 375, Valentinien Ier préfère retarder sa campagne contre les Quades en demeurant les trois mois de l'été à *Carnuntum* et ne traverse le Danube qu'en automne[4]. Le ravitaillement de l'armée repose sur la fiscalité et les réquisitions. En plus de la fiscalité ordinaire, or des recrues, fourniture de vêtements, de chevaux, de blé, une fiscalité extraordinaire peut être prélevée pour fournir l'armée. C'est ce que fait Constance II en 361, à un moment où il doit envisager simultanément une guerre civile et un conflit persique[5]. Certaines demandes de l'autorité militaire sont excessives. En 363, le comte d'Afrique exige 4 000 chameaux de la province de Tripolitaine pour se mettre en campagne contre des bandits sahariens. Il ne reçoit rien de la province ruinée par le brigandage et n'intervient pas. C'est peut-être là son but[6]. En temps de paix, les Barbares vaincus peuvent être contraints à ravitailler l'armée romaine. Julien impose ce fardeau aux rois alamans entre 357 et 358 ; le roi Hortaire doit même fournir cha-

1. *Ibid.*, XIV, 10, 2.
2. *Ibid.*, XVII, 8, 1-2.
3. *Ibid.*, XVII, 9, 2-3.
4. *Ibid.*, XXX, 5, 11.
5. *Ibid.*, XXI, 6, 7.
6. *Ibid.*, XXVIII, 6, 5.

riots et matériaux pour reconstruire les villes rhénanes qu'il a ruinées[1].

Le ravitaillement est organisé par l'administration civile à l'échelle de chacune des préfectures de l'Empire (Gaules, Italie, Illyrie, Orient). L'administration civile est militarisée, dans les grades et même la tenue. Car fonctionnaires civils et militaires portent tous le *cingulum*, ceinturon de l'armée, signe d'appartenance au prince[2]. L'action efficace d'un préfet du prétoire permet à l'empereur de se mettre en campagne dès les premiers jours du printemps[3]. Les appariteurs ou actuaires sont des intendants chargés des rations en blé, l'annone militaire[4]. Certains sont condamnés pour malversations[5]. Le préfet n'hésite pas à faire exécuter un appariteur pour un convoi de vivres en retard[6]. Le connétable, *comes stabuli*, est responsable au niveau impérial des écuries, des relais et des véhicules de l'État. Ceux qui organisent les transports sont les actuaires des animaux de bât du prince, à distinguer des actuaires d'intendance[7]. Les convoyeurs sont des valets, *calones*, de l'État qui ont un statut comparable aux ouvriers des armureries impériales ou aux gardes-frontière. Ils disposent de bêtes de somme et de chariots, éventuellement de navires onéraires. Il est difficile de savoir combien le train des équipages réunissait d'hommes, de bêtes et de véhicules. On ne dispose pas de chiffres pour le Bas-Empire et l'on doit établir une comparaison avec le passé. Tacite permet de mieux évaluer le nombre de valets sous le Haut-Empire : il déclare que pendant la guerre civile commencée en 68, Vitellius disposait de 60 000 combattants et d'un plus grand nombre de servants du train ; l'armée de Vespasien à la bataille de Crémone alignait 40 000 combattants et plus encore de valets[8]. Le Ier siècle semble obéir à une équation d'un valet et demi par soldat. Végèce rappelle que, dans le passé (Ier-IIe siècles), des officiers du train, tirés des valets, étaient désignés par leur expérience et leur mérite. Ces officiers du train portaient une enseigne, *uexillum* et se signalaient par un casque, *galea*, qui leur valait le nom de « *porteurs de casque* », *galiarii*. Ils commandaient un groupe de 200 valets et animaux de bât[9]. Végèce est

1. *Ibid.*, XVII, 1, 13 ; 10, 2, 9.
2. M. Feugère, 1996, p. 275-278.
3. Ammien Marcellin, XIX, 11, 2.
4. *CTH,* VII, 4.
5. Ammien Marcellin, XXV, 10, 7.
6. *Ibid.*, XXIII, 5, 6.
7. *Ibid.*, XV, 5, 3.
8. Tacite, *Historiae,* II, 83 ; III, 33.
9. Végèce, *DRM,* III, 6.

corroboré par Hygin qui donne une place institutionnelle aux valets. Il évoque 533 *uexillarii* attachés aux bagages de la légion[1]. Au IVe siècle, il n'y a plus de valets militarisés comme Végèce voudrait les rétablir. Néanmoins, apporter des valets à l'armée est un usage que l'on retrouve du Ier siècle jusqu'au temps de Végèce[2]. En 326, tout fils de vétéran qui apporte un cheval et un servant est enrôlé avec le grade d'officier de garde, *circitor*[3]. Chaque tribun dispose d'un esclave ou d'un serviteur qui n'ont pas de statut militaire. En voyage, les tribuns sont accompagnés de leur valet qui risque parfois la capture et la mort[4]. Un édit de 406 promet la liberté et de l'or aux valets de soldats et de fédérés qui s'enrôleront[5]. Au VIe siècle, l'empereur Maurice précise que si les soldats ne peuvent fournir des servants, l'État devra leur en fournir à raison de un pour trois à quatre soldats[6]. La logistique romaine réunit encore au IVe siècle des moyens impressionnants. En 363, pas moins de 1 000 navires de charge (600 en bois et 500 en peaux) et 20 000 marins sont réunis sur l'Euphrate pour la plus grande entreprise militaire du siècle ; le nombre de valets doit être à la mesure de l'opération qui réunit entre 60 000 et 80 000 combattants et marins.

Comme aujourd'hui, une armée antique ne peut plus combattre si elle perd son train logistique. Les bagages d'une armée vaincue constituent toujours une cible. En 357, l'armée de Barbatio mise en déroute par les Alamans perd une partie de ses bagages (hommes et animaux de bât compris). Barbatio doit mettre fin à sa campagne et prendre prématurément ses quartiers d'hiver[7]. Néanmoins, certains généraux se font une gloire de vivre sur le pays ennemi : Julien en particulier, aussi bien outre-Rhin (champs à moissonner) que chez les Perses (dépôts urbains). Ammien souligne la satisfaction du soldat d'être nourri ainsi à la pointe de sa lance[8]. Le général Théodose l'Ancien en fait un principe lors de la campagne de 373 contre les rebelles maures, à la grande satisfaction des propriétaires terriens[9]. Cela marche parfois, mais ne va pas sans risques. Lors de l'invasion de la Perse en 363, cette technique offensive conduit l'armée à la catastrophe. Les Perses

1. (Pseudo-)Hygin, *De Munitionibus Castrorum,* 5 et 30.
2. M.P. Speidel, « The Soldier's Servants », 1992, tome 2, p. 243-245.
3. *CTH,* VII, 22, 2, 1, 1-2.
4. Ammien Marcellin, XVIII, 6, 12 ; 8, 11.
5. *CTH,* VII, 13, 16.
6. Maurice, *Strategikon,* I, 2, 70.
7. Ammien Marcellin, XVI, 11, 14.
8. *Ibid.,* XXIV, 1, 15.
9. *Ibid.,* XXIX, 5, 10.

pratiquent la stratégie de la terre brûlée, privant de fourrage chevaux et bêtes de somme[1]. L'armée a bientôt épuisé ses vivres. Pour soulager les premiers effets de la pénurie, les provisions destinées à l'usage particulier des tribuns sont distribuées à la troupe[2]. L'armée en est réduite à tuer ses bêtes de somme, chameaux compris et consomme des herbes jusqu'à ce qu'elles viennent à manquer[3]. Un convoi de vivres arrange momentanément les choses, puis la faim tenaille l'armée. S'organise alors un marché noir : dix pièces d'or contre une mesure de blé ; seules les dernières bêtes de somme empêchent des actes de cannibalisme[4]. La faim, plus que les armes, a battu les Romains lors de l'invasion de la Perse en 363 et transformé leur retraite en désastre. Cela rejoint l'adage de Végèce : « *Qui n'a pas préparé son ravitaillement en blé sera vaincu sans le fer*[5] ». Envahir la Perse dépasse les capacités logistiques de l'armée impériale.

LES CAMPEMENTS

À la fin du IVe siècle, Végèce déplore « *que depuis de nombreuses années l'armée ne s'entoure plus de la ligne d'un fossé et d'un remblai* ». Il en rappelle la méthode et l'intérêt dans son *De Re Militari*[6]. Pendant la construction du camp, les soldats travaillent armés, leurs enseignes et leurs bagages déposés au centre sous la protection de la cavalerie et de la moitié de l'infanterie. Les fantassins se relaient à l'ouvrage. En été, Végèce recommande de camper près d'une eau saine, mais pas sur le lit d'une rivière et en hiver, à portée des bois et du fourrage. En toute saison, le terrain ne doit pas être commandé par des hauteurs d'où arriveraient les traits ennemis. Sur la forme du camp, Végèce est un pragmatique qui recommande « *selon la nécessité du lieu* », le carré, le cercle, le triangle ou l'ovale. Mais les plus beaux camps sont ceux dont la longueur a un tiers de plus que la largeur. Végèce est bref quant à l'organisation interne du camp. Il rappelle que la porte prétorienne regarde l'Orient, le camp de l'ennemi ou bien la route à prendre pour le lendemain. La porte décumane est perpendiculaire à la prétorienne, on y conduit les soldats au lieu marqué pour le châtiment. Le camp doit être fortifié pour avoir sa

1. Zosime, III, 26, 4.
2. Ammien Marcellin, XXV, 2, 1.
3. *Ibid.*, XXV, 8, 6.
4. *Ibid.*, XXV, 8, 15.
5. Végèce, *DRM*, III, 26.
6. *Ibid.*, I, 21-25 ; III, 8, 10.

raison d'être. Il prévient toute surprise nocturne et, de jour, sert de refuge à une armée vaincue. Le camp est protégé par un fossé et un remblai de terre dont la taille varie en fonction de la menace. Le remblai est solidifié par des branchages entremêlés par des branchages entrelacés pour empêcher son écroulement. Pieux et chausse-trappes peuvent garnir le fossé. La nuit, le tour de garde est organisé en quatre rondes de trois heures, partagées par une clepsydre. Au IVe siècle, les officiers de ronde chargés de visiter les postes s'appellent les *circitores*. Les cavaliers font des patrouilles nocturnes hors du camp.

Dans les années 350-360, l'historien et soldat Ammien Marcellin donne l'exemple d'une pratique toujours vivante du camp d'étape fossoyé qui permet de dormir en sécurité à proximité de l'ennemi ou de se réfugier après un échec en rase campagne[1]. Cependant, on recourt d'ordinaire à des précautions moins importantes. Au soir de la bataille de Strasbourg, l'armée passe la nuit derrière une ligne de boucliers. Cette technique semble propre à l'armée romaine du IVe siècle car, en 363, les Romains campent près d'un ruisseau derrière un cercle formé par plusieurs lignes de boucliers. Au cours de la même campagne persique, les Romains utilisent le site naturel d'une vallée dont ils fortifient les hauteurs par des pieux « aiguisés comme des épées ». Ce camp, caractérisé par son adaptation à la topographie, est muni d'une entrée principale encore appelée porte prétorienne[2]. Néanmoins, son efficacité défensive semble médiocre car des escadrons perses pénètrent jusqu'à la tente de l'empereur Jovien et ne sont repoussés qu'à grand peine. Se retrancher en présence d'un ennemi mobile et agressif pose de grandes difficultés, d'où des constructions sommaires, voire pas d'aménagement du tout. Pendant la retraite de 363, les soldats romains, inquiétés par la présence de guetteurs perses, n'osent planter des pieux ou dresser un remblai[3]. À la bataille d'Andrinople en 378, l'armée romaine plie et ne peut se recueillir à l'abri d'un camp situé à une vingtaine de kilomètres en arrière avec les bagages. Les camps établis lors d'une opération de siège sont toujours solidement bâtis. Constance II au siège de *Bézabdé* en 360 et Julien devant Ctésiphon en 363 se retranchent derrière une forte palissade bientôt renforcée d'un fossé profond et d'une levée de terre[4]. Au Ve siècle, l'armée en campagne a renoncé à cette pratique. Après la bataille des Champs Catalauni-

1. Ammien Marcellin, XV, 4, 9-sq. ; XVI, 12, 12.
2. *Ibid.*, XVI, 12, 62 ; XXIV, 8, 7 ; XXV, 6, 5-7.
3. *Ibid.*, XXV, 3, 1.
4. *Ibid.*, XXIV, 5, 12 ; XX, 11, 6.

ques en 451, Aétius passe la nuit sous la protection des boucliers de ses alliés barbares tandis qu'Attila reste à l'abri d'un cercle de chariots[1]. Au VIe siècle, Maurice, dans son *Strategikon,* propose un modèle de plan à quatre portes sur le modèle proposé par Hygin au premier siècle. Mais la pratique s'était éloignée de la théorie depuis longtemps.

DISPOSITION DE L'ARMÉE EN MARCHE ET FRANCHISSEMENT DES COUPURES

Le commandant en chef distribue combattants et bagages en fonction du terrain et de la menace et s'assure du franchissement des coupures, en particulier fleuves et rivières qui ne sont pas toujours pontés.

Végèce, dans un chapitre consacré à l'armée en marche, conseille de distribuer les cavaliers en tête, puis les fantassins, les bagages au centre et à l'arrière l'infanterie et la cavalerie légère[2]. Cette disposition permet à l'arrière-garde d'être suffisamment mobile pour se porter à l'avant en cas d'embuscade. Hier comme aujourd'hui, la seule partie d'une colonne capable de réagir dans une embuscade est l'arrière. D'autre part, il recommande de bien séparer les bagages des combattants pour ne pas créer de confusion en cas d'attaque. Cette ordonnance est valable pour une petite armée ; dans la pratique, on voit des ordres de marche plus complexes. En 363, la vaste armée romaine d'invasion de la Perse utilise l'Euphrate comme axe de progression et de flanc-garde. La flotte logistique progresse à la même allure que l'armée. Quelques légions avancent le long des berges tandis que le gros de l'armée avance au centre. Le flanc gauche est garanti par la cavalerie. Julien a intentionnellement allongé sa colonne, qui atteint 15 km, pour impressionner l'ennemi, mettant en œuvre une tactique inventée par Pyrrhus[3]. Les bagages sont disposés dans les intervalles entre chaque troupe au centre de l'armée[4]. En plaine ouverte, quand l'ennemi est proche, l'armée marche en carré creux, les bagages au centre. Cette formation est assez fréquemment utilisée sur tous les théâtres d'opération[5]. Le plus grand danger pour l'armée en marche est une attaque double, comme celle qui prend l'armée romaine en tête et au centre le 26 juin 363.

1. Jordanès, *Getica,* XL, 281.
2. Végèce, *DRM,* III, 6.
3. Ammien Marcellin, XXIV, 1, 3-4.
4. Zosime, III, 14, 1.
5. Ammien Marcellin, XXV, 3, 2 ; XXVII, 10, 6 ; XXIX, 5, 39 ; XXXI, 12, 4.

L'attaque, menée par des cataphactaires, des éléphants et des cavaliers légers perses, cause la mort de l'empereur Julien.

Dans les bois, les montagnes et les marais, Végèce préconise de serrer davantage les troupes pour éviter que l'armée ne devienne incommandable. Il recommande de poster de distance en distance des officiers d'expérience qui sachent contenir les uns et presser les autres pour que l'armée avance à une même vitesse. La vitesse de l'armée en marche, selon Végèce, est de 20 milles (une trentaine de kilomètres) en cinq heures d'été pour une troupe d'infanterie en pas ordinaire. Mais en pas allongé, la distance parcourue sera de 24 milles (35 km) dans le même temps[1]. C'est pourquoi il demande, d'après des Constitutions d'Auguste et d'Hadrien, qu'en temps de paix, les fantassins fassent trois fois par mois des marches de 10 milles[2]. La théorie semble assez proche de la réalité, car Ammien estime que les quatre jours de pourparlers entre Sapor et Jovien en 363 auraient suffi pour quitter le territoire ennemi et gagner les points fortifiés de Corduène, distants de 100 milles : ce qui donne une moyenne de 36 km par jour[3].

Le passage des cours d'eau est une opération technique dans laquelle l'armée romaine est passée maîtresse. Elle garde un savoir-faire intact au IVe siècle. Pour le passage à gué, Végèce recommande d'en sonder la profondeur, de placer une ligne de cavalerie en amont pour briser le courant, une seconde en aval pour récupérer ceux que le courant emporterait : l'infanterie et les bagages traversent entre ces deux lignes[4]. Si l'opération est possible, Végèce prévoit de détourner partiellement le cours pour en diminuer le débit et ménager un gué artificiel. Lorsqu'il n'y a pas de gué, il est nécessaire d'établir un pont. Un moyen rapide est de lier des tonneaux vides entre eux, de les recouvrir de planches sur lesquelles passe l'armée. Le pont de bateaux est toutefois le moyen le plus efficace selon Végèce et le plus utilisé selon les faits. L'armée doit emporter sur des chariots de petites chaloupes faites d'un seul tronc d'arbre creusé et d'un bois léger, des planches, des cordes, des chevilles de fer. Outre les pirogues que préconise Végèce, la Colonne Trajane représente l'image d'un pont assemblé avec des barques, ce que confirme Ammien. Aucune campagne ne serait possible sans la construction de ponts de bateaux. L'armée traîne des barques d'assez grande taille pour

1. Végèce, *DRM,* I, 9.
2. *Ibid.,* I, 27.
3. Ammien Marcellin, XXV, 7, 8.
4. Végèce, *DRM,* III, 9.

qu'Ammien les appelle « *navires* ». En 357, le César Julien demande à Barbatio, commandant en chef des troupes d'Occident, de lui fournir sept navires destinés à la construction des ponts[1]. Pour une opération beaucoup plus lourde, l'invasion de la Perse en 363, pas moins de 50 navires sont réunis sur l'Euphrate. Dans la seconde moitié du IVe siècle, les empereurs franchissent fréquemment le Rhin et le Danube pour faire campagne chez les Barbares. Jules César avait mis dix jours à construire un pont de bois sur le Rhin (55 avant Jésus-Christ) et avait su présenter l'événement comme un exploit : c'était alors une « première »[2]. Au IVe siècle, ce genre d'opération est courant : la construction d'un pont de bateaux donne l'impression d'être beaucoup plus rapide car il n'y a pas de fondations à lancer, contrairement à l'ouvrage lancé par César. C'est probablement l'affaire d'une demi-journée. En 361, Julien, après plusieurs campagnes victorieuses, peut se vanter « *d'avoir fait traverser le Rhin aux troupes romaines autant de fois qu'elles le voulaient*[3] ». Néanmoins, construire un pont en présence de l'ennemi n'est pas chose facile. En 354, les Alamans s'opposent à une tentative romaine sur le Rhin, obligeant l'empereur à trouver un autre point de traversée[4]. Les Romains sont amenés, au cours de la campagne de Perse en 363, à traverser une zone inondée artificiellement. Les ingénieurs doivent improviser en dressant des ponts sur des barques en cuir en joignant des troncs de palmiers[5]. Relevant d'une pratique, le pont d'outres relève aussi de la théorie. Vers le milieu du IVe siècle, l'auteur anonyme du *De Rebus Bellicis* prévoit un pont d'outres gonflables liées par des sangles entre elles[6]. L'armée romaine en déroute traverse le Tigre sur des pontons soutenus par des outres en cuir, des radeaux mais beaucoup doivent nager en s'accrochant à la crinière d'un cheval ou en sens oblique pour tromper le courant[7]. Nager est un exercice que Végèce estime très utile à la guerre. Il est toujours possible de traverser une rivière à la nage, en traînant derrière soi un faisceau de joncs ou d'herbes sèches pour y poser ses armes[8]. En 363, un commando de

1. Ammien Marcellin, XVI, 11, 8.
2. César, *DBG,* IV, 17-18.
3. Ammien Marcellin, XXI, 5, 3.
4. *Ibid.,* XIV, 11, 6.
5. *Ibid.,* XXIV, 3, 10.
6. *De Rebus Bellicis,* XVI.
7. Ammien Marcellin, XXV, 6, 15 ; XXV, 8, 2-3. Zosime, III, 30, 5.
8. Végèce, *DRM,* I, 9.

500 soldats traverse le Tigre à la nage et élimine les gardes perses[1].

La mobilité stratégique de l'armée romaine a quelque chose de confondant. Certes le réseau de routes bien entretenues, bornées, parsemées de nombreux relais ne pouvait que faciliter le déplacement sur des lignes intérieures. Les capacités de franchissement opérationnel sont encore plus grandes et participent d'une stratégie résolument offensive.

1. Ammien Marcellin, XXV, 8, 3.

CHAPITRE 12

Renseignement

L'armée romaine n'entreprend aucune campagne sans renseignement préalable sur le théâtre d'opérations, les intentions et l'estimation de l'ennemi. Le renseignement intervient en continu à l'échelle de la stratégie et de la grande tactique.

CARTOGRAPHIE

Avant d'entreprendre toute marche vers l'ennemi, Végèce recommande de consulter un itinéraire. L'itinéraire était ce qu'on appellerait un guide géographique qui renseignait sur les distances, la qualité des chemins, les routes les plus courtes ou détournées, la topographie. Les guides écrits non illustrés s'appelaient *itineraria adnotata*, tandis que les *itineraria picta* avaient des cartes[1]. Nous disposons des *Tables de Peutinger* qui reproduisent en lignes parallèles les routes de l'Empire et les villes qu'elles traversent, sans égard à la situation des lieux. Il s'agit d'une représentation trop grossière pour être réellement un itinéraire peint. L'*Itinéraire Antonin* est une liste qui répertorie les différentes villes de l'Empire avec leurs distances entre elles et appartient au genre des itinéraires annotés. Les itinéraires peints relèvent de ce que le géographe hellénistique Ptolémée appelait les cartes chorographiques ou topographiques, qui représentaient

1. Végèce, *DRM,* III, 6.

avec art la variété d'une région sans souci d'exactitude[1]. Les portiques de l'école d'Autun affichaient de grandes cartes du monde connu[2]. D'autre part, Eumène, vers 298, souligne qu'avec de telles cartes, la jeunesse peut passer en revue les exploits impériaux. D'un point de vue plus militaire, Pline l'Ancien rapporte que les Romains savaient dresser des plans de bataille, de sièges et de progression d'une armée[3]. Cette cartographie restait néanmoins sommaire et privée d'une échelle[4]. Plus directement, le chef d'armée peut demander aux officiers qui connaissent le terrain quelle route prendre ; c'est ce que fait le César Julien lorsqu'il entreprend sa première campagne en Gaule vers 356[5].

RENSEIGNEMENTS GÉNÉRAUX

L'Empire dispose d'une police politique chargée de surveiller les hauts personnages, de les arrêter et de les exécuter s'ils sont suspects à l'empereur. Il s'agit des agents des affaires, *agentes in rebus*. En 430, l'empereur d'Orient Léon (457-474) porte leur schole de 1174 à 1248 membres. Ce corps, probablement recruté chez les militaires, est constitué de 450 cavaliers, 300 circiteurs, 250 biarques, 200 centeniers, 48 ducénaires[6]. Les sources sont bien évidemment discrètes quant à leur mission, mais on peut supposer qu'un corps aussi nombreux fait aussi du renseignement militaire.

RENSEIGNEMENT STRATÉGIQUE

Le renseignement ou la reconnaissance restent les moyens privilégiés d'éclairer la marche de l'armée, car il faut bien découvrir l'ennemi et les itinéraires les plus sûrs. Végèce préconise d'envoyer en avant des cavaliers *exploratores* sûrs, de préférence la nuit pour leur éviter d'être capturés[7]. La *Notitia Dignitatum* relève plusieurs corps de fantassins *exploratores*[8]. Il peut s'agir d'unités frontalières spécialisées dans l'infiltration et la reconnaissance profonde. Mais, en général, la mission des explorateurs

1. A et M. Lévi, *Itineraria Picta,* Rome, Bretschneider, 1967.
2. Eumène, *Eumenii pro instaurandis scholis oratio,* V (9), XX, 3.
3. Pline l'Ancien, *Historia Naturalis,* XXXV, 4.
4. C.R. Whittaker, 1994, p. 67.
5. Ammien Marcellin, XVI, 2, 3.
6. *CJ,* I, 27, 2.
7. Végèce, *DRM,* III, 6.
8. Une légion *pseudocomitatensis,* deux unités ou *numeri* et quatre groupes de soldats ou *milites* (*Notitia Dignitatum,* OC.VII.110 ; XXVIII.21 ; XL.25 ; OR.XLI.34.35.37 ; XLII.29).

relève plus du renseignement stratégique que de la simple reconnaissance opérationnelle. Ils opèrent seuls ou par équipes réduites en territoire ennemi. Les missions peuvent durer plusieurs jours avant l'obtention et le retour du renseignement. Les informations des explorateurs ont souvent une importance stratégique à la veille d'une guerre. C'est d'après eux que l'empereur ou le commandant en chef déterminent la stratégie à tenir. Ammien lui-même, en tant que protecteur domestique, a pratiqué ce genre de mission pour l'état-major du maître de l'armée d'Orient Ursicin. Des explorateurs rapportent à Urcisin un message du notaire Procope, qui avait fait partie de l'ambassade de Lucillien auprès des Perses. Le message, glissé dans le fourreau d'une épée, est rédigé en termes obscurs en cas d'interception : « *Maintenant que les envoyés des Grecs ont été renvoyés ou peut-être tués, ce roi âgé, non content de l'Hellespont, va jeter des ponts sur le Granique et le Ryndace et envahir l'Asie avec de nombreuses nations. Il est naturellement passionné et très cruel. Il a comme incitateur et flatteur le successeur de l'empereur romain Hadrien : si la Grèce n'y prend pas garde, c'en est fini d'elle*[1]. » Il s'agit en fait plus d'une énigme que d'un véritable code. La signification du message est la suivante : l'ambassade romaine (les envoyés des Grecs) a été renvoyée ou supprimée ; Sapor va franchir le Zab (Granique) et le Tigre (Ryndace) et, poussé par le transfuge Antonin (le successeur d'Hadrien), il va envahir tout l'Orient (Asie). Rome (la Grèce) doit prendre des mesures de défense[2]. Ce message et les incursions de la cavalerie perse invitent à mener une mission de reconnaissance du gros de l'armée perse qui n'a pas encore franchi la frontière. Accompagné d'un centurion très sûr, Ammien est envoyé en territoire ennemi pour reconnaître les forces de Sapor, au printemps 359. Il s'infiltre en évitant les voies et prend des défilés étroits. Comme dans les meilleurs romans d'espionnage, Ammien s'adresse à un « honorable correspondant », haut placé dans l'administration perse. Il s'agit de Jovien, satrape de Corduène (région montagneuse de l'Arménie). Désigné autrefois comme otage par son gouvernement, il avait passé sa jeunesse dans la province romaine de Syrie ; son désir n'était visiblement plus que d'y retourner. Le satrape conseille à Ammien d'aller se poster sur un point d'observation élevé. Après deux jours pleins d'attente, Ammien voit défiler la masse des Perses et de leurs alliés, Sapor en tête[3]. Ammien suit les Perses jusqu'à Ninive et au

1. Ammien Marcellin, XVIII, 6, 17-18.
2. *Ibid.,* XVIII, 6, 19.
3. *Ibid.,* XVIII, 6, 20-22.

pont de l'Anzaba (Zab) où ils consultent les augures, qui sont favorables. Ammien estime qu'il faudra trois jours à l'ennemi pour passer le pont, puis s'en retourne auprès du satrape avant de regagner le territoire romain par des chemins détournés. Des courriers rapides rendent compte de sa mission au gouverneur civil et au commandant militaire de Mésopotamie[1]. Quand la guerre est avancée, les explorateurs servent d'agents de liaison avec les villes assiégées[2] et continuent leur mission de renseignement. Un explorateur permet de localiser et d'éliminer un chef rebelle réfugié parmi une tribu hostile de Maurétanie Césarienne (actuelle Algérie)[3].

ÉCLAIRAGE DE L'ARMÉE

Les *speculatores* sont des éclaireurs attachés à une troupe en déplacement ou une garnison. Ils opèrent seuls ou en petits groupes et, comme les précédents, doivent leur survie à leur invisibilité ou à leur déguisement. Comme ils ne peuvent combattre, la fuite est leur seule chance quand ils sont découverts. En 357, trois cavaliers spéculateurs des Alamans fuient à l'approche des Romains, abandonnant un des leurs à pied[4]. Leur mission est la reconnaissance opérationnelle, c'est-à-dire le repérage de l'ennemi en temps de guerre à quelques jours de distance de l'armée. Dans la campagne de 361 contre les Perses, Constance utilise d'abord des explorateurs et, parvenu sur la frontière, des spéculateurs et des transfuges[5]. Les spéculateurs donnent aux Romains le temps de prévenir une attaque surprise ou d'identifier plusieurs groupes de Barbares infiltrés en territoire romain à plusieurs jours de distance les uns des autres[6]. Spéculateur peut prendre aussi le sens d'espion. L'usurpateur Procope, après l'échec de son coup d'État, se cache à Constantinople, transformant son apparence avec les méthodes d'un habile spéculateur[7].

La reconnaissance de combat, ou avant-garde, est assurée par les *procursatores* ou *procursantes*, « *ceux qui courent en avant* » (de l'armée). Les procursateurs opèrent par unités de cavalerie ou d'infanterie. Les *Praeuentores*, les *Superuentores* et les *Propugnatores* de la *Notitia Dignitatum* semblent avoir été spécialisés

1. *Ibid.*, XVIII, 7, 1-3.
2. *Ibid.*, XIX, 3, 3.
3. *Ibid.*, XXIX, 5, 40.
4. *Ibid.*, XVI, 12, 19.
5. *Ibid.*, XXI, 13, 1 et 4.
6. *Ibid.*, XIV, 2, 15 ; XXVII, 2, 2, 4, 7.
7. *Ibid.*, XXVI, 6, 6.

dans la reconnaissance de combat[1]. Contrairement aux explorateurs et aux spéculateurs, ils ne se cachent pas et s'éloignent d'une trentaine de kilomètres de l'armée[2]. Ils apportent un renseignement opérationnel exploité le jour même : itinéraire de marche en zone d'insécurité, localisation de l'ennemi, de son camp et de ses travaux d'approche. En 363, le repérage d'un pont construit sur le Tigre par les Perses prévient l'armée d'une manœuvre d'encerclement[3]. La découverte d'un ennemi à quelques heures de marche détermine la bataille. Les éclaireurs sont alors rappelés. Les terrains boisés et montagneux de Germanie gênent leur action. Il peut arriver que Barbares et Romains dressent leur camp à quelque distance les uns des autres dans une ignorance mutuelle. La découverte surprise de l'ennemi au lendemain matin entraîne une mise en bataille brusquée[4]. Le commandement peut douter du renseignement apporté par les éclaireurs et cherche à évaluer la situation par lui-même[5]. Les procursateurs mènent des combats de rencontre avec l'ennemi. Au cours de la campagne de Perse, trois turmes de cavalerie romaines envoyées en éclaireurs sont mises en fuite après avoir perdu un de leurs tribuns et une enseigne face à l'avant-garde perse. Une riposte romaine victorieuse est organisée peu après[6]. Plus tard, trois cohortes légères (montées ?) de procursateurs sont contactées par des Perses qui fixent l'attention des Romains, jusqu'à ce qu'une attaque de flanc massacre les animaux de bât et des fourrageurs[7]. Les procursateurs servent aussi de « sonnettes » à l'armée en marche quand celle-ci craint une embuscade. Végèce déclare que les périls sont plus grands pour une armée en marche que lors d'une bataille rangée et place de l'infanterie et de la cavalerie légères à l'avant, à l'arrière et en flancs-gardes[8]. Julien en Perse déploie 1 500 *excursatores* (« *ceux qui courent en dehors des rangs* ») en avant et sur les flancs de l'armée[9].

1. *Superuentores,* (*Notitia Dignitatum,* OR.XXXIX.21 ; OC.V.120 ; XXXVII.18). *Praeuentores (limitanei),* (*ibid.,* OR.XL.19). *Propugnatores seniores* et *iuniores* (légions d'accompagnement), (*ibid.,* OC.V.77 ; 91).
2. Ammien Marcellin, XVI, 12, 8.
3. *Ibid.,* XXIII, 3, 4-5 ; XXV, 8, 4.
4. *Ibid.,* XXVII, 10, 8.
5. *Ibid.,* XXVII, 10-11 ; XXIV, 5, 3.
6. *Ibid.,* XXIV, 3, 1.
7. *Ibid.,* XXIV, 5, 5.
8. Végèce, *DRM,* III, 6.
9. Ammien Marcellin, XXIV, 1, 2. Zosime, III, 14, 1.

INTERROGATOIRE

Les transfuges et les prisonniers sont une source de renseignement non négligeable, voire capitale, en particulier sur la route à prendre. Végèce conseille de recourir aux menaces et aux récompenses pour trouver des guides, mais déclare qu'il faut se méfier des paysans ignorants qui prétendent en savoir plus qu'ils ne savent en réalité[1]. La méthode de l'interrogatoire est décrite par Ammien Marcellin lors de la capture d'un déserteur gaulois qui sert d'espion aux Perses en 359. Retrouvé seul et caché dans un village abandonné, le déserteur est amené au général Ursicin. Rendu suspect par ses réponses contradictoires, des menaces (ou pire ?) le poussent aux aveux complets. Renseignements pris, il est exécuté[2]. Une anecdote rapportée par Zosime, certainement inexacte, montre toutefois les techniques de l'interrogatoire. En 391, des fédérés goths rebelles infestent la Macédoine, attaquant la nuit et se retirant le jour dans des marais. L'empereur Théodose prend cinq cavaliers emportant en bride trois à quatre chevaux et va en Macédoine. *Incognito*, il prend auberge chez une vieille femme chez qui il capture un informateur barbare, rendu suspect par sa solitude et son assiduité à la taverne. Il le fait parler à coups de fouet puis en le lacérant avec l'épée. Renseignements obtenus, l'indicateur est décapité. L'empereur rejoint l'armée et déloge les Barbares[3]. Cette cruauté n'est pas propre aux Romains car les Perses exécutent aussi ceux qu'ils ont interrogés[4].

INTERPRÉTATION DU RENSEIGNEMENT

L'évaluation ou la confirmation du renseignement sont toujours problématiques. Le recoupement est la première méthode. Les rapports des spéculateurs sont confrontés à ceux des transfuges[5]. Lorsque les différentes sources ne concordent pas, la tâche du commandement est rendue plus difficile. Une attitude de prudence oblige à diviser l'armée en un groupe de contact et une réserve d'intervention[6]. Même si la présence de l'ennemi est localisée, l'évaluation de ses forces reste difficile. En tant qu'explorateur, Ammien estime l'armée perse de Sapor en temps

1. Végèce, *DRM,* III, 6.
2. Ammien Marcellin, XVIII, 6, 16
3. Zosime, IV, 48, 1-sq.
4. Ammien Marcellin, XVIII, 6, 11.
5. *Ibid.,* XVIII, 6, 8.
6. *Ibid.,* XXI, 7, 1, 6, 7.

de franchissement d'un pont. La même méthode est utilisée par un éclaireur barbare capturé par les Romains, qui déclare que les Germains ont mis trois jours et trois nuits pour franchir le Rhin[1]. Plus loin, Ammien évalue cette armée en bataille à 35 000 hommes. Donner une estimation chiffrée est assez périlleux. À la veille d'Andrinople, des procursateurs évaluent les Goths à 10 000, chiffre qui décide Valens à l'attaque. Ammien n'est pas sûr d'une erreur, mais la suite montrera que les Goths n'étaient pas tous là[2].

La rumeur n'est pas négligée dans le renseignement, car il s'agit souvent d'un bruit avant-coureur. Ammien affirme avec humour, évoquant des « fuites » : « *Nous croyons, et cela ne fait aucun doute, que la Rumeur vole par les airs*[3]. » Néanmoins, il met en garde contre l'exagération de « *la rumeur aux mille langues* »[4]. L'invasion de la Mésopotamie romaine par les Perses en 359 est annoncée par la rumeur, puis confirmée par des « *envoyés* », en fait des espions[5]. C'est après cela que des explorateurs, comme Ammien, sont envoyés en territoire ennemi, pour rapporter des messages d'honorables correspondants ou juger de la situation par eux-mêmes. L'arrivée de Julien et de l'armée factieuse des Gaules en Illyrie est précédée de la rumeur, ce qui suffit à effrayer le comte Lucillien chargé de défendre la province et à convaincre le préfet du prétoire Taurus de s'enfuir[6]. La rumeur est un renseignement dont l'origine est inconnue mais la diffusion générale. Des marchands, des voyageurs racontent ce qu'ils ont vu et d'autres le rapportent, c'est ce qu'on appelle aujourd'hui, « le téléphone arabe ». La rumeur est aussi le bruit ou les signes d'une armée en marche. Les incendies annoncent la progression des Perses en Mésopotamie au cours de l'invasion de 359[7]. L'intention (déjouée) des Perses était justement d'agir assez rapidement pour que le bruit de leur avance soit dépassé[8].

Le renseignement n'est pas une science exacte. Il se heurte à la barrière du secret dressée par l'ennemi. Chez les Perses, les plans ne sont communiqués qu'aux Grands et le dieu Silence est honoré parmi les autres[9]. Mais il reste possible d'infiltrer

1. *Ibid.*, XVI, 12, 19.
2. *Ibid.*, XXXI, 12, 3.
3. *Ibid.*, XVIII, 6, 3.
4. *Ibid.*, XXI, 9, 2.
5. *Ibid.*, XVIII, 3, 2.
6. *Ibid.*, XXI, 9, 2.
7. *Ibid.*, XVIII, 6, 8.
8. *Ibid.*, XVIII, 6, 3.
9. *Ibid.*, XXI, 13, 5.

l'Empire perse, ce que fait Ammien chez le satrape de Corduène. Cette action devient impossible avec les sociétés tribales qui bordent la grande majorité des frontières impériales.

CHAPITRE 13

Attaque et défense des places

Loin de marquer un quelconque recul, la poliorcétique romaine conserve au IVe siècle toute son efficacité. Ammien Marcellin décrit de nombreux sièges. Les plus sérieux opposent les Romains aux Perses ou les Romains entre eux[1]. En général, les assiégeants envoient toujours une ambassade qui alterne promesses et menaces. La seule ambassade perse qui n'est pas accueillie directement à coups de flèches est celle devant *Bézabdé* en 360, parce que des prisonniers romains ont été mêlés aux émissaires. Les négociations débouchent parfois, bien que rarement. En 363, Hormisdas, un transfuge perse au service des Romains, persuade le fort d'*Anatha* de se rendre sans combat. Pour sa récompense, l'officier perse commandant le fort est nommé tribun puis, par la suite, duc d'Égypte[2].

MUNITION D'UNE PLACE FORTE

L'autodéfense urbaine est coûteuse à deux titres, car il faut construire des murailles mais aussi pourvoir aux besoins d'un

1. *Amida* en 359 (Ammien Marcellin, XIX, 1, 1-sq.) ; Singare en 360 (XX, 6, 1-sq.) ; *Bézabdé* en 360 (XX, 7, 1-sq. et 11, 1-sq.) ; Aquilée en 361 (XXI, 12, 1-sq.) ; *Pirisabora* en 363 (XXIV, 2, 1-sq.) ; *Maiozamalcha* en 363 (XXIV, 4, 1-sq.) ; Chalcédoine, Cyzique en 365 (XXVI, 8, 1-sq.).
2. *Ibid.*, XXIV, 1, 9. Zosime, III, 14, 4.

siège. Végèce consacre plusieurs chapitres de son traité d'art militaire à la question[1]. Pour résister à un blocus, une place forte doit stocker des vivres et se munir de fontaines, de citernes pour recueillir l'eau de pluie et, si possible, être située près d'une rivière, à la fois point de ravitaillement et d'appui. Pour contenir les assauts et réparer les dégâts, il faut accumuler munitions et matériaux. Du bitume, du soufre, de la poix liquide, de l'huile incendiaire serviront à mettre le feu aux engins de siège ennemis. Du fer, du charbon, des hampes de bois serviront à fabriquer des flèches et des traits. Des pierres rondes ramassées dans les rivières seront entassées sur les remparts : des petites pour les frondes et les fustibales (frondes à manche), des moyennes pour les onagres et des grandes pour écraser les assiégeants et leurs machines sous les murs. La place doit avoir des madriers pour combler les brèches ou être jetés sur l'ennemi, des planches, des clous en fer pour exercer des réparations, exhausser des murailles. Il est nécessaire de faire provision de cordes de nerfs pour remplacer celles des pièces d'artillerie à torsion. Si les cordes de machines viennent à manquer, on peut les remplacer par des crins de chevaux ou des cheveux de femme.

L'ARTILLERIE[2]

L'arsenal décrit au IVe siècle par Ammien Marcellin et par Végèce reste impressionnant[3]. Les plus meurtrières des machines sont les pièces d'artillerie à torsion, *tormenta*, utilisées par les assiégeants et les assiégés. La baliste est une pièce lance-traits montée sur un affût stable, fonctionnant sur le principe d'une arbalète géante. Le nom grec de cette arme est catapulte, *katapeltè*, « *perceuse de boucliers* ». Philon de Byzance mentionnait déjà cette arme en 200 avant notre ère. L'affût soutient un cadre de deux montants de bois ou des cylindres de cuivre. Chaque montant supporte un tortis de nerfs tendu par une vis de bois. Deux bras mobiles engagés dans les tortis sont tirés en arrière par une corde actionnée par un double moulinet. Un mécanisme à crémaillère sert de détente. Végèce précise que la longueur des bras détermine proportionnellement la taille et la portée de la pièce. Au centre, une rampe rainurée passe entre les

1. *Ibid.*, IV, 8-10.
2. Voir la mise au point historique et technique par E.W. Marsden, *Greek and Roman Artillery, Historical Development*, Oxford, 1969, *id.*, *Greek and Roman Artillery, Technical Treatises*, Oxford, 1971.
3. Ammien Marcellin, XXIII, 4, 1-sq. Végèce, *DRM*, IV, 22.

deux tortis et guide la trajectoire du trait. Le trait est un carreau. Pour déclencher le coup, le mécanisme à crémaillère est libéré ; alors, les deux bras mobiles partent vers l'avant et projettent le trait. L'équipe de tir est composée d'un artificier, *artifex*, qui surveille la manœuvre et de deux jeunes hommes vigoureux qui tendent le mécanisme. Végèce déclare qu'il faut des servants exercés qui connaissent les possibilités de l'arme. D'après Ammien, le trait projeté part avec une telle vitesse que des étincelles sortent parfois. Son effet est fulgurant car « *la mort survient avant que l'on ait pu voir le trait* ». Ammien évoque le bruit strident émis par les balistes. Végèce évoque une baliste légère servie par un seul homme, la manubaliste, baliste à main, que l'on appelait autrefois scorpion à cause du dard que cette arme projette. Il mentionne rétrospectivement les balistes mobiles tractées par des mulets et servies par onze soldats, les carrobalistes. Elles étaient utilisées pour la défense des camps ou sur le champ de bataille en arrière de l'infanterie lourde. La Colonne Trajane en montre quelques exemplaires. Selon Végèce, il y avait autrefois (Ier-IIe siècles), 55 carrobalistes par légion et 10 onagres[1].

L'onagre constitue l'artillerie lourde de siège. Ammien Marcellin déclare que c'est le nom courant du scorpion « *dans le langage populaire* », car cette pièce brise les os de ceux qu'elle frappe comme la ruade d'un âne sauvage[2]. Il est en contradiction avec Vitruve et même avec Végèce qui considèrent le scorpion comme une baliste. L'assimilation scorpion-onagre s'explique par le fait que le bras de l'onagre vient se rabattre vers l'avant à la manière d'un dard de scorpion. C'est une machine lourde. On ne peut l'utiliser sur des remparts à cause des vibrations émises lors du recul. Son fonctionnement est comparable à celui d'une souricière. Un cadre de bois est posé au sol, traversé dans sa largeur par un tortis de nerfs d'où émerge obliquement un timon de bois. Au sommet du timon se trouve un crochet de fer qui maintient une fronde de fer ou de corde chargée par un boulet de pierre. On a retrouvé des projectiles de 45 à 80 kilogrammes. Ammien évoque l'existence de timons en fer, certainement plus puissants mais destinés à de plus petites pièces[3]. Ce timon est abaissé vers l'arrière à l'horizontale par un treuil manœuvré par quatre hommes, ce qui a pour effet d'accentuer la torsion des nerfs. Une gâchette de métal retient le timon à l'horizontale. Pour

1. Végèce, *DRM,* IV, 25.
2. Ammien Marcellin, XXIII, 4, 4 et 7 ; XXXI, 15, 2.
3. *Ibid.,* XIX, 7, 7.

lâcher le coup, le « *maître* » ou chef de pièce fait sauter la gâchette d'un coup de marteau pour avoir un lâcher plus net. Le timon vient s'abattre sur un matelas de cuir qui amortit le choc. Végèce déclare que l'onagre envoie des rochers plus ou moins pesants selon sa taille et l'épaisseur du tortis de nerfs. Il est capable non seulement d'écraser hommes et chevaux mais aussi les machines de l'ennemi. La puissance même des machines les rend instables. Au cours d'un siège contre les Perses, un boulet mal placé sur la fronde d'un onagre part dans le sens inverse au moment du tir, brisant la poitrine d'un artificier romain[1]. En plus de l'usage brisant, les onagres ont des effets incendiaires en projetant des paniers remplis de poix et de bitume[2]. Dans les années 360, les Perses, qui ont capturé des pièces d'artillerie au siège de Singare en 348, sont capables de rivaliser avec les Romains[3].

Les pièces d'artillerie sont les premières à donner dans un siège. Les premières cibles sont les assiégeants qui encerclent la ville : les Romains peuvent aligner une double ou une triple ligne de boucliers et les Perses jusqu'à cinq, joignant des cataphractaires et des éléphants à l'infanterie. Les tirs plongeants des assiégés augmentent en volume au cours de la marche d'approche. Végèce rappelle que les traits ont d'autant plus de force qu'ils partent de haut[4]. L'artillerie à torsion a des effets dévastateurs : « *les têtes étaient brisées, les boulets de pierre lancés par les scorpions* (onagres) *écrasaient nombre d'ennemis ; d'autres étaient percés de flèches et le sol se couvrait de leurs corps, tandis que d'autres blessés refluaient précipitamment vers leurs camarades* ». Les balistes des Romains transpercent deux, trois ou plusieurs ennemis à la fois[5]. L'artillerie est assez précise pour sélectionner des cibles individuelles. Le commandement adverse forme des objectifs de choix pour les balistes romaines. En 359, le Roi des Rois Sapor, caracolant sous les murs d'*Amida*, manque d'être percé par un trait ; il en est quitte pour une déchirure vestimentaire et une solide rancœur. À chaque fois qu'il veut approcher des murs, il doit reculer après que son escorte a subi des pertes. Le fils de Grumbates, roi des Chionites alliés aux Perses, est transpercé, malgré sa cuirasse, par le trait d'une baliste. Le bruit des machines de jet devait être caractéristique. Pour

1. *Ibid.*, XXIV, 4, 28.
2. *Ibid.*, XX, 7, 10.
3. *Ibid.*, XIX, 2, 8.
4. Végèce, *DRM*, IV, 29.
5. Zosime, III, 21, 2.

couvrir la retraite des légions gauloises qui ont lancé une sortie nocturne contre les Perses, les Romains font tirer à vide la détente des machines. Le bruit suffit à éloigner les Perses des murs. Quand les assiégeants sont parvenus à moins d'une centaine de mètres, les armes individuelles (arcs, frondes, pierres lancées à la main, javelots) s'ajoutent à l'artillerie. Ammien aime écrire que la densité des traits forme des nuages qui obscurcissent le ciel. Ils atteignent presque immanquablement leur cible dans la masse des assiégeants. Les archers perses manquent de tuer Julien, sauvé par les boucliers de son escorte. Envoyer des flèches à l'adversaire est le moyen paradoxal de lui fournir des munitions quand elles manquent leur but. En 378, pour que les Goths ne réutilisent pas les flèches romaines, ordre est donné aux défenseurs d'Andrinople de couper préalablement la corde qui assujettit le fer au bois. Les flèches se déforment à l'impact et le fer reste dans la plaie quand on retire le bois[1]. Mais les assiégeants ripostent, infligeant de lourdes pertes aux défenseurs. Ammien s'attarde sur le spectacle, dont il a été témoin, d'un défenseur romain d'*Amida*, hérissé de flèches mais toujours en vie, cherchant une main experte pour lui extraire. Il évoque aussi les blessés que les médecins laissent mourir lentement, car retirer les traits qui les ont atteints les ferait souffrir atrocement sans les sauver. L'avantage des tirs est à la défense jusqu'au moment où des tours mobiles coiffent les remparts. L'artillerie joue alors un rôle décisif. Éventuellement, comme à *Amida*, 70 archers perses s'emparent d'une tour romaine en passant par des canalisations souterraines et dominent la défense romaine. Devant ce péril, les Romains mettent en batterie cinq balistes légères contre la tour. Leur puissance est telle que les traits percent deux hommes à la fois et anéantissent les archers adverses. Des balistes installées sur les plates-formes des tours mobiles chassent les défenseurs des remparts, ainsi qu'il arrive aux Romains d'*Amida*. Contre la force mécanique, les Romains ripostent par une force mécanique plus grande. Ils alignent quatre scorpions (onagres). Ces pierriers ont tôt fait de briser les jointures des tours mobiles qui s'effondrent avec leurs balistes et leurs servants.

MACHINES D'APPROCHE ET DE RUPTURE

Les assiégeants ont des armes d'approche ou de rupture spécifiques. La panoplie des machines d'approche est la plus complète. Les Romains emploient la technique de la tortue de

1. Ammien Marcellin, XXXI, 15, 11.

boucliers au cours de trois sièges dans les années 360, l'empereur Julien y participe même à *Pirisabora*. À chaque fois, la tortue parvient sous les murailles mais, là, elle est disloquée par les projectiles lourds lancés à la main. Le mantelet, *pluteus*, est fait d'une charpente cintrée couverte d'un clayonnage garni de peaux fraîches ou de laine. Sa mobilité est assurée par trois roues, une sur le devant, deux à l'arrière. Les assiégeants, abrités derrière ce panneau mobile, décochent des traits pour chasser l'ennemi des remparts. C'est une tactique des Perses que de laisser s'approcher les mantelets romains pour les écraser sous des rochers. La vigne, qui à l'époque de Végèce porte le nom barbare de *causia*, sert de galerie d'approche formée par une charpente légère de 7 pieds de haut (2 mètres), huit de large (2,30 mètres), sur 16 de long. La charpente est coiffée d'un double toit de planches et de claies, le tout couvert de peaux ou de pièces de laines plus une couche de boue. On joint de front plusieurs de ces galeries sous lesquelles les assiégeants viennent saper les murailles[1]. Les muscules, *musculi*, qualifiées par Végèce de « *petites machines* », sont des toits portables sous lesquels les assiégeants comblent les fossés avec des pierres, de la terre ou des fascines[2]. Les Perses utilisent de grandes claies d'osier. Une fois le fossé comblé, les tours mobiles, *turres ambulatoriae*, peuvent s'approcher de la muraille pour donner l'assaut. Elles sont, d'après Végèce, constituées par une charpente de poutres et de planches recouverte de peaux fraîches ou de couvertures de laine[3]. Leur largeur est proportionnelle à la hauteur et la surface de base varie entre 8 et 14 mètres. La hauteur doit dépasser celle de l'enceinte. Les tours mobiles sont montées sur des roues. Les étages communiquent par des échelles et l'étage inférieur renferme un bélier. L'étage médian a un pont-levis destiné à l'assaut du rempart. Le haut de la tour est bordé de combattants armés de longs épieux, d'arcs, de traits et de pierres qui assaillent les défenseurs. Au siège d'*Amida*, les Perses disposent de plusieurs tours mobiles recouvertes de plaques de fer et armées de balistes. Mais les Romains disposent d'une tour mobile exceptionnelle en 363. L'hélépolis ou « *preneuse de villes* », décrite par Ammien Marcellin, est une variante de la tour mobile. L'hélépolis romaine du Bas-Empire est assez différente de celle mise au point par Épimachos, ingénieur militaire de Démétrios Poliorcète et utilisée pour la première fois au siège de Rhodes en 305 avant notre ère. On la trouve décrite par plusieurs

1. Végèce, *DRM*, IV, 15.
2. *Ibid.*, IV, 16.
3. *Ibid.*, IV, 17.

mécaniciens grecs (Polyeidos, Diadès, Charias) ; Diodore de Sicile en donne une description détaillée[1]. D'une hauteur de quarante mètres sur une base de vingt-cinq de côté, elle était constituée par une armature de poutres liées avec du fer. Les trois faces extérieures donnant sur la muraille étaient blindées avec des plaques de fer. Les neuf étages avaient, du côté de l'ennemi, des fenêtres à volets soulevés de l'intérieur. Ces fenêtres étaient adaptées aux engins de jet placés à l'intérieur. Chaque étage comprenait deux escaliers, l'un pour monter, l'autre pour descendre. La mobilité était assurée par huit roues géantes cerclées de fer. Pour les translations latérales, des inverseurs ont été disposés. L'ensemble de la machine peut être déplacé dans n'importe quel sens. 3 400 hommes parmi les plus vigoureux étaient chargés de mouvoir la machine, dont 200 à l'intérieur au service d'un cabestan. Ammien parle aussi d'un cabestan et d'une machine immense, mais l'hélépolis romaine n'est qu'une réduction du modèle hellénistique. Le blindage est composé de cuir de bœuf, recouvert d'un tissu d'osier fraîchement coupé et d'un enduit de boue pour mettre l'engin à l'épreuve des projectiles et des flammes. L'armement offensif est composé d'énormes foudres de fer à triple pointe ouvrant brèche dans la muraille. L'aspect de l'hélépolis romaine devait être impressionnant car, d'après Ammien, en 363, au siège de *Pirisabora*, il suffit que Julien ordonne d'en monter une pour que les 2 500 défenseurs perses se rendent. Zosime déclare que cette tour, garnie d'archers, de frondeurs et de machines, accable les Perses au point de les contraindre à se rendre. Sa version semble plus réaliste[2]. Végèce évoque différentes machines d'assaut qui n'existent plus au IVe siècle[3]. La sambuque ou « harpe » est un pont-levis à cordes intégré à la tour mobile. L'exostre est un pont à coulisses lancé sur le rempart à partir de la tour mobile. Le tollenon est une bascule faite avec deux grands mâts, l'un planté en terre, l'autre attaché en travers, mobile, élevant sur le rempart une caisse de bois ou d'osier avec quelques combattants. Les échelles, bien sûr, sont portées en nombre par les assiégeants à chaque assaut. Galeries, mantelets, échelles sont employés simultanément sous la couverture de l'artillerie, avec parfois le concours de tours mobiles.

Le bélier est l'arme principale de rupture. L'arbre du bélier est un tronc de sapin ou d'orne muni d'une masse de fer façonnée

1. Diodore de Sicile, XX, 91.
2. Zosime, III, 18, 3.
3. Végèce, *DRM,* IV, 21.

à l'image d'une tête de bélier. Le bélier est horizontalement suspendu par des chaînes à une grosse poulie placée au-dessus et appuyée au sol par des poutres. Le tout est protégé par une tortue, galerie recouverte de madriers et de plaques de fer selon Ammien, ou de cuir, de couvertures de crins ou de laine selon Végèce. Pour lutter contre l'incendie, une tortue-bélier perse est enduite d'alum en plus de peaux et de couvertures mouillées. Au VIe siècle, Procope évoque un bélier qui abrite 50 hommes[1]. Au siège de *Bézabdé*, tous les béliers perses sont écrasés par des blocs et incendiés par de la poix, du bitume et des fascines, sauf celui dont le toit est recouvert par des peaux de taureau humectées. Plusieurs exemples démontrent l'efficacité du bélier au IVe siècle. Placer un bélier contre un mur entre deux tours serait l'exposer à des tirs d'enfilade. Il est donc généralement appliqué contre une tour qu'il renverse, permettant d'investir la ville ainsi que le font les Perses pour prendre *Bézabdé* et Singare dans les années 359 et 360. Les Perses semblent avoir dans le domaine une réelle supériorité technologique car, pour reprendre la ville de *Bézabdé*, les Romains utilisent un bélier géant qui, jadis, avait procuré aux Perses la ville d'Antioche mais qu'ils avaient abandonné à *Carrhae* à leur retour. À *Maiozamalcha*, une brèche est ouverte par l'écroulement d'une tour et d'un pan de mur, mais la nuit vient annuler cet avantage. La tortue, *testudo*, d'après Végèce, peut servir d'abri à une faux qui doit son nom au fer crochu qui arme son extrémité et arrache les pierres des murs[2]. On n'en connaît pas d'utilisation pratique au IVe siècle.

Les assiégeants utilisent des moyens d'approche amphibie quand la nécessité des lieux le commande. Lors du siège d'Aquilée, en 361, comme le terrain ne permet ni l'emploi de béliers, ni l'assise de machines de jet ou de tours, les partisans de Julien jettent sur le fleuve *Natiso* trois embarcations fortement amarrées ensemble qui servent de plates-formes à autant de tours. Les tours sont couronnées de soldats qui échangent des traits avec les défenseurs. Au bas des tours, des ponts volants laissent un passage à de l'infanterie légère qui s'efforce de saper les murs. Au siège de Cyzique en 365, le port de la ville est barré par une forte chaîne de fer. Aliso, un tribun du parti de l'usurpateur Procope, résout de rompre l'obstacle par le procédé suivant : trois vaisseaux sont attachés ensemble, sur les ponts, des soldats forment une tortue avec leurs boucliers. Ainsi protégé, Aliso, force de la nature,

1. Procope, *Bellum Gothicum,* V, 21, 6-13.
2. Végèce, *DRM,* IV, 14.

rompt la chaîne à coups de hache : exploit qui ouvre la ville à Procope et vaudra à son auteur, après l'échec de la sédition, la vie sauve et le maintien dans son grade.

TERRASSES ET MINES D'ASSAUT

Les travaux de terrassements demandent des efforts colossaux et sont de trois sortes : comblement des fossés, élévation de rampes d'accès et creusement de galeries de mine. Les Romains comblent de nuit les fossés de *Pirisabora* pour permettre l'approche de l'hélépolis. Les plus importants travaux sont les terrasses, *aggeres*, qui, dépassant la hauteur des murs et garnies de mantelets ou de pièces d'artillerie, permettent de déclencher un tir plongeant sur les défenseurs. Ces terrasses, outre de la terre, comprennent des troncs d'arbres, des fascines de jonc et peuvent être incendiées au cours d'une sortie. Perses et Romains en construisent plusieurs pour approcher l'enceinte ennemie. À *Pirisabora*, l'empereur Julien s'impatiente de la lenteur avec laquelle sont bâties les terrasses. Cette lenteur s'explique par le gigantisme de l'opération : selon Zosime, Julien aurait fait construire un remblai par-dessus le fossé de *Maiozamalcha* en 363 pour atteindre la hauteur des tours[1]. Ammien est moins affirmatif à ce sujet, évoquant de simples terrasses destinées à placer des pièces d'artillerie. Les terrasses sollicitent des efforts comparables de la part des assiégés. Lors du siège d'*Amida*, les Romains répliquent par un échafaudage qui égale la hauteur des travaux ennemis ; toutefois, cet échafaudage s'effondre sous le poids des combattants et forme un remblai sur lequel les Perses n'ont plus qu'à avancer. Végèce recommande pour exhausser la muraille une maçonnerie en pierre, en terre détrempée ou en briques, voire une charpente, procédé qui ne va pas sans risques[2]. Les mines semblent plus efficaces car elles donnent l'avantage de la surprise. Végèce recommande les mines pour investir les villes par surprise et pour saper les fondements des murailles sur une grande étendue[3]. L'archéologie a révélé une mine perse et une contremine romaine au siège de *Doura Europos* au milieu du IIIe siècle avec les corps de quelques infortunés[4]. Au siège de *Maiozamalcha*, les responsabilités du commandement sont partagées : l'empereur

1. Zosime, III, 21, 3.
2. Végèce, *DRM,* IV, 19.
3. *Ibid.,* IV, 24.
4. P. Leriche, « Techniques de guerres sassanides et romaines à *Doura Europos* », *ARB-AFAM,* 1993, p. 83-100.

ordonne l'assaut et s'occupe de la protection de l'artillerie, tandis que les généraux Nevitta et Dagalaifus ont la charge des galeries de mine et des mantelets. La mine débouche dans une maison de la place. Des hommes de la légion des Vainqueurs, de celles des Mattiaires et des Lanciers, submergent les Perses dont l'attention est détournée par un double assaut à l'échelle. Zosime, contrairement à Ammien, suggère que la mine a débouché de nuit alors que l'attention des Perses était distraite par une grosse machine placée devant l'une des portes de la ville où campait le gros des troupes[1].

ARMES SPÉCIFIQUES DES ASSIÉGÉS

En plus des machines de jet, l'assiégé dispose d'armes spécifiques. Lorsque les attaquants arrivent sous les murs, ils sont accueillis par des jarres, des poutres, des rochers, des moulins, des tonneaux remplis de terre, des fûts de colonne qui les écrasent. Pour incendier les machines d'approche ennemies existent une flèche incendiaire appelée « *petit marteau* » (*malleolus*) et la falarique, lance armée d'un gros fer entre lequel on entortille des étoupes pleines de soufre, de bitume, de résine et d'huile[2]. Ces traits incendiaires mettent en déroute les éléphants des Perses au siège d'*Amida*, mais ils sont capables d'incendier les galeries adverses sur lesquelles des paniers de poix et de bitume ont été déversés. Le loup, fer dentelé en forme de pince ou de gueule de loup, maintenu au bout d'une corde, sert à soulever et renverser le bélier ennemi[3]. Lors du second siège de *Bézabdé*, les Perses parviennent à enlacer la tête du bélier romain et à le neutraliser. Afin de protéger les créneaux des traits adverses, Végèce préconise de tendre des cilices, couvertures de crins, de peau ou de toile[4]. Ammien Marcellin déclare que les cilices tendus par les défenseurs perses les rendent invisibles. On peut supposer que ces écrans étaient légèrement en retrait du créneau ménageant un espace pour permettre aux assiégés de tirer. Végèce recommande de porter des boucliers et des armures de forteresse. Il semble s'inspirer du modèle perse car Ammien remarque que les Perses sont munis de boucliers d'osier recouverts de cuir épais.

Les sorties effectuées par les assiégés ont l'avantage de la surprise sur l'assaillant qui ne s'attend guère à la contre-attaque.

1. Zosime, III, 22, 2-6.
2. Végèce, *DRM*, IV, 18.
3. *Ibid.*, IV, 23.
4. *Ibid.*, IV, 6.

Ces sorties ont lieu la nuit par des poternes, ou au plus fort du combat. Elles ont des effets souvent spectaculaires. Au siège d'*Amida*, deux légions gauloises armées de haches et d'épées demandent à attaquer de nuit l'armée perse évaluée à 100 000 hommes. Pour 400 Gaulois tués, les Perses ont subi de lourdes pertes parmi lesquelles des satrapes et des personnalités de l'entourage royal ; ils décident une trêve de trois jours pour se réorganiser. En mémoire de ce fait d'armes, Constance II fait élever sur la place principale d'Édesse les statues des officiers gaulois. Les Perses sont également redoutables. Ils sont passés maîtres dans l'usage de morceaux de charbons ardents, de fioles de bitume, utilisés comme grenades incendiaires. Au cours de deux sorties diurnes lors du second siège de *Bézabdé*, ils incendient les machines des Romains, leur bélier géant puis les terrasses. Constance n'a plus les moyens de continuer le siège et abandonne son projet de reconquête. Les fortifications romaines prévoient souvent un remblai élevé en avant des murailles, qui protège la retraite des assiégés en cas de sortie. Cette caractéristique joue efficacement lors du siège d'Aquilée.

LES GERMAINS : PRIMITIFS MAIS EFFICACES

En Occident, la guerre de siège est beaucoup plus sommaire quand elle n'oppose pas les Romains entre eux. Les Barbares germaniques, étrangers au phénomène urbain, séjournent à l'extérieur des villes romaines qu'ils considèrent « *comme des tombes recouvertes par des filets* ». Les Huns, Barbares asiatiques, ont d'ailleurs les mêmes préjugés anti-urbains[1]. Toutefois, des impératifs militaires exceptionnels peuvent les obliger à un siège défensif résolument conduit. En janvier-février 358, 600 pillards francs se réfugient dans deux forts romains abandonnés et 54 jours de siège sont nécessaires pour les réduire[2]. La plupart du temps, en position offensive sur le territoire romain, les Barbares échouent ou renoncent devant les enceintes urbaines. Dans la seconde moitié du IVe siècle, les enceintes des villes gauloises ou danubiennes sont généralement en mauvais état car mal entretenues, mais repoussent des Barbares incapables de maîtriser la technologie des sièges autrement que par un blocus rarement supérieur à un mois[3]. Parfois, les Barbares s'enhardissent : en

1. Ammien Marcellin, XVI, 2, 12 ; XXXI, 2, 4.
2. *Ibid.,* XVII, 2, 1-4
3. *Ibid.,* XVI, 2, 1 ; 4, 1 ; XXIX, 6, 12 ; XXXI, 15, 1-sq.

358, les Juthungues ravagent la Rhétie et, contrairement à leur usage, attaquent les villes, sans succès pourtant[1]. En 378, l'immense circuit des murs de Constantinople décourage les Goths sans combat[2]. Toutefois, d'autres faits plaident en faveur de l'efficacité des Barbares contre des villes remparées mais laissées sans garnison. En 355-356, Strasbourg, Brumath, Saverne, Seltz, Spire, Worms, Mayence, Cologne, toutes les villes rhénanes sont tombées aux mains des Barbares. La surprise a pu jouer à plein dans certains cas. En 368, le chef alaman Rando prend Mayence par surprise avec une bande de pillards à l'occasion d'une fête chrétienne qui retient l'attention des habitants[3]. L'habileté guerrière, dont la surprise est une manifestation supérieure, supplée au manque de moyens techniques. En 365, le roi alaman Vadomaire, devenu général romain, est envoyé par l'empereur Valens faire le siège de Chalcédoine tenue par des troupes romaines rebelles, car il est jugé « *habile dans ce genre de guerre* »[4]. Lors du déferlement de 407, Mayence, Worms, Strasbourg, Tournai, Reims, Amiens, Arras sont prises. La vague barbare s'abat avec le même succès jusqu'en Aquitaine. La chute de Rome en 410 ou celle de Carthage en 439 offrent des exemples frappants de la vulnérabilité des grandes villes dépourvues de garnisons sérieuses.

LE COÛT D'UN SIÈGE EN RÈGLE

Les opérations de siège sont longues, meurtrières et demandent une importante machinerie. Malgré son succès à *Amida*, Sapor a perdu 30 000 hommes, soit un tiers de son effectif, en 73 jours de siège. Mais il a capturé 120 000 civils et soldats romains. L'arme suprême reste l'aide du Dieu de la guerre dans cet Empire officiellement chrétien depuis Constantin Ier. Ammien Marcellin n'hésite pas à écrire que Mars, en la personne d'un guerrier d'une taille formidable, a participé à l'escalade des murs de *Maiozamalcha*. Preuve de ce miracle : alors que l'armée est passée en revue au lendemain de la victoire, ce soldat ne peut être retrouvé malgré toutes les recherches... En 452, le pape Léon dissuade Attila d'assiéger Rome qui est pourtant sans garnison. Est-ce un autre miracle ou la crainte d'attaquer une grande ville remparée ?

---

1. *Ibid.*, XVII, 6, 1.
2. *Ibid.*, XXXI, 16, 7.
3. *Ibid.*, XXVII, 10, 1-2.
4. *Ibid.*, XXVI, 8, 2.

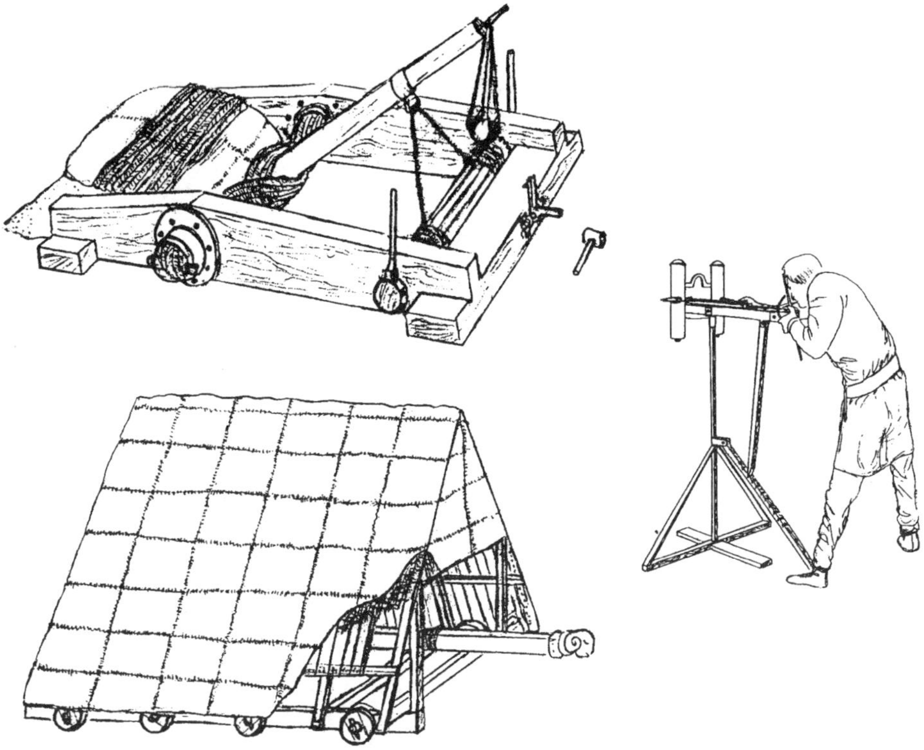

Planche 6. – Machines de siège. En haut : onagre, pièce d'artillerie de siège. Le timon est ramené horizontalement à l'arrière par une équipe de quatre hommes qui actionnent le treuil. Un système à rochet avec cliquet retient le tambour d'enroulement de la corde. Le timon est fixé à un levier d'ancrage, la corde est détachée. Puis, le maître artificier donne un coup de marteau sur le levier d'ancrage. Le timon, libéré, vient frapper un coussin en cuir renforcé de cordes. La fronde projette le boulet. Le coussin est posé sur un tas de terre ou de briques.

Au milieu – à droite : baliste à montants cylindriques. Cette reconstitution suggère la possibilité de pivoter en azimuth sur un axe fixe, plutôt que de déplacer la pièce à chaque tir. Cela permet de suivre une cible en déplacement latéral.

En bas – à gauche : tortue bélier, d'après les descriptions de Végèce, d'Ammien et une représentation de l'Arc de Septime Sévère à Rome. La charpente est recouverte d'une claie, de pièces de laine ou de peaux, de boue ou d'un enduit incombustible. Le bélier est suspendu à la poutre faîtière de la charpente.

CHAPITRE 14

Un renouveau de la cavalerie ?

Évoquant la cavalerie, Végèce juge inutile toute référence au passé et renvoie ses lecteurs à la « *doctrine contemporaine* »[1]. Réformateur militaire, auteur d'un traité d'art vétérinaire sur les chevaux[2], on a parfois supposé que Végèce était un comte des domestiques[3], c'est-à-dire le commandant de la cavalerie de la garde impériale. Jamais auparavant les sources romaines n'avaient montré une telle confiance dans la cavalerie.

RÉORGANISATION DE LA CAVALERIE

Aux Ier-IIe siècles, chaque légion disposait de sa cavalerie. Chaque turme (escadron) de cavalerie était liée à une cohorte[4]. Au témoignage de l'historien juif Flavius Josèphe, une légion comptait 120 cavaliers[5]. Ce nombre révèle le rôle secondaire de la cavalerie dans la légion du Haut-Empire. Gaulois, Germains, Maures ou Orientaux formaient des ailes de cavalerie auxiliaire de

1. Végèce, *DRM,* III, 26.
2. *Id., P. Vegeti Renati digestorum Mulomedicinae libri,* éd. E. Lommatzsch, Leipzig, Teubner, 1903.
3. R. Delmaire, « Les responsables des finances impériales au Bas-Empire romain IVe-VIe siècles. Études prosopographiques », *Latomus,* 203, 1989, p. 122.
4. D.J. Breeze, « The Organisation of the Legion : the first cohort and the *equites legionis* », *Roman Officers and Frontiers,* Stuttgart, Franz Verlag, 1993, p. 65-68 (Ire cohorte) et 68-70 *(eq. leg.).*
5. Flavius Josèphe, *Bellum Judaeorum,* III, 20.

500 ou de 1 000 cavaliers[1]. La cavalerie se développe dans la seconde moitié du IIIe siècle parallèlement au redéploiement stratégique de l'armée romaine[2]. Elle devient un des plus hauts commandements de l'armée. À partir du règne de Gallien (253-268), ce sont des maîtres de la cavalerie qui accèdent à la pourpre impériale, comme l'usurpateur Auréolus, Claude II (268-270) et Aurélien (270-275). L'idée est répandue chez les historiens modernes que la cavalerie légionnaire comportait 120 combattants jusqu'à ce que Gallien lui en donne 726[3]. Il s'agit en fait d'une erreur d'interprétation car ce chiffre de 726, tiré de Végèce[4], n'est qu'une proposition pour constituer une légion idéale[5]. La cavalerie légionnaire est en voie de disparition sous la Tétrarchie et n'existe plus par la suite[6].

Au IVe siècle, la cavalerie se constitue en unités autonomes. Ailes (*alae*) et cohortes à cheval (*cohortes equitatae*) correspondent à d'anciens schémas d'organisation qui persistent. La *Notitia Dignitatum* fait encore état d'ailes milliaires (1 000 cavaliers) mais la plupart sont des ailes quingénaires (500 hommes). Ces unités trop lourdes d'un point de vue opérationnel sont fractionnées dans la pratique. Plusieurs détachements d'ailes, d'après des *papyri* datés de 297 à 300, atteignent 116, 118 ou 121 hommes[7]. Entre 379 et 395, Théodose Ier crée 13 ailes de gardes-frontière réparties entre l'Égypte, la Thébaïde, l'Osrhoène, la Mésopotamie et l'Arménie. Il existe même des ailes de dromadaires, réparties pour trois en Égypte et une en Palestine, destinées à la surveillance du désert[8]. La cohorte à cheval, héritée du Haut-

1. Y. Le Bohec, 1989, p. 26-27. Arrien donne 512 cavaliers à chaque *ala quingenara, Tactica,* X et XVIII. Le Pseudo-Hygin l'organise en 16 turmes, *De Metatione Castrorum,* XVI. Cela donne 32 cavaliers par turme (Végèce, *DRM,* II, 14).
2. C. Keyes, *The Rise of the Equites in the Third Century of the Roman Empire,* Princeton, 1915. A. Alföldi, « Der Usurpator Aureolus und die Kavalleriereform des Gallienus », *ZfN,* 37, 1927, p. 197-211. M.P. Speidel, « *Stablesiani* : The Raising of new Cavalry Units during the Crisis of the Roman Empire », *Roman Army Studies,* vol. 1, Amsterdam, J.C. Gieben, 1994, p. 391-396. S. Williams, 1985, p. 24.
3. G. Webster, *The Roman Imperial Army,* Londres, Adam and Charles Black, 1969, p. 114-115. G.R. Watson, *The Roman Soldier,* Bristol, Thames and Hudson, 1969, p. 21. L. Keppie, *The Making of the Roman Army. From Republic to Empire,* Londres, Batsford, 1984, p. 24-25, 173-176. E. Luttwak, 1987, p. 243. Y. Le Bohec, 1989, p. 24-25. K. Dixon et P. Southern, *The Roman Cavalry,* Londres, Batsford, 1992, p. 30.
4. Végèce, *DRM,* II, 6. En fait, Végèce, à la suite d'un calcul erroné, donne 730 *equites*, chiffre rond, mais le total exact des cavaliers par cohorte donne 726.
5. Ph. Richardot, « Hiérarchie militaire... », 1995, p. 414-415.
6. E. Ritterling, « *Legio* », *PW,* XII, 2, 1925, col. 1490. W. Seston, 1946, p. 299. D. Van Berchem, 1952, p. 104-106.
7. R.P. Duncan Jones, 1978, p. 546-549.
8. E. Dabrowa, « *Dromedarii* in the Roman Army : a Note », *RFS,* University of Exeter Press, 1989, p. 364-366.

Empire[1], n'existe plus que sous une forme dégradée au IVe siècle. Les baraquements de la IVe Cohorte des Lingons à cheval à Wallsend suggèrent une unité ou un détachement de 60 à 80 hommes[2]. Ces troupes frontalières semblent peu fiables. Durant la campagne de Perse en 363, une cohorte montée qui a lâché au combat est mise à pied par Julien[3]. Les cavaliers de la IVe cohorte d'archers en Maurétanie Césarienne sont tous exécutés par Théodose en 373 pour avoir rejoint le rebelle Firmus[4].

Au IVe siècle, la cavalerie romaine se dote de nouvelles structures : vexillations (*uexillationes*), coins (*cunei*), cavaliers (*equites*), scholes. Il n'y a pas de normalisation du format de ces unités nouvelles mais une spécialisation opérationnelle. En 269, vexillation signifie encore un détachement d'infanterie légionnaire et, en 293, il désigne une unité de cavalerie. Les édits de l'époque de Dioclétien distinguent clairement ceux qui servent dans la légion ou dans une vexillation[5]. Dans les années 380, Végèce note abusivement que, désormais, le terme vexillation remplace aile pour désigner les corps de cavalerie[6]. Il précise que les vexillations sont des unités à part entière, séparées des légions et des corps auxiliaires[7]. Les vexillations sont intégrées aux forces de manœuvre palatines ou d'accompagnement. Les coins de cavaliers appartiennent aux troupes des frontières à l'exception de deux vexillations d'accompagnement. D'après la *Notitia Dignitatum*, la majorité des coins sont maintenus le long du Danube, tandis que deux seulement sont affectés en Thébaïde et une en (Grande-) Bretagne, certainement à la suite d'un transfert. La plupart de ces nouvelles unités datent de Constantin[8]. Les coins de cavaliers répertoriés par la *Notitia Dignitatum* évoquent une formation d'assaut en triangle que l'on retrouve dans l'infanterie. Ce qui plaide pour la combativité des troupes frontalières.

1. Flavius Josèphe donne 120 cavaliers et 600 fantassins, *Bellum Judaeorum,* III, 4, 2. Le Pseudo-Hygin distingue la *cohors equitata quingenaria* à 380 fantassins et 120 cavaliers et la *cohors equitata miliaria* 760 fantassins et 240 cavaliers, *De metatione castrorum,* XXV-XXVII.
2. C.M. Daniels, « Excavations at Wallsend and the fourth Century Barracks on Hadrian'Wall », *RFS,* 1980, p. 172-194.
3. Ammien Marcellin, XXIV, 5, 10.
4. *Ibid.,* XXIX, 5, 20-22.
5. *CJ,* VII, 64, 9 ; X, 55, 3. D. Van Berchem, 1952, p. 77. E. Luttwak, 1987, p. 150-151. Y Le Bohec, 1989, p. 206.
6. Végèce, *DRM,* II, 1.
7. *Ibid.,* III, 4.
8. A.H.M. Jones, 1964, p. 99-100.

Répartition des coins de cavalerie
d'après la *notitia dignitatum* (vers 400)

Secteurs	Occident	Orient
Réserve stratégique	1	1
Danube	13	31
(Grande-)Bretagne	1	–
Thébaïde	–	2
Totaux	15	34

Le qualificatif de « *cavaliers* » s'applique aux vexillations comme aux troupes frontalières et à différents types de combattants montés : des cataphractaires ou clibanaires (cuirassiers), des archers, des scutaires (armés d'un bouclier), des éclaireurs. Ces cavaliers peuvent être en outre qualifiés d'Illyriens, de Bataves, d'Indigènes, de Maures ou de Sarrasins... et révèlent la diversité du recrutement impérial. Certaines unités ont des noms complexes comme le « *Coin des Cavaliers Maures Scutaires* »[1]. Les scholes palatines sont des unités de choc fréquemment engagées et donc puissantes. Elles alignent une grande variété tactique. On peut déceler des unités de cavalerie lourde (cataphractaires, clibanaires, scutaires) et de cavalerie légère (archers, Indigènes). Néanmoins, on voit mal quels étaient l'armement et les spécificités tactiques des *gentiles*, *comites*, *promoti*, *armigeri*, *stablesiani* et *armaturae*, termes pour lesquels il est souvent malaisé de faire une traduction : « *gentils* » *(« étrangers »), «* *comtes* », « *promus* », « *gens d'armes* », « *cavaliers des écuries impériales* », « *armatures* » *(« chevau-légers » ?).* « *Comtes* » est une distinction honorifique réservée aux vexillations palatines et d'accompagnement. « *Promus* » désigne de la cavalerie légionnaire rassemblée dans une unité indépendante.

1. *Cuneus Equitum Maurorum Scutariorum, Notitia Dignitatum,* OR.XXXI.23.

Types tactiques de cavalerie d'après les unités de la *notitia dignitatum* (vers 400) Occident/Orient

Catégorie	Cataphractaires		Clibanaires		Scutaires		Archers	
	Cavalerie d'intervention stratégique							
Scholes	–	–	–	–	3	4[1]	–	–
	dont Vexillations							
Palatines	–	–	–	2	–	–	–	2
D'accompagnement	1	5	1[2]	4	3	3	17	4
	Cavalerie frontalière							
Coins	–	1	–	–	2	7	–	2
Ailes	–	1	–	–	–	–	–	–
Cavaliers	1			–	–	6	8	26
Totaux	**2**	7	**1**	**6**	**8**	**20**	**25**	**34**
Grands totaux	**9**		**7(8)**[3]		**28**		**59(60)**[4]	
% Cavalerie	**2,4%**		**1,9%**		**7,6%**		**16,2%**	

1 Types mixtes : une schole de scutaires-archers et une de scutaires- clibanaires
2 Type mixte : archers-clibanaires
3 Le chiffre entre parenthèses comprend les scutaires- clibanaires
4 Le chiffre entre parenthèses comprend les archers-clibanaires

Abusivement, on classe dans la cavalerie tous les contingents de lètes et de gentils relevés dans la *Notitia Dignitatum*. Par contre, il n'est pas hardi d'y inclure les 23 corps de Sarmates et celui, mixte, de Sarmates et de Taïfales[1]. Dès 69, Vespasien emploie des cavaliers sarmates. Vers 275, après des revers subis contre les Palmyréniens, l'empereur Aurélien augmente la proportion de cavaliers équipés à la sarmate.

DÉVELOPPEMENT DE LA CAVALERIE LOURDE

Les cavaliers sarmates appartiennent à la cavalerie lourde qui atteint son apogée au IVe siècle. D'après Tacite, les Sarmates sont armés d'une lance tenue à deux mains et, « *quand ils chargent par escadrons, c'est à peine si une troupe rangée peut leur résister* ». Il y a en fait deux types de cavaliers sarmates définis par la qualité de l'armement : les nobles et la troupe. Les nobles et les chefs portent une cuirasse « *tissée de lames de fer et d'un cuir extrêmement dur ; elle est impénétrable aux coups, mais elle ôte au cavalier abattu dans une charge la faculté de se relever*[2] ». Le Grec

1. *Ibid.*, OC.XLII.46-47, 49-70.
2. Tacite, *Historiae,* I, 79.

Pausanias raconte que les Sarmates faisaient leurs cuirasses avec les sabots des chevaux car ils n'avaient que peu de fer. Lui-même en a vu un spécimen au temple d'Esculape d'Athènes et lui trouve l'aspect d'une pomme de pin[1]. La troupe dispose d'un équipement qui a les avantages de la cavalerie lourde (pique et cuirasse) mais garde une grande légèreté (chevaux de remonte), comme l'indique Ammien Marcellin au IVe siècle : « *Ces peuples, plus aptes au brigandage qu'aux batailles rangées, portent de très longues lances et des cuirasses faites de corne lisse et polie, cousue comme des écailles à une tunique de lin. Ils ont des chevaux hongres pour que la vue des juments ne les fasse pas s'emballer ou que lors d'une embuscade leurs hennissements ne signalent leurs cavaliers. Ils parcourent de longues distances, poursuivis ou poursuivants, montés sur des chevaux rapides et obéissants, traînant un parfois deux chevaux de remonte*[2]... » Des unités romaines du IVe siècle reprennent cet armement et sont qualifiées de Sarmates.

Le cavalier lourd standard est le scutaire, tel qu'il est illustré dès la fin du IIIe siècle par l'Arc de Galère à Thessalonique[3]. Si l'appellation « *scutaire* » se réduit à un petit nombre d'unités, son type d'armement est généralisé. Son armement rappelle celui d'un fantassin monté et reste proche des cavaliers auxiliaires du Haut-Empire. Il est constitué du bouclier (*scutum*) rond ou ovale qui donne son nom au scutaire. Aussi grand qu'un bouclier d'infanterie, il est tenu devant la tête lors d'une charge. Plus coûteux sont la cuirasse d'écailles tombant à mi-cuisse et au dessus des coudes et le casque. La cuirasse d'écailles (*lorica squamata*) reste en vogue dans la cavalerie jusqu'au VIe siècle. Certaines ont des manches longues ou des lambrequins de cuir qui protègent les cuisses et les épaules[4]. Au Ve siècle, les empereurs Majorien et Avitus portent des cuirasses d'écailles qui résistent aux lances barbares[5]. Sur des monnaies d'argent du Ve siècle, les rois Childéric et Théodoric, respectivement franc et ostrogoth, portent la cuirasse d'écailles comme les empereurs romains. Moins coûteuse et moins efficace que la cotte de mailles, qui continue d'être

1. Pausanias, I, 21, 6.
2. Ammien Marcellin, XVII, 12, 2-3.
3. K. Dixon, 1992, p. 36. H.P. Laubscher, *Der Reliefschmuck der Galeriusbogens in Thessaloniki*, Berlin, 1975.
4. H.R. Robinson, *The Armour of Imperial Rome,* Londres, 1975, p. 153-161. J.C.N. Coulston, « Later Roman Armour, IIIrd-VIth centuries », *JRM,* 1, 1990, p. 143. M. Feugère, *Les armes des Romains, de la République à l'Antiquité tardive,* Paris, Errance, 1993, p. 184-186.
5. Sidoine Apollinaire, *Panegyricus Majoriano Augusto Dictus,* v. 222-223. *Id., Panegyricus Avito Augusto Dictus,* v. 242.

portée, la cuirasse d'écailles est à l'origine de la broigne carolingienne. À la fin du IIIe siècle, le casque de cavalerie se caractérise par une bombe segmentée de forme conique, avec ou sans nasal, des gardes-joues qui dissimulent les oreilles, un couvre-nuque rigide ou flexible en mailles. Comme l'emblème du dragon, le casque segmenté a une origine sarmato-dacique. Des casques oblongs, segmentés (type *Spangenhelm*), n'ayant pas de nasal, sont visibles sur la Colonne Trajane : ils sont portés par les archers orientaux et les cataphractaires daces[1]. Le panégyrique d'Anthémius évoque le couvre-nuque serré et l'aigrette rouge du casque[2]. Une pointe ou une boucle au sommet du casque servent d'appui à une aigrette de crin. Parfois doré, muni d'une crête large, décoré par des rivets ou recouvert de cabochons[3], le casque peut indiquer le grade. Une monnaie, frappée à Trèves vers 312-313, représente Constantin avec un quasi-heaume marqué du chrisme[4]. Valentinien Ier a un casque orné de pierreries, que tient son chambellan. Le chambellan et le casque disparaissent au cours d'une embuscade tendue par les Alamans[5]. Le casque segmenté est encore porté par les chefs mérovingiens[6] ou anglo-saxons au VIIe siècle[7]. Il peut avoir un masque de protection que l'on retrouve plus tard au cours du Haut Moyen Âge en Angleterre et dans les pays scandinaves. Le casque conique à nasal existe toujours aux XIe-XIIe siècles, débarrassé du couvre-nuque et des gardes-joues. Végèce souhaiterait que la cavalerie soit dotée de jambières[8]. Ces jambières en lames segmentées apparaissent sur certaines illustrations de la *Notitia Dignitatum.* Elles n'étaient peut-être pas uniquement réservées aux cavaliers lourds cataphractaires. L'armement offensif se compose de la lance et de l'épée. La lance, arme principale de la cavalerie, est tenue comme un poignard ou à deux mains. Éventuellement, un contrepoids (plombé ?) garnit l'extrémité opposée au fer de lance pour donner plus de force à la frappe[9]. En 368, deux jeunes cavaliers, le scu-

1. S. Settis *et alii*, *La Colonna Traiana,* Turin, Einaudi, 1988, p. 394, pl. 136 (LXXVII-LXXVIII, 203-205), p. 396, pl. 138 (LXXVIII-LXXIX, 205-207).
2. Sidoine Apollinaire, *Panegyricus Anthemio Augusto Dictus,* v. 134-137.
3. M. Feugère, *Casques antiques. Le visage de la guerre de Mycènes à la fin de l'Empire romain,* Paris, Errance, 1994, p. 142-151.
4. A. Alföldi, « The Helmet of Constantine with the Christian Monogram », *JRS,* 22, 1932, p. 9-23.
5. Ammien Marcellin, XXVII, 10, 10.
6. P. Périn, L.Ch. Feffer, 1987, tome 2, p. 91 (tableau comparatif des casques francs d'époque mérovingienne et romains tardifs).
7. O. Cederlöf, « The Sutton Hoo Burial and the Armour of the Vendel Period », *Journal of the Arms and Armour Society,* I, 1955.
8. Végèce, *DRM,* II, 1.
9. Détail du tombeau d'Hélène, mère de Constantin, Musée du Vatican.

taire Salvius et le palatin de la schole des Gentils Lupicinus, chargent les premiers en hurlant, la lance au poing[1]. L'épée longue ou *spatha* (65-90 cm) d'origine celtique était réservée initialement à la cavalerie et aux fantassins auxiliaires. Munie de deux tranchants, elle est assez large (4-6 cm) avec des rainures centrales pour faciliter l'écoulement du sang. Sa longueur s'explique par la nécessité d'atteindre des fantassins situés plus bas que le cavalier et suggère une frappe de taille. Plus lourde que le glaive, elle est soutenue par un baudrier et portée à gauche[2]. La technique du fer damassé adoptée à partir du IIIe siècle en fait une arme résistante et tranchante. La tombe mérovingienne de Chasseny (Aisne) révèle un crâne dont le sommet a été scalpé net : est-ce un effet de la Spatha ?[3] Une stèle funéraire du IVe siècle, trouvée dans le nord-est de la Gaule près d'Amiens, montre un cavalier d'une unité de cataphractaires chargeant, armé d'une sorte de large cimeterre[4]. Cette arme ne semble pas avoir été très répandue car la longue épée droite garde la faveur des cavaliers. La persistance de l'armement du scutaire romain au cours du Haut Moyen Âge montre sa qualité.

La grande nouveauté est le développement des cavaliers ultra-lourds. Ils ne représentent toutefois que 3 % des unités de cavalerie. Ils portent indifféremment les noms de *cataf(ph) ractarii* ou *catafracti* et de *clibanarii* que l'on traduit par cataphractaires, cataphractes ou clibanaires. Le premier terme vient du grec *kataphractoï*, « *couverts d'une armure* ». En latin *cataphracta* a fini par signifier cotte de mailles[5] ou cuirasse[6]. Le terme clibanaire, *clibanarius*, a des étymologies variées : en grec et en latin, *Klibanios* ou *clibanus* a le sens de marmite ou de four. La même analogie existe en perse avec le mot *tanur* (four) et *tanurigh* (guerrier). Au IVe siècle, l'*Historia Augusta* donne une origine perse à ce terme : « *les cataphractaires que les Perses appellent clibanaires*[7] ». C'était l'arme de l'aristocratie partho-sassanide[8]. L'introduction des cataphractaires est postérieure à la guerre de Trajan contre les Daces, où la cavalerie romaine met en déroute des

1. Ammien Marcellin, XXVII, 10, 12.
2. K.R. Dixon et P. Southern, *The Roman Cavalry,* Londres, Batsford, 1992, p. 49. M.C. Bishop et J.C.N. Coulston, *Roman Military Equipment,* Londres, Batsford, 1993, p. 43, 71-4, 111, 126, 130, 162, 185, 190, 195, 202, 203. M. Feugère, 1993, p. 101-102, 166-169.
3. I. Lebedynsky, *Armes et guerriers barbares au temps des grandes invasions (IVe au VIe siècles ap. J.C.),* Paris, Errance, 2001, p. 109.
4. *CIL,* XIII 3493.
5. Tacite, *Historiae,* I, 79.
6. Végèce, *DRM,* I, 20.
7. *HA, Alexander Severus,* LV, 5.
8. J.C.N. Coulston, « Roman Parthian and Sassanids developments », *DRBE,* 1986, p. 59-75.

cataphractaires-archers daces (vers 103-107). La Colonne Trajane montre ces derniers coiffés de casques oblongs segmentés et, conventionnellement, représente hommes et chevaux couverts d'écailles. Cette cavalerie d'origine partho-sassanide semble avoir été introduite au IIe siècle dans l'armée romaine et prend son essor au IIIe siècle, sous l'influence de Maximin et des guerres palmyréniennes[1]. Au IVe siècle, l'empereur Julien attribue à son prédécesseur Constance II, réformateur militaire et cataphractaire lui-même, le développement, voire la renaissance, de cette arme. La *Notitia Dignitatum* indique que, sur 17 corps de cataphractaires/clibanaires, 14 appartiennent à l'Empire d'Orient, essentiellement des vexillations *comitatenses* ou palatines. Deux unités de clibanaires sont qualifiées de Parthes et une de Perse[2].

L'armure des cataphactaires se caractérise par sa lourdeur et sa flexibilité. L'empereur Julien décrit les cataphractaires comme des « *cavaliers immobiles sur leurs chevaux comme autant de statues aux membres articulés suivant le modèle de la nature humaine. Allant de l'extrémité du poignet jusqu'aux coudes et s'étendant de là sur les épaules, une cuirasse de pièces* (métalliques) *s'adapte à leur poitrine et à leur dos. Le visage protégé par un masque de fer, ils ont l'air d'une statue brillante et étincelante : les jambes, les cuisses et le bout des pieds ont aussi leur armure, rattachés à la cuirasse par une cotte de mailles qui ne laisse aucune partie du corps à nu ; ce tissu de mailles, en garnissant les mains elles-mêmes, se prête à la flexion des doigts*[3] ». Une telle armure dispense d'un bouclier. Un masque de fer achève de donner aux cataphractaires l'image de « *statues animées* » ou d'« *hommes de fer* »[4]. Ces masques, contrairement à ceux du IIe siècle, ne semblent pas être réservés à la parade. Les montures renforcent l'aspect effrayant de cette cavalerie lourde : « *Les chevaux sont équipés de même, la tête protégée par du fer menaçant, le reste du corps est ferré à l'abri des blessures*[5] ». Trois caparaçons d'écailles ont été trouvés à *Doura Europos* et confirment l'iconographie et les descriptions littéraires[6]. Les reconstitutions modernes montrent que les chevaux ainsi caparaçonnés effraient leurs congénères. Un *graffito* du IIIe siècle de *Doura Europos* présente une image conforme aux descriptions : casque conique,

1. Hérodien, VIII, 1, 10 et Zosime, I, 50. M.C. Bishop et J.C.N. Coulston, 1993, p. 159.
2. *Notitia Dignitatum,* OR.V.40 ; VI.40 ; 32.
3. Julien, *Ad Constantium,* I, 28.
4. Salluste, *Historiae,* IV, 66. Ammien Marcellin, XVI, 10, 8. Julien, *Oratio,* I, 37. Claudien, *In Rufinum*, II, 251.
5. Claudien, *In Rufinum*, II, 359-362.
6. M.C. Bishop et J.C.N. Coulston, 1993, p. 157-158.

bras et jambes recouverts de lames articulées, abdomen recouvert de bandes verticales et torse protégé de mailles. Le cheval est couvert d'un caparaçon d'écailles. Les cataphractaires sont armés d'une longue lance tenue horizontalement à deux mains. La *Notitia Dignitatum* ne mentionne qu'un corps d'archers-clibanaires[1]. Ce type de cavaliers ultra-lourds persiste dans l'armée byzantine[2].

LA CAVALERIE AU COMBAT

En bataille rangée, la cavalerie continue d'être placée sur les ailes avec une réserve tenue en arrière[3]. Les troupes régulières de cavalerie maintiennent les grandes traditions de l'armée romaine. Il existe des signes de ralliement, comme celui de lever sa cape vers le haut pour annoncer de loin la présence imminente de l'ennemi. C'est ainsi qu'Ammien alerte une unité de cavalerie d'un fort routier de l'approche des Perses[4]. La cavalerie connaît deux modes de combat : le choc ou le harcèlement par des traits. La cavalerie romaine dispose d'unités spécialisées dans ces deux types de combat.

Si la création d'unités de cavalerie est indubitable dans la seconde moitié du IIIe siècle, leur efficacité tactique et leur importance numérique sont moins sûres, en particulier en Orient. La victoire d'Aurélien sur les Palmyréniens de la reine Zénobie, à la bataille d'Antioche (272), est à porter au crédit des cavaliers Dalmates ou Illyriens, Maures, promus, scutaires et *stablesiani*[5]. Toutefois, le récit détaillé du combat par Zosime révèle que la cavalerie palmyrénienne est plus lourdement armée et plus expérimentée. Les cavaliers romains fatiguent dans une retraite simulée les cataphractaires ennemis, puis se retournent contre eux quand la chaleur et le poids des armes arrêtent les poursuivants[6]. Le génie tactique d'Aurélien supplée à l'infériorité matérielle de la cavalerie romaine : il faut donc nuancer l'essor de la cavalerie au IIIe siècle. Au IVe siècle, la *Notitia Dignitatum* montre une plus grande proportion de cavaliers en Orient face aux Perses et aux Bédouins, peuples de cavaliers ou de méharistes. Dans ces régions, les unités frontalières de cavalerie sont plus nombreuses que celles d'infanterie et représentent entre 60 et 70 % des effec-

1. *Notitia Dignitatum,* OC.VI.67.
2. S. MacDowall, *Late Roman Cavalryman 236-565 AD*, série Warrior 15, Londres, Osprey, 1995.
3. Végèce, *DRM,* III, 16.
4. Ammien Marcellin, XVIII, 6, 13.
5. M.P. Speidel, « *Stablesiani* ; The Raising of new Cavalry Units during the Crisis of the Roman Empire », *Chiron,* 4, 1974, p. 541-546.
6. Zosime, I, 50, 3-4.

tifs[1]. La *Notitia* compte pas moins de 37 corps de cavaliers indigènes et de Sarrasins pour s'opposer à leurs congénères venus des sables. Trois ailes de méharistes sont assignées à la lutte contre les Blemmyes en Égypte. Les troupes frontalières comportent une large part de cavaliers-archers. En opération dans le désert, la cavalerie légère est suffisante pour s'opposer aux pillards nomades, alors que la cavalerie lourde doit souvent aller à pied pour économiser ses chevaux fatigués[2]. En revanche, les Perses représentent une menace beaucoup plus redoutable que le brigandage des Sarrasins. L'empereur Julien déclare que les Perses, disposant de nombreux cuirassiers, archers montés et autres cavaliers, « *regardent l'infanterie comme inutile à la guerre et ne la mettent jamais à un poste qui compte, vu qu'elle leur est peu nécessaire dans les régions plates et découvertes qu'ils habitent*[3] ». Le nombre et la valeur des cavaliers perses posent de sérieux problèmes aux Romains. En 359, la cavalerie romaine est désorganisée par la masse des cavaliers perses qui paraît sortir hors de terre[4]. Dans l'expédition menée par Julien en Perse de 363, les victoires romaines en bataille rangée sont dues à l'infanterie. La cavalerie formant l'avant-garde romaine, seule face aux cavaliers perses, subit des revers humiliants. Trois turmes sont repoussées après avoir perdu un tribun et une enseigne (*uexillum*)[5]. Après un engagement, l'infanterie romaine demande des sanctions contre les cavaliers des Tertiaques qui ont fui devant les Perses. Quatre autres tribuns de cavalerie sont licenciés pour lâcheté au combat[6]. Inférieure en bataille rangée, la cavalerie romaine ne parvient pas à contrer les opérations de harcèlement. Les cavaliers perses traversent le camp romain lors d'une attaque nocturne[7]. Ils assaillent fréquemment l'arrière-garde romaine[8] et, bien que mis en retraite, l'un des leurs a mortellement blessé Julien d'un javelot. Dans les Balkans, la cavalerie lourde ostrogothique s'avère un ennemi contre lequel les *equites* romains sont inopérants en bataille rangée, comme à Andrinople en 378. Seuls les auxiliaires Sarrasins obtiennent des succès limités contre les Goths dans des escarmouches. Spécialistes du combat de cavalerie, ils sont envoyés par petits groupes hors de Constantinople et

1. W. Treadgold, 1995, p. 51.
2. Ammien Marcellin, XXV, 6, 9.
3. Julien, *De Regno,* III, 11, 42-43.
4. Ammien Marcellin, XIX, 8, 11.
5. *Ibid.,* XXIV, 3, 2.
6. *Ibid.,* XXV, 1, 7-9.
7. *Ibid.,* XXV, 6, 7.
8. *Ibid.,* XXV, 1, 5 ; 3, 2.

mènent une véritable guérilla contre les Goths alourdis par leur butin. Les pertes infligées sont telles que les Goths décident d'attaquer à trois contre un. Mais les Sarrasins refusent le corps-à-corps et s'enfuient sur leurs chevaux rapides, après avoir tué nombre de Goths au javelot[1]. En Orient, la cavalerie romaine n'est pas décisive contre un ennemi supérieur dans cette arme.

L'Occident dispose de moins de cavalerie que l'Orient mais son rôle semble plus notable. Après les deux maîtres de la milice à la Cour, le commandement occidental le plus important est celui de maître de la cavalerie des Gaules, signe de la prééminence de cette arme. L'autorité du maître de la cavalerie des Gaules comprend de l'infanterie et des marins. Elle s'étend sur les Gaules, les Germanies, la Bretagne et l'Espagne. En Occident, la supériorité tactique d'un petit détachement de cavalerie est assurée contre la cohue d'une infanterie barbare[2].

Au début du Ve siècle, d'après la *Notitia Dignitatum*, le rôle des cavaliers-archers dans les vexillations d'accompagnement est plus grand en Occident (17 unités) qu'en Orient (4 unités). La proportion d'archers dans la cavalerie est aussi plus forte (17 % contre 15 %). Ce paradoxe tactique tient au fait que les Barbares occidentaux n'ont pas de cavaliers-archers et sont surtout des fantassins. Cette arme de harcèlement y est donc plus redoutable qu'en Orient où la cavalerie domine tactiquement chez l'ennemi. La cavalerie légère de l'Occident romain est constituée par des auxiliaires barbares. Les Maures assument ce rôle depuis la conquête de l'Afrique mais, à la fin du IVe siècle, ils sont rejoints par les Alains et les Huns, cavaliers-archers issus des steppes d'Asie. Instables en bataille rangée, ces cavaliers sont efficaces dans les tactiques de harcèlement. À la bataille de Fiésole en 406, les cavaliers alains partent en déroute après la mort de leur chef, découvrant une aile de l'armée romaine. Une légion de réserve rétablit la situation[3]. La fiabilité des Alains est mise en doute par Aétius qui les place au centre de son dispositif à la bataille des Champs Catalauniques en 451[4]. Les Huns sont plus redoutables. En 409, près de Pise, 300 mercenaires huns au service de l'empereur Honorius infligent 1 000 tués aux Goths surpris, alors qu'ils ne perdent eux-mêmes que 17 des leurs, mais, pressés par le

1. Zosime, IV, 22, 3.
2. E. Stein, 1968, tome 1, p. 63.
3. Claudien, *Bellum Gothicum*, v. 581-597.
4. Jordanès, *Getica*, XXXVIII, 197.

nombre, ils regagnent Ravenne[1]. Les Huns participent à toutes les campagnes menées en Gaule dans les années 400-450.

La cavalerie romaine d'Occident dans le dernier tiers du Ve siècle privilégie le choc au harcèlement avec l'aide de cavaliers scutaires. Ecdicius démontre leur efficacité en 471 devant Clermont-Ferrand. Avec 10 à 18 cavaliers en armure, il désorganise des « *milliers* » de fantassins Wisigoths obligés de se réfugier sur une hauteur. Au retour d'Ecdicius, les habitants de Clermont viennent dégrafer les attaches des plaques flexibles du casque et débrouiller les entrelacs des jambières. D'autres, admiratifs, comptent les dents de son épée ébréchée par le massacre, ou promènent leurs doigts sur les écailles de la cuirasse percée par les coups. Fort de ce succès, Ecdicius organise à partir de la ville fortifiée de Clermont des « *attaques brusquées* » de cavalerie contre les pillards wisigoths[2]. Il s'agit alors d'escarmouches et non plus de batailles rangées. Dans les derniers temps, l'armée romaine occidentale en pleine décomposition ne peut rien offrir de mieux qu'une bande de cavaliers en armure. Vision toute médiévale que celle de la défense de Clermont par Ecdicius, annonciatrice de la chevalerie.

L'efficacité des cataphractaires est discutable. D'après le panégyriste Nazaire qui écrit en 321, « *leur tactique est la suivante : quand ils ont enfoncé la ligne adverse, ils poursuivent l'attaque et, invulnérables aux coups, ils brisent sans s'arrêter tout ce qui leur est opposé*[3] ». À la bataille de *Mursa* (351), les cataphractaires forment la première ligne de cavalerie devant les scutaires et les cavaliers-archers. Ils chargent à plusieurs reprises après des tirs de harcèlement délivrés par les cavaliers-archers[4]. Ammien Marcellin note que les cataphractaires et les archers forment ensemble « *un genre d'arme formidable*[5] ». Végèce recommande de placer les cataphractaires sur le front des légions ou parmi elles et note leur capacité de rupture en choc frontal. En fait, Végèce préfère conserver à la cavalerie sa légèreté et utilise les cataphractaires d'une façon très proche de l'infanterie lourde. Il semble être le seul auteur du IVe siècle à n'éprouver aucune émotion esthétique à l'aspect flamboyant des cataphractaires, car il ne les décrit même pas et se borne, sommairement, à leur utilité

1. Zosime, V, 45, 6.
2. Sidoine Apollinaire, *Ep.*, III, 3, 5-7.
3. Nazaire, *Nazarii Panegyricus Constantino Augusto Dictus. Panegyrici Latini,* X (4), 23, 4.
4. Julien, *De Regno,* III, 7 ; 9.
5. Ammien Marcellin, XVI, 12, 7 ; 38.

tactique, d'ailleurs faible. D'après lui, ils sont facilement capturés par des fantassins lors d'embuscades en terrain boisé[1].

La plupart des rapports des combats rejoignent l'analyse pertinente de Végèce sur la lourdeur tactique de cette arme. Les cataphractaires n'ont pas l'efficacité que tant de métal et d'investissement devraient conférer. Ils sont souvent mis en échec face à un ennemi moins protégé mais plus mobile et résolu. La première rencontre avec les cataphractaires d'Asie mineure remonte aux campagnes de Lucullus en Orient. À la bataille de Tigranocerte (69 avant Jésus-Christ), une armée arménienne évaluée, certainement pour des besoins de propagande, à 205 000 fantassins et 55 000 cavaliers affronte une armée romaine de 12 000 fantassins et 3 000 cavaliers. L'aile droite arménienne, composée de cataphractaires, est engagée par le harcèlement de la cavalerie légère romaine ; deux cohortes prennent à revers les cataphractaires et tranchent les jarrets des chevaux laissés sans protection. La fuite des cataphractaires entraîne celle de tous les Arméniens. Plutarque critique la lourdeur de cette arme : « *Ils n'étaient d'aucune utilité, ayant le visage couvert, ils ne pouvaient ni voir ni attaquer l'ennemi ; s'ils venaient à tomber, le poids de leurs armes les empêchait de se relever et ils étaient hors d'état de se défendre*[2]. » « Aveugles et sourds » comme le char de combat du XXe siècle, élément de rupture, les cataphractaires ont pu être comparés à une force blindée[3]. Il leur manque néanmoins l'essentiel du char de combat moderne : la supériorité de manœuvre sur l'infanterie. Leur charge est linéaire, incapable une fois lancée de changer de front. À la bataille de Turin en 313, Constantin adopte contre les clibanaires de Licinius la tactique de Scipion l'Africain contre les éléphants d'Hannibal à la bataille de Zama (202 avant Jésus-Christ). Il ouvre ses rangs pour envelopper et exterminer l'ennemi. Les clibanaires sont piégés car « *la rigidité de leurs armures de fer ne leur permettait pas de se détourner afin de poursuivre l'adversaire* ». Constantin dote son infanterie de massues ferrées pour assommer les cataphractaires. Les fantassins s'attaquent également aux chevaux caparaçonnés pour renverser les cavaliers. Le panégyriste Nazaire rapporte que l'infanterie de Constantin n'a pas un blessé à déplorer tandis que les clibanaires de Licinius sont exterminés[4]. Les cavaliers en armure sont lents au point d'être distancés par des hommes à la

1. Végèce, *DRM,* III, 23.
2. Plutarque, *Vita Luculli,* 26.
3. R.M. Rattenbury, « An ancient armoured force », *CR,* 56, 1942, p. 113-117.
4. Nazaire, *Panegyricus Constantino Augusto Dictus. Panegyrici Latini,* X (4), 24, 2-5.

course et incapables d'exploiter une charge victorieuse. En 356, Julien aligne des cataphractaires sur une colline pour bénéficier de la pente descendante et charge les Alamans. Il en capture quelques-uns cloués sur place par la peur, tandis que les autres fuient sans que l'on puisse les rattraper[1]. À la bataille de Strasbourg en 357, la surprise de la découverte passée, les Alamans se ressaisissent. Comprenant que leurs cavaliers armés de lances et de boucliers seraient inutiles contre des clibanaires, ils leur ont adjoint de l'infanterie légère dont la mission consiste à éventrer les chevaux et renverser les cavaliers[2]. C'est d'ailleurs une tactique propre aux Germains depuis l'époque de César. Les Alamans harcèlent les cataphractaires tenus à l'aile droite. Les cataphractaires resserrent leurs rangs[3]. Des javelots blessent Innocent, le chef des cuirassiers et abattent un cheval qui coince son cavalier en tombant[4]. Ces faibles pertes mettent en déroute les cataphractaires. Innocent, abandonné par ses hommes, est achevé par l'ennemi[5]. Les cuirassiers se replient sur la deuxième ligne mais l'infanterie tient bon et leur bloque le passage. À ce moment, Julien, arrivé en toute urgence, sermonne un tribun des cataphractaires qui ramène les fuyards au combat[6]. Zosime affirme qu'après la victoire, Julien a puni les cataphractaires en les revêtant d'habits féminins et les obligeant à s'installer hors du camp. Mesure infamante qui les aurait galvanisés lors des combats suivants[7]. Zosime, auteur du VIe siècle, est le seul à raconter cet événement probablement inventé. Libanius, ami de Julien, rapporte que c'est la lâcheté des porte-enseignes qui a mis l'unité en fuite et qu'ils furent punis mais laissés en vie[8].

Presque invulnérable, le cataphractaire s'avère incapable d'opérer seul. Trop sûr de ses défenses, il est pris de panique quand il affronte une infanterie résolue. Son utilisation tient plus à une mode militaire qu'à un progrès tactique. C'est une arme de prestige, coûteuse à équiper, incapable d'aligner de gros effectifs. Elle sert à la propagande impériale[9]. En 357, on voit les cataphractaires servir d'escorte à Constance II dans son entrée à Rome[10]. Ils font office de garde d'honneur quand Arcadius et son

1. Ammien Marcellin, XVI, 2, 5.
2. *Ibid.,* XVI, 12, 22.
3. *Ibid.,* XVI, 12, 36-37.
4. *Ibid.,* XVI, 12, 38.
5. *Ibid.,* XVI, 12, 63.
6. *Ibid.,* XVI, 12, 39.
7. Zosime, III, 3, 4.
8. Libanius, *Oratio* 18, 58 et 66.
9. J. Matthews, 1989, p. 231.
10. Ammien Marcellin, XVI, 10, 1-sq.

ministre Rufin viennent passer en revue l'armée de Gaïnas (27 novembre 395). Les cataphractaires participent de la tendance du Bas-Empire à multiplier les unités de garde et de cavalerie : signe d'un État qui se contracte sur une puissance militaire réduite et symbolique.

Planche 7. – La cavalerie. En haut – à gauche : scutaire dont l'armement défensif comprend un bouclier (*scutum*), une cuirasse d'écailles, un casque segmenté à nasal. Armes offensives : lance et épée longue. À défaut d'étriers, la selle à arçons assure une grande stabilité au cavalier.

À droite : deux casques segmentés à nasal. Le premier est orné d'une crinière (d'après l'exemplaire de Der-el-Medineh, Égypte). Le second, couvert de cabochons de verre et d'onyx et d'une crête à rivets, indique un officier (Budapest).

En bas – à gauche : cavalier-archer (source : ivoire du Ve siècle, *Landes Museum*, Trèves).
À droite : cataphractaire ou clibanaire, masqué et cuirassé. Le cheval est caparaçonné (sources : graffito et caparaçon du IIIe siècle trouvés à *Doura Europos* et stèle du Musée gallo-romain de Lyon).

CHAPITRE 15

Un déclin de l'infanterie ?

À la fin du IVe siècle, Végèce, dans son *De Re Militari*, fait constater à l'empereur Théodose Ier la décadence de l'infanterie. L'affaiblissement de la légion, l'abandon de l'armure seraient les causes de cette transformation dramatique pour une armée dont la force reposait traditionnellement sur l'infanterie. Mais Végèce était un réformateur qui voulait créer une légion idéale de plus de 6 000 combattants avec près de 55 pièces d'artillerie (onagres et carrobalistes) et une forte cavalerie. Son témoignage doit donc être nuancé.

L'INFANTERIE RANGÉE EN BATAILLE

Ammien Marcellin évoque, en 361, les centuries, les manipules et les cohortes de l'armée qui se rassemblent autour de l'empereur Constance II[1]. La persistance de certaines appellations traditionnelles dans l'infanterie masque de réels changements. À la fin du IVe siècle, le terme manipule ne signifie plus un groupe de 160 combattants répartis en deux centuries mais désigne, dans l'argot militaire, une escouade de onze hommes « *qui combattent la main dans la main*[2] ». Végèce, dans les années 380, rapporte que, chez les fantassins, centurie, manipule et cohorte sont devenus synonymes[3]. Cette confusion s'explique par l'affaiblissement

1. *Ibid.,* XXI, 13, 9.
2. Végèce, *DRM,* II, 14.
3. *Ibid.,* I, 23 ; II, 14. Ph. Richardot, « Hiérarchie militaire... », 1995, p. 412-413.

de la cohorte, réduite entre 70 et 100 hommes dans la légion du Bas-Empire : ce qui correspond approximativement à une centurie classique. Ammien Marcellin évoque les cohortes « *qui n'en avaient que le nom* », envoyées en renforts contre les Goths, en 378, par Richomer, comte des domestiques d'Occident[1]. La cohorte, munie d'une enseigne, est néanmoins la seule sous-unité légionnaire qui peut encore jouer un rôle tactique. Végèce déclare que, de son temps, l'aigle demeure le symbole de toute la légion tandis que les dragons sont les emblèmes des cohortes[2]. César évoque fréquemment des cohortes détachées de leur légion d'origine pour une mission de combat. Au IVe siècle, les unités combattent en bloc. Par ses effectifs et son rôle dans une bataille rangée, la légion du Bas-Empire correspond à une cohorte (milliaire) des Ier-IIe siècles.

Le *Strategikon*, attribué à l'empereur Maurice (582-602), dresse la liste des commandements pour ranger l'infanterie en bataille[3]. Au VIe siècle, les ordres dans l'armée byzantine sont encore donnés en latin, bien que la langue maternelle de ses soldats soit le grec. Les commandements préparatoires avant d'avancer sur l'ennemi sont : « *Silence. Obéissez aux ordres. Restez calmes. Gardez vos rangs. Suivez l'étendard. Gardez vos étendards et ne poursuivez pas l'ennemi.* » Cette série d'instructions est psychologiquement remarquable. Graduellement, elle diminue le mélange d'agressivité et de crainte qui anime ceux qui vont combattre. Un double but est donné au soldat : garder ses rangs et suivre l'étendard, à la fois symbole et seul point de ralliement dans la mêlée. Attentif aux mouvements de l'enseigne, le soldat évite de penser à son stress. Puis, ordre est lancé de passer de la colonne à la ligne. Ensuite, instruction est donnée de passer de seize à huit rangs : « *Par huit. Sortez* ». Quand la ligne flotte, ce qui doit être le cas après avoir réduit le nombre de rangs, l'ordre est : « *Alignez le front* ». Le commandement suivant est : « *Serrez les rangs* » pour passer en formation dense. Enfin, pour joindre les boucliers, il est ordonné de passer « *en tortue* (*foulkon*) ». D'autres ordres évoquent des formations tactiques, comme la double phalange qui permet de faire face sur l'avant et l'arrière à une troupe de seize rangs ; le cercle. Doubler les rangs (de huit à seize, de seize à trente-deux), étendre le front ou le réorienter sur les côtés ou en arrière... montrent la souplesse tactique de l'infanterie. Les ordres sont laconiques, un seul mot ou

1. Ammien Marcellin, XXXI, 7, 4.
2. Végèce, *DRM,* III, 5.
3. Maurice, *Strategikon,* XII, 14.

une formule en deux temps, le premier d'attention, le second d'exécution : « *Face à la lance* (à droite). *Bougez* (droite) » ; « *Face au bouclier* (à gauche). *Bougez* (gauche) ». Seule une grande tradition militaire a pu définir des commandements à la fois simples et précis qui prennent en compte la psychologie du combattant. Les mêmes commandements sont transposables aux IVe-Ve siècles.

L'infanterie romaine au IVe siècle est rangée sur une ou deux lignes. Végèce déplore que l'ordre de bataille le plus courant au IVe siècle soit le carré long, une ordonnance facile à tourner[1]. C'est un retour à l'ancienne phalange grecque qui est patent depuis le IIe siècle[2]. La réflexion tactique est linéaire. À la bataille de la *Naarmalcha*, face aux Perses, en 363, l'empereur Julien range ses troupes d'après la « *disposition Homérique* » : il place les moins bonnes unités d'infanterie aux rangs du centre car, placées sur le front, elles entraîneraient le reste de l'armée dans la déroute ou, situées à l'arrière, elles fuiraient sans combattre[3]. L'habitude est d'étendre le front face à un ennemi plus nombreux pour ne pas être tourné ; c'est ce que font Constantin en 312 à la bataille de Vérone[4], Julien à Strasbourg en 357[5] et Jovin en 365 à Châlons-en-Champagne pour paraître aussi nombreux que l'ennemi[6]. À la bataille du Mont Pirus (le Mont Heilige, près d'Heidelberg) en 368, l'armée romaine étend ses lignes pour envelopper les Alamans qui, fuyant vers les hauteurs, sont mis en pièces[7]. Végèce trouve qu'il est dangereux de trop étendre la ligne de front et préfère la profondeur des rangs. D'après lui, la profondeur idéale par ligne est de six rangs de fantassins espacés de six pieds (2,50 m) pour mieux lancer les traits[8]. En supériorité numérique, ou contre la piétaille perse, l'infanterie passe à l'offensive. Dans le cas contraire, elle forme un véritable « mur » de boucliers et attend la charge de l'ennemi. À la bataille de Strasbourg, l'infanterie romaine de la seconde ligne, tenue en formation serrée, n'est pas entraînée dans la déroute de la cavalerie amie[9]. La clé du dispositif tient dans l'unité maintenue au

1. *Ibid.*, III, 20.
2. E. Wheeler, « The Legion as Phalanx in the Late Empire (I) », *ARDV*, 2004, p. 309-358 et « The Legion as Phalanx in the Late Empire (II) », *REMA*, 1, 2004, p. 147-175.
3. Homère, *Illias,* IV, 297-sq.
4. *Panegyricus Constantino Augusto Dictus. Panegyrici Latini,* IX (12), 9.1.
5. Ammien Marcellin, XVI, 12, 34.
6. *Ibid.,* XXVII, 2, 5.
7. *Ibid.,* XXVII, 10, 13.
8. Végèce, *DRM,* III, 14-15.
9. Ammien Marcellin, XVI, 12, 36-38.

centre de la deuxième ligne et qualifiée pour l'occasion de prétorienne[1].

Il existe des formations tactiques autres que la ligne. D'après Végèce, le coin (*cuneus*) est une « *ordonnance très utile à la guerre* » qui permet la concentration des traits sur un point[2]. L'argot militaire du Bas-Empire surnomme le coin « *tête de porc* »[3]. La succession des rangs à effectifs décroissants évoque le groin d'un porc ou un triangle tronqué[4]. Végèce met en garde contre les attaques de flanc par des coins ennemis[5]. La scie (*serra*), alignement de coins au centre, les ciseaux (*forfex*), formation en V rentrant, sont des variantes du coin, difficiles à adopter sans troubler les rangs[6]. Végèce conseille au chef d'armée d'avoir une réserve d'hommes courageux et bien armés pour former le coin ou pour contrer un coin ennemi avec des ciseaux[7]. L'utilisation du coin est attestée une seule fois en 358 par Ammien Marcellin, dans une contre-attaque qui repousse une charge furieuse des Limigantes, un peuple danubien[8]. L'armée du Bas-Empire dispose d'une grande variété de tactiques défensives quand elle se retrouve encerclée par une masse de cavaliers. En 373, dans la guerre contre le Maure Firmus, le général Théodose l'Ancien fait adopter à ses légions le carré creux, le cercle et la tortue[9]. Le carré creux, avec les bagages au centre, et la tortue permettent aux Romains de combattre et de progresser.

Après s'être rangés en bataille, les Romains marchent à l'ennemi, dès que les enseignes, mis en branle par la musique (trompettes, cors, buccines), leur en ont donné l'ordre[10]. Au IVe siècle, les Romains avancent au rythme lent du pas anapaeste selon la méthode spartiate. Le modèle grec de la phalange est donc vivant dans l'armée romaine tardive, de même que la pyrrhique, musique qui rythme l'entraînement militaire de la danse en

1. *Ibid.*, XVII, 13, 10.
2. Végèce, *DRM,* I, 26.
3. *Ibid.*, III, 19. Ammien Marcellin, XVII, 13, 9.
4. H. Delbrück déclare que la formation en triangle ou en cercle n'a jamais existé du temps de Végèce ni avant. Des essais tentés par l'armée prussienne en 1806 ont montré les grandes difficultés du triangle, rééd. 1990, tome 3, p. 637. Mais Végèce ne dit rien de tel et le coin n'est pas un triangle ; « *c'étoit plutôt un cône tronqué* » comme le dit le chevalier de Folard, tacticien estimé de Frédéric le Grand et spécialiste de Polybe, *Nouvelles Découvertes sur la guerre...*, Bruxelles, François Foppens, 2e éd., 1724, p. 129.
5. Végèce, *DRM,* III, 20.
6. *Ibid.*, III, 17.
7. *Ibid.*, III, 18.
8. Ammien Marcellin, XVII, 13, 9.
9. *Ibid.*, XXIX, 5, 39, 41, 48.
10. *Ibid.*, XXVII, 10, 9. Végèce, *DRM,* III, 5.

armes[1]. Le *Strategikon* déclare que, parvenu à portée de flèches de l'ennemi (160 mètres), l'officier commandant crie : « *Prêts ?* » ; le second enchaîne : « *Aide-nous !* » et la troupe répond : « *Dieu !* ». Le cri collectif sur ordre donne toujours confiance à la troupe qui le prononce et inquiète l'ennemi. Végèce évoque la clameur du barrissement (*barritus*), cri de guerre qui doit se hurler au moment du contact, car seuls les lâches et les gens inexpérimentés crient de loin[2]. Ammien Marcellin rapporte que le *barritus* commence par un long murmure et finit par une clameur[3]. Après le cri, les trompettes sonnent : c'est la charge, pressée par le désir de limiter l'exposition aux flèches ennemies, puis le corps-à-corps[4].

LES ARMES DE JET

Dans un contexte offensif, l'infanterie légère, certainement dispersée, engage le combat par un harcèlement de javelots dans le nuage de poussière qui monte du sol. Dans une posture défensive, les fantassins protègent leur tête derrière les boucliers unis « *à la manière d'une tortue* », puis jettent leurs traits et brandissent leurs épées[5]. Un échange de traits précède toujours la mêlée[6]. Certains fantassins lourds sont équipés de deux traits, comme l'illustre une peinture de la catacombe de la *Via Latina* à Rome. D'après Végèce, le rôle de l'infanterie légère (*leuis armatura*) est d'engager le combat ou de poursuivre l'ennemi en fuite, alors que l'infanterie lourde est réduite à un combat défensif statique[7]. L'empereur Julien emploie des *procursatores* (troupes légères de reconnaissance) pour ouvrir le combat à la bataille de la *Naarmalcha* en 363[8]. Néanmoins, à la bataille de *Mursa* en 351, frondeurs, archers et tous les porteurs d'armes de jet sans bouclier ni cuirasse sont placés derrière l'infanterie lourde, prêts à poursuivre l'ennemi après la mêlée[9]. Éventuellement, l'infanterie légère

1. Ammien Marcellin, XVI, 5, 9 ; XVIII, 7, 7. Suétone, *Vita Neronis,* 12, 1-2. Le pas anapaeste a une origine spartiate : Aulu Gelle, I, 11, 1-5. Cicéron, *Tusculanes,* III, 2.37. Valère Maxime, II, 6, 2.
2. Végèce, *DRM,* III, 18.
3. Ammien Marcellin, XVI, 12, 43.
4. *Ibid.,* XXIV, 6, 10-12.
5. Ammien Marcellin, XVI, 12, 44.
6. *Ibid.,* XVI, 12, 36 ; XXXI, 7, 12.
7. Végèce, *DRM,* I, 20 ; II, 16.
8. Ammien Marcellin, XXIV, 6, 11.
9. Julien, *Ad Constantium,* III, 7.

accompagne l'empereur d'un bout à l'autre de la ligne de bataille, dans une mission de garde mobile rapprochée[1].

Végèce évoque dans l'infanterie légère les *exculcatores*, qu'il qualifie de « *bons lanceurs* » et qui remplacent, au IVe siècle, ceux qu'on appelait autrefois férentaires (*ferentarii*), « *ceux qui frappent*[2] ». Littéralement, *exculcator* signifie celui qui chasse d'une position. « *Chasseurs* » serait la meilleure traduction. La *Notitia Dignitatum* connaît les exculcateurs/*exculcatores* sous la forme de trois corps d'auxiliaires palatins occidentaux[3]. Le Bas-Empire connaît une grande variété d'armes de trait (*missibilia*). Végèce en énumère toute une nomenclature. Le *spiculum*, autrefois *pilum*, a une pointe de 9 pouces (20 cm) sur un bois de 5 pieds 1/2 (1,68 m) ; il est capable de transpercer les fantassins armés d'un bouclier et les cavaliers cuirassés[4]. Les lances (*lanceae*) sont des javelots lourds avec une lame plus large[5]. Des *lanceae* et des *spicula* peuvent être utilisés contre les éléphants[6]. Un papyrus de 296 présente la requête du soldat égyptien Paniskos à sa femme : il demande de lui envoyer différentes pièces d'équipement, dont cinq armes de jet appelées *lonchia* (s'agit-il de lances ?)[7]. Végèce évoque une javeline appelée *uericulum* ou *uerutum*, que mentionne également Ammien. Le fer en mesure 5 pouces (12 cm), l'haste 3 pieds et demi (1 m)[8]. Une tombe d'un soldat du IVe siècle à Vermand, dans le nord-est de la France, a révélé un fer de lance décoré (50 cm) et une dizaine de fers de javelines (20-25 cm)[9].

Végèce évoque une arme caractéristique du Bas-Empire qui est la *plumbata,* appelée encore *mattiobarbulus* ou *martiobarbulus*, « *petites barbes de Mars* ». Il s'agit d'un dard avec un lest central de plomb qui garnit le centre du bois de l'arme. Un fer barbelé aggrave les blessures au moment de retirer le trait d'une plaie. Rare au IIIe siècle, l'existence des dards plombés est fréquemment confirmée par l'archéologie pour les IVe-Ve siècles, sur une vaste étendue géographique couvrant la Grande-Bretagne, le Rhin, le Danube et même la Géorgie[10]. Du temps de Dioclétien,

1. Ammien Marcellin, XXIV, 6, 9.
2. Végèce, *DRM,* II, 15, 17 ; III, 14.
3. *Notitia Dignitatum,* OC.V.59, 173, 175.
4. Végèce, *DRM,* II, 15.
5. *Ibid.,* IV, 28.
6. *Ibid.,* III, 24.
7. M.C. Bishop et J.C.N. Coulston, 1993, p. 162.
8. Végèce, *DRM,* II, 15.
9. M.C. Bishop et J.C.N. Coulston, 1993, p. 162.
10. Au IVe siècle, la IIe Légion Auguste stationnée à Richborough en utilisait. À Burgh Castle et à Doncaster, où étaient stationnées des unités de cavalerie d'après la *Notitia,* des *plumbatae* ont

deux légions illyriennes s'étaient distinguées dans l'utilisation de cette arme et avaient reçu le surnom de Joviens et d'Herculiens. Ces troupes avaient cinq dards à l'intérieur de leur bouclier. Leurs dards plombés frappaient hommes et chevaux avant les autres traits[1]. Les reconstitutions ont donné une longueur de 60 cm et une portée de 30 à 60 m quand l'arme est utilisée comme un javelot (70 à 80 m quand elle est jetée avec une courroie)[2]. Végèce exhorte à l'exercice du lancer des *plumbatae*, utiles dans les sièges[3]. Les unités de Mattiaires et de Mattiaques[4] sont probablement armés de mattiobarbules. Les dards plombés traduisent la tendance à réduire le poids et l'encombrement des armes de jet. Ils multiplient la puissance de trait du soldat tout en le rendant plus léger et demandent une force physique et un entraînement moins poussés que le *pilum*.

Végèce apprécie la fronde capable d'assommer un ennemi en armure. À l'exemple des habitants des Baléares, il veut former les recrues à cette arme que les Anciens employaient dans tous les combats. Les frondeurs sont utiles pour ouvrir le combat et poursuivre un ennemi en fuite, associés aux autres catégories d'infanterie légère. Ils servent aussi à défendre les tours et il faut, en prévision d'un siège, se munir de galets ronds des rivières[5]. Végèce mentionne l'existence d'une fronde à manche, la fustibale, spécialement adaptée pour défendre une enceinte[6]. La fronde n'est pas totalement tombée en désuétude au IVe siècle. La *Notitia Dignitatum* mentionne une légion *pseudocomitatensis* de frondeurs en Orient[7]. L'existence d'une légion de frondeurs révèle bien l'affaiblissement des structures traditionnelles de la légion. Jamais auparavant cette arme n'avait bénéficié d'un tel statut et restait l'apanage d'auxiliaires, comme ces frondeurs des Baléares utilisés par César pendant la guerre des Gaules.

L'arbalète (*arcuballista*), arme répandue au IVe siècle, contribue à donner au fantassin un aspect nouveau[8]. Elle doit être distinguée de l'arme collective sur affût qu'était la baliste à main

---

été retrouvées, D. Marchant, « Roman Weapons in Great Britain a Case Study : Spearheads, Problems in Dating and Typology », *JRM*, 1, 1991, p. 2. B.A. Julian Bennett, « *Plumbatae* from Pitsunda, Georgia, and some Observations on their probable Use », *JRM*, 2, 1991, p. 59-64.

1. Végèce, *DRM*, I, 17.
2. B.A. Julian Bennett, 1991, p. 60-61. M.C. Bishop et J.C.N. Coulston, 1993, p. 224, note 7.
3. Végèce, *DRM*, I, 17 ; II, 23 ; IV, 21, 28, 44.
4. Ammien Marcellin, XXI, 13, 16 ; XXXI, 13, 8.
5. Végèce, *DRM*, I, 16, 20 ; II, 2, 15, 23 ; III, 14 ; IV, 21.
6. *Ibid.*, IV, 22.
7. *Notitia Dignitatum*, OR.VII.16.
8. Végèce, *DRM*, II, 16 ; IV, 21.

(*manuballista*)[1]. Un bas-relief gallo-romain du IIIe siècle présente une arbalète qui a l'aspect d'un arc composite collé à une rampe de lancement[2]. Arme précise à 75 mètres, l'arbalète a un fort pouvoir de pénétration. En contrepartie, son temps de rechargement est plus long et sa cadence de tir inférieure à l'arc. C'est une arme répandue, comme le suggère Végèce. La *Notitia Dignitatum* répertorie sept légions d'arbalétriers[3]. Le César Julien, en 356, à la tête d'une escorte composée de cataphractaires et d'arbalétriers, fait la route d'Autun à Auxerre au milieu des bandes barbares[4]. Le développement de l'arbalète au Bas-Empire montre que les Barbares rhéno-danubiens ont développé leur armement défensif. Cette tendance s'accentue après le défaite d'Andrinople qui a permis aux Goths, aux Alains et aux Huns de s'équiper en armures romaines. Deux légions d'arbalétriers sont créées par Théodose (379-395) : les Arbalétriers Théodosiens seniors et les Arbalétriers Théodosiens juniors.

L'armée romaine a des archers, en particulier à cheval, mais cette arme joue un rôle secondaire par rapport aux précédentes armes de jet. Mais ce ne sont pas les traits qui font la force de l'infanterie romaine en bataille rangée.

SUPÉRIORITÉ TACTIQUE DES ROMAINS EN COMBAT RAPPROCHÉ[5]

Le décompte des pertes chiffre l'efficacité romaine au combat. À Strasbourg en 357, combattant à près d'un contre trois, les Romains infligent aux Alamans 6 000 morts laissés sur le terrain (plus un nombre inévaluable de fuyards noyés dans le Rhin), contre 243 soldats romains et quatre tribuns tués[6]. Libanius évalue les pertes totales des Alamans à 8 000[7]. Lorsque Zosime

1. *Ibid.*, IV, 22.
2. E.W. Marsden, *Greek and Roman Artillery. Historical Development,* Oxford, 1969, p. 7-16. T.G. Kolias, *Byzantinische Waffen,* Vienne, 1988, p. 240-253. D. Baatz, « Die römische Jagdarmbrust », *Archäologisches Korrespondenzblatt,* 21.(2), 1991, p. 283-290. M. Feugère, 1993, p. 213-214.
3. La *Notitia Dignitatum* répertorie quatre fausses légions d'accompagnement (deux en Orient, OR.VII.21 ; IX.47 et deux en Occident, OC.VII.97 ; XLI.23) et trois légions d'accompagnement (OR.VII.8 ; VIII.14-15). E. Luttwak en fait à tort des légions spéciales d'artillerie, 1987, p. 132.
4. Ammien Marcellin, XVI, 2, 5.
5. Liste des batailles romaines avec rapide compte-rendu et carte stratégique par H. Elton et Ch. Nüssli sur le site internet « *De Imperatoribus Romanis* »: *http://www.roman-emperors.org/battles.htm* [cartes] *http://www.roman-emperors.org/bd306.htm* [descriptions].
6. *Ibid.*, XVI, 12, 63.
7. Libanius, *Oratio,* 16, 60.

déclare que les Alamans ont 60 000 tués et autant de noyés, il sacrifie au genre épique et ne doit pas être pris au sérieux[1]. Au combat de la *Naarmalcha* en 363, les Romains perdent 70 hommes contre 2 500 aux Perses[2]. À la bataille de Châlons-en-Champagne en 365, l'armée romaine, inférieure numériquement, blesse 4 000 Alamans, en tue 6 000, essuyant elle-même 1 200 tués et 200 blessés[3]. Encore dans les années 380-390, la supériorité romaine en combat rapproché contre les Francs est incontestable. L'infanterie reste l'arme la plus solide contre les cavaliers perses et sarrasins. On voit les hommes des légions palatines attaquer sans appréhension les éléphants des Perses et les abattre[4]. La supériorité tactique des Romains a des causes matérielles et humaines.

L'équipement du Bas-Empire est moins sophistiqué que dans la période précédente[5]. Le casque, avec ou sans cimier métallique, parfois garni de deux yeux apotropaïques, est simplifié. Un cimier métallique permet d'identifier les gradés ou certaines unités. La majorité des casques trouvés sur les frontières n'ont pas de cimier[6]. Les casques sont argentés ou bronzés pour lutter contre la corrosion et impressionner l'ennemi. Ammien Marcellin évoque les fantassins romains marchant contre les Perses avec les cimiers (métalliques) de leurs casques resplendissant[7]. Les fantassins portent une cotte de mailles ou d'écailles longue ou courte. Une fresque trouvée dans la synagogue de *Doura Europos* en Syrie, datant du IIIe siècle[8], et une miniature d'un manuscrit du IVe siècle présentent des fantassins armés d'un véritable haubert avec cagoule de mailles[9]. L'armée romaine d'Orient semble avoir porté des cuirasses de peau qui persistent dans l'armée byzantine jusqu'au Xe siècle. Le bouclier a une forme ovale plate à l'instar des auxiliaires du Haut Empire. Il est plus couvrant de front que le bouclier rectangulaire demi-cylindrique des légionnaires du Haut-

1. Zosime, III, 3, 3.
2. *Ibid.*, XXIV, 6, 15. Zosime donne 2 500 Perses tués contre pas plus de 75 Romains, III, 25.
3. Ammien Marcellin, XXVII, 2, 7.
4. *Ibid.*, XXV, 6, 3.
5. S. MacDowall, *Late Roman Infanteryman 236-565 AD*, Warrior 9, Londres, Osprey, 1994.
6. M. Feugère, 1993, p. 239, 241-242 ; 1994, p. 141-151. L'étude la plus détaillée sur les casques du Bas-Empire est celle de D. Studer, « Frühgeschichte Kammhelme aus dem Kanton Tessin und dem weiteren südosteuropäischen Raum : ein Faktor bei der Entwickung des spätrömisches Kammhelms », *Helvetia Archaeologica*, 21, 1990, p. 82-126.
7. Ammien Marcellin, XXIV, 6, 10.
8. C.H. Kraeling, *The Excavations at Dura-Europos, Final Report VIII.1, The Synagogue*, 1956, planches LII-LIII et LIV-LV. J.C.N. Coulston remarque que les soldats romains enterrés sous la tour 19 portent des cottes de mailles mais pas de casque comme sur les fresques de la synagogue, 1990, p. 145-147.
9. *Codex Vaticanus Latinus* 3225 dit *Vergilius Vaticanus*, f.73V.

Empire, mais il enveloppe moins le corps. Le bouclier ovale facilite plus le combat de phalange à la lance que l'escrime de groupe. Le bouclier peut être convexe. D'après Ammien Marcellin, des soldats traversent le Rhin et le canal de la *Naarmalcha* en Perse, couchés sur leurs boucliers convexes et ramant avec leurs mains[1]. Le bouclier (*scutum*) est constitué de planches de bois peintes, comme l'exemplaire du IIIe siècle trouvé à *Doura Europos*, ou recouvertes de cuir. L'archéologie ne donne pas d'exemple d'une bordure métallique qui protège les planches. En ordre de marche, le bouclier est glissé dans une housse en cuir, comme celle retrouvée à Valkenburg aux Pays-Bas. Le centre du bouclier est garni d'un ombon conique ou demi-sphérique, redoutable par son effet de coup de poing[2]. Ammien remarque qu'avant la bataille de Strasbourg, les *insignia* des boucliers identifient les unités romaines aux yeux des Alamans[3]. Végèce donne un nom grec à ces marques distinctives : *digmata*[4]. La *Notitia Dignitatum* présente 142 épisèmes de boucliers identifiant autant d'unités. Les symboles, différents du Haut-Empire, sont stéréotypés : victoires, bustes impériaux, figures géométriques circulaires ou étoilées, croix, animaux totémiques, têtes de Barbares fichées sur des pieux[5]. Bien qu'attesté par l'archéologie, le symbole chrétien *Chi-Rhô* est absent de la *Notitia*[6]. Néanmoins, certains épisèmes de la *Notitia Dignitatum* correspondent aux témoignages épigraphiques en provenance d'Aquilée[7]. Le fantassin du IVe siècle a abandonné le glaive (*gladius*) et le javelot lourd (*pilum*) qui caractérisaient le légionnaire. Il a conservé les armes offensives des auxiliaires : l'épée longue (*spatha*) et la lance (*hasta*)[8]. La *spatha* permet d'aller chercher l'ennemi plus loin et invite aux coups de taille qui blessent mais tuent rarement[9]. La frappe de taille a le défaut d'ébrécher ou de tordre les lames[10]. En cas de presse dans une mêlée, les Romains n'ont plus d'espace pour frapper[11]. La *spatha*

1. Ammien Marcellin, XVI, 11, 9 ; XXIV, 6, 7.
2. M.C. Bishop et J.C.N. Coulston, 1993, p. 172-173. M. Feugère, 1993, p. 245-246.
3. Ammien Marcellin, XVI, 12, 6.
4. Végèce, *DRM,* II, 18. Dion Cassius, XXVII, 47, 1 ; LXIV, 14, 21.
5. P.C. Berger, *The Insignia of the Notitia Dignitatum,* New York-Londres, 1981, p. 43-57. R. Grigg, « Portrait-bearing illustrations of the *Notitia Dignitatum* », *JRS,* 69, 1979, p. 107-124.
6. R. Grigg, « Inconsistency and Lassitude : the Shield Emblems of the *Notitia Dignitatum* », *JRS,* 73, 1983, p. 112-113. M.C. Bishop et J.C.N. Coulston, 1993, p. 173.
7. M.P. Speidel, « The Army at *Aquileia*, the *Moesiaci* legion, and the Shield Emblems in the *Notitia Dignitatum* », *Roman Army Studies,* Stuttgart, Franz Steiner Verlag, 1992, vol. 2, p. 414-418.
8. Tacite, *Annales,* XII, 35.
9. Végèce, *DRM,* III, 14.
10. Ammien Marcellin, XVI, 12, 52, 54.
11 *Ibid.,* XXXI, 13, 2.

est en définitive moins efficace que l'ancien glaive, arme d'estoc et de combat rapproché qui demande une maîtrise technique supérieure[1]. La lance, qui équipe le fantassin du Bas-Empire, munie d'un fer barbelé de type germanique, est une arme d'arrêt et non de jet[2]. À Andrinople en 378, d'ailleurs, les lances des Romains sont brisées par le contact[3]. Une arme nouvelle apparaît dans la panoplie du soldat romain : la hache. Cette arme est assez répandue. En 359, au siège d'*Amida* deux légions gauloises équipées de haches et d'épées font une sortie meurtrière contre les Perses[4]. Mutuellement, Romains et Goths brisent casques et cuirasses à coups de haches à la bataille d'Andrinople en 378[5]. Le combattant romain du IVe siècle porte un bouclier ovale, un casque doré ou argenté, une cotte de mailles ou d'écailles, une épée longue suspendue à gauche par un baudrier et une lance d'arrêt. C'est celui des *armati*, des fantassins lourds qui forment les troupes d'assaut chargées des missions difficiles[6]. Ils sont en tête pour assaillir une place ou pour déloger l'ennemi de hauteurs comme les Alamans Lentiens du plateau du Randen (375)[7]. Cet équipement lourd accable les Romains à la bataille d'Andrinople[8]. Mais il reste techniquement supérieur à celui des Germains et cause leur effroi[9] ou leur admiration : ainsi, le roi alaman Vadomaire, venu en ambassade auprès des Romains vers 359, « *ne laissait pas d'admirer notre appareil militaire, mais en homme pour qui tout cet éclat n'était pas absolument nouveau*[10] ».

Supérieurs par l'armement, les soldats romains des années 350-370 manifestent d'indéniables qualités combattantes. Individuellement, ils continuent d'être des experts de l'escrime et combattent « *comme des mirmillons* »[11]. Ils frappent au visage, percent les flancs, tranchent les jarrets et les cuisses, coupent le bras droit découvert par le bouclier[12]. Dans le combat collectif, le

1. Végèce, *DRM,* I, 11-12.
2. M. Feugère, 1993, p. 236-237.
3. Ammien Marcellin, XXXI, 13, 5.
4. *Ibid.,* XIX, 6, 7.
5. *Ibid.,* XXXI, 13, 3.
6. S. Janniard, « *Armati*, *Scutati* et la catégorisation des troupes dans l'Antiquité tardive », *ARDV*, 2004, pp.389-395.
7. Ammien Marcellin, XXIII, 4, 8 ; XXIV, 2, 9 ; XXIV, 4, 13 et 18, 24 ; XXVI, 8, 9 ; XXXI, 10, 3.
8. *Ibid.*, XXXI, 13, 7.
9. *Ibid.,* XXI, 13, 15 ; XXVII, 2, 6 ; XXVII, 5, 3 ; XXVIII, 5, 3 ; XXIX, 5, 15 ; XXXI, 10, 9.
10. *Ibid.,* XVIII, 2, 17.
11. *Ibid.,* XVI, 12, 49.
12. Ammien Marcellin, XXXI, 13, 4. Végèce, *DRM,* I, 11.

légionnaire surpasse traditionnellement le gladiateur[1]. Ammien Marcellin, dans son récit de la bataille de Strasbourg en 357, déclare que « *les Alamans l'emportaient par la taille et l'énergie des muscles, les soldats romains par la discipline et l'expérience ; les Alamans avaient l'impétuosité brutale et désordonnée, les Romains avaient le sang-froid, le calcul. Les Alamans comptaient sur la force du corps, les soldats romains sur le courage*[2] ». L'endurance est une autre qualité des Romains. Car, dans une bataille rangée à l'arme blanche, la capacité de frapper fort et longtemps sous le poids d'une armure fait la différence entre les combattants[3]. Une bataille dure en moyenne, selon Végèce, deux à trois heures[4]. Une demi-heure suffit, en 358, à vaincre les Limigantes dans une violente mêlée[5]. Par contre, en 373, une bataille contre les Maures, qui disposent d'une supériorité de six contre un, s'étend « *du lever au coucher du soleil* »[6]. L'adaptation au terrain est une autre qualité tactique majeure. Tacite, parlant du légionnaire du Haut-Empire, remarquait que « *les plaines n'étaient pas le seul champ de bataille favorable au soldat romain ; mais la tactique aidant, les forêts et les ravins boisés l'étaient autant*[7] ». Ce propos est confirmé par la bataille d'Horburg contre les Alamans durant l'hiver 378. Les Romains, inférieurs en nombre, engagent le combat par des flèches et des javelots puis abandonnent le terrain ouvert pour combattre en terrain boisé[8]. Le corps-à-corps d'infanterie est présenté comme le heurt des boucliers, bosse contre bosse, avec des avancées et des reculs. Les Barbares les plus aguerris essaient de tenir à genoux contre la poussée romaine. Dans ce combat collectif, l'unité qui pousse le plus fort rompt la formation adverse et l'emporte. Les unités de la deuxième ligne sont capables de monter une contre-attaque quand leurs camarades de la première sont en difficulté[9]. Vient le moment de la rupture. Les Barbares fuient et sont abattus dans le dos à coups d'épée ou même de javelots arrachés à l'ennemi. Dans la cohue les fuyards sont piétinés. Le sol se couvre

1. Dans un combat fluvial sur le Pô en 69, les partisans d'Othon utilisent inefficacement des gladiateurs contre Vitellius, Tacite, *Historiae,* II, 35 : « *Les gladiateurs n'apportaient pas aux combats la même solidité que les soldats* ».
2. Ammien Marcellin, XVI, 12, 47.
3. Ch. Ardant du Picq, *Études sur le combat,* Paris, Champ libre, rééd. 1978, p. 15.
4. Végèce, *DRM,* III, 8.
5. Ammien Marcellin, XVII, 13, 11.
6. *Ibid.,* XXIX, 5, 48.
7. Tacite, *Annales,* II, 14.
8. Ammien Marcellin, XXXI, 10, 9.
9. *Ibid.,* XVI, 12, 43.

d'armes et de cadavres. Le général romain sonne le ralliement et les officiers à grands cris font cesser la poursuite[1].

Les troupes d'intervention palatines et d'accompagnement, citées dans tous les combats du IVe siècle, ont un entraînement qui leur permet d'être fréquemment engagées contre un ennemi plus nombreux. Victorieux, les combats n'en sont pas moins difficiles. L'armement du fantassin subit une mutation profonde dans les années 380.

ADAPTATION À LA GUÉRILLA BARBARE

Conscients de la supériorité romaine en bataille rangée, les Barbares s'infiltrent par petits groupes qui évitent le combat. Les fantassins lourds en rangs serrés s'avèrent inefficaces pour chasser des brigands. Les troupes frontalières sont les premières à s'adapter à la guérilla[2]. *Superuentores* (« Voltigeurs »), *Praeuentores* (« Éclaireurs »), *Insidiatores* (« Spécialistes de l'embuscade ») semblent moins faits pour les batailles rangées que pour la surveillance, la découverte et l'escarmouche[3]. Avec la spécialisation opérationnelle, les troupes frontalières deviennent des troupes d'infanterie légère. Un armement sommaire suffit désormais à leur mission défensive, d'autant plus que la majorité des gardes-frontière occupe passivement des postes fortifiés. Une tombe inventoriée en Basse-Normandie témoigne de l'armement d'un garde-côte romain du Ve siècle : une hache dissymétrique à dos convexe, un couteau de fer (outil autant qu'arme), un arc évoqué par deux pointes de flèches[4]. Les troupes frontalières, spécialisées dans la contre-guérilla, deviennent inaptes à la bataille rangée.

Les troupes d'intervention s'adaptent progressivement à la guérilla de frontière. Ammien Marcellin qualifie les auxiliats palatins de troupes « *légèrement armées* »[5] « *très légères pour la course* »[6]. Zosime évoque l'action de Charietto en 358. Ce Bar-

---

1. *Ibid.*, XVI, 12, 52-56.
2. G. Traina, « Aspettando i Barbari. Le origine tardoantiche della guerriglia di frontiera », *Rom. Barb.*, 9, 1986-1987, p. 247-280.
3. Les *milites Superuentores* se retrouvent en Scythie, en Armorique et forment une fausse légion d'accompagnement en Gaule (*Notitia Dignitatum*, OR.XXXIX.21 ; OC.XXXVII.18 ; OC.V.120). Les *Praeuentores* servent en Mésie Seconde, (*ibid.*, OR.XL.10). Les *Insidiatores* forment une fausse légion d'accompagnement en Gaule et un groupe d'auxiliaires Insidiateurs en Valérie, (*ibid.*, OC.VII.107 ; OC.XXXIII.50).
4. Ch. Pilet *et alii*, 1993, p. 161.
5. Ammien Marcellin, XXIV, 6, 9.
6. *Ibid.*, XXIV, 2, 8.

bare installé chez les Romains près de Trèves va, à la tête de quelques hommes, surprendre de nuit les petits groupes de Francs réfugiés dans les bois après leur pillage. Le jour, Julien engage les Francs Saliens en bataille rangée, ce qui ne leur laisse aucun répit[1]. Cet exemple montre la coopération efficace des méthodes barbares et romaines : la nuit appartient aux Barbares et le jour aux Romains. Les infiltrations obligent les Romains à disperser leurs troupes. Quand, au cours de l'année 368, Théodose l'Ancien part en Bretagne réprimer les Attacots et les Pictes et endiguer les invasions saxonnes, il dispose des habituels Bataves, Hérules, Joves et Victorieux, qualifiés de « *troupes sûres de leurs forces*[2] ». Arrivé sur le théâtre d'opérations, Théodose divise ses effectifs en de nombreux groupes pour fondre sur les pillards chargés de butin[3]. Les Romains utilisent la petite guerre contre les Goths, redoutables en bataille rangée. Entre 378 et 380, sous la conduite de Sébastien et de Modarès, un transfuge goth, les soldats romains, débarrassés du casque et de l'armure, renoncent « *aux manœuvres habituelles avec les boucliers serrés* » pour surprendre les Goths dans leur sommeil[4]. Ils capturent 4 000 chariots dans une action[5]. Ces pratiques occasionnelles couronnées de succès deviennent une mode militaire dans les années 380.

D'après Végèce, l'abandon de l'armure n'intervient que sous le règne de Gratien (375-383) : « *De la création de Rome jusqu'au temps du divin Gratien, l'infanterie était armée de casques et de cuirasses. Mais lorsque la négligence et la paresse eurent rendu les exercices moins fréquents, ces armes, que les soldats portaient rarement, leur parurent trop pesantes ; ils demandèrent donc à l'empereur d'abord à être déchargés de la cuirasse, ensuite du casque. En s'exposant ainsi contre les Goths la poitrine et la tête nues, nos soldats furent souvent détruits par la multitude de leurs archers ; mais, malgré tant de défaites et la ruine de si grandes villes, aucun de nos généraux n'imagina de rendre à l'infanterie ses armes défensives*[6]. » La stratégie de défense en profondeur invite les troupes d'intervention à se dégarnir d'un armement défensif qui ralentit leur marche. Les troupes frontalières sont sans doute plus pauvrement armées. Le bouclier reste la seule protection du fantassin romain tardif. Les « *porteurs de boucliers* »

1. Zosime, III, 7, 1-sq.
2. Ammien Marcellin, XXVII, 8, 7.
3. *Ibid.*, XXVII, 8, 7.
4. *Ibid.*, XXXI, 11, 2-4. Zosime, IV, 23, 2-5.
5. Zosime, IV, 25, 2-3.
6. Végèce, *DRM*, I, 20.

(*scutati*) sont, d'après Végèce, le modèle du combattant romain des années 380 : « *Équipés de dards plombés, d'un glaive* (*spatha* semble plus probable) *et de traits, comme presque tous les soldats que l'on voit aujourd'hui*[1]. » Au cours des siècles suivants, dans la terminologie militaire byzantine, le fantassin de base reste d'ailleurs le *skutatos*. Fidèles à la tradition romaine du Bas-Empire, les Byzantins préfèrent une infanterie mobile à des fantassins lourds. En 968, le *basileus* Nicéphore Phocas raille les Allemands car, selon lui, « *leurs grands boucliers, leurs lourdes cuirasses, leurs longues épées, leurs casques pesants ne leur permettent de se battre ni à pied ni à cheval*[2] ».

En Occident, le déclin de l'infanterie romaine semble rapide après la crise de 408-410 où les troupes régulières sont vaincues par les fédérés. Diluées dans l'apport barbare, elles sont incapables de combattre seules et passent au second rang. Les récits des combats ne font désormais aucune différence tactique entre les Romains et les Barbares. À la bataille des Champs Catalauniques en 451, Attila déclare aux Huns : « *Vous savez combien peu de poids pèsent les armes romaines : ces gens ont peine à supporter je ne dis pas la première blessure, mais la poussière même qu'ils soulèvent quand ils forment les rangs, se disposent pour la bataille ainsi que pour faire la tortue*[3]. » Cette harangue rapportée au VIe siècle par l'historien goth Jordanès a certainement été inventée pour les besoins de la cause. Cassiodore, ministre romain de Théodoric et source de Jordanès, en est peut-être l'auteur. Néanmoins, ce propos révèle ce qu'on pensait des dernières troupes romaines d'Occident.

1. *Ibid.*, II, 15.
2. Liutprand de Crémone, *Relatio de legatione constantinopolitana, MGH SRG,* 3, p. 347-363.
3. Jordanès, *Getica,* XXXIX, 204.

Planche 8. – L'infanterie. En haut – À gauche : fantassin des années 350-370. Il porte un casque doré ou argenté à cimier métallique et une cotte de mailles à manches longues. L'emblème de son bouclier identifie son unité. Armes offensives : épée longue et lance d'arrêt avec un fer de type germanique (sources : casque trouvé à Intercisa, Hongrie, épisème de la *Notitia Dignitatum*, peinture de la catacombe de la *Via Latina*, Rome).

À droite : casque simplifié des troupes frontalières (Augst, Suisse) et cagoule de mailles (source : peinture de la synagogue de *Doura Europos*, IIIe siècle, manuscrit *Vergilius Vaticanus*, IVe siècle).

En bas – À gauche : garde du corps impérial reconnaissable à sa tunique brodée et à son torque (sources : *Missorium* de Théodose, *Real Academia de la Historia*, Madrid, mosaïque de la basilique San Vitale de Ravenne).

À droite : *scutatus* des années 380. Il lance un dard plombé. Le bouclier reste sa seule arme défensive (Végèce).

CHAPITRE 16

Une grande bataille rangée : le choc d'Andrinople (378)

La bataille d'Andrinople ou d'Adrianople[1], du 9 août 378, représente le plus grand désastre militaire romain du IVe siècle. Il ne résulte pas d'une invasion mais de la mutinerie de fédérés goths.

L'INCONTRÔLABLE MUTINERIE GOTHIQUE (376-377)

Contrairement aux Huns, les Goths ne sont pas des nouveaux venus pour les Romains qui les ont pratiqués comme ennemis ou alliés depuis le milieu du IIIe siècle. En 251, les Goths infligent un désastre considérable aux Romains : le roi Cniva détruit l'armée romaine et tue l'empereur Dèce[2]. Vaincus, ils jurent un traité d'alliance avec Constantin en 332. Les Goths sont, au IVe siècle, installés au nord du Danube, dans les régions qui correspondaient autrefois à la Dacie et à la Scythie. En 376, chassés par les Huns, ils demandent l'asile politique aux Romains. L'empereur d'Orient Valens accepte. Toutefois, pour des raisons de sécurité, le passage

1. La moderne Edirne en Turquie européenne. Ammien Marcellin, historien latin du IVe siècle, donne le nom d'Adrianople. Toutefois, le nom d'Andrinople s'est imposé dans la tradition géographique et historique moderne de cette ville qui, avant la chute de Byzance, fut la capitale des Ottomans en Europe.
2. H. Wolfram, 1990, p. 142.

est refusé aux Goths Greuthungues (Ostrogoths)[1]. Cette intégration massive de fédérés goths dépasse les capacités d'accueil des provinces balkaniques et se heurte à la malhonnêteté des commandants régionaux romains. Les Goths Thervingues (appelés plus tard Wisigoths), accueillis dans l'Empire, odieusement affamés et dépouillés par les commandants de région Lupicin (comte des Thraces) et Maxime (duc de Mésie), sont victimes de mesures de police. Pour contenir la révolte montante, Lupicin dégarnit la frontière danubienne de troupes, avec le but de faire avancer les Goths à l'intérieur de l'Empire[2]. L'absence de barques de surveillance fluviale incite les Greuthungues de Saphrax, Alathée et Farnobe à passer le Danube par surprise sur des radeaux[3]. Lupicin commet une autre faute en refusant l'accès de la ville de *Marcianopolis* (Imertje) aux Goths Thervingues suppliant d'acheter des vivres, ce qui les pousse au désespoir et à la guerre[4]. Ammien fait référence à d'autres fédérés que les Thervingues. Il évoque les Goths de Suéride et de Colias admis depuis longtemps dans l'Empire et installés près d'Andrinople. Pour des raisons de sécurité, Valens leur ordonne de franchir l'Hellespont ; ils acceptent et demandent à la ville des vivres, des moyens de transport et un délai de deux jours – ce qui est rapide. Leur bonne volonté se heurte à la mesquinerie des Andrinopolitains : les ouvriers des arsenaux impériaux de la ville, armés par le magistrat, narguent les fédérés et leur enjoignent d'obéir immédiatement à l'ordre reçu. C'est la guerre. Elle commence par le massacre des soldats improvisés d'Andrinople[5].

Les Goths s'avèrent les ennemis les plus difficiles à vaincre en Europe. Leur force militaire repose sur la *Harjis*, armée tribale. Au moment de leur accueil en terre romaine en 376, les Wisigoths de Fritigern sont des fantassins et les Ostrogoths de Saphrax et d'Alathée des cavaliers[6]. Une fois sur le territoire romain de Thrace, il n'y a plus la barrière du Danube pour les arrêter et les Huns leur ôtent tout espoir de retour. Les Goths combattent donc avec l'énergie du désespoir. Le savoir-faire romain, repérable lors des batailles contre les Alamans en Germanie, n'établit pas un différentiel notable entre les antagonistes. De faibles renforts sont amenés d'Orient et d'Occident dans le secteur du Danube.

1. Ammien Marcellin, XXXI, 4, 13.
2. *Ibid.*, XXXI, 5, 2.
3. *Ibid.*, XXXI, 5, 3.
4. *Ibid.*, XXXI, 5, 5.
5. *Ibid.*, XXXI, 6, 1-2.
6. H. Wolfram, 1990, p. 110-113.

D'Orient, sont envoyés les généraux Profuturus et Trajan, qu'Ammien Marcellin juge ambitieux et incompétents, et des légions d'Arménie numériquement insuffisantes : tout au plus 3 000 hommes[1]. L'empereur d'Occident Gratien, pour répondre aux sollicitations de son oncle Valens, envoie dès 376 le duc Frigérid avec des renforts pannoniens et transalpins[2], puis le chef de sa garde du corps, le comte des Domestiques Richomer et quelques « *cohortes qui n'en avaient que le nom* » de l'armée des Gaules. La plupart des cohortes de renforts désertent, à l'instigation du maître de l'infanterie Mérobaude qui redoute de voir le Rhin dégarni de ses défenses[3]. Frigérid, neutralisé par une attaque de goutte et que les mauvaises langues accusent de lâcheté, refuse de combattre. Richomer, nommé commandant en chef, et les généraux Profuturus et Trajan engagent la bataille de Salices où il n'y a ni vainqueur, ni vaincu, mais de lourdes pertes de chaque côté. Fidèle à son habitude, ou contraint par l'absence de sources, Ammien ne précise pas leur étendue. Il évoque le champ de bataille qui, plusieurs années après, reste jonché d'os blanchis[4].

L'impossibilité de vaincre est un signe d'inefficacité tactique. Après la bataille de Salices, le tribun des Scutaires (cavaliers lourds) Barzimer, commandant aussi les Cornus et d'autres troupes de fantassins, est surpris par les Goths alors qu'il installe son camp sous les murs de *Dibaltum*. Il contre-attaque avec un groupe de combattants qui ont pu s'armer. Barzimer contient un temps l'ennemi avec égalité, mais une réserve de cavalerie gothique l'encercle et l'anéantit au moment où il est fatigué. Barzimer avait pourtant garanti ses flancs[5]. C'est une répétition d'Andrinople à une échelle moindre. La tactique des Goths est d'épuiser les Romains dans un combat frontal d'infanterie, puis de les envelopper. Les ailes de cavalerie romaine semblent toujours repoussées par les cavaliers gothiques.

Les Romains obtiennent quelques succès. Au cours de l'année 376, ils parviennent à bloquer une partie des Goths dans les défilés du Mont Haemus (Balkans). Traduit en termes de géographie contemporaine, les Goths sont repoussés au nord des Balkans, le dos au Danube. Au début de 377, cette stratégie est

1. Ammien Marcellin, XXXI, 7, 1-2. La *Notitia Dignitatum* en note trois (OR.XXXVIII, 13, 14, 16).
2. Ammien Marcellin, XXXI, 7, 3.
3. *Ibid.*, XXXI, 7, 4.
4. *Ibid.*, XXXI, 7, 16. H. Wolfram, 1990, p. 131-138.
5. Ammien Marcellin, XXXI, 8, 9-10.

abandonnée, laissant la Thrace ouverte au pillage. Apparemment, Saturnin, général de cavalerie qui remplace Richomer retourné en Gaule, a craint d'être débordé par des groupes de Huns et d'Alains alliés aux Goths[1]. Au cours de l'année 377, Frigérid, général de Gratien, inflige une sévère défaite aux Goths de Farnobe alliés aux Taïfales[2]. Ammien, qui rapporte l'événement, ne précise pas le nom de cette bataille localisée en Thrace.

À la fin de l'année 377, aucun résultat décisif n'est enregistré, car les Goths Thervingues (Wisigoths) de Fritigern et les Greuthungues (Ostrogoths) de Saphrax et d'Alathée demeurent, ainsi que les fédérés de Suéride et de Colias que rien ne mentionne après 376. Le récit des deux années de guerre précédant la bataille d'Andrinople souligne les insuffisances du commandement et surtout des moyens. Les plus grandes opérations sont entreprises par les généraux de l'Empire d'Occident tandis que ceux d'Orient leur sont subordonnés, bien que les régions dévastées ressortent de la *pars Orientis*. Le compte rendu des opérations est confus. Les Romains ont du mal à localiser les Goths. Cela tient au fait que, stratégiquement, les Goths, cantonnés aux régions frontalières, le dos appuyé sur le Danube, refusent de trop s'avancer en territoire romain et agissent en trois ou quatre hordes dispersées. Les Goths renoncent aux opérations de siège où ils sont inaptes et qui pourraient les fixer. Le relief ondulé de la Thrace facilite les défilements. La découverte-surprise est donc à l'origine des trois batailles de Salices, *Dibaltum* et celle menée par Frigérid : les deux adversaires campent à peu de distance l'un de l'autre autour de Salices et une reconnaissance romaine décide de l'engagement ; Barzimer est surpris par un groupe non identifié de Goths à *Dibaltum* ; Frigérid surprend Farnobe.

LA CAMPAGNE DE 378

En 378, après deux années d'échecs romains dans les Balkans, l'empereur Valens en personne quitte Antioche pour Constantinople, ce qui représente un long voyage d'après Ammien Marcellin[3] : environ 36 jours de marche. D'après la suite des événements, on peut dater cette arrivée à Constantinople fin juin, début juillet. À la demande de Valens, Sébastien, officier de grande valeur, quitte l'Italie pour l'armée d'Orient et reçoit le

1. *Ibid.*, XXXI, 7, 3 ; 8, 1.
2. *Ibid.*, XXXI, 9, 4.
3. *Ibid.*, XXXI, 11, 1.

commandement de l'infanterie, *pedestris exercitus*, à la place de Trajan, ce qui déplaît à la populace de Constantinople[1]. Après être resté douze jours à Constantinople[2], Valens se rend à *Mélanthias* située à une vingtaine de kilomètres plus au nord. Il gagne ensuite la *statio* de *Niké* où il établit son camp pour observer l'ennemi[3]. Une reconnaissance situe les Goths aux environs du Mont Rhodope, à l'ouest d'Andrinople, ville située à près de 200 km de Constantinople, soit sept jours de marche[4]. Sébastien est envoyé en avant-garde à Andrinople où, tout d'abord, les habitants refusent de lui ouvrir, craignant un piège. Aux environs de *Béroéa*, près de la rivière *Hebrus*[5] en Thrace, Sébastien surprend un groupe de Goths dans leur sommeil après avoir dissimulé ses hommes derrière des collines pendant toute une journée. Fritigern retraite alors vers le nord-est près de *Cabyle* (Jambol), sur la rivière Tundscha, dans une région de plaine fertile où aucune surprise n'est possible[6]. Le relief joue un rôle déterminant dans la stratégie gothique.

Venu au secours de l'Orient, Gratien parvient avec un corps léger en Mésie, au niveau de l'actuelle Serbie, où il est frappé par la fièvre et harcelé par les Alains qui profitent des difficultés romaines pour attaquer[7]. Gratien a préféré maintenir le gros de l'armée des Gaules, *exercitus gallicanus*, à la protection du Rhin qu'attaquent d'ailleurs les Alamans en février 378, peu après son départ pour l'Orient. Il rappelle même de Pannonie les cohortes gauloises pour affronter l'incursion alamanique[8]. Il faut penser que les nouvelles mettent alors du temps pour circuler : quarante jours de marche séparent Strasbourg du nord de l'Italie[9]. Voilà pourquoi Gratien, qui a quitté la Germanie en février, retenu un temps par la situation sur le Rhin, ne parvient en Mésie que début août.

1. *Ibid.*, XXXI, 7, 5 ; XXXI, 11, 1.
2. Socrate, *Historia Ecclesiastica*, IV, 38.
3. Ammien fait quitter deux fois le camp de *Mélanthias* à Valens, XXXI, 11, 2 et XXXI, 12, 1. La deuxième fois pose un problème car, il dit par ailleurs que Valens a déjà atteint *Niké*, XXXI, 11, 2.
4. H. Delbrück fait une analyse détaillée de cet engagement décisif, en particulier sur la situation stratégique dans les Balkans qui précède la bataille, rééd. 1990, tome 2, p. 269-284. J. Straub, « Die Wirkung der Niederlage bei Adrianopel auf die Diskussion über das Germanenproblem in der spätrömischen Literatur », *Philologus*, 95, 1942-1943, p. 255-286. H. Wolfram, 1990, p. 139-143.
5. Aujourd'hui Stara Zagora. L'*Hebrus* est appelé Maritza.
6. Zosime, IV, 23, 2-5. Ammien Marcellin, XXXI, 11, 2-4.
7. *Ibid.*, XXXI, 11, 6.
8. *Ibid.*, XXXI, 10, 6.
9. *Ibid.*, XVI, 12, 70.

La marche vers Andrinople (1er-5 août 378)

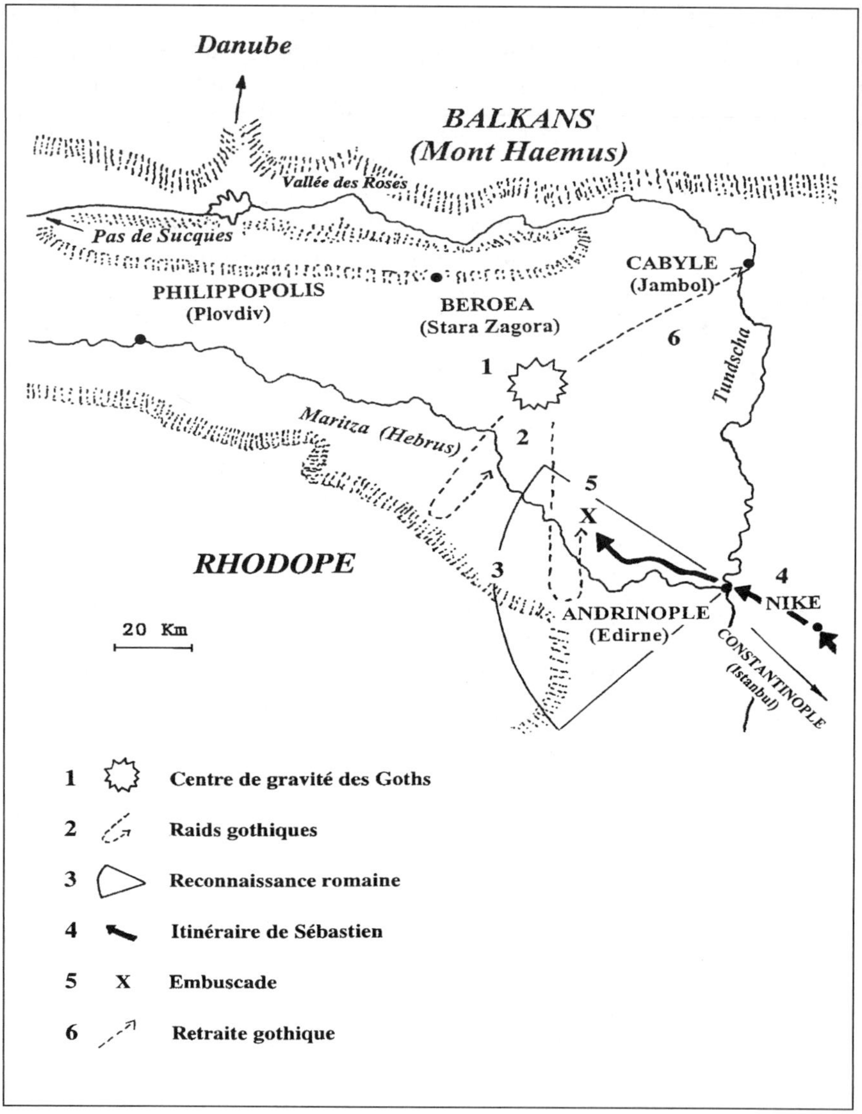

La marche vers Andrinople (6-9 août 378)

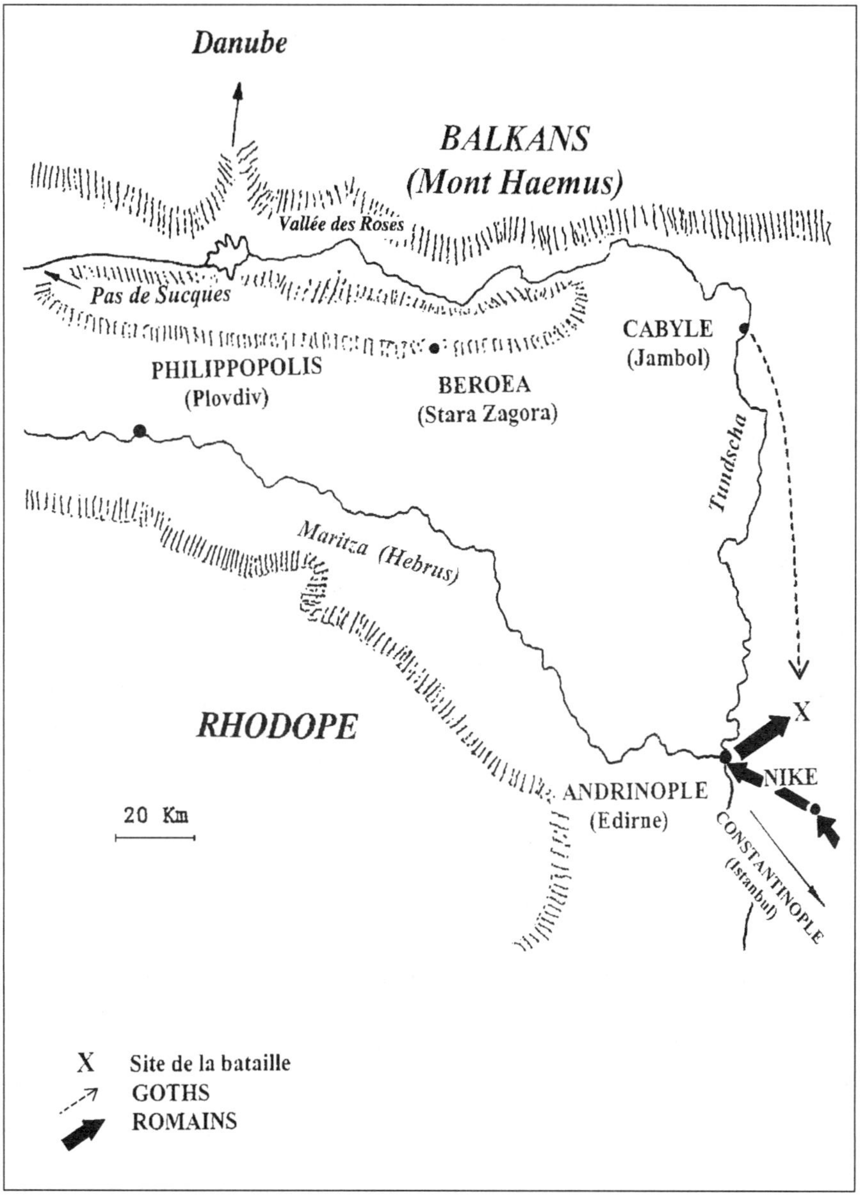

Dans le même temps, Valens apprend le succès de Sébastien et la récente victoire de Gratien sur les Alamans en février 378[1]. La jalousie le pousse à l'action. Il quitte le camp de *Niké* et se porte contre les Goths. Sur la foi d'une reconnaissance, il garantit, par des archers à pied et une turme de cavalerie, ses lignes de ravitaillement que menaceraient de forts contingents gothiques[2]. Trois jours avant la bataille, une reconnaissance les repère marchant en direction de la *statio* de *Niké* située à quinze milles (22 km) au sud-est d'Andrinople[3]. Le but des Goths est de tourner l'armée romaine qui monte vers Andrinople par la route principale. Leur progression est lente car ils craignent une attaque-surprise au détour d'un accident de terrain. Valens parvient à Andrinople et construit dans un faubourg de la ville un camp avec fossé, rempart de terre et palissade. Richomer, comte des domestiques, détaché en avant par Gratien, est porteur d'une lettre priant Valens d'attendre l'arrivée de l'armée des Gaules, avant d'engager le combat[4]. La veille de la bataille, les avis des généraux sont partagés : Sébastien, fort de succès récents, propose d'attaquer sur le champ ; le maître de la cavalerie Victor, officier d'origine sarmate, recommande d'attendre Gratien et les renforts occidentaux. Valens, impatient, décide imprudemment d'agir avant la venue de Gratien. Il forme sa décision d'après les succès tactiques remportés par le général Sébastien et la précédente reconnaissance qui évalue les Goths à 10 000 hommes. Les Goths, tout aussi efficacement informés, ont localisé les Romains et compris qu'ils étaient repérés. Le jour même, un prêtre chrétien est envoyé auprès de l'empereur par Fritigern : il propose la paix et une alliance en échange des provinces danubiennes, propositions qui sont rejetées. Dans le calcul de Valens, l'armée d'Orient devait être plus nombreuse ou équivalente à celle des Goths. Sûr de sa force, l'empereur voit une occasion facile d'écraser l'ennemi. Mais le décompte des Goths est incomplet, car ils sont momentanément privés de leur cavalerie partie au loin. Commandée par Saphrax et Alathée, elle est composée d'Ostrogoths, d'Alains et de Huns.

LES FORCES EN PRÉSENCE

« *L'erreur n'est pas certaine, mais au témoignage des éclaireurs, tout ce qu'ils ont vu de cette multitude atteignait dix mille*

1. *Ibid.*, XXXI, 12, 1.
2. *Ibid.*, XXXI, 12, 2.
3. *Ibid.*, XXXI, 12, 3.
4. *Ibid.*, XXXI, 12, 6.

personnes », rapporte Ammien qui semble gêné de faire état d'une telle estimation[1]. Ce chiffre ne semble pas faire abstraction des civils dont pourtant Ammien ne parle pas. Ces 10 000 personnes ne sont qu'une partie des Barbares. En effet, la cavalerie de Saphrax et d'Alathée est absente pendant la première phase de la bataille. Aucun chiffre ne l'évalue. Néanmoins, cette estimation incomplète décide l'empereur d'Orient Valens à attaquer. Parvenu devant le cercle de chariots (*carrago*) des Barbares[2], Valens écoute les supplications des Goths. Ces palabres excèdent certaines unités romaines au point de commencer spontanément le combat : les guerriers Goths sur place n'étaient donc pas assez nombreux pour impressionner les soldats romains[3]. L'historien grec Eunape estime les Goths à 200 000 combattants[4], exagération qui rend compte des échecs romains. Des évaluations modernes ont situé les Goths à 15 000 guerriers et 30 000 civils[5]. Ce qui donnerait au maximum une armée gothique de 5 000 cavaliers et 10 000 fantassins. Il ne faut cependant pas donner une valeur absolue au chiffre rapporté par les éclaireurs romains, ce qu'Ammien se garde bien de faire. Ils localisent un groupe important de Goths et les estiment globalement à 10 000, certainement de loin et sans pouvoir les compter un par un. Faire la distinction entre civils et guerriers est impossible à la distance de sécurité où ils se trouvent. En conséquence, les guerriers goths ne doivent même pas atteindre un tiers des 10 000 reconnus.

Les troupes de Valens sont augmentées de vétérans rappelés au service, comme le maître d'armes (général) Trajan, récemment mis à la retraite. Ammien parle de troupes aguerries, diverses, ce qui ne veut pas dire nombreuses, mais ne donne pas d'évaluation chiffrée[6]. Il a fallu près de trois années à Valens pour rassembler cette armée de manœuvre, ultime espoir des Balkans. En 376, en plus des troupes déjà sur place chargées d'interdire le Danube, les généraux Profuturus et Trajan ont reçu des légions venues d'Arménie, plus quelques cohortes envoyées par Gratien et conduites par le comte des domestiques franc Richomer, partiellement détournées vers l'Occident[7]. À Andrinople, il faut ajouter à ces troupes l'armée de manœuvre qui accompagne le prince. Deux éléments prouvent que les Romains ont l'avantage du nom-

1. *Ibid.*, XXXI, 12, 3.
2. *Ibid.*, XXXI, 7, 7.
3. *Ibid.*, XXXI, 12, 16.
4. Eunape, VI.
5. H. Delbrück, 1990, p. 279. R. MacMullen, 1991, p. 284.
6. Ammien Marcellin, XXXI, 12, 1.
7. *Ibid.*, XXXI, 7, 4.

bre. Sur une simple évaluation des Goths à 10 000 hommes, Valens décide d'engager la bataille avant l'arrivée des renforts occidentaux. Sur place, la faiblesse numérique des Goths incite les soldats romains à les attaquer sans attendre le signal de l'empereur[1].

Faute d'information globale sur les effectifs romains, on doit analyser les renseignements épars que donnent Ammien Marcellin et Zosime. Trente-cinq tribuns, avec ou sans commandement, ont été tués dans la bataille. Le décompte schématique « un tribun pour une unité » n'est donc pas possible[2]. Le général Sébastien, avant la bataille, sélectionne 300 hommes (fantassins) par unité, *numerus*, de l'armée de Valens, pour mener son attaque-surprise près de la Maritza[3]. Zosime estime à 2 000 hommes les troupes ainsi détachées sous le commandement de Sébastien[4]. Ce qui donne environ sept grandes unités d'infanterie à 700 ou 1 000 hommes pour former le *comitatus* oriental. Les unités romaines présentes à Andrinople sont partiellement connues. Ammien cite les Scutaires-archers sous le commandement de Bacurius et de Cassio[5], les Lanciers, les Mattiaires, les Gens d'armes[6] et la réserve formée par les Bataves[7]. Les Lanciers et les Mattiaires sont répertoriés par la *Notitia Dignitatum* comme des troupes d'élite : légions palatines ou d'accompagnement. Scutaires-archers, Gens d'armes sont des scholes palatines. Les Bataves, tenus en réserve à la bataille d'Andrinople, sont probablement une vexillation palatine[8]. « Le reste de la cavalerie » à l'aile gauche n'est pas évalué[9].

La cavalerie n'est pas le point fort de l'armée de Valens, car elle s'enfuit à l'arrivée des cavaliers goths et abandonne l'infanterie. Dans les campagnes de 376-378, elle ne joue aucun rôle notable. Ce qui est paradoxal pour une arme dont le rôle est réputé croissant. Amenés d'Orient par Valens, les cavaliers sarrasins devaient être présents à la bataille. Dans la liste des pertes, il est question du tribun des *Promoti*, Protentius[10]. Or, il y a en Orient huit unités de Cavaliers Indigènes Promus, *Equites Promoti Indi-*

1. *Ibid.*, XXXI, 12, 16.
2. Ammien Marcellin, XXXI, 16, 7.
3. *Ibid.*, XXXI, 11, 2.
4. Zosime, IV, 23, 2-4.
5. Ammien Marcellin, XXXI, 12, 16.
6. *Ibid.*, XXXI, 13, 8.
7. *Ibid.*, XXXI, 13, 9.
8. *Ibid.*, XXXI, 13, 9.
9. *Ibid.*, XXXI, 13, 2.
10. Ce tribun est le fils du général Ursicin sous lequel a servi Ammien comme officier d'escorte, Ammien Marcellin, XXXI, 13, 18.

genae[1]. Après Andrinople, seul un coin ou escadron de Sarrasins, « *plus apte à la guérilla qu'aux batailles rangées* », l'emporte en sauvagerie (l'un d'eux boit le sang d'un Goth à qui il a coupé les lèvres) et en souplesse sur les cavaliers goths[2]. Zosime situe les exploits des Sarrasins à un autre moment qu'Ammien, lors de l'arrivée de Valens à Constantinople[3]. La *Notitia Dignitatum* indique trois unités de cavaliers sarrasins[4]. L'armée de Valens comporte donc de la cavalerie légère sarrasine dite indigène, utile dans la surveillance des confins désertiques ou le harcèlement. Mais il n'est pas étonnant de voir la cavalerie romaine lâcher dans le combat de cavalerie frontal étranger aux usages des peuples Bédouins. Nulle part, dans les batailles contre les Goths, ne sont évoqués les cataphractaires, cavalerie blindée, l'arme de prestige par excellence. La force de rupture appartient à la cavalerie gothique, non aux Romains[5]. L'armée d'Andrinople devait tourner autour de 10 000 hommes, moins de 7 000 fantassins et près de 3 000 cavaliers, près du double ou du triple de leur adversaire sur place.

LES PHASES DE LA BATAILLE

Ammien Marcellin rapporte longuement la bataille elle-même[6]. Son récit est en partie symbolique car la bataille qui commence par l'incendie des champs s'achève par la crémation de l'empereur Valens. Au paroxysme du combat, le soleil accable les Romains chargés d'armes et se couche sur leur désastre[7]. Ammien multiplie les faits horrifiants, comme les hurlements des blessés, les tas de cadavres. L'abondance de détails dramatiques masque le fait que, tactiquement, la bataille est décrite à grands traits. La relation d'Ammien Marcellin traduit ce que voit et ressent le combattant individuel. Le drame de ceux qui combattent

1. Thébaïde, Phénicie, Syrie, Euphrate Auguste, Palestine, Mésopotamie, Arabie, (*Notitia Dignitatum,* OR.XXXI.30 ; XXXII.22 ; XXXIII.19 ; XXXIII.27 ; XXXIV.23-24 ; XXXV.23-24 ; XXXVII.18-19).
2. Ammien Marcellin, XXXI, 16, 6.
3. Zosime, IV, 22, 3.
4. Deux en Phénicie et une en Égypte (*Notitia Dignitatum,* OR.XXXII.27 ; XXXII.28 ; XXVIII.17).
5. H. Wolfram, 1990, p. 181.
6. Ammien Marcellin est l'auteur le plus complet sur le combat d'Andrinople, XXXI, 11-13. Les autres témoignages le confirment, mais sont très secs : Zosime, IV, 24, 1-3. Orose, VII, 33, 13-15. Jordanès, *Getica,* XXVI, 138. E. Gibbon note que Saint Jérôme, Sozomème, Hydace, Victor et Socrate et les auteurs précédents ne valent pas, tous réunis, le témoignage d'Ammien, *Histoire du déclin et de la chute de l'Empire romain,* Paris, Robert Laffont, coll. « Bouquins », 1983 (première édition en anglais, 1776), tome 1, p. 780.
7. G. Sabbah, 1978, p. 583-584.

l'intéresse davantage que le déroulement tactique. Moraliste, il aime faire des parallèles historiques : il assimile Andrinople à la défaite de l'empereur Dèce face aux Goths en 251 et à celle de Térentius Varron contre Hannibal à Cannes en 216 avant Jésus-Christ.

• *Une longue marche d'approche* : à l'aube du 5 avant les Ides d'août (9 août), les Romains abandonnent le camp d'Andrinople où le trésor, le préfet du prétoire et l'administration impériale restent sous la garde de plusieurs légions. Renseignés par la reconnaissance des jours précédents, ils savent où est situé le camp des Goths. Ils sont épuisés par environ 7 heures de marche au milieu d'un terrain difficile sur une distance de 22 km.

• *2 h de l'après-midi, contact* : l'arrivée des Romains « *à la huitième heure* » (vers 2 h de l'après-midi) se fait en désordre. L'aile droite formée de cavalerie est la première à se ranger un peu en avant du centre formé par l'infanterie. La cavalerie de l'aile gauche se dispose avec difficulté car elle arrive par « *plusieurs itinéraires* »[1]. On peut en déduire que la colonne de marche, calquant l'ordre de bataille, avait l'avant-garde constituée par la cavalerie de l'aile droite, l'arrière-garde formée par la cavalerie de l'aile gauche, tandis que l'infanterie restait au centre. L'historien grec du VIe siècle Zosime relève aussi cette mise en position désordonnée et déclare que l'empereur fait avancer son armée « *sans ordre* »[2]. L'armée se range d'elle-même en bataille. La précipitation du mouvement s'explique par la nature vallonnée du terrain : parvenue sur une ligne de crête, l'avant-garde découvre brusquement le camp ennemi sur un versant en face. Les Goths prennent position en hurlant mais refusent le combat, essayant de gagner du temps pour laisser à leur cavalerie celui d'arriver. Ils incendient les champs avec des fagots de bois sec, ce qui accroît la chaleur de cette journée d'août 378 et la soif des Romains. Les fantassins goths sont massés devant le cercle de chariots où sont réfugiées leurs familles[3]. En plus de leurs vies, les Goths ont à défendre tout ce qu'ils possèdent au monde, motivation que n'a pas le soldat romain.

1. Ammien Marcellin, XXXI, 13, 2.
2. Zosime, IV, 24, 1.
3. Déjà, à la bataille de Salices, les Goths avaient formé le cercle de chariots « *qu'ils appellent carrago* » (Ammien Marcellin, XXXI, 7, 7). Végèce voit dans le *carrago* une imitation par les Barbares du camp romain, *DRM,* III, 10 : « *Tous les peuples barbares disposent leurs chariots en cercle comme un camp et passent des nuits protégés des attaques surprises* ». Claudien évoque cette tactique barbare, *In Rufinum*, II, 127.

• *Négociations* : Fritigern, se sentant en infériorité, essaie encore la négociation, promet des otages. Le comte des Domestiques Richomer se dévoue pour aller négocier. La durée des négociations exaspère les soldats romains qui jugent être en position de force face aux 10 000 Goths.

• *Les Romains engagent spontanément la bataille* : aucune source n'indique le butin comme motif de cette attaque spontanée mais plutôt l'espoir d'une victoire facile. Le combat est spontanément engagé par la schole palatine des Scutaires-archers que commandent le prince hibère Bacurius et Cassio[1]. Privés de soutien, ils sont repoussés. Cet assaut devait être un harcèlement de cavalerie plutôt qu'une charge en règle. Mais bientôt le combat se généralise. Les Romains de l'aile gauche, certainement ulcérés par le recul de l'unité de Bacurius, parviennent jusqu'aux chariots du *carrago* ; néanmoins, comme les cohortes de Térentius Varro enfonçant le centre d'Hannibal à la bataille de Cannes, ils se sont engouffrés dans un piège.

• *Arrivée de la cavalerie gothique* : au même moment, la cavalerie de Saphrax et d'Alathée, composée d'Ostrogoths, d'Alains et de Huns, surgit « *des hauteurs comme la foudre* » et balaie tout sur son passage. Cette surprise appelle deux remarques : les Romains n'ont pas disposé d'éclaireurs autour du champ de bataille ; l'arrivée d'une telle masse de cavalerie visible de loin et qui soulève un nuage de poussière conséquent a été masquée par un relief qu'évoque Ammien. Le camp barbare était probablement à flanc de colline et leur cavalerie a fait irruption sur les hauteurs.

• *Enveloppement* : les Romains se retrouvent massés en contrebas, leur ligne est déjà rompue par le combat initial. Quand arrivent Saphrax et Alathée, l'aile gauche romaine est parvenue à se frayer un chemin jusqu'aux chariots. Effrayée, la cavalerie romaine fuit, apparemment sans combattre. Les fantassins romains, lâchés par la cavalerie de couverture, abattus par des traits et des flèches, refluent en poussant des cris de ralliement.

L'assaut des cavaliers goths, alains et huns a marqué l'imaginaire des contemporains. Orose rapporte que l'assaut de la cavalerie gothique a emporté les *turmae* de cavalerie romaine placées en garde-flancs de l'infanterie. Encerclées, les légions

1. La *sc(h)ola Scutariorum Sagittariorum* est commandée par un prince barbare : l'Hibère (Géorgien) Bacurius. Il devient chef de la garde impériale, comte des domestiques et meurt à la bataille du *Frigidus* en 394 sous le grade de général sans commandement, *magister militum uacans*. O. Seeck, *PW*, II, 2, col. 2724. A.H.M. Jones, 1971, tome 1, p. 144.

sont accablées de flèches et fuient, poursuivies par les Goths qui les exterminent à l'épée et à la lance[1]. Végèce évoque la vulnérabilité des fantassins romains et parle même de « *fantassins nus* », c'est-à-dire privés d'armure contre les flèches des cavaliers goths, alains et huns[2]. Néanmoins, à Andrinople encore, l'armement défensif gêne plus les Romains par son poids qu'il ne leur fait défaut. Il ne semble pas toutefois que les Goths aient disposé de cavaliers-archers. Procope analyse, près d'un siècle et demi après, la structure et les faiblesses de l'armée gothique : les Goths n'ont pas de cavaliers-archers mais leurs troupes montées combattent à l'épée et à la lance au corps-à-corps. Elles ne peuvent riposter contre les archers à cheval des Huns et des Romains. Les archers goths sont des fantassins, protégés par de l'infanterie lourde que Procope qualifie d'« *hoplites* »[3]. Au IVe siècle, les Romains n'ont pas encore trouvé de parade tactique à cette menace qui associe « puissance de feu » (archers) et puissance de choc (cavaliers). La première, appuyée à l'infanterie, prépare l'assaut décisif de la seconde.

Rattrapée par les cavaliers goths, l'infanterie romaine est alors prise dans une nasse, perd ses rangs et n'a plus les intervalles nécessaires pour manœuvrer ni même d'espace pour fuir. La presse est telle que les lances sont cassées et que les fantassins n'ont plus assez de recul pour manier le glaive. Des ruisseaux de sang coulent à leurs pieds. Aveuglés par la poussière, les combattants ne peuvent parer des traits qui atteignent toujours leur but dans la masse compacte. Le combat au corps-à-corps est sauvage : dans la confusion, certains sont tués par l'épée d'un camarade ; Ammien précise que, de chaque côté, les coups de hache fendent casques et cuirasses. Selon son habitude, Ammien décrit le Barbare qui, mourant, le bras droit ou les jarrets tranchés, ou bien le flanc percé, jette encore un regard farouche et s'apprête à pousser un hurlement. L'image relève du thème du « Galate mourant » dans la statuaire hellénistique. On peut déduire de cette description que les cavaliers des Goths combattent à distance tandis que leur infanterie entre au contact. La faim, la soif, le poids de leur armure accablent les Romains. Leur fatigue est d'autant plus grande qu'ils ont marché depuis l'aube et n'ont certainement pas pris de repas en milieu de journée.

1. Orose, VII, 33, 14-15.
2. Végèce, *DRM,* I, 20.
3. Procope, *Bellum Gothicum,* V, 27, 27.

• *Déroute romaine* : en fin d'après-midi, les pertes, la pression psychologique et l'épuisement deviennent si intolérables que les Romains partent en déroute et se dispersent, abandonnant des « *tas de cadavres* ». Il faut en déduire que l'enveloppement n'était pas complet mais laissait une issue sur l'aile droite romaine. Valens se réfugie auprès des Lanciers et des Mattiaires qui résistent un temps. La poursuite est un massacre. Les Romains sont abattus dans le dos ou écrasés par la masse des fuyards. Les routes sont encombrées de blessés et de chevaux tués. La nuit met fin au massacre.

• *Mort de l'empereur Valens* : dans la déroute, l'empereur a même été abandonné par sa garde (le corps des Gens d'armes). Sur l'ordre du général Trajan de protéger l'empereur, le comte et maître de la cavalerie Victor essaie alors vainement de trouver les Bataves placés en réserve, mais ils ont déserté. Victor les imite, comme d'ailleurs Richomer et Saturnin. Valens trouve une mort anonyme, soit d'une flèche dans la bataille, soit, d'après le récit d'un survivant, entouré d'eunuques et de Candidats, brûlé vif alors qu'il s'était réfugié dans une cabane de paysan. Son corps reste sans sépulture.

LES PERTES ROMAINES

Ammien, comme pour toutes les défaites romaines, n'évalue pas précisément le total des soldats tués. Il dresse la liste des notabilités et officiers morts à l'ennemi. Trajan et Sébastien, les généraux les plus capables sur le théâtre d'opérations des Balkans, sont restés sur le champ de bataille. Trente-cinq tribuns sans commandement ou chefs d'unité ont été tués, dont le fils d'Ursicin – général sous lequel Ammien a servi. Un tiers de l'armée a pu échapper au désastre[1]. Ammien compare ce désastre à celui de *Forum Terebronii* (Abrittus), où le corps de l'empereur Dèce tué au combat avait disparu – comme pour Valens – en 251 et à celui de Cannes en 216 avant Jésus-Christ. Les pertes d'Andrinople sont certainement très inférieures à celles de Cannes évaluées entre 48 000 et 70 000 hommes[2]. Mais l'impact stratégi-

1. Ammien Marcellin, XXXI, 13, 18-19.
2. Sur l'étude comparée des récits de Tite-Live et de Polybe, cf. Ch. Ardant du Picq, rééd. 1978, p. 19-29 et G. Brizzi, *Studi di Storia Annibalica,* Faenza, Fratelli Lega, 1984, p. 47, notes 1-3. Bibliographie sur la bataille de Cannes, *id., Annibale : strategia ed immagine,* Città di Castello, 1984, p. 144-146. Tite-Live décompose les pertes romaines et alliées à 45 500 fantassins et 2 700 cavaliers, soit 48 200 hommes. Il donne plus loin 50 000 tués (XXII, 59, 5 ; 60, 14 ; XXV, 6, 13). Eutrope est assez proche : 40 000 fantassins et 3 500 cavaliers (III, 10). Appien

que de cette bataille scelle à moyen terme le sort militaire de l'Empire. Les officiers et soldats tués au combat représentent une perte de compétence, de savoirs militaires qui ne se transmettent plus. Dans l'immédiat, ces pertes ne peuvent être comblées, par manque d'hommes et d'encadrement. D. Hoffmann déduit, d'après les vides de la *Notitia*, que 12 à 16 unités auraient disparu à Andrinople[1]. L'effort d'équipement pour refaire une armée est d'autant plus difficile que les *fabricae* de la zone danubienne sont tombées aux mains de l'ennemi et détruites[2]. Le moral des Romains est cassé. Une armée ne se reconstitue pas rapidement[3] ; César, parlant de sa XIe légion, composée d'hommes jeunes et sélectionnés, ne l'estimait pas encore aussi solide, après huit ans de campagne, que les VIIe, VIIIe et IXe, car il fallait plus de temps pour faire des combattants aguerris[4]. En fait, le *comitatus* oriental est anéanti pour des années. La formule d'Orose résume bien la situation : « *Finie, l'armée romaine* »[5]. « *La mémorable bataille d'Andrinople* (selon l'historien E. Stein) *signifie réellement pour l'Empire universel de Rome le commencement de la fin*[6]. » Théodose n'est en mesure d'intervenir – avec ses fédérés goths ! – contre l'usurpateur occidental Maxime qu'en 388, soit cinq ans après l'assassinat de Gratien, dix ans après Andrinople.

LES ERREURS DU COMMANDEMENT ROMAIN

Une bataille est largement une suite d'imprévus, la fille du hasard. Végèce, auteur militaire qui écrit une dizaine d'années après Andrinople, se méfie de la bataille rangée qui, en deux ou trois heures, décide du sort d'une nation[7]. Andrinople est un désastre militaire qui reproduit le schéma de la bataille de Cannes, où Hannibal était parvenu à encercler et à anéantir une armée romaine double de la sienne[8]. On a voulu faire d'Andrinople une date décisive de l'histoire militaire : l'avènement de la cavalerie

(VII, 4, 25) et Plutarque (Fab. 16) proposent 50 000 tués. Quintilien va jusqu'à 60 000 (VIII, 6, 26) et Polybe jusqu'à 70 000 (III, 117, 4).

1. D. Hoffmann, 1969, tome 1, p. 457.
2. Ammien Marcellin, XXXI, 16, 7.
3. E. Gibbon, ce précurseur et ce grand connaisseur des sources classiques, estime que l'armée d'Orient pouvait être rapidement refaite, mais que le choc psychologique d'Andrinople a exagéré ses effets, rééd. 1983, tome 1, p. 787.
4. César, *DBG,* VIII, 8.
5. Orose, VII, 34, 5.
6. E. Stein, 1968, tome 1, p. 190.
7. Végèce, *DRM,* III, 8 ; 11.
8. H. Delbrück, rééd. 1990, tome 1, p. 315-335. Ch. Ardant du Picq, rééd. 1978, p. 19-29.

lourde et le déclin de l'infanterie héritière des traditions antiques. En quelque sorte, le Moyen Âge commencerait à Andrinople où le cavalier impose pour mille ans sa primauté à l'infanterie, désormais reléguée au rang de *piétaille*[1]. L'arrivée de la cavalerie de Saphrax et d'Alathée marque certes le tournant décisif de la bataille : l'imprévisible qui fait tourner le sort.

Mais ce sont des négligences de commandement, toutes répertoriées par Végèce dans le *De re militari*, qui ont précipité le désastre : reconnaissance partielle de l'ennemi[2], absence d'un camp fortifié pour trouver refuge en cas de retraite[3] et, enfin, absence de ravitaillement et de repos chez les Romains, ce qui les amène à livrer combat fatigués d'avance[4]. Le commandement a méconnu la psychologie des combattants. Contrairement à ce que préconise Végèce, Valens n'a pas consulté ou exhorté ses soldats avant la bataille[5]. Au contraire, en choisissant de négocier avec Fritigern, Valens agit en politique et non en tacticien. Il exaspère ses troupes déjà physiquement éprouvées et rend leur attente intolérable. Andrinople est ce qu'on appelle une bataille de soldats, commencée et livrée sans intervention du général en chef. À aucun moment on ne voit l'empereur donner un ordre. L'armée se range d'elle-même en hâte, la cavalerie aux ailes et l'infanterie au centre comme dans toute bataille antique. Aucune disposition tactique n'est relevée si ce n'est l'existence d'une réserve composée de Bataves. L'empereur Valens se contente d'assister à un spectacle qu'il ne contrôle plus et porte la responsabilité d'un désastre qui lui coûte la vie.

À la décharge du combattant romain d'Andrinople, on peut remarquer que toute autre armée, dans de telles circonstances, aurait subi le même sort. En 52 avant Jésus-Christ, dans un contexte similaire, les cohortes de César, grisées par un succès initial et l'espoir de butin, parviennent devant Gergovie en dépit de l'ordre de faire halte. Amadoués par le spectacle des femmes gauloises implorantes, les Romains sont brutalement engagés par une contre-attaque frontale et paniquent à l'apparition sur leur droite de cavaliers auxiliaires héduens, identifiés comme des ennemis. Certains fuient, tandis que les éléments de tête sont exterminés. Les pertes romaines sont de 47 centurions et

1. TH.S. Burns, « The Battle of Adrianople : a Reconsideration », *Historia,* 22, 1973, p. 336-sq.
2. Végèce, *DRM,* III, 6.
3. *Ibid.,* I, 21.
4. *Ibid.,* III, 11.
5. *Ibid.,* III, 12.

700 légionnaires[1]. À aucun moment Ammien Marcellin, qui est prompt à dénoncer les actes d'indiscipline ou de cupidité chez ses camarades, ne met en doute le courage des fantassins romains d'Andrinople. Des conditions tactiques défavorables ont annulé tous les éléments de supériorité du soldat romain : discipline, armement et entraînement supérieurs.

ÉPILOGUE

Le philosophe et orateur grec Libanius, analysant les causes de la défaite, n'accuse ni la valeur des hommes, ni les généraux, pas même l'empereur : « *Certains accusent nos généraux, d'autres nos soldats, affirmant que les généraux n'ont pas correctement entraîné les hommes sous leur commandement, ou que les soldats étaient lâches. Quant à moi, je respecte le souvenir des combats qu'ils ont menés, le courage avec lequel ils sont morts dans leurs rangs et ont répandu leur sang... N'attribuons pas le succès des Barbares à la lâcheté, à la faiblesse ou au manque d'entraînement. La valeur des soldats et des chefs était la même que celle de leurs ancêtres et ils ne leur étaient inférieurs ni en technique militaire, ni en instruction. Leur amour de la gloire les a fait combattre la chaleur et la soif, le feu et le fer et préférer la mort à la fuite. Comment alors l'ennemi nous a surpassés ? Je suis convaincu que la colère des Dieux contre nous en est la cause*[2]. »

L'habileté des chefs gothiques n'est pas à mépriser. Flavius Mérobaude, poète d'origine franque, écrit au Ve siècle que les Teutons que combattait César étaient inexpérimentés dans l'art de la guerre, mais que les Wisigoths n'étaient plus « *une race issue d'une terre barbare* » mais des ennemis « *égaux* (aux Romains) *dans la guerre*[3] ». Les Barbares, à force de combattre pour ou contre les Romains, sont devenus des adversaires plus redoutables.

1. César, *DBG,* VII, 47-51.
2. Libanius, *Oratio,* 24, 3-5.
3. Flavius Mérobaude, *Panegyricus Poeticus in Tertio Consulatu Aetii,* v. 144-150.

La bataille d'Andrinople (9 août 378)

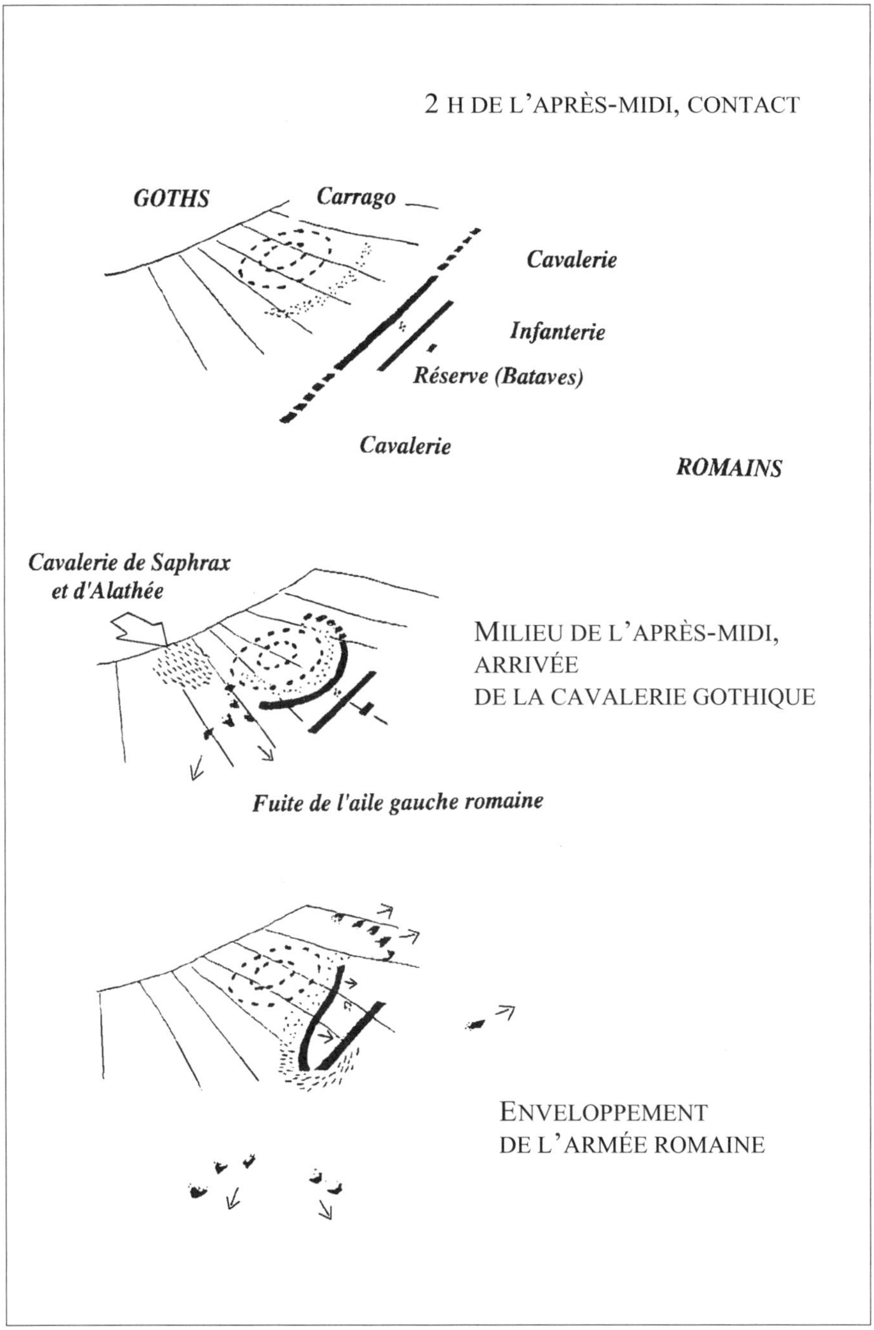

CHAPITRE 17

Barbarisation de l'armée

Pour répondre à une crise de recrutement endémique, l'armée romaine fait appel à des Barbares, d'abord engagés dans des unités auxiliaires puis régulières. Au Ve siècle, elle disparaît en Occident au profit de peuples barbares mercenaires : les fédérés.

BARBARISATION PROGRESSIVE DE L'ARMÉE JUSQU'EN 376

Les Romains ont toujours utilisé des auxiliaires mais, selon Tacite, se méfiaient traditionnellement « *des armées dissonantes tant par la langue que par les mœurs*[1] ». Le recours aux mercenaires barbares progresse depuis le IIIe siècle[2]. L'historien Aurélius Victor rapporte qu'en 260, l'usurpateur Postumus, « *qui se trouvait alors à la tête des Barbares en Gaule, s'était emparé du pouvoir*[3] ». Constantin, à la bataille du Pont Milvien en 312, aurait conduit, d'après Zosime, une armée composée de Germains, de Gaulois et de Bretons[4]. Les premières unités d'élite appelées auxiliats palatinats sont créées par Constantin à partir de prisonniers de guerre[5]. La mobilité et l'efficacité caractérisent les auxiliats palatins germaniques de l'armée occidentale : Érules,

1. Tacite, *Historiae,* II, 37.
2. M.P. Speidel, « The Rise of the Mercenaries in Third Century », *Roman Army Studies,* Stuttgart, Franz Steiner Verlag, 1992, vol. 2, p. 71-81.
3. Aurélius Victor, XXXIII, 8.
4. Zosime, II, 5, 1-sq.
5. M.P. Speidel, « The Four Earliest *Auxilia Palatina* », *REMA*, 1, 2004, p. 133-146.

Bataves, Cornus, Porteurs de braies, *Ascarii*, Gentils...[1]. Toutes les victoires romaines à partir de 312 sont à porter au crédit de Celtes, de Germains, de Huns, de Sarrasins et de Goths[2]. Un préjugé s'installe dans les esprits des dirigeants romains : pour vaincre les Barbares, il faut être un Barbare. Bien qu'hostile aux Barbares, Zosime rapporte que les Goths intégrés à l'armée sont physiquement plus forts et moralement plus braves que les Romains[3]. Les Barbares s'intègrent de trois manières à l'armée et à l'Empire : par engagement personnel, par communautés restreintes établies en territoire romain ou par contingents entiers enrôlés dans l'armée avec leurs princes-officiers.

Les engagements individuels de mercenaires barbares sont courants et ne tiennent pas compte de l'antagonisme qui oppose Rome à leur peuple d'origine. En 377, un mercenaire alaman de la garde impériale se rend en permission chez les siens, ennemis de l'Empire. Bavard, mais sans intention de trahir, il révèle que l'empereur Gratien marche sur l'Orient pour soutenir son oncle contre les Goths, ce qui décide les Alamans Lentiens à franchir le Rhin[4]. Ammien appelle ces engagés volontaires les « déditices », « *ceux qui se sont donnés*[5] ». Avec le temps et le mérite, les Barbares engagés dans les troupes régulières montent en grade et forment des coteries. L'onomastique des officiers romains chez Ammien Marcellin révèle combien la barbarisation de l'armée était profonde dans les années 350-370 : Barzimer, Richomer, Teutomer, Mérobaude, Mallobaude, Frigérid, Charietto, Agilo, Arbogast[6]. Les scholes de la garde impériale sont majoritairement commandées par des Germains ou secondairement par des Caucasiens[7]. Les officiers barbares se romanisent par leur passage dans les unités régulières, comme le maître de la milice Victor dont Ammien dit qu'il était « *patient et attentif quoique Sarmate*[8] ». Les Francs entrent fréquemment au service des Romains et parviennent aux plus hauts grades dès le milieu du IVe siècle[9]. Ammien déclare qu'en 355, lorsque le Franc Silvain, maître de

1. A. Alföldi, « *Cornuti* : a Teutonic Contingent in the Service of Constantine the Great and its Decisive Role in the Battle at the Milvian Bridge », *Dumbarton Oaks Papers*, 13, 1959, p. 169-183. D. Hoffman, 1969, tome 1, p. 169-183. C. Zuckerman, 1993, p. 17-20.
2. R. MacMullen, 1991, p. 273-274, appendice A : « Barbares des services impériaux au IVe siècle », p. 305-312.
3. Zosime, IV, 40, 1.
4. Ammien Marcellin, XXXI, 9, 3.
5. *Ibid.*, XX, 8, 13.
6. R. MacMullen fait une étude prosopographique des officiers barbares au service de Rome au IVe siècle, 1991, p. 305-307.
7. A.H.M. Jones, 1964, vol. 3, p. 183, note 12.
8. Ammien Marcellin, XXXI, 12, 6.
9. K. F. Werner, 1984, p. 296-302. P. Périn et L.Ch. Feffer, 1987, p. 58-60.

l'infanterie des Gaules, fut victime d'une machination, « *une multitude de Francs florissait au Palais*[1] ». Les Francs forment alors une caste solidaire qui juge toute attaque contre l'un des leurs comme une insulte collective. Progressivement, dans les années 350-380, les Francs monopolisent les plus hauts postes et s'identifient à l'État romain d'Occident. En Orient, les Arméniens et les Hibères (Géorgiens) sont les mercenaires caractéristiques de l'armée romano-byzantine[2]. Ils constituent l'élite des unités régulières. La schole des Scutaires-archers, mentionnée par la *Notitia Dignitatum*[3], est commandée à la bataille d'Andrinople par le tribun et prince hibère Bacurius qui engage le combat spontanément. Il devient par la suite duc de Palestine et comte des domestiques et meurt lors dès la première phase de la bataille de la Rivière Froide, le 5 septembre 394, sous le grade de maître de la milice vacante (sans commandement). À la figure du guerrier impétueux, il faut ajouter celle du lettré qui correspondait avec Libanius[4]. Au ve siècle, avant le règne de Zénon (474-491), les Arméniens alimentent les rangs des 3 500 *skolarioi*, soldats de la garde impériale de l'Empire d'Orient[5]. La volonté des empereurs d'Orient est de limiter le nombre d'éléments germaniques, source d'instabilité politique. L'empereur Zénon a poursuivi cette politique en engageant des Isauriens, ses compatriotes, montagnards turbulents d'Asie Mineure.

Tous les Barbares ne sont pas admis d'office dans les unités d'élite. Une constitution du 30 janvier 400 ordonne que le « *lète alaman* », le « *vagabond sarmate* », enrôlés dans les légions d'élite ou qui obtiennent de l'avancement (en particulier la dignité de protecteur honoraire) par une faveur frauduleuse soient rétrogradés dans l'armée des frontières. Ce décret concerne aussi les fils de vétérans et toute autre catégorie sociale. Les mercenaires barbares sont mis sur un pied d'égalité avec les sujets de l'Empire. Le fait qu'ils soient cités en premier lieu indique leur tendance à la fraude et au monopole des postes de haut rang[6]. Ces Barbares qui tentent de s'engager dans les troupes régulières d'élite par la fraude sont déjà intégrés à l'Empire en tant que combattants auxiliaires (non palatins) de seconde catégorie.

---

1. Ammien Marcellin, XV, 5, 11.
2. G. Dedeyan, « Les Arméniens soldats de Byzance (IVe-VIe siècles) », *Baszmavep, Revue d'Études arméniennes,* 145, 1987, p. 162-192.
3. *Notitia Dignitatum,* OR.XI.7.
4. Ammien Marcellin, XXXI, 12, 16. O. Seeck, *PW*, II, 2, col. 2724. A.H.M. Jones, 1971, tome 1, p. 144.
5. Procope, *Anecdota,* XXIV, 15.
6. *CTH,* VII, 20, 12.

Le recrutement de Barbares vaincus est une pratique étonnante qui se généralise à partir des années 260. Claude II le Gothique (268-270) enrôle dans son armée les Goths qu'il a soumis à la bataille de *Naïssus*[1]. En 297, Maximien installe des Francs sur le territoire des Nerviens et des Trévires et Constance Chlore répartit des Chamaves et des Frisons vaincus dans les environs d'Amiens, Beauvais, Troyes et Langres. Un panégyrique dit à Constance déclare alors que le nouveau colon franc « *s'empresse d'accourir à la levée, s'il est convoqué, heureux de servir à titre de soldat*[2] ». Ces mercenaires ennemis forment avec leurs familles de véritables colonies militaires qui cultivent des terres romaines et combattent pour l'Empire tout en maintenant leurs coutumes. C'est le cas des lètes et des gentils dont l'origine remonte à la Tétrarchie. Néanmoins, tous les Barbares vaincus ne sont pas systématiquement enrôlés. Le statut des lètes et des gentils ne doit pas être confondu avec celui d'*inquinili*, c'est-à-dire de prisonniers de guerre astreints au travail sur des terres privées ou d'État. C'est le cas en 369 pour des Alamans constitués en colonie tributaire sur des terres fertiles du Pô et en 377 pour des Goths et des Taïfales envoyés comme agriculteurs en Italie près des villes de *Mutina*, Reggio et Parme[3].

Des contingents de peuples alliés sont installés dans l'Empire pour les soustraire aux représailles d'ennemis communs. Certaines tribus Sarmates qui ont aidé Constantin à vaincre les Goths en 332 sont établies par petits contingents[4]. Zosime, dont l'hostilité aux chrétiens doit être rappelée, accuse à tort Constantin d'avoir intégré à l'Empire des masses de fédérés barbares par le traité de 332[5]. À la fin du IVe siècle, les 12 préfectures de lètes mentionnées en Gaule par la *Notitia Dignitatum*[6] sont placées chacune sous l'autorité d'un préfet, fonctionnaire romain probablement chargé de leur administration civile et militaire ou peut-être chef barbare[7]. Il s'agit de Francs, de Bataves, d'Alamans et de Sarmates intégrés à l'époque de la Tétrarchie et de Constantin. Ces communautés peu nombreuses font souche et ne menacent pas immédiatement la sécurité ou la souveraineté de l'Empire. Main-

1. Zosime, I, 46, 1-sq.
2. *Panegyricus Constantio Caesari Dictus. Panegyrici Latini,* IV (8), 9, 3 ; 21, 1.
3. Ammien Marcellin, XXVIII, 5, 15 ; XXXI, 9, 4.
4. *Consularia Constantinopolitana a.332, Chron. min.*, I, 234 (XII K. Mai).
5. Zosime, II, 34, 1.
6. *Notitia Dignitatum,* OC.XLII, 33-44.
7. E. Demougeot, « À propos des lètes gaulois du IVe siècle », 1988, p. 61-74. *Id.*, « *Laeti* et *Gentiles* dans la Gaule romaine du IVe siècle », in *Actes du Colloque d'Histoire Sociale de l'Université de Besançon, 1970,* Paris, 1972, p. 101-112.

tenues en général loin des frontières, elles ne peuvent se joindre à leurs frères de race et assurent la défense de l'intérieur.

Les alliés ont un double avantage pour l'Empire : ils demeurent sur leur territoire mais fournissent des contingents aux Romains. Sous le règne de Constantin, les Goths recherchent l'amitié de Rome et interfèrent dans les guerres civiles. À la bataille de *Chrysopolis* en 324, qui oppose Constantin à Licinius, ce dernier est renforcé par les auxiliaires goths du roi Alica[1]. En 332, après sa victoire sur les Goths, Constantin conclut un traité avec eux, leur octroyant une annone en échange de leur garde au Danube[2]. L'historien goth Jordanès y voit l'origine du corps des Fédérés de l'armée byzantine au VIe siècle, qu'il évalue, inchangé depuis sa création, à 40 000 guerriers[3]. Moins disponibles que les Barbares engagés dans les unités régulières ou ceux installés sur le territoire romain, les alliés forment des troupes irrégulières qui refusent parfois d'être mutées loin de leur région d'origine. En 360, Julien fait remarquer à Constance II, qui lui demande des renforts pour l'Orient, que les « *militaires barbares volontaires* » d'outre-Rhin se sont engagés sous la promesse de ne pas servir en-deçà des Alpes et que manquer à cette condition viendrait à tarir cette source de recrutement[4]. En échange, il lui promet des jeunes lètes, nés en Gaule, ou bien des déditices émigrés dans l'Empire[5].

La noblesse barbare sert d'élite naturelle aux troupes formées par leurs congénères. Intégrer des princes ennemis dans l'armée romaine est le moyen paradoxal de s'assurer leur fidélité. Goûtant les avantages de la romanité, ils sont théoriquement intéressés à sa défense. Le roi alaman Fraomaire, nommé tribun, part avec ses hommes repousser une invasion en (Grande-)Bretagne pour le compte des Romains[6]. Les Barbares nés sur le territoire romain et passés par les unités régulières atteignent les plus hauts grades vers le milieu du IVe siècle. Magnence, lète germanique, maître de la cavalerie des Gaules, se proclame Auguste le 1er janvier 350 contre l'empereur légitime[7]. Magnence est considéré par l'historiographie romaine comme un Barbare et non comme un général rebelle. « *Le sentiment d'une commune origine fait marcher avec* (Magnence) *des auxiliaires dévoués, les Francs et les Saxons, les*

1. Thémistius, *Oratio* 15, 190D. Anonyme Valésien, *Pars Prior,* 5, 27.
2. E. Demougeot, 1983, p. 108-110.
3. Jordanès, *Getica,* XXI, 112.
4. Ammien Marcellin, XX, 4, 4.
5. Julien, *Ep.* 17 (à Constance II).
6. Ammien Marcellin, XXIX, 4, 7.
7. A.H.M. Jones, 1971, tome 1, p. 532.

plus belliqueux des peuples qui habitent du côté du Rhin et de la mer occidentale[1]. » La trahison des troupes régulières qui suivent Magnence est expliquée par un artifice. Les soldats romains, c'est-à-dire les Gaulois et les Ibères (Espagnols), auraient été forcés de suivre Magnence[2] : c'est oublier la tradition du *pronunciamento* dans l'armée d'Occident. Des affaires de trahison liées à l'origine barbare des troupes et du commandement sont relevées par Ammien. En 354, une offensive contre les Alamans aurait été déjouée par la connivence de certains de leurs compatriotes arrivés à de hauts grades : Latin, le comte des domestiques, Agilo, tribun des étables et Scudilo, chef des Scutaires, qui, d'après Ammien, « *tenaient alors entre leurs mains la défense de l'État*[3] ». Cependant, aucune preuve ne vient étayer des soupçons certainement attisés par la malveillance. La trahison existe toutefois mais ne prend pas l'aspect d'un complot. En 357, un scutaire, sans doute barbare, déserte et annonce aux Alamans que Julien n'a que 13 000 hommes, les encourageant à lui livrer bataille à Strasbourg[4].

INFLUENCES RÉCIPROQUES

Dans toute guerre, on finit par adopter les modes ou l'armement d'un ennemi valeureux. Romains et Barbares n'ont pas échappé à cette règle.

Des termes barbares pénètrent la langue militaire romaine. Végèce évoque le terme barbare de *bebra* qui désigne le *pilum*, abandonné par les Romains mais repris par les Barbares qui en portent deux à trois par combattant[5]. L'enseigne que Végèce appelle *tufa* a certainement une origine barbare[6]. On peut imaginer qu'il s'agissait d'une queue de cheval au bout d'une hampe comme le *toug* des Mamelouks, type d'enseigne commun aux peuples ouraniens, cavaliers des steppes (Mongols, Turcs). Au VIIe siècle, un roi anglo-saxon se fait encore précéder d'une *tufa*, *tuuf* en saxon, réminiscence de l'armée romaine[7]. Végèce remarque qu'autrefois, les anciens appelaient vignes, *uineae*, les galeries d'approche auxquelles les soldats donnent désormais le nom barbare de *causia*. Contrairement à Végèce qui utilise le terme

1. Julien, *Ad Constantium*, I, 28.
2. *Ibid.*, *De Regno*, III, 6.
3. Ammien Marcellin, XIV, 10, 7-8.
4. *Ibid.*, XVI, 12, 2.
5. Végèce, *DRM*, I, 20.
6. *Ibid.*, IV, 14.
7. Bède le Vénérable, *Historia Ecclesiastica*, II, 16.

barbare *drungus* pour désigner un escadron, Ammien Marcellin préfère parler de « *coin* »[1]. Ammien est un officier des années 350-370 tandis que la carrière de Végèce appartient aux décennies suivantes, période de barbarisation accélérée. La cavalerie byzantine au VIe siècle conserve le néologisme *drongos.*

L'uniformologie romaine change sous l'influence des Barbares. Braies et tuniques à manches longues sont portées à travers tout l'Empire ; une mode aussi bien militaire que civile. Aux IVe-Ve siècles, les soldats romains sont souvent représentés avec une toque plate. Les sarcophages et les ivoires sculptés chrétiens signalent ainsi les soldats romains qui viennent arrêter le Christ. Végèce donne à cette toque de fourrure le nom de « *bonnet à la pannonienne* », destiné à habituer le soldat au port du casque[2]. Il s'agit d'une coiffure du temps de paix que l'on porte en garnison ou lors de mission de police. Née sur la frontière de Pannonie ou importée des Barbares, cette toque change la physionomie du soldat romain.

L'armée romaine imite également différentes habitudes barbares. Selon Végèce, certains commandements se donnent désormais « *avec le fouet à la mode barbare*[3] ». Il devait s'agir d'une coutume empruntée à un peuple de cavaliers, comme les Alains ou les Huns. Plus répandu est le *barritus*, barrissement ou cri de guerre qui caractérise désormais les troupes romaines occidentales au milieu du IVe siècle. Les soldats entonnent le *barritus* avant de charger ou pour approuver une harangue impériale[4]. Symbolique militaire et décorations sont barbarisées. Foudres, ailes, croissants, motifs traditionnels du Haut-Empire ont disparu des boucliers du IVe siècle. Les épisèmes de la *Notitia Dignitatum* adoptent parfois les figures animalières des peuples germaniques et l'on a même pu y voir des influences runiques[5]. Si l'aigle demeure l'emblème de la légion, d'autres enseignes sont apparues comme le dragon, adopté dès la fin du IIe siècle pour marcher à la tête des cohortes. L'influence barbare se lit à travers cette nouvelle vexillologie. Végèce range parmi les enseignes romaines les *flammulae* (« *petites flammes* », pennons de cavalerie ?), les *tufae* et les *pinnae* (aigrettes)[6]. Lorsqu'en 360, les Pétulants et les Celtes pro-

1. R. Syme, *Ammianus and the Historia Augusta,* Oxford, Clarendon Press, 1968, p. 112-113. Végèce, *DRM,* III, 16 ; 19.
2. Végèce, *DRM,* I, 20.
3. *Ibid.,* III, 5.
4. Ammien Marcellin, XVI, 12, 43 ; XXI, 13, 15 ; XXXI, 7, 16. Cf. éd. d'Ammien Marcellin, note 347 de J. Fontaine, p. 282. J. Matthews, 1989, p. 199, 296.
5. F. Altheim, « Runen als Schildzeichen », *Klio,* 32, 1938, p. 51-sq.
6. Végèce, *DRM,* II, 1 ; III, 5.

clament Julien Auguste, ils l'élèvent sur le pavois à la manière gauloise et barbare[1]. Les torques des draconaires, qui symbolisent leur fonction, sont très vraisemblablement une réminiscence d'origine celtique plus que d'origine germanique[2]. Le plus ancien exemple attesté de torques accordés comme récompenses militaires date de 89 avant Jésus-Christ : les cavaliers espagnols de la turme *Salluitana* en sont honorés. Sous le Principat, c'est une récompense adressée aux centurions et aux hommes de troupe[3]. Au Bas-Empire, les torques sont attachés également à l'image des gardes du corps de Théodose sur la base de la colonne de Constantinople et des gardes qui entourent Justinien sur les mosaïques de San Vitale de Ravenne. La barbarophilie gagne les sommets de l'État : l'empereur est protégé par une garde germanique qui porte des torques et des cheveux longs. Gratien s'entoure de gardes du corps alains et s'habille à leur mode. Les Alains, peuple des steppes, sont considérés comme des Barbares par les Gaulois et les Germains de l'armée d'Occident[4]. L'étalon de la valeur militaire finit par s'exprimer en référence aux Barbares, ainsi que le fait Végèce dans les années 380 quand il évoque les qualités combattantes de l'empereur.

La pénétration croissante de Barbares dans l'armée entraîne des modifications tactiques. Les Germains, qui constituent une partie des troupes régulières occidentales, apportent leur bravoure à l'uniforme romain. La promotion trop rapide de nobles barbares à de hauts grades estompe la différence opérationnelle avec l'ennemi. Sous l'impulsion de tels chefs et de la nécessité, les Romains s'initient aux techniques de la guérilla caractéristiques des Barbares. La romanisation des recrues barbares n'est pas totalement acquise. Ammien note que les « *militaires auxiliaires* » sont rétifs aux travaux de terrassement et de construction, mais, galvanisés par Julien, ils s'y mettent de bon gré[5]. La décadence de la castramétation déplorée par Végèce à la fin du IVe siècle résulte probablement de la barbarisation de l'armée et tout autant d'un déclin de l'instruction[6].

Parallèlement, l'art militaire est en progrès chez les Barbares au contact des Romains : « *Aujourd'hui même, c'est le seul art*

1. Ammien Marcellin, XX, 4, 17. Sur l'élévation de Brennus, voir Tacite, *Historiae,* IV, 15 et Cassiodore, *Variae Epistulae,* X, 31.
2. Ammien Marcellin, XX, 4, 18. Végèce, *DRM,* II, 7.
3. V.A. Maxfield, *The Military Decorations of the Roman Army,* Londres, Batsford, 1981, p. 44, 61, 86-85.
4. Zosime, IV, 35, 2-3. Aurelius Victor, XVII.
5. Ammien Marcellin, XVIII, 2, 6.
6. Végèce, *DRM,* I, 21.

auquel les Barbares pensent qu'il faut s'attacher, persuadés que la science de la guerre renferme tout ou qu'elle peut procurer tout le reste[1]. » Les Barbares rhénans ou danubiens du IVe siècle ne sont plus ceux des débuts de l'Empire. Les régions frontalières, loin d'être fermées, ont favorisé les contacts et créé des liens entre Romains et Barbares[2]. Le guerrier barbare imite certaines modes militaires romaines. Végèce note que les cavaliers goths, alains et huns s'équipent de casques, de cuirasses à la romaine[3]. Confirmant les dires de Végèce, une tombe hunnique du début du Ve siècle révèle l'utilisation ponctuelle d'un casque romain de type segmenté[4]. L'acquisition d'armes par des Barbares frontaliers est un fait avéré, en particulier pour les épées longues. L'Europe centrale et la Scandinavie en fournissent des exemplaires qui portent les noms des fabricants : Riccim ou Riccius, Cocillus, Marcius... noms celtiques romanisés[5]. L'armement complet d'un guerrier goth est illustré par la tombe 86 de Kompanijcy : une *spatha*, un ombon et un manipule de bouclier, une hache, une lance et un javelot[6]. À la suite de leurs victoires sur les Romains, les Goths ont glané le champ de bataille et renforcé leur armement. Orose, comme Ammien et Végèce, note qu'après Andrinople : « (Les Goths, les Alains et les Huns) *étaient à présent très bien équipés de chevaux romains et d'armes romaines*[7]. » Les Goths, chargés de butin à la suite de leur victoire, avancent sur Andrinople en formant le carré pour se garantir des embuscades[8]. Ils ne font qu'imiter l'ordre romain, celui-là même que Valens a utilisé pour couvrir la route de Constantinople à Andrinople avant la bataille[9] : nul doute que les éclaireurs goths ont observé et appris. En s'installant sur le territoire romain, lètes, gentils, mercenaires, fédérés bénéficient des fabriques d'armes locales. L'étude des tombes du nord-est de la France fin IVe-Ve siècles révèle l'identité d'armement des Barbares et des « *Romains* » : absence d'armure, *cingulum* (ceinturon militaire romain orné de motifs barbares), épée longue, pointes de javelots. Cette identité s'explique aussi par le recours croissant à des mercenaires germains. L'armement défensif,

1. *Ibid.*, III, 10.
2. C.R. Whittaker, 1994, p. 222-240.
3. Végèce, *DRM*, I, 20.
4. M.C. Bishop et J.C.N. Coulston, 1993, p. 173.
5. J.F. Fino, « Notes sur la production du fer et la fabrication des armes en France au Moyen Âge », *Gladius*, 3, 1964, p. 54.
6. M. Kazanski, *Les Goths*, Paris, Errance, 1991, p. 68.
7. Orose, VII, 34, 5, 5.
8. Ammien Marcellin, XXXI, 16, 4.
9. *Ibid.*, XXXI, 12, 4.

casque et cuirasse, reste néanmoins l'apanage des guerriers barbares les plus riches et des chefs[1]. Au Ve siècle, le différentiel tactique entre fantassins romains et barbares a disparu en Occident. L'aphorisme de Théodoric, bien que tardif, évoque le sens des influences réciproques entre Romains et Goths : « *Un Romain pauvre imite le Goth et un Goth riche imite le Romain*[2] ».

BARBARISATION MASSIVE DE L'ARMÉE 376-382

Dans le dernier quart du IVe siècle, les Barbares forment désormais plus de la moitié de l'armée romaine aussi bien dans les unités régulières que dans les formations irrégulières. L'« *or des recrues* », institué à partir de 375, facilite le paiement de mercenaires barbares essentiellement d'origine germanique[3].

L'arrivée des Goths en 376 accentue la barbarisation de l'armée. Initialement, les Goths sont admis dans l'Empire d'Orient en tant que réfugiés politiques chassés par les Huns. L'empereur d'Orient Valens, sur les conseils de ses courtisans, pense faire d'eux des paysans, des soldats et des contribuables : « *L'incorporation de ces étrangers dans notre armée allait la rendre invincible ; et converti en argent, le tribut que les provinces devaient en soldats viendrait accroître indéfiniment les ressources du trésor*[4]. » À cette occasion, le panégyriste Thémistius salue la sagesse de l'empereur Valens qu'il qualifie de « *père commun des Romains et des Scythes (Goths)*[5] ». Instruit par le recul des faits, Ammien compare la traversée du Danube par les Goths au franchissement de l'Hellespont par les Mèdes[6]. Avec une ironie exaspérée, il constate qu'« *aucun futur destructeur de l'État romain* » n'avait été abandonné de l'autre côté du Danube. même s'il était atteint d'une maladie mortelle[7]. Maltraités, les Goths se révoltent entre 376 et 382, infligeant avec leurs alliés la cuisante défaite d'Andrinople aux Romains. D'après un contemporain, « *cette bataille signifiait pour l'Empire romain le début des calamités présentes et à venir*[8] ». Une série de traités (*fœdera*)

1. P. Périn et L.Ch. Feffer, 1987, tome 2, p. 88. M. Todd, *Les Germains. Aux frontières de l'Empire romain,* Armand Colin, 1990, p. 116.
2. Anonyme Valésien, *Pars Posterior,* 12, 61.
3. J.H.W.G. Liebeschutz, « Generals, Federates and *Buccelarii* in Roman Armies around AD 400 », *DRBE,* 1986, tome 2, p. 463-474. R. MacMullen, 1991, p. 312.
4. Ammien Marcellin, XXXI, 4, 4.
5. Thémistius, *Oratio* I et X. L.W. Daly, « The Mandarin and the Barbarian : the Response of Themistius to the Gothic Challenge », *Historia,* 21, 1972, p. 351-379.
6. Ammien Marcellin, XXXI, 4, 7.
7. *Ibid.,* XXXI, 4, 4.
8. Rufin, XI, 13.

jurés avec les différentes tribus gothiques entre 379 et 382 ramène la paix et, pour la première fois, des Barbares vainqueurs sont enrôlés massivement dans l'armée romaine. Gratien installe les clans alano-hunniques de Saphrax et d'Alathée sur le Danube occidental en Pannonie Seconde. Théodose Ier établit les Goths de Fritigern en Mésie, province située entre le Danube et les Balkans[1]. Contre une rémunération et des vivres, Théodose parvient à maintenir les Ostrogoths d'Athanaric en dehors de l'Empire, sous couvert d'un pacte de sécurité mutuelle contre les Huns. Vers 381-382, les Ostrogoths ne peuvent empêcher une horde de Huns, de Scires et Carpodaces de traverser leur territoire et de passer le Danube. Seule une victoire de Théodose repousse la horde et, d'après Zosime, « *redonne confiance aux soldats et aux cultivateurs*[2] ».

Ces négociations marquent une impuissance mutuelle, celle, politique, des Goths à détruire l'État romain, celle, militaire, des Romains à repousser l'hôte devenu envahisseur. Les Goths, fatigués par quatre années d'errance, n'ont pu renverser les villes, piliers de l'occupation romaine et arrivent à la limite des ressources offertes par le pillage. Ils ne savent pas exploiter leur victoire. Incapables encore de créer leur propre État sur des terres romaines, l'intégration à l'armée leur offre les bienfaits de la civilisation sans les hasards de la conquête. Elle offre un répit temporaire aux Romains, pressés de parvenir à une solution immédiatement rentable. Le soulagement des autorités est répercuté par l'évêque de Milan Ambroise qui s'émerveille du retournement de la situation[3].

Le nombre des fédérés goths submerge les troupes romaines. Le philosophe Libanius déclare « *les villes de Pannonie pleines de soldats goths, huns et alains*[4] ». C'est un danger politique manifeste. L'intention des fédérés est, « *au cas où ils deviendraient plus nombreux, de s'en prendre à l'État plus aisément et de le dominer tout entier* ». En conséquence, l'empereur Théodose juge prudent de transférer une partie des Goths en Égypte[5]. L'amalgame brutal des Goths désorganise l'armée en Macédoine : « *Il n'y eut aucun ordre dans les troupes ni aucune distinction entre Romains et Barbares, tous allaient et venaient pêle-mêle et on ne*

1. A.H.M. Jones, 1964, tome 1, p. 159-160. D. Hoffmann, 1969, p. 465-467. E. Demougeot, « Modalités d'établissement des fédérés barbares de Gratien et de Théodose », 1988, p. 43-60. E. Wolfram, 1990, p. 144-151.
2. *Ibid.*, IV, 34, 6.
3. Ambroise de Milan, *De Spiritu Sancto,* I, Prologue, 17.
4. Libanius, *Oratio,* 19, 4.
5. Zosime, IV, 30, 1-2.

tenait même plus un rôle des hommes placés dans les corps militaires ; on permettait aux réfugiés qui étaient déjà incorporés dans les unités de retourner chez eux, d'en envoyer d'autres à leur place et de faire de nouveau campagne sous commandement romain quand bon leur semblait[1]. » Enrôlés dans l'armée romaine, les Goths conservent l'orgueil du vainqueur et l'indiscipline du guerrier barbare, ce qui entraîne de véritables batailles rangées avec les troupes régulières romaines. À deux reprises, en 379 et en 386, des soldats romains s'en prennent aux Goths qui brutalisent les civils[2]. Dans le second cas, Gérontios, l'officier romain coupable de cette expédition punitive, est sanctionné par Théodose. En infligeant des sanctions au malheureux Gérontios, l'empereur souhaite éviter une nouvelle rébellion gothique. Le panégyriste Pacatus relève la méfiance de Théodose envers les fédérés qu'il enrôle dans la campagne de 388 contre l'usurpateur Maxime : « *Aux populations barbares qui souhaitaient t'apporter leur concours volontaire, tu accordes la faveur de combattre dans tes rangs pour éloigner des frontières des troupes peu sûres et pour donner un renfort à tes soldats*[3]. » L'année 391 confirme les doutes de l'empereur. Les fédérés d'Alaric se mutinent, ravagent la Mésie puis les environs de Thessalonique. Le général Promotus subit près de la Maritza une grave défaite contre Alaric, renforcé de Huns et de Bastarnes qui ont traversé le Danube. Théodose Ier manque même d'être capturé dans la bataille et, en 392, choisit un demi-vandale, Stilicon, pour remplacer Promotus. Stilicon encercle les rebelles et les contraint à négocier[4].

Théodose Ier comprend qu'il a intérêt à épuiser les fédérés dans les combats. À la bataille de la Rivière Froide contre l'usurpateur Eugène (5-6 septembre 394), les 20 000 Goths de Gaïnas et d'Alaric ne font « *qu'un seul corps avec l'armée* » orientale[5]. Autant dire qu'ils sont l'armée romaine en campagne. Envoyés en première ligne, leurs pertes sont évaluées à 10 000 hommes[6]. Théodose Ier profite de sa victoire sur les usurpateurs Maxime et Eugène pour incorporer les troupes occidentales vaincues à son armée[7]. Théodose limite ainsi la part des

1. *Ibid.,* IV, 31, 1.
2. *Ibid.,* IV, 30, 4-5 ; 40, 1-7.
3. Pacatus, *Panegyricus Theodosio Augusto Dictus. Panegyrici Latini* XII, 32.
4. Zosime, IV, 45, 4-sq. H. Wolfram, 1990, p. 150.
5. Jordanès, *Getica,* XXVIII, 145.
6. Sur le chiffre des pertes gothiques à la Rivière Froide, Orose, VII, 35, 19. Sur la bataille, cf. appendice C de l'éd. de Zosime par F. Paschoud, Paris, Les Belles Lettres, 1979, tome 2, Livre IV, p. 474-500.
7. Zosime, IV, 47, 2.

fédérés, mais il concède à leurs chefs les titres de sénateur ou de consul pour la première fois dans l'histoire romaine. Synésios, évêque de Cyrène, fulmine : « *Thémis et Arès doivent cacher leurs faces s'ils voient ces barbares vêtus de peaux de bêtes commander des hommes en uniforme romain, ou, délaissant leurs peaux de moutons, rapidement revêtir la toge et délibérer avec les magistrats Romains et décider de l'Empire Romain ! Quand, après avoir pris la place d'honneur à la droite du consul, devant des nobles Romains, ils quittent la curie, ils reprennent alors leurs vêtements de peaux, riant de la toge avec leurs congénères, sur le fait qu'on ne peut glisser son épée dans la toge*[1]. »

Les fédérés goths, intégrés tardivement, massivement et dans des conditions honteuses pour les Romains, deviennent un foyer permanent de sédition. La première rupture des *fœdera* intervient en 391 : Alaric et les Wisigoths de Mésie désertent et se réfugient dans les marécages de Macédoine près de Thessalonique. Stilicon, après la mort de Théodose Ier (17 janvier 395), devient généralissime de l'Occident et, officier le plus ancien dans son grade, essaie d'étendre son autorité sur l'Orient. Il congédie les fédérés goths et pousse les Huns à les attaquer. Alaric persuade les fédérés de quitter la Mésie pour piller la Thrace. La trame des événements justifie les soupçons mutuels entre les mercenaires gothiques et leurs employeurs romains. Pour réduire l'ennemi qu'il a lui-même créé, le généralissime d'Occident compte sur l'incapacité des Goths à s'organiser. La faim, « *plus cruelle que le fer* » selon le mot de Végèce, devra porter le coup décisif aux rebelles. Les campagnes menées dans les Balkans contre Alaric entre 395 et 397 sont caractérisées par l'absence de batailles : stratégie d'usure ? Cette stratégie n'est cependant jamais poussée à son terme. Stilicon encercle les Goths en 395 à Larissa en Thessalie et en 397 à Pholoë en Élide. Il lâche son étreinte, une première fois sur ordre d'Arcadius, qui redoute davantage l'empiétement du généralissime occidental que le mercenaire rebelle et une seconde fois sur l'incitation de l'or des Goths, mais aussi pour mater une rébellion en Afrique[2]. La négociation rétablit la paix en 397 : Alaric est nommé maître de la milice en Illyrie.

En Occident, le nom de Barbare remplace celui de soldat et, dans les années 380, donne l'indice de la force combattante d'une armée romaine. Ambroise, évêque de Milan, rapporte ainsi la colère de l'usurpateur Maxime contre le général franc Bauto, par-

1. Synésios de Cyrène, *De Regno,* 15.
2. H. Wolfram, 1990, p. 153-156.

tisan du jeune Valentinien II : « *Bauto qui voulait revendiquer le trône pour lui-même, en s'abritant derrière un petit prince et qui envoya même ses Barbares contre moi, comme si je n'avais pas pu moi-même en lever ! car il y a tant de milliers de Barbares qui combattent pour moi et qui reçoivent de moi leur solde*[1]. » Des troupes de Germains orientaux, de Goths, d'Alains, de Sarmates et de Huns servent par bandes dispersées dans le Nord-Est de la Gaule. Ils occupent les fortifications qui contrôlent les carrefours, les franchissements de rivières, les estuaires. À l'instar des troupes, le commandement des forces occidentales est nettement barbarisé. Les Francs continuent leur ascension et monopolisent désormais les promotions. Ils ne sont pas sans qualités. Même Zosime dit des généraux francs Bauto et Arbogast qu'ils étaient « *extrêmement bien disposés envers les Romains, parfaitement incorruptibles face aux richesses, supérieurs par leur intelligence et leur courage à la guerre*[2] ». Après l'échec de l'usurpateur Maxime en 388, Théodose Ier confie au maître de la milice franc Arbogast le sort militaire de l'Empire occidental. Comte de la chose militaire depuis 380, puis maître de la milice à partir de 388, Arbogast n'hésite pas à assassiner Valentinien II en 392 et à lui substituer un homme de paille, Eugène, avec l'appui du Sénat romain[3]. « *Valentinien fut presque réduit à la condition de simple particulier ; le gouvernement militaire fut livré à des gardes du prétoire francs, l'administration civile aussi transférée aux complices d'Arbogast et, parmi tous ceux qui étaient liés par le serment qu'ils avaient fait de servir, aucun ne se trouva qui eût le courage d'obéir à un avertissement personnel ou aux commandements du prince*[4]. » L'attitude d'Arbogast est très proche de celle du condottière Francesco Sforza avec la famille Visconti mille ans plus tard. Le mercenaire renverse son maître. Arbogast a l'intelligence politique d'utiliser les sentiments des sénateurs païens et de gouverner sous des apparences romaines. Il ne veut pas détruire l'État romain mais au contraire le restaurer dans sa religion polythéiste traditionnelle. Mais, après sa chute, Arbogast est qualifié de « *Barbare exilé* » par Claudien[5] et d'« *homme barbare* » par Orose[6]. Le préjugé antibarbare des Romains de longue date est toujours prêt à se réveiller. En l'occurrence, le Barbare,

1. Ambroise de Milan, *Ep.* 24.
2. Zosime, IV, 33, 2.
3. A.H.M. Jones, 1971, tome 1, p. 95-96.
4. Grégoire de Tours, *Historia Francorum,* II, 9.
5. Claudien, *De Tertio Consulatu Honorii,* v. 66.
6. Orose, VII, 35, 11.

c'est le mercenaire rebelle vaincu. La courtoisie de façade des hauts fonctionnaires ou la louange des panégyristes feignent d'oublier l'origine barbare des derniers généraux de l'Empire. Saint Ambroise, évêque de Milan, est barbarophobe, mais il entretient d'excellentes relations avec les généraux barbares [1].

RÉACTIONS ANTIGERMANIQUES EN ORIENT ET EN OCCIDENT 400-408

Les réactions antigermaniques révèlent les difficultés d'intégration des fédérés à l'armée et à l'Empire. En Orient, au cours de l'année 399, Gaïnas, chargé de combattre Trigibild et ses fédérés goths rebelles en Phrygie, évite le combat puis se joint à eux. On retrouve dans ces faits les « *batailles qui ne font pas couler le sang* » entre condottières, dénoncées par Machiavel mille ans plus tard. La trahison de Gaïnas entraîne la première réaction antigermanique[2]. Au début de 400, 7 000 Goths de l'armée de Gaïnas sont massacrés par la population de Constantinople et les survivants sont chassés de la ville[3]. Cette armée rebelle, composée de Goths et d'unités régulières romaines, a toutes les caractéristiques d'une troupe de *condotta* en rupture de ban, attachée à la fortune d'un chef ou prompte à le lâcher en cas d'échec. Avant de traverser le Danube pour gagner la Scythie, pays des Goths, Gaïnas fait massacrer ses soldats romains, craignant qu'ils ne retournent à l'empereur Arcadius [4]. Contre Gaïnas et ses mercenaires rebelles, l'Empire dispose d'un général goth resté fidèle, Fravitta : « *Un homme d'origine barbare certes mais qui était à tous les autres points de vue un Grec, non seulement par sa manière d'être, mais aussi par ses principes de vie et sa dévotion pour les divinités* [5]. » Fravitta empêche Gaïnas de reprendre pied à Constantinople ou de retourner en Orient. C'est en définitive Uldin, roi des Huns, qui élimine Gaïnas pour le compte de l'Empire d'Orient, poussant la courtoisie jusqu'à faire parvenir la tête du mutin à Arcadius le 3 janvier 401 [6]. L'Orient a réglé le problème politique des fédérés. Ils continuent de parvenir aux plus hauts grades de l'armée,

1. C. Corbellini, « Ambrogio e i barbari : giudizio o pregiudizio ? » *Rivista di Storia della Chiesa in Italia,* 31, 1977, p. 343-352. M. Pavan, « Sant'Ambrogio e il problema dei barbari », *Rom.Barb.,* 3, 1978, p. 167-187.
2. H. Wolfram, 1990, p. 162-164.
3. Zosime, V, 19, 1-sq.
4. *Ibid.,* V, 21, 6.
5. *Ibid.,* V, 20, 1.
6. *Ibid.,* V, 22, 1-sq. H. Wolfram, 1990, p. 162-164.

comme Ardabur et Aspar, mais, démographiquement, ne constituent plus une enclave barbare en territoire romain.

En Occident, le danger politique que représentent les fédérés apparaît à Stilicon lui-même. En 406, pour repousser l'invasion des Goths de Radagaise (non fédérés) hors d'Italie, « (Stilicon) *se procura des ressources militaires et enrôla comme auxiliaires* (des Barbares) *qui l'imploraient ; il fixa leur nombre au chiffre qui convenait et qui ne fût ni une charge pour l'Italie, ni un sujet de crainte pour l'empereur*[1] ». À la bataille de Fiésole en 406, Stilicon dispose de cavaliers alains et huns[2] et des Goths de Sarus[3]. La cavalerie légère, point faible des Romains, est assurée par des Barbares. Après avoir battu Radagaise en 406, Stilicon engage 12 000 Goths d'élite et renforce le malaise existant dans l'armée romaine[4]. Ce malaise grandit avec l'invasion des Gaules par les Vandales, les Alains et les Suèves qui ont franchi le Rhin le 31 décembre 406. L'armée des Gaules, surtout composée de Gaulois, appelée pour défendre l'Italie du Nord, admet certainement mal de voir que rien n'est fait pour enrayer l'invasion, si ce n'est l'action des troupes (Grande-)Bretagne entrées en rébellion. Le total des fédérés maintenus en Italie du Nord vers 408 approche 30 000 combattants, soit autant que les trente unités régulières[5]. Le 13 août 408, les unités romaines stationnées à Pavie se soulèvent quand l'empereur Honorius leur demande d'aller en Gaule combattre l'usurpateur Constantin III, simple soldat élevé par l'armée de (Grande-)Bretagne l'année précédente. Le préfet du prétoire d'Italie, celui des Gaules, le maître des offices, le questeur du Palais sacré, le comte des largesses sacrées sont abattus par les mutins. Honorius ne sauve sa vie qu'en promettant de sacrifier le généralissime Stilicon qui est accusé de briguer l'Empire pour son fils Eucher. Stilicon, alors à Bologne, refuse d'intervenir militairement avec les fédérés contre les troupes romaines, car, d'après Zosime, il ne jugeait le procédé ni honnête, ni prudent[6]. Il est assassiné à Ravenne le 22 août 408, tandis que les familles des fédérés sont massacrées à Vérone par les soldats romains[7]. Les soldats romains d'Italie ont préféré purger l'armée de ses éléments barbares que de combattre les troupes régulières des Gaules. Mais leur réaction anti-germanique intervient à

1. Claudien, *De Bello Getico,* v. 401-404.
2. Zosime, V, 26, 4.
3. Orose, VII, 37, 12. Marcellus, II, 406, 3.
4. Olympiodore, frg.9.
5. Zosime, V, 35, 5.
6. *Ibid.,* V, 31, 2.
7. Sur ces événements : Zosime, V, 33-35. E. Stein, 1968, tome 1, p. 252-254.

contre-temps. Alaric, chef des fédérés wisigoths d'Illyrie, profite des troubles pour envahir l'Italie, sous le prétexte de ne pas avoir été payé par Honorius. Les fédérés germains d'Italie se joignent aux Wisigoths. Incapable de lever et d'équiper de nouvelles unités régulières romaines, l'Empire d'Occident ne peut que solder de nouveaux mercenaires barbares. Honorius reçoit, en 409, l'aide de 10 000 Huns du roi Uldin[1]. Effectifs importants qu'il faut nuancer car on ne voit combattre que 300 cavaliers Huns stationnés à Ravenne[2]. En 410, les 300 guerriers du Goth Sarus sont un précieux renforts pour Honorius[3]. Les troupes régulières d'Honorius, bien que renforcées de Huns, ne peuvent s'opposer aux nombreux guerriers professionnels à l'armement romanisé d'Alaric. Les fédérés submergent numériquement l'armée romaine.

LES FÉDÉRÉS ET LA DÉSINTÉGRATION DE L'ÉTAT ROMAIN D'OCCIDENT 408-476

Entre 407 et 411, l'Empire d'Occident doit affronter à la fois une invasion majeure, l'usurpation de Constantin III en Gaule et la rébellion des fédérés d'Alaric en Italie. Il parvient à régler les trois problèmes avec l'aide des fédérés.

Les Alains, les Vandales et les Suèves qui ravagent les Gaules depuis deux ans, s'installent dans l'ouest de l'Espagne vers 409. Les Wisigoths d'Alaric pillent Rome en 410 mais, au cours de l'année suivante, sa mort permet de conclure un accord avec les Romains. L'empereur Honorius engage Athaulf, le successeur d'Alaric, pour éliminer l'usurpateur Constantin III en Gaule et chasser d'Espagne les envahisseurs barbares. En récompense, les Wisigoths gagnent le Sud de la Gaule en 412. Athaulf emmène comme otage Galla Placidia, sœur d'Honorius, et l'usurpateur Attale qu'il a élevé à la dignité impériale... tous deux utiles pour maintenir l'empereur Honorius dans de bonnes dispositions. Toutefois, au début de 413, Athaulf veut faire monter les enchères en soutenant l'usurpateur Jovin. Il en est dissuadé, certainement après versement d'un tribut. Athaulf gagne l'Espagne pour y combattre les Vandales, mais la rébellion du gouverneur d'Afrique Héraclien prive les Wisigoths du blé africain. Athaulf se rebelle donc contre l'autorité romaine et prend Narbonne, Toulouse, Bordeaux avant d'être blessé devant Marseille en com-

1. Zosime, V, 50, 1.
2. *Ibid.*, V, 45, 6.
3. *Ibid.*, VI, 13, 2.

battant. Pressé par le généralissime Constance, il fait retraite en Espagne. Là, Constance impose un blocus si efficace qu'Athaulf perd la confiance des siens et se fait assassiner en 416[1]. Un nouveau traité est conclu avec les Romains. Contre une allocation annuelle en blé et sous la conduite de Valia. Les Wisigoths anéantissent les Alains et les Vandales Silingues d'Espagne entre 416 et 418. En 418, ils sont installés en Aquitaine, où ils reçoivent un tiers des terres et un ravitaillement annuel en blé. Ils forment bientôt un royaume indépendant. Entre 423 et 425, une nouvelle guerre civile affaiblit l'Empire d'Occident. Avec l'appui de l'armée, l'usurpateur Jean se rebelle à Rome contre l'empereur Valentinien III et sa mère, la régente Galla Placidia. En 425, Jean envoie son tribun du Palais Aétius chercher l'aide des Huns, mais il est vaincu puis exécuté avant l'arrivée des renforts. Aétius, revenu avec 60 000 mercenaires huns, combat les troupes romaines. Valentinien III et sa mère Galla Placidia achètent Aétius en lui offrant le grade de comte militaire des Gaules et comblent les Huns d'or et de cadeaux pour qu'ils s'en retournent pacifiquement[2].

Profitant de ces troubles, les Wisigoths attaquent les provinces gallo-romaines entre 425 et 439, mais sont repoussés par les mercenaires huns d'Aétius devenu patrice et de son second, Litorius. La guerre de 436-439 contre les Wisigoths d'Aquitaine est riche en péripéties. Tout d'abord en 436, les Wisigoths profitent de la campagne menée par Aétius et Litorius contre les Armoricains pour occuper certaines villes d'Aquitaine et faire le blocus de Narbonne. L'année suivante Litorius, comte et maître de la milice des Gaules, dégage Narbonne de l'encerclement gothique[3]. En 438, c'est Aétius lui-même qui entre en campagne contre les Wisigoths. Il remporte une victoire majeure sur les Wisigoths à la bataille du Mont Colubrarius. 8 000 Wisigoths y sont tués[4]. La même année, Aétius semble déléguer un subordonné pour combattre les Suèves d'Espagne et bloquer le passage des Pyrénées aux Wisigoths[5]. Diminués, les Goths ne sont pourtant pas encore vaincus. Seul responsable des opérations en Gaule pour l'année 439, Litorius obtient des succès initiaux qui gonflent sa confiance. Il parvient sous les murs de Toulouse, capitale des

---

1. A.H.M. Jones, 1980, tome 2, p. 176-178.
2. Prosper, I, an 425. Philostorge, XII, 14. Grégoire de Tours, *Historia Francorum,* II, 8.
3. Prosper, I, an. 436. Sidoine Apollinaire, *Panegyricus Avito Augusto Dictus*, v. 246-247. Hydace, 107, an. 436 ; 110, an. 437.
4. Hydace, 112, an. 438.
5. Flavius Mérobaude, *Panegyricus Poeticus in Tertio Consulatu Aetii*, v.19-23.

Wisigoths, où il est vaincu, capturé puis exécuté[1]. Pour encercler les Wisigoths, Aétius établit en 442 des fédérés alains dans l'Orléanais et, en 443, installe des Burgondes dans la province de *Sapaudia* comprise entre Lyon et Genève.

La dernière grande stratégie de l'Empire est de combattre les fédérés par d'autres fédérés à l'intérieur de son territoire. Une stratégie comparable est adoptée face aux agressions extérieures. C'est le cas sur la frontière du Rhin après le départ définitif de l'armée régulière en 408. Aux agressions renouvelées répondent les contre-attaques des patrices Constance puis Aétius qui finissent par concéder des terres aux agresseurs. Les Francs Ripuaires deviennent hostiles à l'Empire après la mort en 413 de l'usurpateur Constantin III dont ils étaient les alliés. Pour les contenir, le patrice Constance, généralissime de l'empereur légitime, installe les Burgondes comme fédérés à Worms (Germanie Seconde). Les Francs Ripuaires pillent Trèves (Belgique Première) en 413, 423, l'occupent de 425 à 428 en même temps que Cologne et Mayence en Germanies Seconde et Première. Aétius leur cède Cologne et Mayence en 428 avec le statut de fédérés. Mais Aétius doit encore intervenir pour dégager Trèves en 432...[2]. Les Francs Saliens, fédérés installés en Toxandrie depuis 358, se sont montrés plus longtemps fidèles que leurs congénères de la rive droite du Rhin. Cette fidélité s'est pourtant errodée. Vers 436, sous la conduite de Clodion, les Saliens s'emparent des territoires romains jusqu'à la Somme (Tournai, Cambrai). Les Saliens profitent de l'absence d'Aétius qui doit affronter simultanément la révolte des Armoricains, les attaques des fédérés wisigothiques et burgondes. Aétius semble avaliser cette annexion car il n'intervient pas contre les Saliens. Par contre, en 448, quand Clodion essaie encore d'étendre son territoire dans la région d'Arras, Aétius lui inflige une défaite au *Vicus Helena* (Saint-Amand-les-Eaux) sur la Scarpe. Le domaine romain se réduit graduellement. Au cours de la même période, les Vandales d'Espagne, appelés comme fédérés en Afrique par le comte Boniface, constituent un royaume indépendant entre 429 et 442. Déjà affaibli par la perte de l'Afrique, l'Empire doit affronter le danger hun.

C'est une menace nouvelle car, depuis 400, les cavaliers huns étaient les auxiliaires fidèles des Romains. L'infidélité notoire des fédérés goths s'oppose à la constance des Huns. Cette politique est surtout l'œuvre du roi Uldin. Jusqu'en 435 qui date l'arrivée

1. Prosper, I, an. 439. Hydace, 116, an. 439. Jordanès, XXXIV, 177.
2. 432-435 d'après M. Rouche, *Clovis*, Paris, Fayard, 1995, p. 105-106.

au pouvoir d'Attila et de son frère Bléda, on ne note que trois alertes : le raid vite repoussé d'une bande irrégulière de Huns et de Scires sur le Bas-Danube en 409 ; l'invasion de la Thrace par les Huns de Scythie en 422, l'éviction des Huns de Pannonie par l'Empire d'Occident en 427. La mort du roi Uldin explique ce revirement de politique. Toutefois, à leur accession au pouvoir Attila et Bléda ne sont pas immédiatement hostiles aux Romains. En 437, à la demande d'Aétius, les Huns vont écraser les Burgondes de Gundichar et les Alains qui avaient envahi la Belgique Première. Cette bataille si terrible pour les Burgondes fut à l'origine du Chant des *Niebelungen*. Les auxiliaires Huns sont particulièrement actifs en Gaule. Le maître de la milice des Gaules Litorius utilise avec succès des cavaliers hunniques contre les Armoricains entre 435 et 437. De là, en 437, il traverse l'Auvergne avec ses cavaliers huns pour dégager Narbonne assiégée par les Wisigoths. La même année, une partie des Huns déserte et pille l'Auvergne. Avitus, probablement le second de Litorius, les vainct près de Clermond-Ferrand[1]. On retrouve un contingent de Huns au service du généralissime Aétius quand il remporte la victoire du Mont Colubrarius sur les Wisigoths d'Aquitaine en 438[2]. Après 439, à la mort d'Attila, il n'est plus question de Huns au service des Romains. À partir de 441, leur roi Attila entreprend d'attaquer l'Empire d'Orient et lui impose un tribut. D'autre part, lors du traité de 448, Attila interdit à l'Empire d'Orient de recruter des soldats huns. Pour éviter la guerre, l'empereur d'Occident Valentinien III accorde au roi des Huns le titre et la solde de maître de la milice vers 449. Il s'agit en fait d'un tribut déguisé. L'année suivante, Justa Grata Honoria la sœur de Valentinien III brouillée avec son frère envoie son anneau à Attila et lui demande son aide[3] Attila réclame en mariage la sœur de Valentinien et pour dot la moitié de son Empire. Sur le refus de Valentinien, la guerre éclate. Quand Attila envahit la Gaule en 451, les troupes « romaines » d'Aétius sont un ramas d'auxiliaires « *Francs* (Saliens), *Sarmates, Armoriciens* (Bretons), *Liticiens* (lètes), *Burgondions* (Burgondes), *Saxons, Ripariolilbrions* (Francs Ripuaires), *jadis soldats romains, mais à cette époque désormais sollicités comme auxiliaires, ainsi que plusieurs autres peuples de Celtique* (Gallo-Romains) *et de Germanie* (provinces

1. Sidoine Apollinaire, *Panegyricus Avito Augusto Dictus*, v. 244-271, 278-294.
2. Jordanès, XXXIV, 176.
3. Comte Marcellin, an. 434. Jean d'Antioche, frag. 199. Jordanès, *Getica*, XLII, 224.

de Germanie Première et Seconde)[1] ». À ces « Romains », il faut ajouter les fédérés alains, placés au centre du dispositif d'Aétius et les alliés wisigoths sur l'aile droite[2]. Les Wisigoths rejoignent la coalition réunie par Aétius. Leur roi Théodoric Ier trouve même la mort aux Champs Catalauniques où Attila est vaincu. Le souvenir de cette bataille livrée en commun établit une paix précaire avec l'Empire d'Occident. La mort d'Attila en 453, un an après une campagne décevante dans l'Italie du Nord, semble écarter toute menace majeure de l'Empire. La puissance des Huns est brisée en 454 à la bataille de Nedao par leurs vassaux barbares. De nombreux peuples libérés, comme les Ostrogoths, immigrent dans l'Empire d'Orient à titre de fédérés.

Les Barbares recherchent l'amitié de l'État romain. Au début de 455, le roi des Vandales Genséric conclut un accord matrimonial pour son fils avec la fille de Valentinien III. L'assassinat de Valentinien brise cette alliance et, en représailles, Genséric pille Rome pendant deux semaines en juin 455. Invaincu sur mer, il s'empare des grandes îles de Méditerranée occidentale. L'année 455 est l'occasion pour Théodoric II roi des Wisigoths d'affirmer sa puissance. Quand on apprend à Toulouse la mort de l'usurpateur Pétrone Maxime, Avitus s'y trouve en ambassade et Théodoric l'assure de son soutien pour obtenir la dignité impériale d'Occident[3]. En fait, pour la première fois, un Barbare fait un empereur. Créer un empereur est même pour Théodoric II l'occasion d'avoir les mains libres en Espagne. Car, la même année, Théodoric II rallie les rois burgondes Gondioc et Chilpéric pour mener une opération contre les Suèves d'Espagne. En décembre 455, les Suèves sont vaincus et leur roi Rechiar est tué. Un véritable protectorat wisigothique est installé sur le royaume suève[4]. L'amitié des Wisigoths permet aux Burgondes d'étendre leurs terres vers 456-457 : Gondioc s'établit à Lyon tandis que Chilpéric reste à Genève en Sapaudie[5]. Le maître de la milice des Gaules Aégidius, puis le comte Paul, s'opposent victorieusement à eux de 457 à 463 avec l'aide de Childéric, roi des Francs Saliens. Entre 458 et 460, l'empereur Majorien intervient personnellement pour contenir les Burgondes. L'empereur Majorien réunit une armée importante pour l'époque mais dont on ne connaît pas le

1. Jordanès, *Getica,* XXXVI, 191. B.S. Bachrach, « Who Were the *Ripariolilbriones* ? », *Grazer Beïtrage*, 3, 1975, p. 15-19
2. *Ibid.,* XXXVIII, 197.
3. Sidoine Apollinaire, *Panegyricus Avito Augusto Dictus*, v. 398-580.
4. Hydace, 173-175, 178. Jordanès, *Getica*, XLIV, 231-232.
5. P. Périn et L.Ch. Feffer, 1987, tome 1, p. 103-104.

chiffre. D'après les sources, il ne s'agit pas d'une armée régulière mais d'une mobilisation exceptionnelle de fédérés huns, ostrogoths et rugues[1]. Les Burgondes, une fois vaincus, s'engagent à protéger les provinces romaines. Toute insécurité n'a pas disparu. Le comte Paul, dernier grand général romain en Gaule, meurt en 469 dans une bataille contre des mercenaires saxons.

L'absence d'un général capable et la décrépitude du pouvoir impérial en Occident conduisent les Wisigoths et les Burgondes à reprendre une attitude agressive. Vers 470, Gondioc étend le royaume des Burgondes jusqu'à la Durance sous le prétexte de s'opposer aux Wisigoths. Bien que jouant le protecteur de l'Empire, Gondioc n'assiste pas les Romains d'Auvergne contre les Wisigoths. Sidoine Apollinaire, évêque de Clermont-Ferrand et sénateur arverne, déclare alors : « *Suspects aux Burgondes, trop proches des Goths, nous ne sommes exempts ni de la colère de ceux qui nous attaquent ni de l'envie de ceux qui nous défendent*[2]. » Il n'y a plus d'armée romaine en Gaule à cette époque pour défendre l'Auvergne, seulement une milice à cheval commandée par le sénateur Ecdicius. Les Burgondes sont la seule force militaire de l'Empire d'Occident. Gondebaud, fils de Gondioc, est promu maître de la milice des Gaules en 472. Son oncle le patrice Ricimer, généralissime d'Occident, dispose à la même époque de 6 000 hommes plus les gardes du corps pour défendre l'Italie[3]. Cette armée « romaine » semble être essentiellement composée de peuplades hunniques (Rugues, Torcilingues et Scires) et de Germains. Elle aide Ricimer et son neveu Gondebaud à prendre Rome et à tuer l'empereur Anthémius. Vers 473, Gondebaud succède à Ricimer. Après avoir nommé un empereur fantoche, il préfère retourner prendre la succession de son père en Burgondie. La royauté barbare lui semble une valeur plus sûre que l'autorité impériale. Profitant de ces troubles en Italie, le roi des Wisigoths Euric envahit l'Auvergne entre 471 et 474, vainement défendue par une milice d'autodéfense. Vers 476-477, les Wisigoths combattent victorieusement les Burgondes pour la Provence.

Le dernier personnage de cette saga barbare est Odoacre, qui représente le type achevé du condottière au Ve siècle[4]. Son père était Edeco, un lieutenant d'Attila, et sa mère une Scire : il faut se représenter Odoacre comme un Asiatique. Après la destruction de

1. Sidoine Apollinaire, *Panegyricus Maioriano Augusto Dictus,* v. 364 et v. 474-479.
2. *Ibid., Ep.*, III, 4, 1.
3. Jean d'Antioche, frag. 207. E. Stein, 1968, p. 100.
4. A.H.M. Jones, 1980, tome 2, p. 791-793.

l'Empire hun en 454, il devient un chef de guerre itinérant. En 469, il commande une troupe de Saxons qui occupent Angers, probablement des mercenaires révoltés. Vaincu par les Romains, il se met à leur service et les aide à repousser une incursion des Alamans dans le nord de l'Italie. Peu après, vers le début de 470, il franchit les Alpes avec quelques compagnons et rencontre l'ermite Séverin, saint homme respecté dans toute l'Italie. Entré dans la garde impériale, Odoacre soutient le généralissime et patrice suévo-gothique Ricimer contre l'empereur Anthémius en 472. En 476, Hérules, Scires et Torcilingues, mercenaires barbares de l'armée romaine, exigent du généralissime Oreste, père du nouvel empereur Romulus Augustule, des terres en récompense de leurs services. Odoacre, dont les qualités de meneur d'hommes sont incontestables, promet de tout leur accorder s'ils le font roi. Proclamé roi le 23 août 476, il tue Oreste mais épargne Romulus à cause de sa jeunesse, poussant l'humanité à le mettre à l'abri du besoin. Odoacre fait reconnaître son autorité par le Sénat de Rome et obtient de l'empereur d'Orient Zénon le titre de Patrice. La continuité impériale est maintenue au prix d'un artifice juridique. À cette date, les Romains ne contrôlent plus en Gaule que la région comprise entre la Somme et la Loire. Cette région, appelée « Royaume des Romains », est en fait une principauté militaire indépendante gouvernée par Syagrius, fils du général Aégidius. Il ne faut pas trop se faire d'illusions sur la dernière armée romaine en Gaule : Sidoine Apollinaire loue Syagrius de parler la langue germanique de ses mercenaires[1]. Les Francs Saliens restent fidèles aux Romains et, grâce à leur aide, Syagrius repousse les Wisigoths vers 476-477. Le vieux roi Childéric meurt en 481. Il se fait enterrer avec les attributs des officiers généraux du Bas-Empire (lance, cuirasse d'écailles et *paludamentum*, manteau long pourpre) tandis que les cheveux longs et le bracelet trouvé dans le mobilier funéraire le rattachent à la tradition royale germanique[2]. Clovis, qui lui succède, détruit le « Royaume des Romains » et fait étrangler Syagrius en 486. La Gaule entière est aux mains des Barbares. En 488, Zénon invite ses tumultueux fédérés ostrogoths à quitter l'Orient pour envahir l'Italie. Après une guerre difficile contre Odoacre, Théodoric devient roi en 493. L'Empire romain est définitivement réduit à l'Orient.

1. Sidoine Apollinaire, *Ep.*, V, 5, 1.
2. *CIL*, XIII, 10.024, 307.

COLLABORATION DES ÉLITES AVEC LES BARBARES

Les fédérés barbares maintiennent une fiscalité qui les ravitaille et gardent en place les fonctionnaires romains[1]. Ils n'auraient pu durablement s'implanter sans l'appui des élites locales. Dans un climat d'insécurité permanente, l'aristocratie foncière trouve chez les condottières barbares des protecteurs moins exigeants et plus proches que l'État romain[2]. Sénateurs et évêques mettent donc leurs talents d'administrateurs civils et la civilisation de l'écrit au service des Barbares. La culture politique des fédérés barbares se romanise. Alors qu'au IVe siècle, les lois écrites différenciaient le Romain du Barbare, au Ve siècle, des codes de lois wisigothiques, burgondes, saliques sont rédigés en latin[3]. Cette romanisation est superficielle car ces codes appliquent un système judiciaire double qui soumet les Barbares aux vieilles coutumes germaniques et juge les Romains d'après leurs lois. Les monarques barbares utilisent les symboles romains du pouvoir. L'Ostrogoth Théodoric ou le Franc Clovis reçoivent de l'empereur d'Orient le titre et le manteau de consul. Les monnaies de Théodoric, roi d'Italie de 493 à 526, l'assimilent à la tradition de l'empereur en cuirasse, caractéristique du Bas-Empire. Secondé par des ministres romains comme Cassiodore ou Boèce, Théodoric restaure Rome et Ravenne, donne des jeux à l'amphithéâtre à la manière d'un empereur. Un contemporain enthousiaste déclare : « *Les Romains l'appelaient un Trajan ou un Valentinien et les Goths leur meilleur roi*[4]. »

Mais les louanges des courtisans ne doivent pas cacher les frictions. Tous les peuples de fédérés maintiennent un régime d'*apartheid* militaire, matrimonial, juridique et culturel qui assure leur survie ethnique au milieu de leurs sujets romains. Le roi wisigoth Euric utilise un interprète lorsqu'il s'adresse à des ambassadeurs latins[5]. Immédiatement après la disparition de l'Empire, il a confisqué les deux tiers des terres romaines et aboli les privilèges de la classe sénatoriale. Chrétien de confession

1. W. Goffart, *Barbarians and Romans AD. 418-584. The Techniques of Accommodation,* Princeton, 1980. J. Durliat, « le salaire de la paix sociale dans les royaumes barbares (Ve-VIe siècles) », in *Anerkennung und Integration. Zu den Wirtschaftlichen Grundlagen und Völkerwanderungzeit : 400-600,* Vienne, éd. H. Wolfram et A. Schwarcz, 1988, p. 21-72.
2. C.R. Whittaker, « What happens when Frontiers come to an End », *FE,* 1993, p. 133-141.
3. J. Gaudemet, « Les Romains et les autres », *Da Roma alla Terza Roma. La nozione di « Romano » tra cittadinanza e universalità,* Naples, 1984, p. 7-37. G. Traina, « De Synésios à Priscus : aperçus sur la connaissance de la "barbarie" hunnique (fin du IVe–milieu du Ve siècles) », *ARB-AFAM,* 1993, p. 287-sq.
4. Anonyme Valésien, *Pars Posterior,* 12, 60.
5. Ennode, *Vita Epiphanii,* 90.

arienne, il persécute les catholiques. Pour ne pas être dissous dans la population indigène, les Ostrogoths font appel à des Alamans qu'ils installent en Italie du Nord et à des Gépides en Provence[1]. La germanisation des vaincus est plus forte que la romanisation des vainqueurs. Au cours des siècles, les nations barbares donnent naissance à l'Europe occidentale.

DES SOLDATS ROMAINS AU SERVICE DES BARBARES

Bien que les royaumes barbares interdisent le métier des armes aux populations romaines, il existe des exceptions. Vers 477-478, pour défendre l'Aquitaine wisigothique contre les raids saxons, le roi Euric nomme Namatius, un Gallo-romain, commandant des marins et gardes-côte[2]. Confier la marine aux Romains ne remet pas en cause la suprématie militaire des Wisigoths qui est fondamentalement terrestre. Les royaumes barbares héritent des dernières troupes romaines, décontenancées par l'effondrement de l'État central-employeur en 476. D'après Procope, ces vestiges de l'armée romaine continuent à exister dans les années 550 : « *Les soldats romains étaient autrefois stationnés aux frontières de la Gaule pour y monter la garde. Et ces soldats, qui n'avaient plus les moyens de retourner à Rome et ne voulaient pas s'allier à leurs ennemis qui étaient ariens* (les Wisigoths), *se donnèrent, avec leurs étendards et les territoires qu'ils avaient gardés pour les Romains, aux* Arborychi (Armoricains) *et aux Germains (les Francs). Même aujourd'hui, ils sont clairement reconnus comme appartenant aux légions auxquelles ils étaient assignés quand ils servaient autrefois et portent toujours leurs propres étendards au combat et suivent encore les coutumes de leurs ancêtres. Ils préservent l'habit des Romains dans chaque détail, y compris les chaussures*[3]. » Ces contingents romains n'expliquent pas la supériorité militaire de Clovis sur les autres Barbares car les Francs conservent leur organisation guerrière spécifique. Les armées mérovingiennes telles que les présentent Grégoire de Tours et Frédégaire sont bien différentes de leurs homologues byzantines[4]. Elles héritent néanmoins d'armes romaines et même, d'après Zosime qui écrit au VIe siècle, de quelques unités créées par le César Julien en 357-360 : « (Le César

1. M. Kazanski, 1991, p. 110.
2. A.H.M. Jones, 1980, tome 2, p. 771.
3. Procope, *Bellum Gothicum*, V, 12, 16-18.
4. Ph. Contamine, *Histoire militaire de la France. 1/ Des origines à 1715*, Paris, PUF, 1992, tome 1, p. 14-15.

Julien) *enrôla des Saliens, une partie des Quades et plusieurs de ceux qui étaient dans l'île de Batavie, en unités qui, à ce qu'il paraît, se sont conservées jusqu'à nos jours*[1]. » Quelques unités romaines persistent en Norique dans les Alpes jusque dans le premier tiers du VIe siècle. Dans sa *Vita Severini*, Eugippius (mort vers 593), abbé du monastère de *Castellum Lucullanum* près de Naples, observe que la disparition des soldes a entraîné celle des escadrons militaires stationnés dans les forteresses et la fin de la garde aux frontières. Les unités des Alpes doivent, pour survivre, cultiver les terres qui leur avaient été confiées[2].

1. Zosime, III, 8, 1.
2. Cité par B.S. Bachrach, « Grand Strategy in the Germanic Kingdoms : Recruitment of the Rank and File », *ARB-AFAM,* 1993, p. 55.

L'empire romain d'Orient et les royaumes barbares en 511

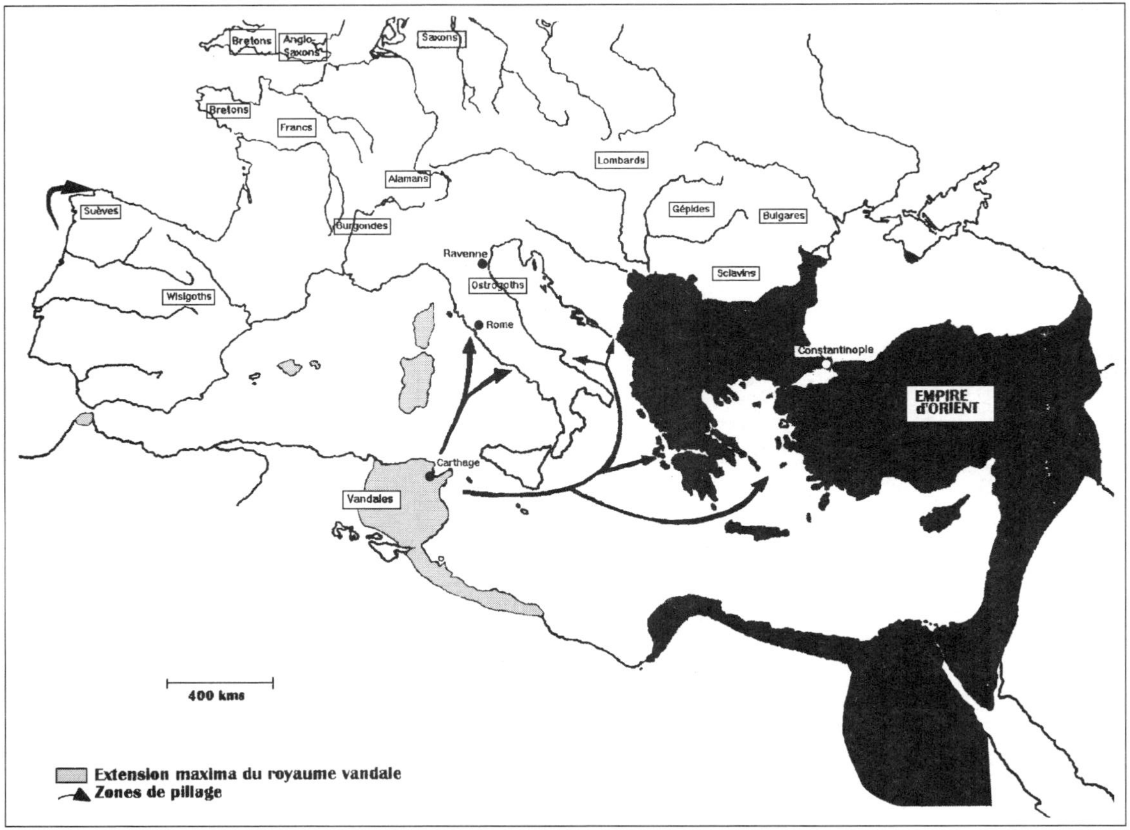

CHAPITRE 18

Les champs catalauniques (20 juin 451) : une bataille entre Fédérés

La bataille qui a vu s'opposer Attila et Aétius près de Châlons-en-Champagne en Champagne (les Champs Catalauniques) est une bataille mythique de l'Histoire. C'est en quelque sorte la dernière bataille de l'Empire romain contre les Barbares. Derrière le mythe, il y a la réalité. La réalité c'est qu'Attila depuis 449 a le grade et la solde de maître de la milice dans l'armée romaine d'Occident... comme Aétius.

LA PAUVRETÉ DES SOURCES

Si la bataille des Champs Catalauniques est un événement mythique de l'Histoire, il faut reconnaître que les sources historiques sont pauvres[1] ; la plupart des chroniques se réduisent à une simple mention de la bataille[2]. Elles méritent une analyse

1. Assez pour que l'historien allemand Hans Delbrück renonce à l'étude de la bataille (!), H. Delbrück, 1990, p. 255.
2. A.H.M. Jones, 1980, tome 2, p. 193 : Prosper, I, an. 451. (Jordanès voir note suivante). Hydace, 150, an. 451. Sidoine Apollinaire, *Epistula* VIII, 15, 1 ; *Panegyricus Avito Augusto Dictus*, v. 327-328. Cassiodore, *Variae*, III, 1, 1 ; *Chronicon*, an. 451. *Chron. Gall.*, 452, n° 139, 141 et 511, n° 615. Grégoire de Tours, *Historia Francorum*, II, 7. *Chron. Caesaraug.*, an. 450. Victor de Tunnuna, an. 449. Théophane, *Chronographia*, a.5943. Jean Malalas, 358.

détaillée[1]. Le meilleur et le plus long récit de l'affaire est celui fait par Jordanès vers 551 dans ses *Getica* ou *Histoire des Goths*[2]. Jordanès lui-même, bien qu'il vive à Constantinople, se donne des origines gothiques. Il a un visible préjugé en faveur des Goths qui tourne au « gothocentrisme ». Il n'a pas le goût du détail militaire d'un Ammien Marcellin. Il ressemble assez à la manière de Grégoire de Tours dans son *Histoire des Francs* et l'on a supposé qu'il était évêque de Crotone. Grégoire de Tours, qui écrit vers 660, offre le récit le plus complet de la campagne de 451, bien qu'il s'agisse de deux courts paragraphes[3] ; alors que Jordanès est surtout préoccupé des préliminaires diplomatiques et de la bataille des Champs Catalauniques. Les études modernes essaient de préciser la progression de la campagne de 451 et le déroulement de la bataille que viennent étayer des fouilles surtout établies sous le Second Empire[4]. Les analyses proprement militaires sont rares[5].

LA GRANDE STRATÉGIE D'ATTILA

En 449/450, Justa Gratia Honoria, sœur de l'empereur d'Occident Valentinien III, accusée d'adultère est dépouillée de ses titres impériaux et mise en résidence surveillée. Pour se venger, elle commet un acte hautement irresponsable lorsqu'elle demande l'aide d'Attila contre son frère et lui envoie son anneau par l'intermédiaire d'un eunuque. Attila se saisit de l'occasion pour demander au cours de deux ambassades la moitié de l'Empire d'Occident comme dot. Devant le refus justifié de Valentinien III, Attila prépare méthodiquement sa campagne sur le plan diplomatique. Jordanès fait de lui un portrait tout en nuances, éloigné de la légende qui entoure le nom d'Attila :

1. U. Täckholm, « Aetius and the Battle on the Catalaunian Fields », *Opuscula Romana*, VII, 1969, p. 260-267.
2. Jordanès, XXXV-XLI, 180-218. Présentation de l'auteur dans *Id.*, *Histoire des Goths*, éd. et trad. O. Devillers, Paris, Les Belles Lettres, 1995.
3. Grégoire de Tours, II, 6-7.
4. E.A. Thompson, *A History of Attila and the Huns*, Oxford, 1948. J.F.C. Fuller, *The Decisive Battles of the Western World and their Influence on History*, Eyre et Spottiswoode, Londres/Funk, New York, 1954, tome 1, p. 291-299 ; G.C. Gordon, *The Age of Attila*, Ann Arbor, University of Michigan Press, 1960. F. Altheim, *Geschichte der Hunnen*, Berlin, 2e éd. revue, 1969. H. Schreiber, *Gli Hunni*, Milan, Garzanti, trad. de l'allemand par G. Pilone Colombo, 1976, rééd. 1983.
5. Pour une analyse événementielle synthétique, J. Dahmus, *Seven Decisive Battle of the Middle Ages*, Chicago, Nelson-Hall, 1983, p. 17-54.

« ... *Il était, à l'abord, hautain, promenant son regard sur tout ce qui l'entourait, afin que sa puissance fût manifeste à chaque mouvement de son corps altier. Il aimait certes les guerres, mais était capable de contrôler sa propre violence. Il était d'un jugement très avisé, miséricordieux envers ceux à qui le suppliaient, bienveillant envers ceux à qui il avait accordé une fois pour toutes sa confiance. Au physique, il était courtaud, avec une large poitrine, une fort grande tête, de petits yeux, une barbe peu abondante, une poudre de cheveux blancs, un nez camus, un teint brunâtre, affichant les particularités de sa race*[1]. »

Jordanès dresse le portrait d'un Asiatique, bien que les squelettes trouvés au XIXe siècle sur les charniers de la bataille montrent que les Huns étaient d'assez haute taille, comme le sont en général les Asiatiques du Nord[2]. Attila est un homme dans la force de l'âge, vieillissant même, habile certainement. Il anticipe sur les personnages de Gengis Khan et de Tamerlan, conquérants nomades et asiatiques, connus pour leur cruauté et leur habileté.

Par gothocentrisme, Jordanès présente la campagne de 451 comme une opération suscitée par le roi des Vandales Genséric. Genséric avait renvoyé sa bru, fille de Théodoric roi des Wisigoths... après lui avoir fait couper le nez et les oreilles. Certes, il l'avait soupçonnée de vouloir empoisonner son fils, mais il craignait justement des représailles wisigothiques. Pour cette raison, Genséric paie Attila pour attaquer les Wisigoths d'Aquitaine[3]. En fait, ce mariage entre le fils du Vandale Genséric et la fille du Wisigoth date de 440. Il est invalidé en 442. Il y a près de onze ans de décalage entre la répudiation de la fille de Théodoric et l'irruption d'Attila en Gaule. Le motif invoqué par Jordanès ne tient pas.

Le véritable motif de la campagne de 451 sont les Gaules elles-mêmes, région riche et divisée. Riche traditionnellement par son agriculture, plus riche à ce moment que le nord de la Péninsule balkanique qu'Attila a ravagé en 441-443 et en 447-448. Les Gaules sont divisées et la souveraineté romaine y est battue en brèche. En Aquitaine, les fédérés wisigoths ont installé un royaume indépendant sporadiquement en guerre contre les Romains. En Armorique, les Bretons ont fait sécession et pillent de temps à autre le Bassin parisien. Dans l'Orléanais, où les fédérés alains constituent une principauté indépendante. En

1. Jordanès, *Getica*, XXXV, 182, trad. O Devillers, p. 71.
2. Étude faite par le docteur Conneau pour Napoléon III en 1860, H. Schreiber, 1983, p. 201.
3. Jordanès, *Getica*, XXXVI, 184-185.

Belgique où les Francs Saliens et les Francs Ripuaires sont alliés de Rome mais lancent des incursions : la dernière en date est celle du roi Salien Clodion en 448 qui est battu par Aétius au *Vicus Helena* (Saint-Amand-les-Eaux) près d'Arras. Au nord de la vallée du Rhône, les fédérés burgondes sont encore fidèles à Rome, mais susceptibles un jour de changer d'attitude. Les Gaules sont théoriquement une proie facile au pillage qui est le véritable but d'Attila. En fait, Attila doit faire face à un manque à gagner, mais aussi risque de perdre la face devant ses peuples vassaux. Pourquoi ? Dès l'année de son accession à la pourpre (450), l'empereur d'Orient Marcien lui a fait savoir qu'il ne paiera plus le tribut annuel, fixé à des termes exorbitants lors de la paix de 448[1]. Comme après le désastre d'Andrinople en 378, Constantinople se sent invulnérable derrière ses murailles, le dos appuyée à la mer… et indifférente au sort des provinces balkaniques épuisées par la guerre précédente.

La vaste stratégie d'encerclement des Wisigoths imaginée par Jordanès n'a pas été traduite dans les faits par une action combinée des Huns et des Vandales. Elle relève d'une conception évoluée de la grande politique. Toutefois, il y a eu probablement des négociations entre Attila et Genséric qui est non seulement une des trois grandes puissances occidentales, mais la première puissance navale à l'ouest de la Méditerranée. Peut-être que les Huns ont fait valoir à Genséric le « service » qu'ils lui avaient rendu en 441 en attaquant l'Empire d'Orient : Constantinople, qui s'apprêtait à combattre les Vandales, a dû rappeler sa flotte stationnée en Sicile. Matériellement, c'est Attila qui a le plus intérêt à voir Genséric entrer conjointement en campagne. De son côté, Genséric a vu sa domination reconnue sur l'Afrique lors du traité de 442 et sa position stabilisée. Son intérêt lui commande de ne pas intervenir. Ce qu'il fait. Jordanès déclare qu'Attila met en place une stratégie de division en proposant secrètement son aide aux Romains contre les Wisigoths et vice-versa : « *En homme finaud, Attila, avant de faire des guerres combattait par la ruse.* » Valentinien III évente le piège et propose aux Goths de s'allier contre « *ce tyran universel qui aspire à tenir le monde entier en esclavage*[2] »... rhétorique qui pour être ancienne éveille des échos plus contemporains. Concrètement, c'est l'Arverne Avitus, ex-préfet du prétoire d'Occident et ex-second d'Aétius, qui mène la négociation avec le roi Théodoric en jouant de ses bonnes

1. J. Dahmus, 1983, p. 40-41.
2. *Ibid.*, XXXVI, 186-187, passage trad. O Devillers, p. 73.

relations avec lui[1]. Attila semble convaincre Sangiban, roi des fédérés alains d'Orléans de se joindre à lui. Toutefois, sa manœuvre est éventée par Théodoric et Aétius qui occupent Orléans les premiers et rallient Sangiban bon gré mal gré[2].

Attila est donc seul à entrer en campagne en 451.

LES FORCES EN PRÉSENCE

Jordanès estime les forces d'Attila à 500 000 hommes, exagération épique oblige[3]. Priscus, qui fut ambassadeur de Constantinople auprès d'Attila en 448 et historien, écrit qu'Attila a rassemblé toutes ses forces pour l'opération[4]. Comme cela a été évoqué dans la question des effectifs, la capacité maximale des Huns est de 60 000 cavaliers. Prosper, un autre historien ancien estime les forces d'Attila à « *plusieurs milliers* ». Les supputations d'historiens contemporains s'accordent pour un effectif en campagne de 40 000 à 50 000 hommes[5]. C'est-à-dire l'équivalent d'une grande ville de l'époque. Les principaux alliés d'Attila sont les Ostrogoths et les Gépides. Les autres sont les Torcilingues, les Scires, les Hérules, des Alains, les Suèves, les Sadagares, les Rugues[6] et les Thuringiens[7]. L'armée d'Attila est très certainement une grande armée pour l'époque. S'il s'agit d'un peuple en marche, combattants et familles peuvent bien avoisiner les 500 000 unités qu'évoque Jordanès. Mais, par la suite, l'estimation maximaliste et irréaliste des pertes suggère plutôt une armée expéditionnaire.

Parmi les grands subordonnés d'Attilia, il y a Ardaric le roi des Gépides. Les Ostrogoths sont commandés par trois frères : Valamer, Teodemer/Teudemer et Vidimer de la dysnastie des Amales. D'après Jordanès fidèle à sa gothophilie, Valamer est le meilleur des princes aux ordres d'Attila : « *Valamer savait garder un secret, avait un langage séduisant et était incapable de trahison tandis qu'Ardaric... était renommé pour sa fidélité et son discernement*[8]. » On peut noter que ce sont là les qualités habituelles d'officiers d'état-major. En aucun cas Jordanès ne

1. Sidoine Apollinaire, *Panegyricus Avito Augusto Dictus*, v. 318-320, 346-352, 547-549.
2. Jordanès, XXXVII, 194.
3. *Ibid.*, XXXV, 182.
4. Priscus, frag 3.
5. Mise au point par B.S. Bachrach, « The Hun Army at the Battle of Chalons (451): An Essay in Military Demography », in *Ethnogense und Überlieferung. Angewandte Methoden der Frühmittelalterforschung*, éd. K. Brunner et B. Merta, Munich, R. Oldenbourg Verlag, 1994, p. 59-67.
6. Jordanès, *Getica*, L, 261-266.
7. Grégoire de Tours, *Historia Francorum*, II, 5.
8. *Ibid.*, XXXVIII, 199, trad. O Devillers, p. 77-78.

cherche à les présenter comme des guerriers ainsi que les panégyriques romains le font avec les empereurs. Jordanès est plein de mépris pour les autres lieutenants d'Attila : « *Quant au reste, si l'on peut dire, de la foule des rois aux chefs des différentes races, comme des satellites, ils étaient attentifs aux volontés d'Attila*[1]. »

Les spécificités tactiques de l'armée d'Attila sont ainsi évoquées, bien que le contexte soit celui de la bataille de Nedao (454) : « *On pouvait voir le Goth qui combattait avec la lance, le Rugue qui brisait le javelot planté dans son propre corps, ainsi que le Suève qui espérait l'emporter avec sa fronde, le Hun avec son arc, ou encore l'Alain et sa troupe pesamment armée, l'Hérule, légèrement armé*[2]. » Les Alains sont des cataphractaires probablement équipés à la Sarmate[3]. Les Ostrogoths ont une tradition de cavalerie lourde qui a été décisive lors de la bataille d'Andrinople (378). Selon l'historien byzantin Procope qui les décrit vers 550 : leurs cavaliers sont comme leurs chevaux recouverts d'armure et ne combattent qu'à l'épée et à la lance[4]. À la bataille de *Taginae* (552) l'infanterie ostrogothique forme une seconde ligne de réserve qui doit servir d'élément de recueil à la cavalerie lourde[5]. L'on a vu que les Hérules servent dans les auxiliats et les légions de Palatins, soit l'infanterie d'élite de l'armée romaine au IVe siècle. Ils sont au service d'Odoacre en 476 dans la dernière armée romaine d'Occident.

Quant aux Huns eux-mêmes, il n'est pas indifférent de rappeler leur portrait tel que le dresse Ammien Marcellin à la fin du IVe siècle :

> « *Parce que leurs joues ont été scarifiées depuis leur plus tendre enfance, pour que le poil ne repousse plus, ils grandissent sans barbe et sans beauté, comme des eunuques. Ils ont des membres petits et forts, des cous larges et ils sont si monstrueusement laids et malformés qu'on dirait des bêtes à deux jambes, ou des gargouilles qui ornent les pierres d'angle des ponts. Mais, bien qu'ils aient forme humaine, quoique hideuse, ils sont si durs dans leur mode de vie qu'ils n'ont pas besoin de feu ni d'une nourriture savoureuse, mais se contentent de racines et de viande à demi crue de n'importe quel animal qu'ils font brièvement sécher sous la selle de leurs chevaux. Ils n'ont la protection d'aucun*

1. *Ibid.*, *Getica*, XXXVIII, 200, trad. O Devillers, p. 78.
2. *Ibid.*, *Getica*, L, 261, adaptation de la trad. O Devillers, p. 101-102.
3. I. Lebedynsky, 2001, p. 40-49.
4. Procope, *Bellum Gothicum*, I, 16 et 27.
5. *Ibid.*, IV, 29-32.

bâtiment, mais les évitent comme des tombes inutiles pour la vie quotidienne. Ils n'ont pas même de huttes en roseau. Mais errant dans les montagnes et les bois, ils apprennent à endurer le froid, la faim et la soif. Quand ils sont loin de chez eux ils n'entrent dans une maison que forcés par une extrême nécessité car ils pensent n'être pas en sécurité sous un toit. Ils portent des tuniques de lin ou de peaux de rat cousues ensemble qu'ils gardent dedans et dehors. Mais quand ils enfilent une tunique décolorée, elle n'est ôtée ou changée qu'après avoir été longtemps portée et tombée en lambeaux. Ils se coiffent avec des toques rondes et protègent leurs jambes velues avec des peaux de chèvre, et leurs souliers sans pointure définie gênent leurs pas. Pour cette raison, ils sont inaptes au combat à pied, mais ils sont comme collés sur leurs chevaux qui sont endurants, certes, mais laids, et parfois ils s'asseoient en amazone et accomplissent ainsi leurs tâches ordinaires. Jour et nuit, un homme de cette nation achète et vend, bois et mange, dort et rêve sur l'encolure de son cheval. Et lorsqu'il y a une consultation importante, ils se réunissent tous à cheval. Ils ne sont assujettis à aucune autorité royale mais se satisfont du gouvernement anarchique de leurs nobles et sous leur conduite forcent n'importe quel obstacle. Ils combattent parfois s'ils sont provoqués et entrent en bataille en masse, en poussant des cris variés. Comme ils sont légèrement équipés pour être rapides, et imprévisibles dans l'action, ils se divisent soudain en plusieurs bandes et attaquent, fonçant çà et là en ordre dispersé, causant un grand massacre. Leur rapidité de mouvement fait qu'on ne les voit pas attaquer un rempart ou piller un camp ennemi. Et à cause de cela, tu diras facilement qu'ils sont les plus terribles des guerriers, parce qu'ils combattent à distance en lançant des traits dont les pointes d'os, au lieu de fer, sont habilement fixées à la hampe. Puis, après avoir galopé à travers l'espace qui reste, ils combattent à l'épée sans chercher à se protéger et, quand l'ennemi essaie de parer les coups ils l'entravent au lasso. Ils sont sans domicile fixe, sans terre ni loi, sans mode de vie sédentaire et errent de place en place comme des fugitifs, suivis par les chariots où ils habitent[1]. »

Ce long portrait des Huns par Ammien Marcellin est confirmé par d'autres auteurs[2]. Il révèle la surprise des peuples de l'Empire et des Barbares d'Occident face à l'arrivée d'une autre race venue du fin fond de la terre. Outre l'animalisation de

1. Ammien Marcellin, XXXI, 2-10.
2. Zosime, IV, 20. Sozomène, VI, 37. Agathias, 5, 11. Sidoine Apollinaire, *Panegyricus Avito Augusto Dictus*, v. 243 sq.

l'ennemi, le portrait des Huns évoque le peuple mongol. Ammien toutefois oublie l'arc qui semble avoir été l'arme principale des Huns si l'on en croit Jordanès. Les javelots à pointe d'os (harpons) qui évoquent les tribus sibériennes, semblent avoir surpris les Romains par leur primitive efficacité. Le témoignage d'Ammien Marcellin « date » à l'époque d'Attila. Les Huns ont modifié leurs coutumes. L'armement défensif des Huns est partiellement romanisé, comme ce casque segmenté retrouvé en Dalmatie à Sveti Vid identique à ceux des scutaires romains ; par contre, sur le même site ont été retrouvés deux casques d'un modèle spécifiquement hunnique : une bombe de fer renforcée par une large bande centrale rivetée et cerclée à la base par une bande comparable[1]. Les tombes hunniques excavées sur le champ de bataille montrent que les Huns portaient de longs couteaux qui pendaient sur la cuisse droite et avaient une gamelle attachée à la ceinture[2]. Certains auteurs ont supposé que les Huns du Ve siècle étaient devenus des fantassins au prétexte que l'on retrouve peu d'ossements de chevaux dans les plaines hongroises[3]. Il est peu probable que les Huns se soient privés de leur principal avantage tactique : la cavalerie[4]

Les adversaires d'Attila semblent avoir levé des effectifs comparables 40 000 à 50 000 hommes[5]. Ce que le déroulement de la bataille semble confirmer, car à aucun moment la supériorité numérique des Huns n'est évoquée. Le principal contingent (20 000 ?) est formé par les Wisigoths d'Aquitaine sous le commandement de leur roi Théodoric et de ses deux fils Thorismond et Théodoric (II), soit les commandants des ailes droite et gauche de l'armée wisigothique. Il faut supposer aux Wisigoths une puissante cavalerie ainsi que les événements vont le montrer. Les Alains de l'Orléanais aux ordres du roi Sangiban sont des cavaliers lourds à l'équipement sans doute romanisé. Aétius, patrice et maître des deux milices, commandant en chef les forces d'Occident, rassemble un ensemble hétéroclite de Bretons et de fédérés barbares installés en Gaule : Francs Saliens et Ripuaires, Sarmates, lètes, Burgondes, Saxons, Gallo-Romains de Celtique et des provinces de Germanie Première et Seconde[6]. Les Francs forment un contingent non négligeable. On doit noter que les

1. *Kunsthistorisches Museum*, Vienne.
2. H. Schreiber, 1983, p. 201.
3. A. Ferril, *The Fall of the Roman Empire*, 1986, p. 8, 141-142 ; C.R. Whittaker, 1994, p. 214.
4. I. Lebedynsky, 2001, p. 49-55.
5. B.S. Bachrach, 1994, p. 67.
6. Jordanès, *Getica*, XXXVI, 191.

quatre unités de Francs répertoriées sur la *Notitia Dignitatum* sont toutes de cavalerie[1]. Leur arme principale reste toutefois l'infanterie. Les Sarmates, installés comme lètes en Gaule depuis le IVe siècle sont des cavaliers lourds portant cuirasse d'écailles, casque segmenté, lance. Les autres sont surtout des fantassins. Il est plus difficile de savoir quelles unités régulières accompagnaient Aétius. La notion est peut-être dépassée à cette époque. Sidoine Appolinaire, dans la louange qu'il fait de son beau-père Avitus, déclare qu'Aétius a amené peu de troupes d'Italie[2]. On doit supposer une garde personnelle de cavalerie. L'armée d'Aétius tient de la levée féodale plus que de l'armée régulière. Basée sur des contingents barbares hétéroclites établis sur des fiefs, elle évoque la composition de l'armée de Clovis trente ans plus tard[3].

Aétius (vers 390-454)[4], qui depuis 435 est le généralissime des forces occidentales a comme Attila la cinquantaine. C'est un soldat expérimenté et actif. C'est certainement le chef militaire romain qui a le mieux connu les Barbares. Dans son enfance, il a été otage diplomatique auprès d'Alaric entre 405 et 408 puis chez les Huns. Il y a noué des liens assez forts pour lever une importante armée en 425 afin de soutenir l'usurpateur Jean, puis, ce dernier étant mort... sa propre carrière. Les contingents de Huns qui opèrent en Gaule sous son commandement ou celui de ses subordonnés dans les années 430, relèvent de cette relation privilégiée. Toutefois, en 451, Aétius ne dispose plus de mercenaires huns. C'est à la fois un soldat et un diplomate. En 449, lorsqu'Attila tourne ses yeux vers l'Occident, Aétius lui envoie deux ambassades, la première est dirigée par son secrétaire personnel Constance. Lors de la seconde mission dirigée par Romulus, Aétius offre un plateau d'argent à Attila qui lui envoie comme présent le nain Zerco, qui appartenait au maître de la milice d'Orient Aspar. Sentant venir l'orage hunnique, en 450 Aétius se rapproche des Francs Ripuaires dont il adopte le fils du roi défunt et l'aide à s'installer au pouvoir. En fait, c'est réellement sur Aétius que repose le destin de l'Occident. Il a complètement évincé la personnalité sans aucun doute médiocre de Valentinien III. Quant au roi des Wisigoths Théodoric, qui fut

1. B.S. Bachrach, *Merovingian Military Organization*, Minneapolis, University of Minnesota Press, 1972, p. 14.
2. Sidoine Apollinaire, *Panegyricus Avito Augusto Dictus*, v. 328-331.
3. B.S. Bachrach, « Quelques considérations sur la composition et les caractéristiques des armées de Clovis », in *Clovis, histoire et mémoire. Le baptême de Clovis, l'événement*, Paris, Presses de l'Université de Paris-Sorbonne, 1997, p. 689-703.
4. Notice prosopographique sur Aétius in A.H.M. Jones, 1980, tome 2, p. 21-29.

jusque-là le pire des ennemis des Romains en Gaule, Jordanès dit qu'« *il était empreint d'une extrême modération, et* (qu')*il fallait compter avec sa force physique et morale*[1] ». Le troisième grand chef de l'armée occidentale est le roi des Alains installés à Orléans : Sangiban. Son manque de fiabilité a été évoqué plus haut. Il semble confirmé par la guerre que remporte Thorismond sur les Alains de l'Orléanais en 453[2].

LA CAMPAGNE DE 451

Attila pénètre en Gaule par le Rhin, à travers deux axes. Au Nord en Belgique Seconde, les Thuringiens prennent Tongres et en massacrent les habitants qui cherchaient à se rendre[3]. Les Thuringiens ont certainement emprunté la voie directe qui mène de Cologne à Tongres. Au sud, il est probable qu'Attila passe par la Belgique Première. Il connaît déjà la région, car il y a combattu les Burgondes pour le compte d'Aétius en 437. Il emprunte la voie qui relie Worms à Metz. Le 7 avril 451, jour du samedi saint de Pâques, il incendie Metz, massacre les habitants et les prêtres devant les autels précise Grégoire de Tours qui souhaite montrer l'implacabilité des Huns[4]. Des exemples contemporains de massacres dans des églises montrent qu'il n'y a pas forcément d'exagération de la part de l'évêque de Tours. Les voies romaines commandent la progression d'Attila. Les Thuringiens, parvenus à Bavay piquent vers le sud sur Reims où Attila converge. L'armée se dirige ensuite sur Paris. La ville est alors centrée sur l'actuel quartier de la Sorbonne où les thermes dites de Cluny (IVe siècle) sont toujours visibles. Elle se poursuit au nord sur l'île de la Cité. L'esprit de résistance est animé par une femme d'origine franque, Geneviève. Attila recule et Geneviève sera canonisée. Après cet échec devant une ville qui n'était pas réputée pour ses fortifications, Attila, aux dires de Grégoire de Tours, ravage de nombreuses cités et tente de s'emparer d'Orléans « *à grands coups de bélier* ». C'est encore une sainte personne qui anime la résistance, l'évêque Aignan qui invitant ses ouailles à la prière... est exaucé par l'arrivée de l'armée d'Aétius et de Théodoric[5]. Une autre version donnée par Jordanès précise qu'Aétius et Théodoric ont fortifié la ville par des levées de terre avant l'arrivée d'Attila[6].

1. Jordanès, *Getica*, XXXIV, 176.
2. *Consularia italica*, *MGH AA*, 9, p. 302.
3. Grégoire de Tours, *Historia Francorum*, II, 5.
4. *Ibid.*, II, 6.
5. *Ibid.*, II, 7.
6. Jordanès, *Getica*, XXXVII, 194.

Attila doit faire retraite, il regagne Reims, poursuivi par ses adversaires. Il décide de ne pas prendre la route qui conduit de Reims à Metz, mais oblique au sud-est par la route de Reims à Toul.

LE SITE DE LA BATAILLE

Attila s'arrête au bord de la route Reims-Toul à 12 km au nord de Châlons-en-Champagne ex-Châlons-sur-Marne (*Durocortorum*), dans un espace resserré entre la Suippe, la Vesle et son affluent la Noblette. Il adosse son camp à la rivière près d'un lieu que les sources appellent Champs Catalauniques (Champagne) ou *Campus Mauriacus*[1]. Le *Campus Mauriacus* a été identifié comme l'actuel hameau de la Cheppe. On a supposé qu'au Ve siècle existait une Chapelle (« Cheppe ») vouée à Saint Maurice (*Mauricius/Mauriacus*)[2]. À cet endroit, la voie romaine traversait la Noblette sur un petit pont de bois. Le site est bien choisi pour livrer bataille. Il s'agit d'un terrain plat dans l'ensemble qui facilite la manœuvre, d'ailleurs il jouxte l'actuel camp militaire de Mourmelon. Les flancs sont garantis par des cours d'eau. Le site des Champs Catalauniques est situé sur une zone que l'Histoire et la géographie ont voulue belligène. À une quinzaine de km au nord-est se trouve Valmy et à une quarantaine de km le massif de l'Argonne, toujours semé des bunkers et abris construits en 1914-1918...

Aujourd'hui, un panneau signale sur le site de la bataille : « *Enceinte préhistorique dite camp d'Attila* ». Il s'agit d'un camp avec des levées de terre hautes de 5 à 10 mètres dont les fossés pouvaient atteindre 7 à 10 mètres de profondeur. Il compte 5 entrées ce qui semble beaucoup pour une enceinte protohistorique. À l'intérieur, 300 pièces de monnaies antérieures à 451 ont été retrouvées. Une fouille de 1793 prétend avoir retrouvé l'endroit où Attila fit creuser une cavité de quatre mètres de côté pour s'immoler[3]. Un tel camp ne se construit pas avec la rapidité d'un camp d'étape romain de la République. On peut estimer qu'Attila a disposé de plusieurs jours pour dresser cette enceinte ou qu'il a fait aménager une enceinte protohistorique.

Jordanès évoque un combat nocturne entre les Gépides d'Ardaric et les Francs qui aurait eu lieu avant la bataille et fait

1. *Ibid.*, XXXVI, 192. Grégoire de Tours, *Historia Francorum*, II, 7.
2. H. Schreiber, 1983, p. 194.
3. *Ibid.*, 1983, p. 196-198.

15 000 morts[1]. Les Francs Saliens, après avoir appris la retraite d'Orléans, se sont souvenus de leurs devoirs de fédérés et ont voulu rejoindre l'armée d'Aétius. L'avant-garde franque d'Aétius a dû heurter l'arrière-garde d'Attila...

Très vraisemblablement le 19 juin 451, l'armée d'Aétius et de Théodoric, suivant la même route qu'Attila, arrive sur le site de la bataille et établit un camp au nord-ouest du Mont Piémont. Cette éminence de 179 mètres est un pli de terrain en pente douce. Elle est située à 3 km au nord du Camp d'Attila. Elle constituera l'enjeu majeur de la bataille des Champs Catalauniques.

LES PHASES DE LA BATAILLE (20 JUIN 451)

Certains historiens ont pu juger inutile de reconstituer les phases de la bataille à cause du caractère épique de Jordanès, principale source de ce combat[2]. Toutefois, Jordanès, qui dépend de sources plus exactes (mais perdues) comme Cassiodore et Priscus, se montre plus disert que sur aucun autre sujet. Son récit permet de dégager des phases claires.

Les deux armées se déploient en ligne face à face. Les Wisigoths et les fédérés romains au nord-ouest du Piémont et Attila au sud-est[3]. La droite de l'armée romano-wisigothique, « poste d'honneur », est tenue par Théodoric et ses deux fils. La cavalerie wisigothique est certainement déployée en première ligne. Théodoric se met en position centrale de commandement. Son fils Théodoric II ferme l'aile droite, tandis que Thorismond assure la jonction avec le centre. La piétaille wisigothique se tient en arrière selon la tactique propre aux Goths. L'aile gauche est occupée par Aétius et ses « Romains » : des fédérés et en particulier des Francs. Au centre, se trouvent Sangiban et ses Alains dont on est peu sûr et qu'on veut empêcher de fuir ; précaution fort sage qui ressemble à celle prise par Hannibal à la bataille de Cannes en 216 avant Jésus-Christ. Il semble évident que pour « encadrer » les cavaliers Alains, Aétius leur ait accolé sa cavalerie. Attila place ses Huns au centre face au Piémont, ses meilleurs alliés (Ostrogoths et Gépides) à sa gauche face aux Ostrogoths, et ses moins bonnes troupes (infanterie) face aux Romains[4].

1. Jordanès, *Getica*, XLI, 217.
2. U. Täckholm, 1969, p. 267.
3. Jordanès, *Getica*, XXXVIII, 197.
4. *Ibid.*, XXXVIII, 198.

Les champs Catalauniques (20 juin 451) : le site de la bataille

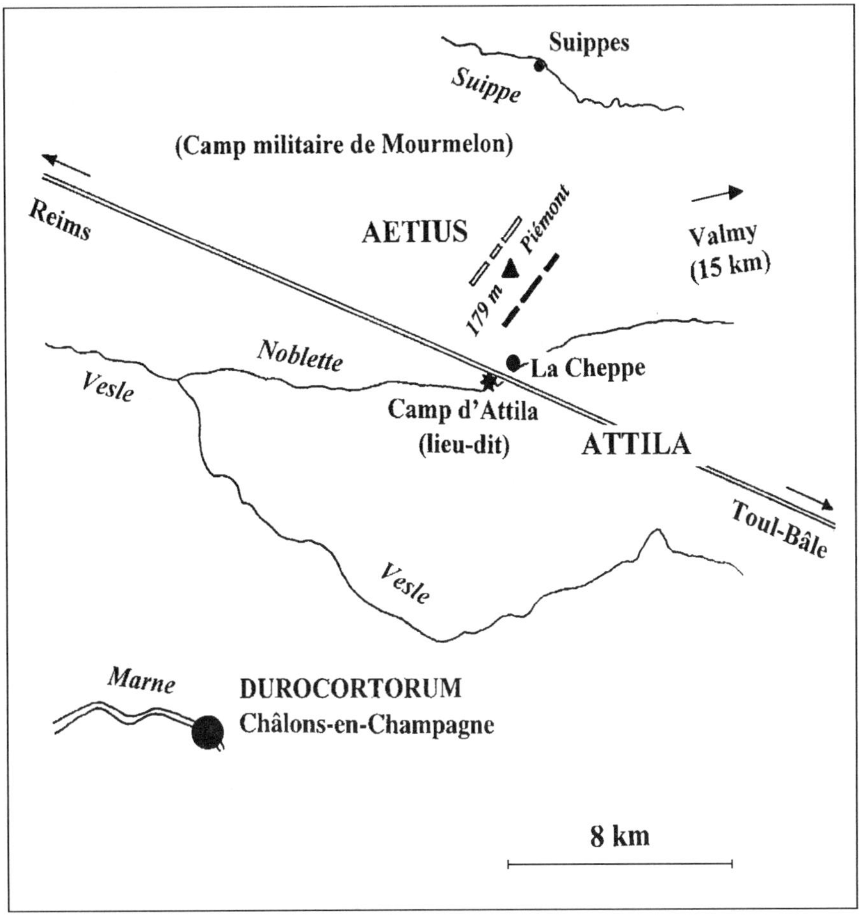

« Vers la neuvième heure » (soit 15 h) la bataille est engagée par Attila qui espère que la nuit lui servira de refuge en cas de défaite[1]. Attila et ses Huns portent seuls la première attaque contre la colline du Piémont. Ils souhaitent prendre une position favorable et couper en deux le dispositif adverse. Or Thorismond et Aétius le prennent de vitesse et repoussent ses hommes[2]. Seule une action de cavalerie rapide a pu l'emporter sur la cavalerie légère des Huns. Pour que les Huns d'Attila aient été battus, il faut supposer un autre facteur tactique que la rapidité : Thorismond et Aétius ont exécuté un mouvement en tenaille. L'on doit supposer que voyant les Huns en difficulté, les Alains de Sangiban soient

1. *Ibid.*, XXXVII, 196.
2. *Ibid.*, XXXVIII, 201.

intervenus pour occuper le Piémont. Leur apport a pu être décisif dans cette phase cruciale de la bataille.

Les cavaliers huns ont été repoussés. Attila se doit de les rallier. Jordanès lui prête un long discours, évidemment trop long et trop compliqué pour être adressé à une troupe désorganisée[1]. Toutefois, quelle que soit l'époque, l'usage est de haranguer les troupes qui ploient. Le message d'Attila à ses hommes tient en trois points : les Romains ne sont pas une menace, pour vaincre il faut presser les Alains au centre et les Wisigoths à gauche, vous êtes les meilleurs... Cette fois-ci, il lance un assaut combiné. Les Ostrogoths foncent sur les Wisigoths. Selon l'usage des Ostrogoths relevé par Procope, seule la cavalerie doit intervenir. Alors qu'il harangue ses hommes, Théodoric trouve la mort, jeté à bas de sa monture et piétiné par les siens ou abattu par un trait[2]. Il s'agit d'un combat de cavalerie, et comme plus tard à Bouvines (1214) ou à Waterloo (1815), on peut imaginer une série de charges, de contre-charges et de ralliements.

Aétius s'empare de la colline du Piémont

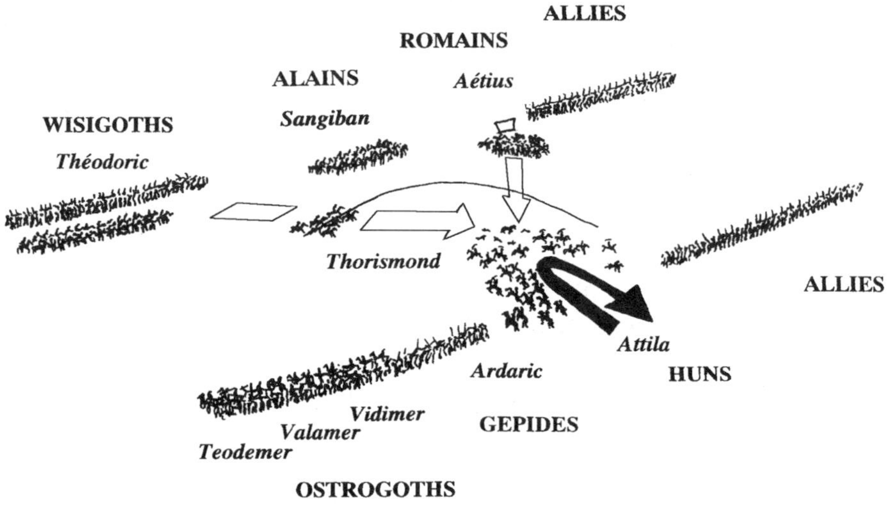

1. *Ibid.*, XXXIX, 202-206.
2. *Ibid.*, XL, 209.

À un moment situé après la mort du roi Théodoric, sans doute alors que les Ostrogoths se replient pour se rallier, les Wisigoths déclenchent une charge qui prend en écharpe le dispositif d'Attila. Attila lui-même n'est pas arrivé à reprendre le Piémont. Ses cavaliers sont certainement désorganisés par des charges successives. L'effondrement de son aile gauche cause celui de toute son armée qui reflue vers le camp. Le récit de Jordanès ne donne aucun rôle aux infanteries des deux armées qui restent face à face au Nord, simples éléments de fixation dans une bataille de cavalerie. L'infanterie située à l'aile droite d'Attila se transforme très certainement en cohue qui ne peut fuir très vite tandis que les cavaliers huns regagnent le camp[1]. Pour les Wisigoths et Aétius, c'est l'heure de la poursuite. Thorismond, blessé à la tête, jeté à bas de sa monture est évacué par ses hommes. Aétius qui poursuit l'ennemi jusqu'à la fin du jour et passe la nuit « *sous la protection des boucliers de ses alliés*[2] ». Les fouilles archéologiques du XIXe siècle ont retrouvé les squelettes de nombreux Huns entre le Piémont et le camp d'Attila[3]. La poursuite d'une armée en déroute est toujours un massacre... l'exemple le plus récent étant celui de l'armée irakienne en 1991 sabrée par la cavalerie aérienne US.

Attila lance son assaut principal

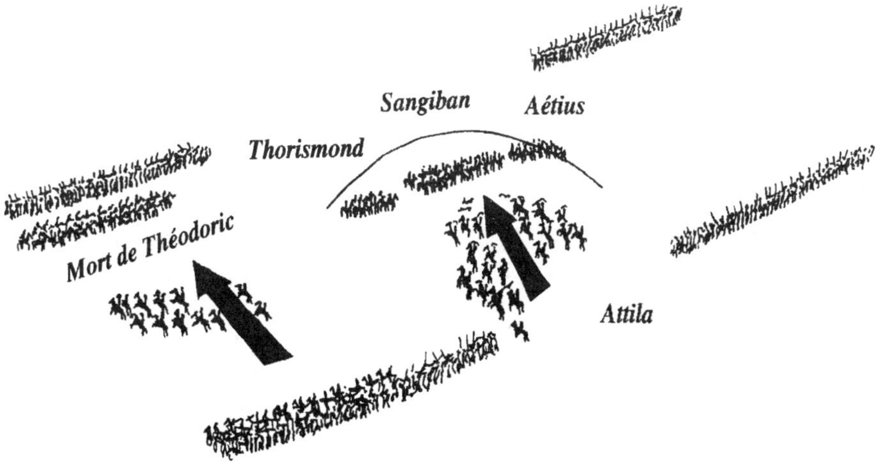

1. *Ibid.*, XL, 210.
2. *Ibid.*, XL, 211.
3. H. Schreiber, 1983, p. 201.

Le lendemain découvre un champ de bataille parsemé de cadavres. Les pertes totales sont évaluées à 165 000 par Jordanès[1] et par Hydace à 300 000[2]. Cela en ferait la bataille la plus mortelle de l'Histoire si on la compare aux 45 000 tués et blessés de Waterloo (18 juin 1815) et aux 410 000 tués français et allemands de Verdun (21 février-18 décembre 1916). Les pertes sont certainement très lourdes (15 000-20 000 tués ?).

Les Wisigoths enfoncent l'aile gauche d'Attila

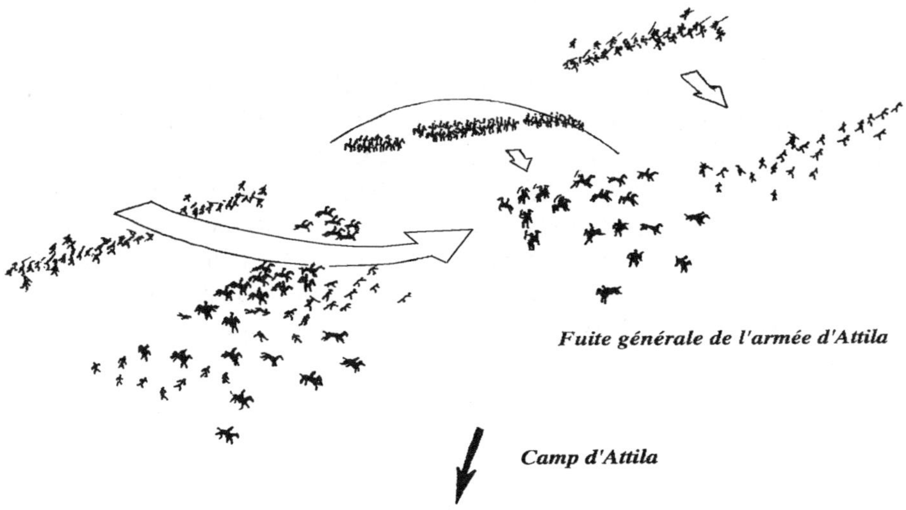

Les Huns, échaudés par leur échec de la veille, restent à l'abri de leur camp. Si Jordanès évoque l'obstacle infranchissable des chariots du camp d'Attila, sur le modèle du *carrago* gothique d'Andrinople, il commet une erreur. L'obstacle fossoyé du camp d'Attila est une véritable forteresse. Jordanès souligne l'action des archers qui en interdisent l'accès[3]. Aétius et ses alliés, décident de faire le blocus du camp d'Attila pour le forcer par la faim. C'est à ce moment qu'Attila fait dresser au centre de son camp un bûcher formé de selles de cheval, pour s'y jeter au lieu d'être capturé[4]. On reste dans cette situation pendant plusieurs jours, quand à l'occasion des obsèques de Théodoric, Thorismond est proclamé roi. Aétius lui suggère de gagner Toulouse pour empêcher que ses autres frères ne prennent le trône. Selon Jordanès, Aétius

1. Jordanès, *Getica*, XLI, 217.
2. Hydace, 150, an. 451.
3. Jordanès, *Getica*, XL, 212.
4. *Ibid.*, XL, 213.

« *craignit que, si les Huns étaient totalement éliminés, l'Empire romain ne devînt la proie des Goths*[1] ». Attila croit d'abord à un piège et reste un temps assez long dans son camp[2]. Il peut ensuite faire retraite sans encombre.

Il est très probable que les deux camps soient épuisés mutuellement et que les vainqueurs soient incapables de poursuivre le vaincu. Attila sauve le gros de son armée. En 452, quand il envahit la plaine du Pô, Grégoire de Tours déclare qu'il a peu d'hommes[3]. Aétius n'a rien à lui opposer, car sa force réside dans les fédérés des Gaules.

ÉPILOGUE

En définitive, Attila n'a pas été le « fléau de Dieu » qu'il est resté dans notre historiographie. Il n'a ni eu la puissance, ni exercé les ravages qu'on lui prête sans vraiment le connaître. Contrairement au Wisigoth Alaric, il n'a pu piller Rome et l'Italie, mais s'est limité au sac d'Aquilée et des grandes villes de la vallée du Pô lors de sa campagne de 452. Contrairement aux Wisigoths, aux Francs, aux Burgondes, aux Saxons et aux Vandales, les Huns n'ont pu durablement implanter de royaumes en territoire romain. Après la mort d'Attila, survenue en 453, et la défaite de Nedao l'année suivante, les Huns n'ont plus jamais eu la puissance qu'ils avaient affirmée depuis leur arrivée en Europe. On les voit comme mercenaires occasionnels et peu fiables de l'armée byzantine au VIe siècle. Ils demeurent implantés en Pannonie et sont historiquement à l'origine de la Hongrie.

1. *Ibid.*, XLI, 216, trad. O. Devillers, p. 83.
2. *Ibid.*, XLI, 218.
3. Grégoire de Tours, *Historia Francorum*, II, 7.

CONCLUSION

Au moment de refermer ce livre et cette réflexion, il est bon de dire pourquoi l'armée et l'Empire de Rome ont disparu conjointement. Le choix d'une grande stratégie de défense mobile intervient peu dans cette double disparition. Otage des circonstances et des personnalités, cette stratégie permet de surmonter des échecs retentissants comme ceux de 378 et de 410. Dans un contexte économique et militaire difficile, elle résout au mieux l'équation entre le manque de moyens et l'immensité de l'Empire. Trois explications s'imposent alors : la démilitarisation des Romains, la barbarisation de l'armée et la division de l'Empire.

Au IVe siècle, il y a encore une armée romaine, bien que transformée. Professionnelle, mobile, efficace, elle se caractérise par des difficultés croissantes de recrutement à l'intérieur de l'Empire. Ces difficultés sont accrues par les guerres « civiles » – ou plutôt les coups d'État militaires – qui saignent plus l'armée romaine que les guerres avec les Barbares : la bataille de Mursa (351) ne fait pas moins de 54 000 morts. Des solutions internes, comme l'hérédité et la fiscalisation de l'enrôlement, apportent au problème du recrutement une réponse insuffisante du point de vue numérique et qualitatif. La spécialisation opérationnelle de l'armée gère cette difficulté sans la régler. Les soldats sont répartis en deux classes : les meilleures recrues dans les troupes combattantes et les moins bonnes dans les gardes-frontière. L'engagement des Barbares s'avère la solution militaire et budgétaire la plus immédiatement rentable. La barbarisation, progressive jusque vers 376, devient massive par la suite avec l'installation de peuples en armes sur le territoire de l'Empire : les fédérés. Les fédérés échappent au moule des unités régulières romaines et maintiennent un esprit particulariste. L'intégration hâtive de Barbares vainqueurs après la défaite d'Andrinople en 378 montre que les autorités romaines, pressées par les circonstances, ont perdu le sens réel de la menace. Partenaire virtuel, l'ennemi n'est donc plus absolument un ennemi. On cherche à l'intégrer pour ne plus avoir à le combattre. La Rome tardive a le souvenir des victoires passées et de désastres, comme celui de Cannes, finalement surmontés. Elle a le sentiment d'être non invincible mais éternelle. Par contre, les Barbares ont progressivement le sentiment d'être plus forts que leurs maîtres romains. L'Empire, à partir du désastre d'Andrinople, n'est plus militairement souverain.

Au Ve siècle, l'ambition des mercenaires barbares menace la stabilité politique et l'intégrité territoriale de l'État romain. La barbarisation n'a pas la même ampleur ni les mêmes conséquences en Orient ou en Occident. Vers 405, le généralissime d'Occident Stilicon dispose encore d'unités régulières aguerries, hostiles aux fédérés mais incapables de les empêcher de piller Rome en 410. Après cette date, les fédérés wisigoths, vandales, burgondes et francs s'émancipent et constituent tour à tour des enclaves barbares souveraines en territoire romain. Dans les années 430-450, le généralissime Aétius est, au mieux, un rassembleur de mercenaires barbares. Il contient mais ne parvient jamais à anéantir l'ennemi dans une bataille décisive. Aux Champs Catalauniques, il ne réunit, selon le mot prêté par Jordanès à Attila, qu'un « *amalgame de coalisés* »[1]. L'armée romaine n'existe plus en Occident dans les années 450. Après la dernière offensive d'Attila contre l'Italie en 452, il n'y a plus de grandes invasions barbares contre l'Occident, mais exclusivement des conflits entre Romains et fédérés, immigrés légalement. Et d'ailleurs Attila lui-même, qui avait grade de général romain, peut être considéré comme un fédéré rebelle. L'ennemi est à l'intérieur tandis que l'espace stratégique de l'Empire romain d'Occident se réduit comme une peau de chagrin. Hommes et ressources passent aux principautés barbares, privant l'État central des moyens de la reconquête. L'armée est réduite à une garde impériale concentrée à Ravenne sous les ordres d'un généralissime barbare, Ricimer, qui fait et défait les empereurs à sa guise. En 476, cette garde, majoritairement formées de Scires, d'Hérules et de Torcilingues renverse le dernier empereur d'Occident et porte le condottière Odoacre au pouvoir. Aux mains des Barbares, l'armée donne le coup de grâce à l'Empire d'Occident. En définitive, Rome avait su pendant un millénaire affronter l'ennemi extérieur, mais, sur sa fin, elle n'a pu déjouer une menace devenue intérieure.

L'Empire romain d'Orient réussit à étouffer la menace intérieure et à durer. Mais son succès historique résulte de la divi-

1. Jordanès, *Getica*, XXXIX, 206.

sion de l'Empire. Instaurée par Dioclétien, c'est une réponse opérationnelle à l'immensité territoriale. Le Haut commandement estime que l'unité impériale et la centralisation autour de Rome ne peuvent plus être maintenues. Lorsque Constantin fait de Byzance la deuxième capitale en 330, il prend acte de l'appauvrissement économique, politique et stratégique de l'*Urbs*. Par la suite, abandonnée par le pouvoir au profit de capitales plus opérationnelles, Rome décline graduellement tandis que sa rivale grandit[1]. La bipartition de l'Empire, restaurée en 364 par Valentinien Ier et son frère Valens, divise les moyens militaires et surtout les volontés politiques. L'Orient reste indifférent aux drames qui frappent l'Occident et laisse Rome être pillée trois fois au cours du Ve siècle. La seule coopération occidentalo-orientale intervient à propos de la province d'Afrique, traditionnel grenier à blé de Rome. Sur quatre opérations romaines pour libérer l'Afrique des Vandales entre 431 et 468, trois sont orientales. Constantinople avait peut-être l'intention de récupérer l'Afrique pour son propre compte. C'est d'ailleurs par elle que Justinien commence sa reconquête de l'Empire en 533. La division structurelle de l'Empire met fin à la communauté de destin historique entre l'Occident latin et l'Orient grec. Elle introduit une faille géostratégique majeure, aggravée au cours des siècles suivants par le schisme entre catholiques et orthodoxes. L'ex-Yougoslavie placée sur la ligne de partage des deux États romains témoigne de la persistance du choc des civilisations. On peut déplorer cette rupture. On peut, au contraire, y voir le seul moyen d'assurer une continuité partielle à l'Empire romain.

Quand un ensemble ne peut être sauvé, il faut en préserver la meilleure partie : telle est la formidable leçon de stratégie que donne le Bas-Empire. Un certain nombre d'atouts et de circonstances expliquent la survie de l'Orient romain. Économiquement, il est plus riche, plus urbanisé que l'Occident et dispose donc de ressources supérieures pour sa défense. Il est le seul à posséder une flotte permanente au Ve siècle. Géopolitiquement, à l'exception d'alertes en 421 et 441, l'Empire perse montre une relative passivité à l'égard de l'Orient romain, tandis que l'Occident ne connaît pas de répit. Géographiquement, les détroits de la mer Noire bloquent en Europe les Goths ou les Huns, préservant l'Asie d'où Constantinople tire l'essentiel de ses ressources. Le relief ne permet pas à l'Occident de sanctuariser une partie de son

1. D'après les documents du ravitaillement annonaire, Rome, de 800 000 habitants au IVe siècle, n'en compte plus que 250 000 en 414 et 45 000 vers 530. Constantinople passe de 30 000 habitants en 330 à 300 000 en 410, G. Depeyrot, 1993, p. 358.

territoire. Militairement, les Orientaux réagissent quand l'influence des fédérés goths ou alains devient pesante. Ils repoussent Alaric vers l'ouest en 397, chassent Gaïnas en 400, exécutent le patrice Aspar en 471 et dirigent les Ostrogoths de Théodoric vers l'Italie en 488. L'Empire d'Orient garde sa souveraineté militaire. Politiquement, Constantinople forme une capitale stable, riche et prestigieuse mais aussi imprenable grâce à la double enceinte construite au début du Ve siècle par Théodose II. Par conséquent, le pouvoir impérial y est plus assuré et moins déconsidéré. C'est vers lui que se tournent Odoacre et Clovis pour confirmer leur autorité sur des terres autrefois romaines.

En 476, une partie de l'Empire meurt à l'ouest, tandis qu'une autre partie survit à l'est, sous l'égide de Constantinople, jusqu'en 1453. L'armée byzantine est l'héritière directe de l'armée romaine tardive dont elle conserve certains grades, armements et modes d'organisation jusqu'à sa désintégration à la bataille de Manzikert en 1071.

ABRÉVIATIONS

Ant. Hung	*Acta Antiqua Academiae Scientiarum Hungaricae.*
AC	*L'Antiquité Classique.*
ARB-AFAM	*L'Armée romaine et les Barbares du IIIe au VIe siècle*, éd. F. Vallet et M. Kazanski, Mémoires publiés par l'Association française d'Archéologie Mérovingienne, 5, 1993.
ARDV	*L'Armée romaine de Dioclétien à Valentinien Ier, Actes du Congrès de Lyon (12-14 septembre 2002)*, éd. Y. Le Bohec et C. Wolff, Lyon, De Boccard, 2004.
ARG	*L'Armée romaine en Gaule*, éd. M. Reddé, Paris, Errance, 1996.
ARPR	*Academia Republicii Populare Romîne, si Cercetrai de Istore veche.*
BAR	*British Archeological Reports International Series.*
CIL	*Corpus Inscriptionum Latinarum.*
CJ	*Codex Justinianus.*
CFHB	*Corpus Fontium Historiae Byzantinae*, 1967-sq.
CR	*Classical Review.*
CSEL	*Corpus Scriptorum Ecclesiasticorum Latinorum*, Vienne, 1866-sq.
CSHB	*Corpus Scriptorum Historiae Byzantinae*, Bonn, 1828-1897.
CTH	*Codex Theodosianus.*
CTH.N	*Codex Theodosianus. Novellae.*
CTH.Val. III.N.	*Codex Theodosianus. Valentiniani III Novellae.*
DRBE	*The Defence of the Roman and Byzantine East*, éd. Ph. Freeman et D. Kennedy, *BAR*, 277, 1986, 2 tomes.
DRM	*De Re Militari.*
Ep	*Epistula(e).*
FE	*Frontières d'Empire. Nature et signification des frontières romaines*, éd. P. Brun *et alii*, Mémoires du Musée de Préhistoire d'Ile-de-France, 1993.
FHG	*Fragmenta Historicorum Graecorum*, Paris, éd. C. Müller, 1874-1885.
FTFC	*Frontières terrestres, Frontières célestes dans l'Antiquité*, Paris, éd. A. Rousselle, coll. Études, De Boccard, 1995.
Gr. Schr	*Die Griechischen Christlichen Schriftsteller der ersten drei Jahrhunderts, berausgegeben im auftrage der Kirchenwäter-Commission der Preussischen Akademie der Wissenschaften.*
HA	*Historia Augusta.*
HRAR	*La hiérarchie (Rangordnung) de l'armée romaine sous le Haut-Empire,* éd. par Y. Le Bohec, Paris, De Boccard, 1995.
ILS	*Inscriptiones Latinae Selectae.*
JRM	*Journal of Roman Military Equipement Studies.*

JRS	*Journal of Roman Studies.*
Limes	*Limes Akten des XI Internationalen Limes Kongresses*, Budapest, Akadémiai Kiado, 1977.
MCIR	*Milano Capitale dell'Impero Romano*, Milan, Edizioni ET, 1992.
MEFR	*Mélanges de l'École Française de Rome.*
MGH	*Monumenta Germaniae Historica.*
MGH AA	*Auctores Antiquissimi.*
MGH SRG	*Scriptores Rerum Germanicarum.*
MGH SRM	*Scriptores Rerum Merovingicarum.*
PG	*Patrologie Grecque*, Paris, éd. J.P. Migne, 1857-1866.
PL	*Patrologie Latine*, Paris, éd. J.P. Migne, 1844-1864.
PW	*Paulys-Wissowa, Real-Encyclopädie der Klassischen Altertumwissenschaft.*
REL	*Revue des Études Latines.*
REMA	*Revue des Etudes Militaires Anciennes.*
RFS	*Roman Frontier Studies*, éd. W.S. Hanson et J.J.F. Keppie, BAR, 71, 1980 ; éd. P.V.A. Maxfield et M.J. Dobson, University of Exeter Press, 1989.
RH	*Revue Historique.*
Rom.Barb	*Romano-Barbarica. Contributi allo studio dei rapporti culturali tra mondo latino e mondo barbarico.*
TMO	*Travaux de la Maison de l'Orient.*

BIBLIOGRAPHIE

Absil M., « L'Armée romaine de Dioclétien à Valentinien I dans l'épigraphie », *ARDV*, 2004, p. 117-127.

Aélius Aristide, *The Complete Works*, Leyde, éd. Ch. A. Behr, 1981.

Agathias, *Historiarum Libri V*, éd. R. Keydell, *CFHB*, Berlin, 1967.

Alföldi A., « Der Usurpator Aureolus und die Kavalleriereform desGallienus », *ZfN*, 37, 1927, p. 197-211.

– « The Helmet of Constantine with the Christian Monogram », *JRS*, 22, 1932, p. 9-23.

– « *Cornuti* : A Teutonic Contingent in the Service of Constantine the Great and its Decisive Role in the Battle at the Milvian Bridge », *Dumbarton Oaks Papers*, 13, 1959, p. 169-183.

Altheim F., « Runen als Schildzeichen », *Klio*, 32, 1938, p. 51-sq.

– *Geschichte der Hunnen*, Berlin, 2e éd. revue, 1969.

Ardant du Picq Ch., *Études sur le combat*, Paris, Champ libre, rééd. 1978 (1re éd. 1868).

Ambroise, *Estoire de la Guerre Sainte*, Paris, 1897.

Ambroise de Milan (Saint), *Opera Omnia*, *CSEL*, 73.

Ammien Marcellin, *Res gestae*, éd. J.C. Rolfe, Cambridge (Mass.), Lœb Classical Library, rééd. 1986.

– *Histoire*, éd. J. Fontaine, E. Galletier, M.-A. Marie, G. Sabbah, Paris, Les Belles Lettres, 1968-1984.

Anonyme Valésien, *Excerpta*, éd. J.C. Rolfe, Cambridge (Mass.), Lœb Classical Library, rééd. 1986, tome 3 d'Ammien Marcellin.

Augustin d'Hippone (Saint), *La Cité de Dieu*, éd. G. Bardy, Paris, Bibliothèque augustinienne, 1959-1960.

Aurélius Victor, *Livre des Césars*, éd. P. Dufraigne, Paris, Les Belles Lettres, 1975.

Austin N.J.E., « Ammianus Account of Adrianople. Some Strategic Observations », *AC*, 15, 1972, p. 301-309.

– « In Support of Ammianus Veracity », *Historia*, 22, 1973, p. 331-335.

– « Ammianus on Warfare. An Investigation into Ammianus Military Knowledge », *Latomus*, 165, 1979, p. 23-116.

Baatz D., « Die römische Jagdarmbrust », *Archäologisches Korrespondenzblatt*, 21 (2), 1991, p. 283-290.

– et R. Bockius, *Vegetius und die römische Flotte*, Mayence, Verlag des römisch-germanischen ZentralMuseums, 1997.

Bachrach B.S., *Merovingian Military Organization*, Minneapolis, University of Minnesota Press, 1972.

– « Who Were the *Ripariolilbriones* ? », *Grazer Beïtrage*, 3, 1975, p. 15-19.

– « Grand Strategy in the Germanic Kingdoms : Recruitment of the Rank and File », *ARB-AFAM*, 1993, p. 55-63.

– The Hun Army at the Battle of Chalons (451) : « An Essay in Military Demography », in *Ethnogense und Überlieferung. Angewandte Methoden der*

Frühmittelalterforschung, éd. K. Brunner et B. Merta, Munich, R. Oldenbourg Verlag, 1994, p. 59-67.
– « On Roman Ramparts 300-1300 », *The Cambridge illustrated History of Warfare. The Triumph of the West*, éd. G. Parker, Cambridge University Press, 1995, p. 64-91.
– « Quelques considérations sur la composition et les caractéristiques des armées de Clovis », in *Clovis, histoire et mémoire. Le baptême de Clovis, l'événement*, Paris, Presses de l'Université de Paris-Sorbonne, 1997, p. 689-703.
– « Imperial Walled Cities in the West : An examination of their early medieval Nachleben », in *City Wall. The Urban Enceinte in Global Perspective*, éd. J.D. Tracy, Cambridge University Press, 2000, p. 192-218.
Bède le Vénérable, *Opera historica*, éd. J.E. King, Cambridge (Mass.), Lœb Classical Library, 1979, 2 tomes.
Bell H.J., *The Abinneus Archive. Paper of a Roman Army Officer in the Reign of Constantius II*, Oxford, 1962.
Berger P.C., *The Insignia of the Notitia Dignitatum*, New York-Londres, 1981.
Bidwell P.T., « Later Roman Barracks in Britain », *RFS*, 1989, p. 84-92.
Bishop M.C. et J.C.N. Coulston, *Roman Military Equipment*, Londres, Batsford, 1993.
Blockley C. (éd. et trad.), *The Fragmentary Classicising Historians of the Later Roman Empire: Eunapius, Olympiodorus, Priscus and Malchus*, Liverpool, 1983.
Breeze D.J., *Roman Officers and Frontiers*, Stuttgart, Franz Steiner Verlag, 1993.
Brizzi G., *Studi di Storia Annibalica*, Faenza, Fratelli Lega, 1984.
– *Annibale : strategia ed immagine*, Città di Castello, 1984.
Bruhl A., « Le souvenir d'Alexandre le Grand et les Romains », *MEFR*, 1930, p. 202-221.
Brulet R., « Le *Litus Saxonicum* continental », *RFS*, 1989, p. 155-169.
– « Les dispositifs militaires du Bas-Empire en Gaule septentrionale », *ARB-AFAM*, 1993, p. 135-142.
– « Les transformations du Bas-Empire », *ARG*, 1996, p. 223-265.
Burns Th. S., « The Battle of Adrianople : A Reconsideration », *Historia*, 22, 1973, p. 336-345.
Cameron A., *Claudian : Pœtry and Propaganda at the Court of Honorius*, Oxford, 1970.
Campbell B., « Teach yourself how to be a General », *JRS*, 77, 1987, p. 13-29.
Carrié J.M., « Le soldat », dans A. Giardina (dir.) *L'homme romain*, Paris, Éditions du Seuil, 1992, p. 127-172.
– « Le système de recrutement des armées romaines de Dioclétien aux Valentiniens », *ARDV*, 2004, p. 371-387.
Cassiodore, *Chronicon*, *MGH AA*, 11, p. 111-161.
– *Variae Epistulae*, *MGH AA*, 12, p. 1-385.
Casson L., *Ships and Seafaring in ancient Times*, Londres, British Museum Press, 1994.
Castellvi G., « *Clausurae* (les cluses des Pyrénées orientales) : forteresses-frontières du Bas-Empire romain », *FTFC*, 1995, p. 81-118.
Castillo C., « Tribunos militares en Ammianus Marcellinus », *ARDV*, 2004, p. 43-54.
Caton, *De l'agriculture*, éd. E. Goujard, Paris, Les Belles Lettres, 1975.
Cederlöf O., « The Sutton Hoo Burial and the Armour of the Vendel Period », *Journal of the Arms and Armour Society*, I, 1955.
César, *La Guerre des Gaules*, éd. L.A. Constans, Paris, Les Belles Lettres, 1967.
Chapelot J., R. Fossier, *The Village and House in the Middle Age*, Londres, Batsford, 1985.

Chapot V., *La frontière de l'Euphrate*, Rome, L'Erma di Bretschneider, 1967.
Chastagnol A., *Le Sénat à l'époque impériale*, Paris, Les Belles Lettres, 1992.
Claudien, *Carmina*, éd. J.B. Hall, Teubner, 1985.
Clemente G., « *La Notitia Dignitatum* », *Saggi di storia e letteratura*, 4, Cagliari, Éditrice Sarda Fossataro, 1968, p. 319-342.
Codex Justinianus, *Corpus Iuris Civilis. Institutiones digesta*, éd. P. Krüger, Th. Mommsen, Weidmann, rééd. 1970-1973, 2 tomes.
Codex Theodosianus, éd. P. Meyer, Berlin, 1905, 2 tomes.
Constantin VII Porphyrogénète, *De Ceremoniis aulae Byzantinae*, éd. J. Reiske, *CSHB*, Bonn, 1829.
Consularia Constantinopolitana ad a. CCCXCV ad a. CCCCLXVIII, *MGH AA*, 9, p. 196-248, 302.
Consularia italica, *MGH AA*, 9, p. 302.
Corbellini C., « *Ambrogio e i barbari : giudizio o pregiudizio ?* », *Rivista di Storia della Chiesa in Italia,* 31, 1977, p. 343-352.
Coulston J.C.N., « Roman Parthian and Sassanids Developments », *FE*, 1986, p. 59-75.
– « Later Roman Armour, IIIrd-VIth centuries », *JRM*, 1, 1990, p. 143.
– « The *Draco* Standard », *JRM*, 2, 1991, p. 101-114.
Contamine Ph., *Histoire militaire de la France. 1) Des origines à 1715*, Paris, Presses Universitaires de France, 1992.
Courtois Ch., *Les Vandales et l'Afrique*, Paris, 1955.
Crump G.A., « Ammianus and the Late Roman Army », *Historia*, 22, 1973, p. 91-113.
Cüppers H., « Das spätantike Trier und sein Umland », *MCIR*, 1992, p. 227-240.
Dabrowa E., « *Dromedarii* in the Roman Army : a Note », *RFS*, 1989, p. 364-366.
Dahmus J., *Seven Decisive Battle of the Middle Ages*, Chicago, Nelson-Hall, 1983.
Daly L.W., « The Mandarin and the Barbarian : the Response of Themistius to the Gothic Challenge », *Historia*, 21, 1972, p. 351-379.
Daniels C.M., « Excavations at Wallsend and the Fourth Century Barracks on Hadrian'Wall », *RFS*, 1980, p. 172-194.
Davies J.L., « Roman Military Deployment in Wales and the Marches from Pius to Theodosius I », *RFS*, 1989, p. 48-51.
Dedeyan G., « Les Arméniens soldats de Byzance (IVe-VIe siècles) », *Baszmavep, Revue d'Études arméniennes*, 145, 1987, p. 162-192.
Delbrück H., *History of the Art of War.* (tome 2) *The Barbarian Invasions*, trad. de l'allemand W.J. Renfrœ Jr, Lincoln et Londres, Bison Books, 1990.
Delmaire R., « Les responsables des finances impériales au Bas-Empire romain IVe-VIe siècles. Études prosopographiques », *Latomus,* 203, 1989.
Demougeot E., « *Laeti* et *Gentiles* dans la Gaule romaine du IVe siècle », *Actes du Colloque d'Histoire Sociale de l'Université de Besançon 1970*, Paris, 1972, p. 101-112.
– *La formation de l'Europe et les invasions barbares*, Paris, Aubier-Montaigne, 1979, 2 tomes.
– « Constantin et la Dacie », dans *Crise et redressement dans les provinces européennes de l'Empire (milieu du IIIe siècle-milieu du IVe siècle ap. J.-C.). Actes du Colloque de Strasbourg 1981,* Strasbourg, 1983, p. 91-112.
– *L'Empire romain et les Barbares d'Occident IVe-VIIe s. cripta varia*, Paris, Publications de la Sorbonne, 1988.
Depeyrot G., *Le Bas-Empire. Économie et numismatique (284-491)*, Paris, Errance, 1987.
– « Les conditions naturelles au Bas-Empire romain », *RH*, 588, 1993, p. 337-378.

De Rebus Bellicis, éd. M.W.C. Hassal et R.I. Ireland, *BAR*, 63, 1979.
– *Le Cose della Guerra*, éd. A.Giardina, Milan, 1989.
Dion Cassius, *Roman History*, éd. E. Cary, Cambridge (Mass.), Lœb Classical Library, 1960-1961.
Dixon K.H. et P. Southern, *The Roman Cavalry*, Londres, Batsford, 1992.
– *The Late Roman Army*, Londres, Batsford, 1996.
Drack W. et *alii*, *Die Römer in der Schweiz*, Stuttgart, Konrad Theiss Verlag, 1988.
Drew-Bear T., « A Fourth-Century Latin Soldier's Epitaph at Nikolea », *HSCP*, 81, 1977, p. 257-274.
– et C. Zuckerman, « Les officiers sortis du rang sous les successeurs de Constantin », *ARDV*, 2004, p. 419-430.
Duncan Jones R.P., « Numbers and Pay in Diocletian's Army », *Chiron*, 8, 1978, p. 541-560.
Durliat J., « Armée et société vers 600. Le problème des soldes », *ARB-AFAM*, 1993, p. 31-38.
– « Le salaire de la paix sociale dans les royaumes barbares (V^e^-VIe siècles) », *Anerkennung und Integration. Zu den Wirtschaftlichen Grundlagen und Völkerwanderungzeit : 400-600*, éd. H. Wolfram et A. Schwarcz, Vienne, 1988, p. 21-72.
Elton H., *Warfare in Roman Europe AD 350-425*, Oxford, Oxford Univerty Press, 1998.
– et Ch. Nüssli sur le site internet « *De Imperatoribus Romanis* » : http://www.roman-emperors.org/battles.htm [cartes] http://www.roman-emperors.org/bd306.htm [descriptions].
Ennode, *Vita Epiphanii episcopi Ticinensis ecclesiae*, *CSEL*, 6.
Ensslin W., « Zum Heermeisteramt des spätrömischen Reiches, II : *Die magistri militum* des 4. Jahrhunderts », *Klio*, 24, 1931, p. 102-147.
Esmonde Cleary A.S., *The Ending of Roman Britain*, Londres, Batsford, 1989.
Eugippius, *Vita Sancti Severini*, éd. P. Knœll, *CSEL*, 1886.
Eunape de Sardes, *Fragmenta*, *FHG*, 4, col. 11-56.
Eusèbe de Césarée, *Vita Constantini*, éd. I.A. Heikel, *Gr. Schr.*, 7.
Eutrope, *Breviarum*, éd. F. Ruehl, Leipzig, Teubner, 1887.
Farioli Campanati R., *Ravenna Capitale*, *MCIR*, 1992, p. 375-380.
Expositio totius mundi et gentium, éd. J. Rouge, Paris, Sources Chrétiennes 124, 1964.
Ferrill A., *The Fall of Roman Empire,* 1986.
Feugère M., « L'armement du Bas-Empire », *ARG*, 1996, p. 267-271.
– *Les armes des Romains, de la République à l'Antiquité tardive*, Paris, Errance, 1993.
– *Casques antiques. Le visage de la guerre de Mycènes à la fin de l'Empire romain*, Paris, Errance, 1994.
Février P.A., *Approches du Maghreb romain*, Aix-en-Provence, Edisud, 1990, 2 tomes.
Fino J.F., « Notes sur la production du fer et la fabrication des armes en France au Moyen Âge », *Gladius*, 3, 1964, p. 47-66.
Flavius Josèphe, *La Guerre des Juifs*, éd. A. Pelletier, Paris, Les Belles Lettres, 1975-1982, 3 tomes.
Flavius Mérobaude, *Panegyricorum in consulatu Aetii fragmenta*, *MGH AA*, 14, p. 1-20.
Folard J. Ch. (Chevalier de), *Nouvelles Découvertes sur la guerre...*, Bruxelles, François Foppens, 2e éd. 1724.
Forni G., *Esercito e Marina di Roma antica*, Stuttgart, Franz Steiner Verlag, 1992.
Franks R.I., *Scholae Palatinae. The Palace Guards of the Later Roman Empire*, Rome, 1969.

Frézouls E., « La mission du *magister equitum* Ursicin en Gaule 355-357 », *Latomus*, 58, 1962, p. 673-sq.
– « Les deux politiques de Rome face aux Barbares d'après Ammien Marcellin », *Crise et redressement dans les provinces européennes de l'Empire (milieu du III*[e]*-milieu du IV*[e] *siècle après Jésus-Christ). Actes du Colloque de Strasbourg 1981,* Strasbourg, 1983, p. 175-197.
– « Le commandement et ses problèmes », *HRAR,* 1995, p. 157-166.
Fuentes N., « Fresh Thought on the Saxon Shore », *RFS*, 1989, p. 58-64.
Fuller J.F.C., *The Decisive Battles of the Western World and their Influence on History*, Londres, Eyre et Spottiswoode, New York, Funk, 1954, tome 1.
Gagé J., « La théologie de la Victoire impériale », *RH*, 171, 1933, 1, p. 1-43.
Galliou P., « The Defence of *Armorica* in the Later Roman Empire : a Tentative Synthesis », *RFS*, 1979, tome 2, p. 397-422.
Gaudemet J., « Les Romains et les autres », *Da Roma alla Terza Roma. La nozione di « Romano » tra cittadinanza e universalità*, Naples, 1984, p. 7-37.
Gibbon E., *Histoire du déclin et de la chute de l'Empire romain*, Paris, Robert Laffont, coll. « Bouquins », 1983, 2 tomes (première édition en anglais 1776).
Gichon M., « Coping with the triple threat of trespassing tribal inroads and regular troops on the Empire's south-eastern confines in the 4th century CE », *ARDV*, 2004, p. 211-226.
Gilliam J.F., « Romanization of the Greek East : the Role of the Army », *Roman Army Papers*, Amsterdam, J.C. Gieben, 1986.
Glotz G., Histoire romaine, Paris, coll. Peuples et civilisations, 1946.
Goffart W., *Barbarians and Romans AD. 418-584. The Techniques of Accommodation*, Princeton, 1980.
Gordon G.C., *The Age of Attila*, Ann Arbor, University of Michigan Press, 1960.
Grégoire de Nazianze, *Discours. Contre Julien*, éd. J. Bernardi, Paris, Éditions du Cerf, 1983.
Grégoire de Tours, *Historia Francorum*, *MGH SRM*, I, 1.
Grigg R., « Portrait-bearing illustrations of the *Notitia Dignitatum* », *JRS*, 69, 1979, p. 107-124.
– « Inconsistency and Lassitude : the Shield Emblems of the *Notitia Dignitatum* », *JRS*, 73, 1983, p. 112-113.
Grosse R., « Die Rangordnung der römischen Armee des 4-6 Jahrhunderts », *Klio*, 15, 1915, p. 122-161.
– *Römische Militärgeschichte von Gallienus bis zum Beginn der Byzantinischen Themenverfassung*, Berlin, 1920.
Haensch R., « La christianisation de l'Armée romaine », *ARDV*, 2004, p. 525-531.
Haldon J., « Administrative Continuities and Structural Transformations », *ARB-AFAM*, 1993, p. 45-53.
Hamdoune Ch., « Frontières théoriques et réalité administrative : le cas de la Maurétanie Tingitane », *FTFC*, 1995, p. 237-253.
Haywood J., *Dark Age Naval Power. A Reassessment of Frankish and Anglo-Saxon Seafaring Activity*, Londres, Routledge, 1991.
Hassal M., « The Defence of Britain in the 4th Century », *ARDV*, 2004, p. 179-189.
Heim F., « *Vox exercitus, vox Dei.* La désignation de l'empereur charismatique au IVe siècle », *REL*, 68, 1990, p. 160-172.
Hérodien, *Ab excessu divi Marci libri VIII*, éd. K. Stavenhagen, Leipzig, Teubner, 1922.
Hind J.G., « *Litus Saxonicum.* The Meaning of Saxon Shore », *RFS*, 1980, p. 317-324.
Historia Augusta, éd. E. Hohl, Leipzig, Teubner, rééd. 1965.

Höckmann O., « Spätrömische Schiffsfunde in Mainz », *Archaeologisches Korrespondenzblatt*, XII, 1982, p. 231-250.
Hoffmann D., *Das spätrömische Bewegungsheer und die « Notitia Dignitatum »*, Düsseldorf, 1969.
Holder P.A., *The Roman Army in Britain*, Londres, Batsford, 1982.
Homère, *Iliade*, éd. P. Mazon *et alii*, Paris, Les Belles Lettres, 1937-1938.
Homo L., *Essai sur le règne de l'empereur Aurélien (270-275)*, Rome, L'Erma di Bretschneider, 1967.
Hydace, *Chronica*, *MGH AA*, 11, p. 13-36.
(Pseudo-)Hygin, *Des fortifications du camp*, éd. M. Lenoir, Paris, Les Belles Lettres, 1979.
Isaac B., « The Meaning of the Terms *Limes* and *Limitanei* », *JRS*, 78, 1988, p. 126-138.
– *The Limits of Empire. The Roman Army in the East*, Oxford, Clarendon Press, 1992.
– « An Open Frontier », *FE*, 1993, p. 105-114.
Isocrate, *Discours*, éd. G. Matthieu, Paris, Les Belles Lettres, 1950, tome 3.
Jacques A., « La présence militaire à Arras au Bas-Empire », *ARB-AFAM*, 1993, p. 195-208.
Janniard S., « *Armati*, *Scutati* et la catégorisation des troupes dans l'Antiquité tardive », *ARDV*, 2004, p. 389-395.
Jacques F., J. Scheid, *Rome et l'intégration de l'Empire, 44 avant Jésus-Christ-260 après. I, Les structures de l'Empire romain*, Paris, Presses Universitaires de France, 1990.
Jean d'Antioche, *Fragmenta*, *FHG*, 4, col. 538-622 ; V, col. 27-38.
Jean le Lydien, *De Magistratibus populi Romani*, éd. R. Wuensch, Leipzig, Teubner, 1903.
Jean Malalas, *Chronographia*, éd. L. Dindorf, *CSHB*, Berlin, 1831.
Jérôme, *Chronicon*, éd. R. Helm, *Gr. Schr.*, 24.
– *Epistulae*, *CSEL*, 54-56.
– « *Liber contra Joannem Hierosolymitanum Episcopum* », *PL*, 23, col. 355-396.
– « *Vita Sancti Hilarionis* », *PL*, 23, col. 29-54.
Johnson S., *Late Roman Fortifications*, Londres, Batsford, 1983.
Jones A.H.M., *The Later Roman Empire, 284-602. A Social, Economic and Administrative Survey*, Oxford, Blackwell, 1964, 3 tomes.
– J.R. Martindale et J. Morris, *The Prosopography of the Later Roman Empire*, Cambridge, Cambridge University Press, 1971, tome 1 et 1980, tome 2.
Jordanès, *Getica*, *MGH AA*, 5, 1, p. 53-138.
– *Histoire des Goths*, éd. et trad. O. Devillers, Paris, Les Belles Lettres, 1995.
Jouffroy H., « La défense des frontières : le point de vue du *De Rebus Bellicis* », *RFS*, 1989, p. 373-375.
– « Le *De Rebus bellicis*, source d'histoire militaire ? », *ARDV*, 2004, p. 9-17.
Julian Bennett B.A., « *Plumbatae* from Pitsunda, Georgia, and some Observations on their probable Use », *JRM*, 2, 1991, p. 59-64.
Julien, *Œuvres complètes*, éd. C. Lacombrade, Paris, Les Belles Lettres, 1964.
Julien de Tolède, « *Historiae Wambae regis* » *PL*, 96, col. 453-808.
Kazanski M., *Les Goths*, Paris, Errance, 1991.
– « Les Barbares orientaux et la défense de la Gaule aux IVe-Ve siècles », *ARB-AFAM*, 1993, p. 175-181.
Kennedy D. et D. Riley, *Rome's Desert Frontier from the Air*, Londres, Batsford, 1990.

Keppie L., *The Making of the Roman Army. From Republic to Empire*, Londres, Batsford, 1984.
Kerneis S., *Les Celtiques. Servitude et grandeur des auxiliaires bretons dans l'Empire romain*, Clermont-Ferrand, Presses Universitaires de la Faculté de Droit de Clermont-Ferrand, 1998.
Keyes C., *The Rise of the Equites in the Third Century of the Roman Empire*, Princeton, 1915.
King A.C., « The Date of the Stone Defences of Roman Bitterne », *RFS*, 1989, p. 108-110.
Kovalevskaja V.B., « La présence alano-sarmate en Gaule : confrontation des données archéologiques, paléoanthropologiques, historiques et toponymiques », *ARB-AFAM*, 1993, p. 209-221.
Kraeling C.H., *The Excavations at Dura-Europos, Final Report VIII.1, The Synagogue*, 1956.
Krautheimer R., *Early Christian and Byzantine Architecture*, Londres, Penguin Books, 1965.
Kubitschek W., article « *legio* » (Bas-Empire), *PW*, XII, 2, 1925, col. 1830-1837.
Nicasie M.J., *Twilight of Empire : The Roman Army from the reign of Diocletian until the Battle of Adrianople*, Dutch Monographs on Ancient History and Archaeology, 19, Amsterdam, 1998.
Lactance, « *De mortibus persecutorum* », *CSEL*, 27, col. 171-238.
Lander J., « Typology and Late Roman Fortification : the Case of the Diocletianic Type », *RFS*, 1980, tome 3, p. 1051-1061.
Laubscher H.P., *Der Reliefschmuck der Galeriusbogens in Thessaloniki*, Berlin, 1975.
Le Bohec Y., « La stratégie de Rome en Afrique de 238 à 240 », in *IIIe Congrès national des sociétés savantes, Montpellier, IIIe Colloque sur l'Histoire et l'Archéologie d'Afrique du Nord,* 1985, p. 377-390.
– *L'Armée romaine*, Paris, Picard, 1989.
– « La « Frontière militaire » de la Numidie de Trajan à 238 », in *Frontières terrestres, frontières célestes dans l'Antiquité*, Paris, De Boccard, 1995, p. 119-142.
– « Les aspects militaires de la crise du IIIe siècle », *ARDV*, 2004, p. 9-17.
– « L'armée romaine d'Afrique de Dioclétien à Valentinien I », *ARDV*, 2004, p. 251-266.
– « Gallien et l'encadrement sénatorial de l'Armée romaine », *REMA*, 1, 2004, p. 123-132.
Lebedynsky I., *Armes et guerriers barbares au temps des grandes invasions (IVe au VIe siècles ap. J.C.,* Paris, Errance, 2001.
Lehner J., *Pœsie und Politik in Claudians Panegyrikus auf das vierte Konsulat der Kaisers Honorius. Ein Kommentar*, Königstein, Verlag Anton Hain, 1984.
Lengland D., « Le *limes* interne de Maurétanie Césarienne au IVe siècle et la famille de Nubel », *FTFC*, 1995, p. 143-161.
Le Roux P., *L'Armée romaine et l'organisation des provinces ibériques d'Auguste à l'invasion de 409*, Paris, De Boccard, 1982.
Lengyel A., *The Archaelogy of Roman Pannonia*, Budapest, Akadémiai Kiado, 1980.
Leriche P., « Techniques de guerres sassanides et romaines à *Doura Europos* », *ARB-AFAM*, 1993, p. 83-100.
Leveau Ph., « Le *limes* d'Afrique à l'épreuve de nouveaux concepts (Appoint du point de vue systémique à la notion de limite et de frontière) », *FTFC*, 1995, p. 57-66.
Lévi A. et M., *Itineraria Picta*, Rome, Bretschneider, 1967.

Liebeschutz J.H.W.G., « Generals, Federates and *Buccelarii* in Roman Armies around AD 400 », *DRBE*, 1986, tome 2, p. 463-474.

Libanius, *Orationes*, éd. R. Fœrster, Leipzig, Teubner, 1903-1922.

– *Epistulae, ibid.*

Liutprand de Crémone, *Relatio de legatione constantinopolitana*, *MGH SRG*, 3, p. 347-363.

Luttwak E., *La grande stratégie de l'Empire romain*, Paris, Economica, 1987.

MacDowall S., *Late Roman Infanteryman 236-565 AD*, Warrior 9, Londres, Osprey, 1994.

– *Late Roman Cavalryman 236-565 AD*, série Warrior 15, Londres, Osprey, 1995.

MacMullen R., *Soldier and Civilian in the Later Roman Empire*, Harvard Historical Monographs, vol. 52, Cambridge (Mass.), Harvard University Press, 1963.

– *Le déclin de Rome et la corruption du pouvoir*, trad. A. Spiquel et A. Rousselle, Paris, Les Belles Lettres, 1991.

Maier I., « CNH (compilation « *notitia... habent* ») », commentaire et bibliographie d'une trentaine de pages sur la *Notitia Dignitatum* depuis 1801 sur site internet : http://members.ozemail.com.au/ ~igmaier/webnot05 à 09 htm.

Marcellin (comte), *Chronicon*, *MGH AA*, 11, p. 60-104.

Marchant D., « Roman Weapons in Great Britain a Case Study : Spearheads, Problems in Dating and Typology », *JRM*, 1, 1991, p. 1-6.

Marsden E.W., *Greek and Roman Artillery, Historical Development*, Oxford, 1969.

– *Greek and Roman Artillery, Technical Treatises*, Oxford, 1971.

Matthews J.F., *The Roman Empire of Ammianus*, Londres, 1989.

Maurice, *Strategikon*, éd. G.T. Dennis, University of Pennsylvania Press, 1984.

Maxfield V.A., *The Military Decorations of the Roman Army*, Londres, Batsford, 1981.

Maxime de Tyr, *Dissertationes*, éd. M.B. Trapp, Leipzig, Teubner, 1994.

Mazzarino S., *Aspetti sociali del Quarto Secolo : Ricerche di Storia tardo-romana,* Rome, L'Erma di Bretschneider, 1951, p. 314-330.

Mélèze Modrzejewski J., « Diritto romano e diritti locali », in *Storia di Roma,* vol. 3, *L'età tardoantica II. I luoghi e le culture*, Rome, Einaudi, 1993.

Mertens J., « Quelques considérations sur le *limes belgicus* », *Limes*, 1977, p. 63-72.

– « Recherches récentes sur le *limes* en Gaule Belgique », *RFS*, 1980, p. 423-470.

Millar F., *The Roman Near East 31 BC-AD 337*, Cambridge (Mass.), Harvard University Press, 1993.

Mocsy A., *Pannonia and Upper Mœsia. A History of the Middle Danube Provinces of the Roman Empire*, Londres, Routledge et Kegan Paul, 1974.

Moore D., « Roman and Norman Military Sites in Wales : a Comparison of Two Frontiers », *Limes*, 1977, p. 19-34.

Müller A., « Das Heer Iustinians nach Prokop und Agathias », *Philologus*, 71, 1912, p. 101-138.

Napoli J., R. Rebuffat, « *Clausurae* », *TMO*, 21, 1993, p. 35-44.

Nicolle D., *Romano-Byzantine Armies 4th-9th Century*, Men-at-Arms 247, Londres, Osprey, 1998.

Notitia dignitatum et administrationum omnium tam ciuilium quam militarium partibus orientis et occidentis (ad codd. mss. Monachiensium, Romani, Parisiensium ac Vindobonensis editorumque fidem recensuit tabulis ad cod. ms. Biblioth. Reg. Palatin. Monachiens depictis commentariis indicique illustrauit Eduardus Böcking) , éd. E. Böcking, Adolph Marc, Bonn, vol. 1, 1839, vol. 2, 1849, vol. 3, 1850, vol.4, 1853.

Notitia Dignitatum accedunt Notitia urbis Constantinopolitanae et Latercula prouinciarum, éd. O. Seeck, Berlin, Teubner, 1876, réimp. Francfort-sur-le-Main, Minerva, 1962.

Notitia Dignitatum, texte intégral mais sans illustrations sur site internet : http://www.upmf.grenoble.fr/Haiti/Cours/Ak/notitia _index.htm

Œlmann F., *The Rhine limes in the Late Roman Times : IIIrd Congress of Roman Studies 1949*, Durham, éd. E. Birley, 1952, p. 87-95.

– « La fortification d'Alzey et la défense de la frontière romaine le long du Rhin au IVe et au VIe siècles », *ARB-AFAM*, 1993, p. 125-133.

Olympiodore de Thèbes, *Fragmenta, FHG*, 4, col. 58-68.

Onosandre, dans *Aeneas Tacticus, Asclepiodotus and Onosander*, The Illinois Greek Club, Cambridge (Mass.), Lœb Classical Library, rééd. 1986.

Orose, *Histoire contre les Païens*, éd. M.P. Arnaud-Lindet, Paris, Les Belles Lettres, 1991.

Ovcarov D., « Observations sur le système de fortifications de la haute époque byzantine dans les terres bulgares d'aujourd'hui durant les Ve-VIe siècles », *Limes*, 1977, p. 467-471.

Palme B., « Die römische Armee von Diokletian bis Valentinian I.: Die papyrologische Evidenz », *ARDV*, 2004, p. 101-116.

Panégyriques Latins, éd. E. Galletier, Paris, Les Belles Lettres, 1949-55, 3 tomes.

Parker S. Th., « The Nature of Rome's Arabian Frontier », *RFS*, 1989, p. 498-504.

Patrucco F., « Modelli economici e modelli culturali : il progresso tecnico », in *Storia di Roma,* vol. 3, *L'età tardoantica. II. I luoghi e le culture*, Rome, Einaudi, 1993, p. 770-sq.

Paulin de Milan, *Vita Ambrosii*, *PL*, 14, col. 27-46.

Pausanias, *Description of Greece*, éd. W.H.S. Jones, Cambridge (Mass.), Lœb Classical Library, 1954-1955.

Pavan M., « Sant'Ambrogio e il problema dei barbari », *Rom.Barb.*, 3, 1978, p. 167-187.

Périn P. et L.Ch. Feffer, *Les Francs*, 1987, 2 tomes.

Petrovic P., « Les forteresses du Bas-Empire sur le *limes* danubien en Serbie », *RFS*, 1980, p. 757-776.

Philostorge, *Historia Ecclesiastica*, éd. J. Bidez, *Gr. Schr.*, 21.

Picard G. Ch., *Les Trophées romains. Contribution à l'Histoire de la Religion et de l'Art triomphal à Rome*, Paris, De Boccard, 1957.

Piganiol A., *L'Empire Chrétien (325-395)*, Paris, Presses Universitaires de France, 1947.

– *Le sac de Rome*, Paris, Albin Michel, 1964.

Pilet Ch. *et alii*, « L'apport de l'archéologie funéraire à l'étude de la présence militaire sur le *limes* saxon le long des côtes de l'actuelle Basse-Normandie », *ARB-AFAM*, 1993, p. 157-161.

Pline l'Ancien, *Histoire naturelle*, éd. J. Beaujeu *et alii*, Paris, Les Belles Lettres, 1947-1972.

Pline le Jeune, *Lettres*, éd. A.M. Guillemin, Paris, Les Belles Lettres, 1959-1961.

Plutarque, *Vies*, éd. R. Flacelière *et alii*, Paris, Les Belles Lettres, 1957-1979.

Priscus, *Fragmenta*, *FHG* 4, p. 71-110.

Procope de Césarée, *Opera Omnia*, éd. J. Haury, G. Wirth, Leipzig, Teubner, 1962-1964.

Prosper, *Chronica*, *MGH AA*, 9, p. 385-485.

Prudence, *Œuvres* (t. 2), *Contre Symmaque*, éd. M. Lavarenne, Paris, Les Belles Lettres, 1943-1953.

Rattenbury R.M., « An Ancient ArmouredForce », *CR*, 56, 1942, p. 113-117.
Rebecchi F., « Milano, rivale di Roma », in *Storia di Roma,* vol. 3, *L'Età Tardoantica. II. I Luoghi e le Culture*, Einaudi, 1993.
Reddé M., *Mare Nostrum. Les infrastructures, le Dispositif et l'Histoire de la Marine militaire sous le Haut-Empire*, *EFR*, 1986.
– « Dioclétien et les fortifications militaires de l'Antiquité tardive. Quelques considérations de méthode », *L'Antiquité tardive*, 3, 1995, p. 91-124.
– « De la conquête de la Germanie à la garde du Rhin », in *ARG*, 1996, p. 103-110 et « La marine militaire », *ibid.*, p. 211-219.
Richardot Ph., « Hiérarchie militaire et organisation légionnaire chez Végèce », *HRAR,* 1995, p. 405-428.
– « Un désastre romain peu connu sur le Rhin », *Rivista Storica dell'Antichità*, 25, 1996, p. 111-130.
– « La datation du *De Re Militari* de Végèce », Latomus, 57, 1998, p. 136-147.
Ridley R.T., « Notes on Julian's Persian Expedition (363) » *Historia*, 22, 1973, p. 317-330.
Ritterling E., article « *Legio* », *PW*, XII, 1, 1924 et 2, 1925.
Robinson H.R., *The Armour of Imperial Rome*, Londres, 1975.
Rodgers W.L., *Naval Warfare under Oars, 4th to 16th Centuries*, Annapolis, Naval Institute Press, 1940, rééd. 1990.
Rouche M., *Clovis*, Paris, Fayard, 1996.
Rufin, « *Historia Ecclesiastica* », *PL*, 21, col. 467-540.
Rutilius Namatianus, *De son retour*, éd. F. Préchac, Paris, Les Belles Lettres, rééd. 1961.
Sabbah G., *La méthode d'Ammien Marcellin*, Paris, Les Belles Lettres, 1978.
Salluste, *De coniuratione Catilinae*, éd. A. Ernout, Paris, Les Belles Lettres, 1967.
Salvien de Marseille, *De Gubernatione Dei*, *CSEL*, 8.
Santini C., « Le *praefationes* ai quattro libri della *Epitoma rei militaris* di Vegezio », in *Prefazioni, prologhi, prœmi di opere tecnico-scientifiche latine*, Rome, Herder, 1992, tome 2, p. 1001-1018.
Schlüter W., « Archäologische Zeugnisse Varusschlacht ? », *Germania*, 70, 2, 1992, p. 307-402.
Schreiber H., *Gli Hunni*, Milan, Garzanti, trad. de l'allemand par G. Pilone Colombo, 1976, rééd. 1983
Seeck O., article « Bacurius », *PW*, II, 2, col. 2724
Seillier C., « Les Germains dans l'armée romaine tardive en Gaule septentrionale. Le témoignage de l'archéologie », *ARB-AFAM*, 1993, p. 187-194.
Seston W., *Dioclétien et la Tétrarchie*, vol. 1, Bibliothèque des Écoles françaises d'Athènes et de Rome, 1946.
Settis *et alii* S., *La Colonna Traiana*, Turin, Einaudi, 1988.
Sidoine Apollinaire, *Poèmes*, éd. A. Loyen, Paris, Les Belles Lettres, 1960.
– *Lettres*, éd. A. Loyen, Paris, Les Belles Lettres, 1979.
Sjolie H., « Late Roman Shield Patterns taken from the *Notitia Dignitatum* » : http://www.ne.jp/asahi/luke/ueda-sarson/Notitia Patterns.html.
Socrate, *Historia Ecclesiastica*, *PG*, 67, col. 33-841.
Solin H., M. Kajava (éd.), *Roman Eastern Policy and Other Studies on Roman History*, Helsinki, Societas Scientiarum Fennica, 1990.
Sozomène, *Historia Ecclesiastica*, éd. J. Bidez, G.C. Hansen, *Gr.Schr.*, 50.
Speidel M.P., « *Stablesiani* ; The Raising of New Cavalry Units during the Crisis of the Roman Empire », *Chiron*, 4, 1974, p. 541-546.

Speidel M.P., *Roman Army Studies,* Stuttgart, Franzer Verlag, 1992, 2 t.
– « The Four Earliest *Auxilia Palatina* », *REMA*, 1, 2004, p. 133-146.
E. Stein, *Histoire du Bas-Empire,* t. 1, *De l'État romain à l'État byzantin (284-476)* ; t. 2, *De la disparition de l'Empire d'Occident à la mort de Justinien (476-536)*, trad. J.R. Palanque, Paris, Desclée de Brouwer, 1949-1959, Amsterdam, rééd. Adolf M. Hakkert, 1968.
Strabon, *Géographie*, ed. F. Lasserre *et alii*, Paris, Les Belles Lettres, 1966-1989.
Straub J., « Die Wirkung der Niederlage bei Adrianopel auf die Diskussion über das Germanenproblem in der spätrömischen Literatur », *Philologus*, 95, 1942-1943, p. 255-286.
Studer D., « Frühgeschichte Kammhelme aus dem Kanton Tessin und dem weiteren südosteuropäischen Raum : ein Faktor bei der Entwickung des spätrömisches Kammhelms », *Helvetia Archaeologica*, 21, 1990, p. 82-126.
Suétone, *Vie des douze Césars*, éd. H. Ailloud, Paris, Les Belles Lettres, rééd. 1961.
Sulpice Sévère, *Vie de Saint Martin*, éd. J. Fontaine, Paris, Éditions du Cerf, 1967.
Syme R., *Ammianus and the Historia Augusta*, Oxford, Clarendon Press, 1968.
Symmaque, *Lettres*, éd. J.P. Callu, Paris, Les Belles Lettres, 1972-1995.
Synésios de Cyrène, *De Regno. Oratio ad Arcadium Imperatorem*, éd. A. Garzya, Naples, 1973.
Tacite, *Annales*, éd. H. Gœlzer et P. Wuilleumier, Paris, Les Belles Lettres, 1969-1989.
– *Histoires*, éd. P. Wuilleumier et H. Le Bonniec, Paris, Les Belles Lettres, 1987.
Täckholm U., « Aetius and the Battle on the Catalaunian Fields », *Opuscula Romana*, VII, 1969, p. 260-267.
Thémistius, *Orationes*, éd. G. Downey et A.F. Norman, Leipzig, Teubner, 1927.
Théodore le Lecteur, *Historia Ecclesiastica*, *PG*, 86, 1, col. 165-226.
Théodoret de Cyr, *Correspondance*, éd. Y. Azéma, Paris, Éditions du Cerf, 1964.
Théophane, *Chronographia*, éd. C. de Boor, Leipzig, 1883.
Thompson E.A., *A History of Attila and the Huns*, Oxford, 1948.
Tite-Live, *Complete Works*, éd. B.O. Foster *et alii*, Cambridge (Mass.), Lœb Classical Library, 1961-1967.
Todd M., *Les Germains. Aux frontières de l'Empire romain*, Paris, Armand Colin, 1990.
Traina G., « Aspettando i Barbari. Le origine tardoantiche della guerriglia di frontiera », *Rom.Barb.*, 9, 1986-1987, p. 247-280.
– « De Synésios à Priscus : aperçus sur la connaissance de la « barbarie » hunnique (fin du IVe-milieu du Ve siècles) », *ARB AFAM*, 1993, p. 287-sq.
Treadgold W., *Byzantium and its Army 284-1081*, Stanford, Stanford University Press, 1995.
Trousset P., « *Limes* et frontière climatique », *111e Congrès national des sociétés savantes, Montpellier, IIIe Colloque sur l'Histoire et l'Archéologie d'Afrique du Nord,* 1985, p. 377-390.
– « La frontière romaine. Concepts et représentations », *FE*, 1993, p. 115-120.
Tudor D., « Contributions à l'histoire de l'armée de la *Dacia Ripensis* », *ARPR*, 11, 1960, p. 335-363.
Valbelle D., J.-Y. Carrez Maratray, *Le camp romain à Tell ell-Herr : mission franco-égyptienne (Nord Sinaï)*, Paris, Errance, 2001.
Valère Maxime, *Facta et dicta memorabilia*, éd. C. Kempf, Teubner, 1888.
Van Berchem D., *L'armée de Dioclétien et la réforme constantinienne*, Paris, 1952.
Varady L., « New Evidence on some Problems of Late Roman Military Organisation », *A.Ant.Hung.*, 9, 1961, p. 333-396.
– *Das Letze Jahrhundert Pannonien, 376-476*, Amsterdam, Adolf M. Hakkert, 1969.

Vasic M., « L'architecture à l'intérieur des camps romains des Portes de Fer IVe-Ve siècles », *RFS*, 1989, p. 308-310.

Végèce, *Flavii Vegetii Renati Epitoma rei militaris*, éd. K. Lang, Leipzig, Teubner, 1869, reprise en 1885, réimpr. Stuttgart, 1967.

– *P. Vegeti Renati digestorum Mulomedicinae libri*, éd. E. Lommatzsch, Leipzig, Teubner, 1903.

– *Abriβ des Militärwesens. Lateinisch und deutsch,* éd. et trad. en allemand par F.L. Müller, Stuttgart, Franz Steiner Verlag, 1997.

– *L'Arte della Guerra Romana,* éd. et trad. en italien par M. Formisano, Milan, Biblioteca Universale Rizzoli, 2003.

Velleius Paterculus, *Histoire romaine*, éd. J. Hellegouar'ch, Paris, Les Belles Lettres, 1982.

Victor de Tunnuna, *Chronicon*, *MGH AA*, 11, p. 178-206.

Victor de Vita, *Historia persecutionis Africae*, *CSEL*, 7.

Vogler Ch., « Les officiers de l'armée romaine dans l'œuvre d'Ammien Marcellin », *HRAR,* 1995, p. 389-404.

Von Domaszewski A., *Die Rangordnung des römischen Heeres*, éd. revue par B. Dobson, Cologne, Bölhau Verlag, 1967.

Von Petrikowitz H., « Fortifications in the North Western Roman Empire from the Third to the Fifth Centuries A.D. », *JRS*, 61, 1971, p. 178-218.

Watson G.R., *The Roman Soldier*, Bristol, Thames and Hudson, 1969.

Webster G., *The Roman Imperial Army*, Londres, Adam and Charles Black, 1969.

Wells C.M., *The German Policy of Augustus. An Examination of the Archaeological Evidence*, Oxford, 1972.

– « Carthage : the Late Defences », *RFS*, 1980, p. 1051-1060.

Welsby D.A., *The Roman Military Defence of the British Province in its Later Phases*, BAR, Oxford, 1982.

Wheeler E., compte-rendu de *La fin de l'Armée romaine*, *The Journal of Military History*, 62, 1998, p. 899-901.

– « The Legion as Phalanx in the Late Empire (I) », *ARDV*, 2004, p. 309-358.

– « The Legion as Phalanx in the Late Empire (II) », *REMA*, 1, 2004, p. 147-175.

Williams S., *Diocletian and the Roman Recovery*, Londres, Batsford, 1985.

– G. Friell, *Theodosius : The Empire at Bay*, New Haven-Londres, 1994.

Werner K.F., *Histoire de France. Les Origines*, Paris, Fayard, 1984.

Wesch-Klein G., « Hochkonjunktur für Deserteure ? Fahnenflucht in der Spätantike », *ARDV*, 2004, p. 475-487.

Whittaker C.R., « What Happens when Frontiers Come to an End », *FE*, 1993, p. 133-141.

– *Frontiers of the Roman Empire. A Social and Economic Study*, Baltimore-Londres, John Hopkins University Press, 1994.

Wolfram H., *Histoire des Goths*, Paris, Albin Michel, 1990.

Zecchini G., *Aezio, l'ultima difesa dell'Occidente Romano*, Rome, 1983.

Zosime, *Histoire Nouvelle*, éd. F. Paschoud, Paris, Les Belles Lettres, 1979-1989.

Zuckerman C., « Les « Barbares » romains : au sujet de l'origine des *auxilia* tétrarchiques », *ARB-AFAM*, 1993, p. 17-20.

– « Les campagnes des Tétrarques, 296-298 », *L'Antiquité tardive*, 2, 1994, p. 65-70.

– « Deux centurions commandants d'ailes en Égypte vers 300 », *HRAR,* 1995, p. 385-388.

INDEX

B

D

E

N

O

P

Q

T

U

V

TABLE DES CARTES ET DES ILLUSTRATIONS

Illustrations

Cartes

Plans

SOURCES DES PLANCHES, CARTES ET PLANS

PLANCHES

CARTES

PLAN

TABLE DES MATIÈRES

BIBLIOTHEQUE STRATEGIQUE
dirigée par Lucien POIRIER et Hervé COUTAU-BEGARIE

Lucien Poirier, *Stratégie théorique II.*
Edward Luttwak, *La grande stratégie de l'empire romain.*
Paul Kennedy, *Stratégie et diplomatie.*
Sun Zi, *L'art de la guerre.*
Général Colin, *Les transformations de la guerre*, suivi d'*Une lecture de Colin* par Lucien Poirier.
Jean-Paul Charnay, *Métastratégie.*
William McNeill, *La recherche de la puissance.*
Amiral Besnault, *Géostratégie de l'Arctique.*
Bernard Labatut, *Renaissance d'une puissance ? Politique de défense et réforme militaire dans l'Espagne démocratique.*
Michel Tripier, *Le royaume d'Archimède.*
Julian S. Corbett, *Principes de stratégie maritime.*
Bruno Colson, *La culture stratégique américaine. L'influence de Jomini.*
Hervé Coutau-Bégarie, *Géostratégie de l'océan Indien.*
Serge Grouard, *La guerre en orbite. Essai de politique et de stratégie spatiales.*
Lucien Poirier, *La crise des fondements.*
Valérie Niquet, *Deux commentaires de Sun Zi.*
Bruno Colson, *Europe, repenser les alliances.*
Hervé Coutau-Bégarie, *Le désarmement naval.*
André Vigarié, *La mer et la géostratégie des nations.*
Sun Bin, *Le traité militaire.*
Herbert Rosinski, *Commentaire de Mahan.*
Lucien Poirier, *Stratégie théorique III.*
François Géré, *La guerre psychologique.*
Philippe Forget et Gilles Polycarpe, *Le réseau et l'infini. Essai d'anthropologie philosophique et stratégique.*
Général Camon, *La guerre napoléonienne.*
Lucien Poirier, *Stratégie théorique.*
Nathalie Blanc-Noël, *La politique suédoise de neutralité active.*
Michel Depeyre, *Tactiques et stratégies navales de la France et du Royaume-Uni de 1690 à 1815.*
John Warden III, *La campagne aérienne. Planification en vue du combat.*
Charles E. Callwell, *Petites guerres.*
Carl von Clausewitz, *Théorie du combat.*
Philippe Richardot, *Végèce et la culture militaire au Moyen Age.*
Edward Luttwak, *La renaissance de la puissance aérienne stratégique.*
François Cailleteau et Hubert J.P. Thomas (dir.), *Retour à l'armée de métier.*

Claude Le Borgne, *Le métier des armes.*
Hervé Coutau-Bégarie, *Traité de stratégie.*
Loup Francart, *Maîtriser la violence.*
Frontin, *Les stratagèmes.*
Bruno Colson et Hervé Coutau-Bégarie, *Humanisme et pensée stratégique.*
Maréchal Foch, *De la conduite de la guerre.*
Claude Le Borgne, *La stratégie dite à Timoléon.*
Anne Marchais-Roubelat, *De la décision à l'action.*
Lucien Poirier et François Géré, *La réserve et l'attente.*
Henry Lloyd, *Histoire des guerres d'Allemagne.*
Maréchal Marmont, *De l'esprit des institutions militaires.*
François Géré et Thierry Widemann (dir.), *La guerre totale.*
Pierre Laederich, Les limites de l'Empire. *Les stratégies de l'impérialisme romain dans l'œuvre de Tacite.*
Général Lewal, *Introduction à la partie positive de la stratégie.*
Philippe Boulanger, *La géographie militaire française.*
Maréchal de Saxe, *Mes Rêveries.*
François Géré, *La sortie de guerre.*
Jean Klein, Patrice Buffotot, Nicole Vilboux (dir.), *Vers une politique européenne de sécurité et de défense.*
Michel Depeyre, *Entre vent et eau. Un siècle d'hésitations tactiques et stratégiques.*
Jean-Pierre Cabestan, *Chine-Taiwan, la guerre est-elle concevable ?*
Général Karl von Willisen, *Théorie de la grande guerre.*
Christian Malis, *Raymond Aron et le débat stratégique français (1930-1966).*
Hervé Coutau-Bégarie (dir.), *Les médias et la guerre.*
Philippe d'Hugues et Hervé Coutau-Bégarie (dir.), *Le cinéma et la guerre.*

Hors série

Amiral Castex, *Théories stratégiques* (7 volumes).